基金项目：本书系国家社科基金教育学一般项目"学校道德氛围测评与监控研究"（课题批准号：BEA110034）成果

学校道德氛围建设
学习共同生活

鞠玉翠 等著

图书在版编目（CIP）数据

学校道德氛围建设：学习共同生活/鞠玉翠等著.—北京：北京大学出版社，2016.7
ISBN 978-7-301-27331-9

Ⅰ.①学… Ⅱ.①鞠… Ⅲ.①学校教育—德育 Ⅳ.①G41

中国版本图书馆CIP数据核字（2016）第180295号

书　　名	学校道德氛围建设：学习共同生活
著作责任者	鞠玉翠　等著
责任编辑	李玥
标准书号	ISBN 978-7-301-27331-9
出版发行	北京大学出版社
地　　址	北京市海淀区成府路205号　100871
网　　址	http://www.pup.cn　新浪微博：@北京大学出版社
电子信箱	zyjy@pup.cn
电　　话	邮购部62752015　发行部62750672　编辑部62765126
印刷者	北京富生印刷厂
经销者	新华书店
	787毫米×1092毫米　16开本　17.5印张　420千字
	2016年7月第1版　2016年7月第1次印刷
定　　价	42.00元

未经许可，不得以任何方式复制或抄袭本书之部分或全部内容。
版权所有，侵权必究
举报电话：010-62752024　电子信箱：fd@pup.pku.edu.cn
图书如有印装质量问题，请与出版部联系，电话：010-62756370

前言：学习共同生活

人，生于社会，长于社会。人类在长期共同生活中形成了一些基本准则和价值，可称之为"道"；将这些基本准则身体力行，则可称之为"德"。当我们不仅关心自己，还考虑到他人、社会、自然，考虑到我们自己与他人、社会、自然的连接；当我们不仅关注眼前，还考虑到未来，既不为了眼前利益涸泽而渔，也不为了遥远的未来牺牲当下的基本权利时，道德的意味就显现出来了。道德关涉人生意义、人生理想和幸福，关涉人应当如何生活的基本问题。[①] 然而，现实的道德状况不容乐观。诚信危机、人情冷漠等问题让人堪忧。2013年的调查，对于"现代社会守道德的人大都吃亏，不守道德的人讨便宜"，同意或比较同意的受访者占59.7%；不同意或不太同意的受访者占40.3%，较之2008年，肯定性判断上升约9个百分点。[②]

使人向善是教育的本义。重视道德教育和价值引领是世界主要国家教育改革的共识。而灌输式德育效果不佳，还常常给人以伪善不实之感；为减少单纯"教以道德"所带来的言行脱节等问题，"道德地教"逐渐进入当代学术研究视野。

学校道德氛围（school moral atmosphere），是教师、学生和环境交互作用所形成的调控学校及班级社会关系、影响学生道德发展的规范和价值观系统，具体表现为笼罩于校园并对学校成员的道德行为构成影响的精神心理气氛，体现了鲜明的价值导向性，弥散于学校生活的方方面面，是实现用"道德的方式培养道德的人"的重要途径。自20世纪70年代开始，学校道德氛围对学生道德发展的重要性日益受到重视。

美国心理学家科尔伯格带领的团队进行了开创性的实证研究。他有感于先前道德讨论法主要停留于认知层面的局限，受以色列集体农庄的影响，并借鉴法国社会学家涂尔干和美国哲学家、教育学家杜威的德育理论，开始探索集体教育的方法，即让学生通过在集体生活中的共同交往，认识、实践道德规范。科尔伯格深受苏格拉底以来西方正义伦理思想的影响，主张"美德即正义"，提出了"正义共同体"的群体道德氛围理论，学校道德氛围被定义成调控学校里社会关系的规范、价值观和意义系统以及这些规范、价值观被学生所共享的程度。其研究表明，个体做出什么样的道德决定，在很大程度上依赖于所在群体的道德氛围。[③] 他强调民主参与的重要性，通过每周的学生会议讨论学校的规范和学生中的各种问题，这一过程改善了学校道德氛围，提高了学生的道德推理能力。相关研究发

[①] 参见张岱年. 中国伦理思想研究[M]. 南京：江苏教育出版社，2005：1—2；石中英. 关于当前我国中小学价值教育几个问题的思考[J]. 人民教育，2010（8）：6—11.
[②] 樊浩. 中国社会价值共识的意识形态期待[J]. 中国社会科学，2014（7）：4—25.
[③] Power C. Higgins A. Kohlberg L. Lawrence Kohlberg's approach to moral education. New York：Columbia University Press，1989：89—93；科尔伯格. 道德教育的哲学[M]. 魏贤超，等译. 杭州：浙江教育出版社，2000：167.

现，学校道德氛围对学生的发展，包括道德发展和亲社会行为等有着长期影响。[1]

但是继科尔伯格以后，很多学者的研究都表明，道德氛围可以而且应该包括除正义外的其他重要内容。以美国学者吉利根和诺丁斯为代表的关怀伦理倡导者，强调人际关系的统整，主张通过人际相遇、接纳、承诺、响应等互动，建构一种微观的、具体的、情境性的，重视人际关系、情意交流取向的伦理。[2] 关怀伦理学的兴起深刻地影响着20世纪80年代以来在美国复兴的品格教育。美国中小学品格教育运动的一个重点，就是把学校建设成为关怀共同体，期望由全体师生与相关人员共同凝聚实践核心价值，强调采用多元民主方式，兼顾教育过程与道德内容。[3] 研究者发现，对学校有积极感知的同学，更倾向于帮助身边的同学，而不是忽视同学遇到的困难和危险；其越轨行为、抑郁水平相对较低。学生感知的道德氛围不仅对其道德品质发展产生直接的、深刻的影响，而且对学业成就也有影响。而学校在创造责任（学生彼此之间互相负责）文化的过程中，扮演着重要角色。[4]

我国倡导的民主、自由、公正、诚信、友善等价值，就字面而言人们已经比较熟悉了，但究竟该如何理解它们，如何践行它们，如何在学校氛围建设中体现它们，如何转化为师生的品格，如何减少和避免误解和偏差，如何从"道"化"德"，其实并不那么清晰。现实生活中，对这些价值的模糊认识或误解，往往带来情感和行动上的相应偏差，带来不同程度的不良影响。因此，本书各章的脉络大致如下：首先着力澄清每种价值的内涵，进而诊断学校教育实践中出现的问题与偏差，并结合实践中的优秀案例，尝试给出营造和改进学校道德氛围的若干建议和策略，希望为核心价值在学校中的实现以及学校道德氛围建设提供有益的借鉴。

通过文献法、专家咨询法，本书选取了相互联系又各有侧重的民主、自由、公平正义、诚信、尊重、理解、合作、友爱、宽容、利他等十大价值作为学校道德氛围建设的核心理念，构成了本书前十章的内容。最后一章"学校共同体建设"从学校整体的角度总结全书。我们的很多论述都会谈及学校道德氛围的建设对学生发展的促进作用，这固然是道德氛围建设的一个重要理由；但更重要、更本质的是，学校道德氛围建设体现了人之为人的尊严，只为这尊严本身，道德氛围就是值得追求的。

研究表明，影响学校道德氛围的因素涉及学校的方方面面，如校长的领导风格和价值导向；规章制度的内容、制定程序与执行的合理性；物理环境的维护；管理者是否重视道德建设，是否尊重学生，学生参与管理的状况；教师的专业自主、道德承诺、情感支持；学校成员恪尽职守，互相之间的相互沟通与关心；课堂教学中是否鼓励阅读、写作和讨论道德问题；家校合作，与社区合作状况；学校的各项课外活动状况等。本书各章难以做到面面俱到，而是各有侧重地择要阐述了每种理念在学校道德氛围中的实现策略。榜样示

---

[1] Beem, A., Brugman, D., Host, K., & Tavecchio, L. Students' perception of school moral atmosphere: From moral culture to social competence. [J]. European Journal of Developmental Psychology, 2004, 1 (2): 171-192.
[2] 侯晶晶，朱小蔓. 诺丁斯以关怀为核心的道德教育理论及其启示 [J]. 教育研究, 2004, 3.
[3] 胡颖慧. 学校道德氛围量表的编制及应用 [D]. 上海：华东师范大学, 2010.
[4] Syvertsen, A. K., Flanagan, C. A., & Stout, M. D. Code of silence: students' perceptions of school climate and willingness to intervene in a peer's dangerous plan [J]. Journal of Educational Psychology, 2009 (1): 219.
Vogt, F. A Caring Teacher: explorations into primary school teachers' professional identity and ethic of care [J]. Gender & Education, 2002, 14 (3): 251-264.

范、活动体验、价值澄清、案例讨论、角色扮演等方法都可为道德氛围建设服务。在具体实践中，学校和教师可以根据学生特点、学校历史文化传统、学校发展需要等因素对既有策略加以调整，并创造适合自己学校的新策略，做到"在爱的环境氛围中学会爱，在民主的环境氛围中学会民主，在自由的环境氛围中学会自由，在公正的环境氛围中学会公正，在诚信的环境氛围中学会诚信"[①]。如此等等。需要说明的是，分解和罗列这样一些方面只是为了表述的方便，为了实践的可操作性。然而，在真正的教育实践中，这些方面是互相交织，共同起作用的。无论从哪种理念入手，无论从哪个环节入手，都是为了带动整个学校道德氛围的变化，让学生在良好的道德氛围中学会共同生活。另外，学校道德氛围无疑会受到社会氛围的影响，但本书的重点在于探讨学校本身的相关话题。

本书的特色是将严谨的学理探讨与生动的实践案例[②]、故事相结合，帮助读者明其理、临其境、感其情、激其志、践其行，共同为改善学校道德氛围，培育学生良好品格，提升师生生命质量而努力。当然，道德的问题比较复杂，我们的分析讨论只是一家之言，如果能给大家一些借鉴，或者能激发大家的更多思考和讨论甚至争论，我们会感到非常欣慰。

本书的写作历时五年多。期间得到恩师陆有铨先生，同事黄向阳博士以及其他许多前辈和同人的帮助，在此一并致以谢忱！目前已经毕业的几位研究生参与了初稿的写作，他们是：吴怡然（第一章）、陆云鹏（第二章）、汪亚琼（第三章）、杨来恩（第五章）、沈伟（第六章）、赵晓莹（第七章）、丁金花（第九章）、屠翔天（第十章）、倪丽静（第十一章）。各章均由鞠玉翠作了较大的修改或重写。

感谢北京大学出版社姚成龙主任和责任编辑李玥女士，没有他们的耐心与支持，就没有这本书的问世。

感谢所有案例的作者允许我们使用案例，这大大增强了本书的现实针对性及应用性。还有部分案例作者我们没能联系上，请直接联系 juyuc@163.com。

鞠玉翠

于华东师范大学教育学部基础教育改革与发展研究所

[①] 石中英. 中小学校开展社会主义核心价值观教育的主要方法[J]. 人民教育，2014（19）：30—33.

[②] 本书中的案例除特别标注之外，均来自作者们的亲身经历或观察。

目录

第一章 民主：平等理智地参与公共生活 　1
第一节　民主道德氛围概述 　1
第二节　学校中的民主问题 　8
第三节　建设良好的学校民主氛围 　19

第二章 规范与自由：走向有序的自由 　33
第一节　自由、规范与教育 　33
第二节　检视学校规范对自由的不合理限制 　36
第三节　建设有序的自由氛围 　48

第三章 公平正义：让每个人都得到充分的发展 　60
第一节　公平正义的意蕴 　60
第二节　校内公平的难题 　62
第三节　营造学校公平道德氛围 　70

第四章 用诚信的氛围培养诚信 　80
第一节　认识诚信的内涵与意义 　80
第二节　检视不诚信现象及原因 　83
第三节　回归教育本然　用诚信理念改造学校教育 　91

第五章 尊重：让师生有尊严地生活 　104
第一节　尊重的含义辨析 　104
第二节　教育中尊重的缺失与偏误 　106
第三节　让尊重理念在实践中生根结果 　116

第六章 理解：倾听·表达·同情 　124
第一节　理解的内涵与意义 　124
第二节　学校中的"理解"问题 　129
第三节　搭平台促理解 　135

第七章　合作：形成合力　　146

第一节　合作的内涵与意义　　146
第二节　学校合作氛围的现状与问题　　155
第三节　合作氛围的营造　　169

第八章　友爱：学习爱的艺术　　180

第一节　追寻友爱的公共之维　　180
第二节　提升私人间的友爱　　186
第三节　由爱己到爱人：让友爱由心而生　　194

第九章　走向适度的宽容　　203

第一节　宽容的内涵与教育意义　　203
第二节　"宽容"问题及其缺失与偏误的危害　　205
第三节　宽容氛围的营造　　209

第十章　利他：不忘他人利益　　218

第一节　利他道德概述　　218
第二节　学校中利他道德氛围所面临的问题　　227
第三节　利他道德氛围的营造　　235

第十一章　学校共同体建设　　244

第一节　价值引领，提升格局　　244
第二节　扩大参与，力求公正　　252
第三节　真诚互动，体现关怀　　261
结　语　在联合生活中建设学习共同体　　269

第一章　民主：平等理智地参与公共生活

> 民主主义不仅是一种政府的形式；它首先是一种联合生活的方式，是一种共同交流经验的方式。①
>
> ——约翰·杜威

本章对民主这一主题进行讨论，通过了解民主的内涵和价值，分析民主所遵从的原则，进一步深化对民主的学校道德氛围的认识。同时，通过对一些案例的分析，探讨了学校中的民主问题和民主道德氛围建设的可能性。

第一节　民主道德氛围概述

"民主"无疑是当今的高频词。然而，何为民主，民主的价值何在，学校中的民主意味着什么，学校氛围如何体现民主，却仍有待深入探究。

一、关于民主的观念

"民主"一词源于希腊字"demos"，意味"人民的权力"。起初，民主仅仅是一种政治的形态。最初的民主政治制度出现在古希腊和古罗马，由亚里士多德（Aristotle）和西塞罗（Cicero）对其做出了深入的阐述。这种民主政治最基本的表现就是公民（奴隶被排除在外）平等地享有政治参与权，凡是国家大事都由公民直接召开公民大会讨论决定，政府官员由公民选出并接受公民的监督，决策采取多数决定的原则。在这个时期，民主的观念主要意味着权力来自于人民，而民主的价值则等同于它的政治理想——公民平等和崇尚法治。

在经历了中世纪的黑暗时期之后，民主的观念在文艺复兴时期也随之复苏。意大利的市民阶级政治思想家马西利乌斯（Marsilius）继承了亚里士多德的理论和观念，提出了关于人民权力的问题。他指出，作为治理国家所应该依据的最高权威不应该是上帝而应该是法律，制定法律的权力则属于人民，因为只有共同制定的法律才能够反映和保障公共的利益；同理，统治者和官吏也应该由人民选举产生。马西利乌斯根据自己对于人民权力的理解，提出了他对于民主的理解——他认为民主就是公民从决策讨论和公共管理等多方面进行国家政治参与，对君主权力进行限制的一种体制。而同一时期的意大利政治思想家马基雅维利（Machiavelli）则推崇一种民主共和的思想。他充分肯定了人民的力量是伟大的，认为只有民众自我管理才可能成为自由的保障，而只有经过人民同意所建立的制度才会维

---

① 杜威. 民主主义与教育 [M]. 王承绪, 译. 北京：人民教育出版社, 1990：92.

持住和平，因此以人民为基础的统治才是优越的统治。在他看来，民主即是要求君主、贵族和人民三个阶层共同掌握国家权力以相互制衡，保证利益共享的一种政府模式。同时他提出，在这种模式下对公民的要求——好的公民则应该拥有追求"共善"（common good）的美德，以及积极参与公共政治活动。在这一时期，民主这一观念的价值主要在于人的权力的发扬和对自由的追求。

到了17—18世纪，由于资产阶级革命的进行，人们对民主的理解进一步发生了变化。这个时期的近代资产阶级以自然法、天赋人权、社会契约论等理论为武器，开始挑战君主对于国家主权的掌握，从而创立了一种以"主权在民"为核心的民主观念。这种民主观念的代表人物是荷兰哲学家斯宾诺莎（Spinoza）、英国哲学家约翰·洛克（John Loce）、法国思想家让-雅克·卢梭（Jean-Jacques Rousseau）、美国思想家托马斯·潘恩（Thomas Paine）和英国思想家约翰·斯图亚特·密尔（John Stuart Mill）等。他们认为国家的建立是源于人民与国家之间所订立的契约，强调人民是国家权力的来源，人民在国家政治生活中理所当然是权力的最终所有者，国家的最高主权应该属于人民，而掌握政权的人只是受到人民的委托来管理国家事务，因此国家及掌握政权的人有责任和义务来维护全体人民的共同利益。而民主的体现，就在于人民对于国家主权的至上地位以及全体人民的意志——"公意"——也是所有人的共同利益为国家所追求和保障。在对此种民主的理解基础上，潘恩等人提出通过代议制的体制来保证民主价值和政治效率的统一。另外，斯宾诺莎还提出了通过民主追求人的自由的价值，而密尔则论述了少数服从多数原则的真意——只有在尊重少数人的意见的基础上，少数服从多数的原则才是民主的原则，而不是多数人的暴政，从而扩充了这个时期的民主的内涵。

而在19世纪，对民主的理解再次发展，法国历史学家托尔维克对民主的理念做出了一种全新的阐释。托尔维克继承了卢梭、密尔等人的民主核心思想，强调人民主权的至高无上。但与卢梭等人不同的是，他的民主观念更加讲究的是一种个人平等的一致性而不是共同的利益。他认为，"首先，民主是一种以人们互相平等为基础的社会状态；其次，民主是一种以所有人独立行使政治权利、参与公共生活为条件的政治形式。"[①] 同时，托克维尔认为民主真正的体现在于基层民主和乡镇自治，"在没有乡镇组织的条件下，一个国家虽然可以建立一个自由的政府，但它没有自由的精神。"[②] 由此可见，在这里对民主的理解是一种公共的精神，是一种社会的各个方面走向平等的趋势，以及为了保证这种平等状态所具有的制度。而且这种民主是从一种社会意义来进行解释的，它不再仅仅体现在权力和权利关系的政治架构上，而是开始逐渐溢出了政治的范畴，扩展成了一种社会的状态。

进入20世纪之后，经济的快速发展，大量的技术革新以及经验主义等新思想对人们的社会生活造成了极大的冲击，同时第一次世界大战和第二次世界大战也带来了世界格局的变化，受到这些因素的影响，对民主的理解比起之前来也有了进一步的变化。首先是由德国社会学家韦伯（Max Weber）、美国政治学家拉斯韦尔（Harold Dwight Lasswell）、美国政治经济学家熊彼特（Joseph Alois Schumpeter）等人提出了一种精英式的民主，他

---

① 孙永芬. 西方民主理论史史纲 [M]. 北京：人民出版社，2008：163.
② 托克维尔. 论美国的民主 [M]. 董果良，译. 北京：商务印书馆，2006：194.

们通过对代议制民主的现实考察,认为现实中掌握政治权力的人永远只可能是社会中的极少数,并且由于人民的情绪化倾向,也不可能存在真正意义上的共同利益或者人民意志。因此,在他们看来,民主并不是一种目的,而是一种方法,是一种人民对政治领导人的选择程序。由于这种方法统治的权力最后会理所当然归于政治精英手中,所以民主政治只能是"人们有接受或者拒绝将来要统治他们的人的机会"①,民主仅仅意味着精英领导者们需要在定期的、自由而合法的一套选举活动中赢得人民的选票,或者说是人民的支持。之后的英国政治学家拉斯基(Harold Joseph Laski)、美国政治学家达尔(Robert Alan Dahl)等人接受了民主是一种程序以及民主政府是由精英统治的观点,却认为进行统治的虽然是精英,却不是单一的精英集团,而是由不同的利益集团所组成的精英系统,因此在多个利益集团的互相竞争和制衡之下,权力不是一个中心,而是分散开来的。从这里我们可以看出,他们认为真正的民主除了一种特定的程序的意义之外还包含着一种多元化的意味。

到了20世纪中后期,许多人对精英式的民主和多元式的民主理论提出了质疑,他们认为这样的民主理论仅仅是对现状的一种消极描述,而没有积极推进真正民主的作用。这些人中的代表人物是英国经济学家科尔(Douglas Howard Cole)、美国政治学家佩特曼(Pateman)和巴伯(Benjamin R. Barber)等。他们反对将民主视为一种方法,认为民主中包含着个体自由发展和人类平等的理想价值原则,因此提倡一种参与式的民主。这种对民主的理解重视公民个人的政治参与价值,认为只有公民广泛而真实地参与国家的政治生活,才能体现出民主的真谛。也就是说,"市民社会是一个社会性场所,它既不是一流的建筑物,也不是大卖场。它与私人空间共享自由;它是自愿的并由自由联系起来的个体和团体组成。但是与私人空间不同,它的目标是共同利益以及一致的、一体的、合作的行动。市民社会因而是公共的而不是私人的,是自愿的而不是强迫的。"②

最近一段时间,随着对民主理论更多的实证研究的出现和对民主价值的深入讨论,西方的民主理论中又出现了一种对民主的新的诠释——审议民主(deliberative democracy)。这种民主理论的代表人物是德国思想学家哈贝马斯(Juergen Habermas)、美国政治学者艾米·古特曼(Amy Gutmann)和丹尼斯·汤普森(Dennis Thompson)等人。按照这些人的理解,民主是一种"本质上有争议的概念"(essentially contested concepts),意即指"民主"这一词汇本身没有一个被所有人所公认的意味,定义民主并将它的意思运用于日常生活中时会存在分歧,并且在不同的社会中民主的含义也不尽相同。因此,民主只有在被定义之后才会有意义。③ 因此,这种民主最珍视的价值就是陈述理由的需求(reason giving requirement)。这种民主可以被界定为一种这样的治理形式:"自由而平等的公民(及其代表)通过相互陈述理由的过程来证明决策的正当性,这些理由必须是相互之间可以理解并接受的,审议的目标是做出决策,这些决策在当前对所有公民都具有约束力,但它又是开放的,随时准备迎接未来的挑战。"④

---

① 熊彼特. 资本主义、社会主义与民主[M]. 吴良健,译. 北京:商务印书馆,1999:359.
② Benjamin R. Barber. Searching for Civil Society[J]. National Civic Review, 1995(84):114.
③ 米凯利,凯泽. 为了民主和社会公正的教师教育[M]. 任友群,杨蓓玉,刘润英,等译. 上海:华东师范大学出版社,2009:3.
④ 谈火生. 审议民主[M]. 南京:江苏人民出版社,2007:7.

从这些演变的民主观念之中可以看出，不同社会、不同时代和不同的人对民主有着不同的理解，民主的内涵和价值目标也有所不同。民主本身是一个逐渐演变的概念，经济发展所带来的技术革新和新思想产生所带来的意识革新影响了社会体制，而社会体制的变化则会影响到我们对于民主观念和行为的理解。因此正如杜威（John Dewey）所说，"民主主义的观念本身，民主主义的意义，必须不断地加以重新探究；必须不断地发掘它，重新发掘它，改造它和改组它，以适应由于人们所需要与满足这些需要的新资源的发展所引起的种种变化。"① 但是从这些观念的发展中也可以看出，"民主"一词虽然内涵和意义在不断发展变化，但它所体现出的一些精神却是始终贯穿在它的价值之中的，通过对民主观念发展的考察，或许可以说，自由、平等和共同的参与是其理想的核心。而在当今时代，为了让这种平等参与和持续探究有效地进行下去，一种审议的、理智的态度又是不可或缺的。

二、民主的教育

在了解了民主的意义之后，我们要探讨的则是教育与民主的关系。一种民主的教育究竟应该是怎样的教育？对于这个问题，杜威进行了深入的研究和思考，我们或许可以从他那里得到一些答案。杜威认为民主是教育的一个标准理想，他坚信教育是社会生活的过程，因此一个民主社会的教育必然要求一种民主的教育。在杜威看来，民主首先是一种特殊的政治形式，但在更广泛的意义上来看，民主"更是一种生活方式，是一种社会和个人的生活方式"②。他认为，民主包含两个要素，"第一个要素，不仅表明有着数量更大和种类更多的共同利益，而且更加依赖对作为社会控制的因素的共同利益的认识。第二个要素，不仅表示各社会群体之间更加自由的相互影响（这些社会群体由于要保持隔离状态，曾经是各自孤立的），而且改变社会习惯，通过应付由于多方面的交往所产生的新的情况，社会习惯得以不断地重新调整。"③ 而"倘有一个社会，它的全体成员都能以同等条件，共同享受社会的利益，并通过各种形式的联合生活的相互影响，使社会各种制度得到灵活机动的重新调整，在这个范围内，这个社会就是民主主义的社会。"④ 这样的民主社会想要实现它自己的生活方式，就需要实现各种利益的相互渗透，以及要求社会本身能够根据进步来不断重新调整它自己。为了做到这两点，杜威认为我们需要的就应该是这样一种民主的教育，它能"使每个人都有对社会关系和社会控制的个人兴趣，都有能促进社会的变化而不致引起社会混乱的心理习惯"⑤。

在这样一种民主的教育中，首要的价值即教育的平等。按照杜威对民主社会的看法，"每一个人都有他自己的需要。""每一个人都同样是一个人，每一个人都享有平等的机会来发展他自己的才能，无论这些才能的范围是大是小。""每一个人都应该有机会来贡献他可能贡献的任何东西。"⑥ 所以这种社会中的教育自然要平等地照顾到所有人的需求，

---

① 杜威. 人的问题 [M]. 傅统先, 邱椿, 译. 上海: 上海人民出版社, 1965: 35.
② 同上书, 43页.
③ 杜威. 民主主义与教育 [M]. 王承绪, 译. 北京: 人民教育出版社, 1990: 96—97.
④ 同上书, 109页.
⑤ 同上书, 111页.
⑥ 杜威. 人的问题 [M]. 傅统先, 邱椿, 译. 上海: 上海人民出版社, 1965: 46.

也就是要求所有的公民都能接受教育，以使他们有同等的机会去自觉塑造所在社会的结构；同时这种教育也要求在教育活动中的每个人都是处于平等的地位，以使所有人的利益能够相互渗透并根据其他人的利益进行调整。第二个价值则是教育中的自由。在一个民主社会中，自由是不可缺少的内容，因为它要求每个社会成员都要具有独立性、主动参与的精神和随机应变以适应和改变社会的能力，而这些能力只有在一个自由的环境下才可能培养出来。因此，杜威认为在教育的范畴中，我们应该尽可能多地给予受教育者自由，培养起他们与自由相应的品质，这样的话，"当他们能够管理国家时，他们就会懂得运用自由意味着什么，而且避免民主制度的滥用和失败。"[1] 同时，我们也要注意赋予教育者相应的自由，以使他们有更高的积极性和更好的方法来使教育符合其自由的价值。最后，民主教育还有一个价值就是共同参与。在杜威看来，民主的核心就应该是一种与别人一起生活的方式，因此教育本身也应该是一个所有人共同参与的过程。共同参与一项活动本身就具有教育的意义，因为在共同参与活动的过程中每个人都会接触许多其他人，而这种大量的接触使得每个人"必须对更加多样的刺激做出反应，从而助长每个人变换他的行动"[2]。这样一来，个人也会随之成长，在与他人共同进行活动的过程中得到充分发展。为了体现民主的这一价值，我们应该尽可能让进行教育活动的人，无论是教育者还是受教育者都能主动参与到教育的过程来，充分地进行交流和互动。

三、民主的道德氛围

在探讨了何为民主的教育之后，我们面临的下一个问题即是：应该如何去获得这种理想的教育？关于这个问题或许有许多可能的答案，在这里我们想要给出的回答是营造一种民主的学校道德氛围。正如杜威所说，"民主主义问题是个人尊严与价值的道德问题。"[3] 民主这个观念本身具有道德的含义，一种民主的教育自然也意味着一种道德的教育。在此基础上，杜威进一步说明道德教育最重要的在于行为和知识的统一。比起直接灌输某种道德观念，让师生共同营造良好的道德氛围更有利于培养学生的道德品质。

首先，通过营造民主的氛围，民主不再是空洞的符号，师生能够身体力行民主的价值观念，切身体会到相互尊重、相互容忍、相互体谅、相互协商的重要性，并由此形成和提升民主素养，提高整体的道德素质，体会个人的尊严和价值。

其次，民主氛围直接影响着师生的积极性，从而间接地影响着整个学校的工作效率。"不亲自参与就会使那些被排除在外的人员缺乏兴趣和关心。结果是相应地使人缺乏实际的责任心。自动地，如果不是有意识地，那么就是无意识地发展着这样一种情绪：这不是我们的事情，这是上面人的事情，让那一帮特殊的人物去办那些所应该办的事去吧。"[4] 无论对教师还是对学生而言，若他们因为没有实际权力和参与而缺乏责任心和积极性的话，就无法发挥出其主观能动性，他们的教与学也会随之成为一个被动、毫无生趣也缺乏效率的过程，从而间接地影响整个学校的工作。同时，若在一种不民主的氛围下，教师们

---

[1] 杜威. 学校与社会·明日之学校 [M]. 赵祥麟，等译. 北京：人民教育出版社，1994：387.
[2] 杜威. 民主主义与教育 [M]. 王承绪，译. 北京：人民教育出版社，1990：97.
[3] 杜威. 人的问题 [M]. 傅统先，邱椿，译. 上海：上海人民出版社，1965：32—33.
[4] 同上书，49页。

很容易无意识地把他们所受到的专横待遇转移到学生身上去，对培养学生的民主品质也会造成很大的阻碍。而在有着良好的民主道德氛围的环境里，教师们则有权力直接或者间接地参与到与他们自身的工作息息相关的一些事务中去，比如参与其所在学校的管理中去，自由讨论和决定关于纪律、教学方法的问题以及关于课程和教科书的问题等。这样的教师才能充分地掌握自己的工作，明确自己的职责，从而更加积极主动地真正地参与到教育教学的过程中来，提高效率；同时，他们才会将这种民主的参与性的价值再自然地传递给学生，培养出学生的民主道德品质。同理，当学生能够广泛参与学校的各项事务，他们的才干、主动性、价值感才能充分得到体现和发展。

最后，一种民主的品质对教育本身有着促进的作用。"随着民主观念的传播和伴随而来的对社会问题的觉醒，人们开始认识到，每个人，无论他恰好属于哪个阶层，都有一种权利，要求一种能满足他自己所需要的教育。"① 因此，我们可以说民主是教育普及的根本原因，也是教育能够适应社会要求的一种依据。在民主的氛围下，教育本身才会更加乐于改造自己，发展自己，扩大自己和社会之间的联系，让知识与实践真正地联系起来。若我们能在学校中营造一种民主的道德氛围，则能使教师重新认识不同学生对于学习的不同要求，有利于因材施教；同时也让学校中教学的内容、教学的方法等更加接近社会生活实践，使学生和学校都能够更加适应社会的要求，面对社会的挑战。

四、认识的原则

尽管我们提出要营造一种民主的学校道德氛围，但这却不是一件容易的事情。怎样的学校道德氛围才算是民主的？也许没有简单的答案。现实情境中民主价值的体现是复杂而多变的——不同的时间、不同的环境和不同的对象所遭遇的情境可能体现出不同的民主价值，想认识这些价值需要不同的方法。而从学校生活来看，则是从教学到管理各个维度不同的细节问题包含着不同的民主意义，处理这些问题也需要不同的方法。因此，想要认识进而营造民主的学校道德氛围，只能根据实践中遇到的实际问题来进行判断，并不断调整我们应对问题的方式。但是，我们在这里或许可以为大家提供一些实用的、基本的原则，作为判断民主问题、分析民主价值和营造民主氛围的依据。

上文已经讨论过，民主的形式和表现虽然有所不同，但其核心的价值是自由、平等和共同参与。基于这三点核心价值，我们认为，可以通过艾米·古特曼（Amy Gutmann）和丹尼斯·汤普森（Dennis Thompson）所提出的五个原则对民主问题进行分析。②

1. 不压制原则

这一原则要求国家，以及国家中的任何团体都不能运用教育来限制人们就互竞的优良生活和优良社会的观念进行理性的审议。它源于民主的一个核心价值——自由。它禁止限制人们对不同的生活方式和社会观念进行理性的思考，确保了民主价值不会因为教育的问题而遭到损害。不过我们应该看到，这一原则禁止的是限制理性的审议，对于不理性的争吵和对不良价值的接受这两点它并没有约束力，因此它与通过教育去培养其他的良好道德

---

① 杜威. 学校与社会·明日之学校 [M]. 赵祥麟，等译. 北京：人民教育出版社，1994：388.
② Amy Gutmann & Dennis Thompson. *Why Deliberative Democracy?* [M] New Jersey. Princeton University Press. 2004. 另见古特曼. 民主教育 [M]. 杨伟清，译. 南京：译林出版社，2010：104—106.

品质是相容的。此外，不压制的原则还隐含着多元化的意味，它不鼓励我们追求一种唯一的、看似绝对正确的个人或者社会的生活方式，而是鼓励我们意识到不同的生活方式和社会观念，并对它们进行讨论、思索和选择。

2. 不歧视原则

这个原则可以看作是从分配的公正性着眼，对不压制原则的一个补充。它要求所有可教的孩子受到的教育必须使他们能够作为公民参与到所在社会未来结构的塑造。它源自民主的另外两个核心价值——平等和共同参与。它意味着我们所进行的一切具有教育意义的活动应该对所有的教育对象一视同仁，排斥一部分人而接受另一部分人的做法实际上是一种"有选择的压制"，是不可取的行为；同时也意味着我们为受教育者所提供的教育本身不应该带有任何歧视的色彩，包括性别、种族、是否受人喜好等方面。此外，它提出了对教育目的的要求——使学生能够作为公民参与社会生活。为了能够达成共同参与，学校有责任培养学生的理性能力。

3. 互惠性原则

这一原则要求我们在为自己的观点做辩护的时候，要诉诸我们的同胞所共享的理由，或者诉诸能够为我们的同胞共享的理由。它代表着一种相互性（mutuality）的意义，其动机是向他人证明自己的欲望是正当的——因为自己所提出的理由是彼此都可接受的。这一原则源自民主所期待达成的结果——能对所有人具有一致约束力的决策，为此这个原则强调去追求一种可为彼此证明为正当的推理方式和理由。这一原则实际上是在要求我们在行事时诉诸理性，给出合适的理由。其中需要我们注意的是，民主中的互惠并不是讨价还价，因为它无须道德，只要双方接受即可，而是首先要受到不歧视原则的限制，保证平等的价值。同样，它也不一定是公正无私的，因为它首先要受到不压制原则的限制，保证交流的可能性和宽容的态度，避开以"公正"为名的压迫。而这一原则在实际运用中往往体现在一种调解的方法上，它使我们以尊重为核心，对与自己有分歧的人采取接纳的态度并与之进行建设性的互动，从而获得一种相互交换的意义，即"为受到的令人满意的招待做出一种相称的回报"。

4. 公共性原则

这一原则要求我们在民主审议的过程之中，为了证明各种行动的正当性而给出的理由和评价这些理由所必需的信息，都应公之于众。它的价值在于督促人们尽到自己的责任，并确保了互惠性原则得以实践的前提。体现出共同参与的价值——使所有人共同参与来决定他们需要怎样的结果，以期为超越现有的限制和克服目前的困难提供一条道路。同样需要注意的是，这一原则也会受制于不压制和不歧视的原则，因此在某些极为私人的事情上它的运用范围会受到一定的限制。但是这种妥协并不代表我们允许一种欺骗性的保密行为，比如为了某种达成目的而知情不报或者是为使他人相信某个结论的正确性而隐瞒事实。这种妥协仅仅适用于维护民主的基本自由和平等价值而已。

5. 问责制原则

这一原则要求在一个民主的过程中，每个人都是对所有人负责的。这一原则意味着在民主生活中，当我们需要做出一个决策时，必须向受到这个决策约束和影响的所有人证明决策的正当性。这也就是说，要求我们追求一种能够不断反思、修正的、动态的且尽可能涵盖所有人的民主进程。我们理解这一点在实践中是很难达到的，但是这一原则的价值并非是在面对各种问题的冲突时给我们提供一种确定的回答，而是尽可能为我们提供一种更符合民主价值的面对和解决问题的方式——当我们始终以此作为一个理想的目标的时候，我们处理问题的方式自然会向此靠拢。值得一提的是，这个原则中所提到的"所有人"，并不仅仅指向现在的人，还同时指向未来的人。因为从整个时间过程来看，社会是各代人之间的一种合作体系，而民主所应该保证的是社会本身的发展，所以对我们而言，理解"所有人"包含未来这个范围是符合民主价值的。

总的来说，在这五项原则之中，前两项警示了我们民主的核心价值，是分析和理解民主观念的总指导，而后三项则在如何规范民主进程的方面给予我们一些启发，可以理解为对前两个原则在执行方面的补充。当然，这些原则的理解和使用都是相当灵活的，需要我们在不断的实践中去摸索才能运用自如。但我们相信，通过这五项原则，能较为清楚地规范我们对于民主和民主氛围的认识，并作为我们营造民主的学校道德氛围的参考。

第二节 学校中的民主问题

调查表明，学生对班级与学校生活的民主氛围感受不积极。63.3%的学生否认自己班级的"公约"真是同学们自己制定的，过半数（51.1%）的学生否认自己班级的干部是经过全班民主选举产生的；在对学校管理工作的参与上，16%的学生认为学校欢迎同学们为学校管理工作提意见，只有10%的同学认为学生的意见会对学校产生影响。可见学生对班级和学校管理的参与度很低，参与效果更是微乎其微。[①] 我们课题组的调查表明，73.6%的学生认为，对班级事务，学生没什么发言权，老师才有决定权；67.5%的学生认为，班里只有少数几个学生唱主角。下面的案例则表明，即使学生参与的一些情况，也存在各种各样的问题，离民主精神的要求还相距甚远。学校民主氛围的建设任重道远。

一、民主＝投票？

案例1.1 "民主投票"逼死花季少女[②]

2010年4月，河南一名15岁女生雷梦佳和同学打架，老师让学生自主管理，发动全班同学投票，决定是让她留下学习还是请家长将其带走进行一周的家庭教育。在得知自己被大部分同学投票赶走后，该少女留下遗言，投渠自杀。多家媒体都对这则事件进行了报道。

对于投票，周老师解释说，这是按照班规的要求，"对重大事件进行民主评议"。而所谓"重大事件"，就是让他感到"有些无奈"的事情。根据投票结果，超过三分之二的同学同意让雷梦佳"离开"。随后，在准备把她领走的母亲到来之前，她偷偷跑出了学校，再也没有回来，直到人们最终发现她的尸体。谁也没有预见到雷梦佳的死亡，如同谁也不

[①] 曾庆芳，曹大宏. 学校道德氛围的调查与研究 [J]. 教学与管理，2008（10）：62—63.
[②] 付雁南. "问题少女"之死 [N02]. 中国青年报. 2010－05－05 [2016－03－02] http://article.cyol.com/home/zqb/content/2010－05/05/content_3214866.html；付雁南. 民主投票逼死花季少女"问题女子"没人喜欢？[N/OL]. 腾讯教育. 2010－05－05 [2016－03－02.] http://edu.qq.com/a/20100505/000055.htm. 奚春山. [N/OL]. 东方今报. 2010－04－26 [2016－03－02]. 此处有删减，综合.

知道这场投票对她的影响。

在这场投票进行的时候，雷梦佳并不知道发生了什么事情。她只是按照班主任周老师的要求"出去一下"，站在了教室门口的走廊上。根据班上同学的回忆，周老师先历数了雷梦佳以前犯过的错，包括晚上和男生一起喝酒，在宿舍里打同寝室的同学。随后，他希望全班同学"根据以前的行为"，决定让雷梦佳"留还是走"。结果，大多数同学在选票上写下了"走"字。投票结束后，这些从每个人的作业本上撕下来、大小不一的选票，被两个"老师信任"的同学收起来，并在讲台上现场清点。随后，周老师向班里的同学宣布结果：12张上写着"留"，而写着"走"的纸片一共有26张。

几名同学说，他们理解的"走"，就是让家长把雷梦佳带回家，"再也不回来了"。可事后周老师却解释说，他所说的"走"，只是让家长把她带回去，"进行一周的家庭教育"。

班主任周老师在此事被媒体报道后被停了职，每天窝在家里，精神低落。"我为学生们真的操碎了心……"他带着痛苦的表情摇了摇头，不愿再讲下去。校长李继伟不断坚持，雷梦佳肯定不是自杀。因为她在渠边的遗言中，给父母的部分不是用小石子写在石板上，而是画在水位以下石板沉积的淤泥上。他说，这就能证明，雷梦佳不是自杀，只是想吓唬家长，没想到"弄巧成拙"，写到一半时被水冲走了。

县教育局一位王姓副局长则在接受采访时表示，管理学生并没有错，教育局没有责怪周老师，但会要求老师们更加"讲究艺术"。他说，需要加强学生的挫折教育，"光想听好听的话是不行的。"

而在该中学，除了在面对记者时，偶尔有老师抱怨她的死"干扰了正常的教学秩序"，很少有人再提起雷梦佳。当然，还有一些风言风语：有人说她的死是"为民除害"，还有人说，"没想到脸皮这么厚的人也会自杀。"

雷梦佳的死引发了广泛的关注，人们在心痛的同时，也从不同角度反思着。从民主教育的角度来看，这则悲剧与教育者对民主的浅表化认识相关。班主任周老师和一些媒体使用了"民主投票"的字眼，似乎雷梦佳的死是民主的错。民主的确常常与投票选举、投票决定其他重大公共事件相联系，但只有投票的形式，却未必是"民主投票"。民主离不开平等、理智的参与，它意味着"人们不应被仅仅当作法律管束的对象和被动的客体，而是作为能够参与社会治理的自主主体"，在参与中陈述理由，"做出可辩护的决定，表达相互尊重的价值"[①]。美国学者尼古拉斯·M.米凯利（Nicholas M. Michelli）说，为自由和民主作准备并不意味着学习怎样去投票，而是学习日常相遇时彼此之间如何相互尊重和相互接受。[②] 通过合计的民主模式提供了确定输赢的机制，但却没有提供旨在发展共识、塑造公共舆论甚或形成值得尊重的妥协的机制，因此，其投票所产生的结果只有最弱意义上的合法性。为了克服以投票为中心的民主制的缺陷，约翰·塞内克等民主理论家越来越关注先于投票的审议（deliberative）过程，它包含着对话、交流（communicative）与探讨（discursive），也可被视为一种舆论形成的过程。最重要的是，在这个过程之中，每个人

---

① Amy Gutmann & Dennis Thompson. Why Deliberative Democracy? New Jersey. Princeton University Press. 2004：3—4.

② 米凯利，凯泽. 为了民主和社会公正的教师教育[M]. 任友群，杨蓓玉，刘润英，等译. 上海：华东师范大学出版社，2009：127.

都有使自己的观点受到他人倾听和被他人考虑的机会。而通过这个过程，人们能够加强共同经验，通过非强迫性的讨论而不是操纵、灌输、宣传歪曲、欺骗和威胁来表达自身的诉求。现代的民主已经开始从以投票为中心向以对话为中心转变，投票或选举的程序只是在论点都得到恰当考虑后解决残存分歧，符合公共合理性的审议才是关键性的因素。

就主题而言，且不讨论教师和学生是否有权决定一名违纪学生的去留，这里仅就话题的公共性展开讨论。民主投票与讨论的主题应当是公共话题，会对全体或多数社区成员产生广泛影响。周老师说，他请学生投票的话题是"重大事件"，这个事件深深困扰着他。然而，问题在于困扰某个个体的问题，并不是民主投票所合适的话题。用"民主投票"来解决个人的困惑，让投票在起点上就偏离了轨道，丧失了合法性。对于"雷梦佳是应该留在学校还是跟父母回家"是周老师关心的问题，但不是学生们关心的问题，不应成为投票的对象。有人甚至用"借刀杀人"来描述这次民主投票。换言之，老师把自己关心的问题当作一个公共话题，且没有认识到其中存在的问题，在一定程度上也反映出教师的权威意识，而非民主意识。即使因为雷梦佳违纪会对某些同学造成影响，但需要学生评议的也绝不应简化为一个简单的去留问题。

识别用于民主审议的公共议题是民主参与的一个起点。当团体中的某人被某个问题所深深困扰，这只是开展民主讨论的一个可能契机。要让这个困扰某个人的问题转化为公共议题，需要挖掘个人困扰背后的公共意义，把私己的问题转化为公共的问题。在教育场域中，尤其要从促进学生发展的角度提出问题。本案例中引发"民主评议"的是班主任周老师对学生攻击行为的困扰。与此相关的，关乎学生发展的公共议题有很多，如，"攻击行为：表现、影响与应对""为什么侵犯他人的行为应当禁止？""打架这样的违纪行为该如何处理？""如何处理人际冲突？""同学该如何和睦相处？"等。这些公共议题关涉每个孩子的成长，适合每个学生参与讨论。如果老师能够引导学生借此机会讨论这样一些问题，则学生离参与民主管理和审议会更近些。这样的讨论，能够丰富、澄清、提升学生对话题本身和民主的理解，同时也能学习和体会民主的精髓：平等理智参与，彼此尊重和包容。这样一来，"留或去"的问题就不再是困扰老师的问题了，因为，师生可以共同找到更适当的看待问题的角度，找到更恰当的处理办法。

就过程而言，用投票等同民主，忽略平等理智审议的过程，其实是伪民主。其一，看似学生参与了，但审议的结果在审议开始前已经被作为权威的教师限制在了"留还是去"的狭窄范围内，学生的参与被不恰当地限制了；其二，被裁决的对象雷梦佳，被剥夺了参与讨论的机会以及为自己辩护的权利，也丧失了通过讨论学习的机会；其三，投票前，教师历数雷梦佳曾犯过的错，其"留还是去"的导向性已非常明显；其四，事后，老师解释说"回家"意味着"一周的家庭教育"，而学生们认为"回家"意味着再也不回学校。这在一定程度上，反映了师生在投票前缺乏比较充分的沟通。简言之，学生缺乏表达自己意见和理由的机会，民主的内核被遗忘了，只留下"投票"这样一具空壳。

民主审议需要开放性。从讨论的议题，到解决问题的策略，都需要开放性。权威对审议过程的限制，应当尽可能减少。更重要的是，民主审议应当向所有相关人开放，例如一个班级的所有学生。

当然，由于学生是未成年人，心智正在发展中，教师有责任引导学生的审议和讨论。但教师不能用自己的观点压制和替代学生的观点。在民主审议中，教育者应当做的，也许是提醒学生注意：是否有人被排除在审议之外？每个陈述的合理性如何？是否有其他的可能性？讨论是否是善意的？每个人的意见都被重视了吗？参与者是否注意倾听他人的意见？参与者是否做出了理智的评判？参与者能否根据他人的观点来调整自己的想法，我们所做的判断会产生怎样的后果？等等。

二、民主权利的滥用

案例 1.2　给老师打分[①]

记得我读初三的时候，学校让学生给任课教师的教学效果打分。在评分表上，我一口气给所有的任课老师都打了"A"。因为，我的妈妈也是老师，我理解老师的苦口婆心。再说，我们即将面临中考的压力，能否考上高中几乎决定我们能否顺利进入大学校门。此时此刻，尽量稳定师生情绪，抓好学生的学习成绩是第一位的。即使对老师评出了优、良、中、差的等级，在中考前还能换老师吗？我担心这种做法会加剧师生的对立。

评定结果出来了，几个平时工作极为认真，对学生要求严格的老师平均分是"C"，甚至是"D"；几个上完课就走的老师反而得了"A"。我知道这是班里那些学习成绩中下等的同学所做的蠢事。这十几个同学不仅不为老师着想，还要放弃自己的前途！

事后，最年轻的语文老师（大概只有24岁）伤心地哭了，她真的为我们班付出了很多，可没想到是这种结果。第二天上课时，她说了一番负气的话："以后我和你们班的学生恩断义绝，你们见了我也不必叫，就当我没有教过你们！"然后，她拿起一本小说读了起来，而我们只好上自习。物理老师极为负责，她说过，她从不放弃一个后进生，因为她知道当后进生的滋味。而这次恰恰是那些不懂事的后进生伤了她的心。可她还是来给我们上课了，因为她知道他们还是孩子。

就这样，事情闹了两个星期，全班同学的成绩都受到了影响不说，还伤害了师生三年来的感情。我不知道是学校里哪位领导提出的如此"英明"的决议，真是"赔了夫人又折兵"。

这是一个民主权利被滥用从而导致民主价值异化的例子。它警示我们，民主的权利并非没有限度，缺乏理性的使用民主的权利，只会破坏民主本身的价值。学生参与民主生活的能力是需要培育的。

案例 1.2 中采用学生评分的方法来对任课教师的教学效果进行评定这一举措的本意是良好的，通过这样的方法能够赋予学生和教师相对平等的地位，给予学生自由表达自己意愿的空间，加大学生参与学校生活的力度，这些都是民主精神和价值的体现。然而，这些值得珍视的民主精神和价值是有自己的限度的——就像言论自由不等于可以随便骂人，师生平等不代表学生可以在上课时随意打断教师教学，而共同参与也不应是胡搅蛮缠一样，想要把握这些限度，理性是必不可缺的。案例中学校要求学生们对教师做出评分，却没有给予一个客观的评分标准，这一点在某种程度上是对公共性原则的损害，虽然学校并不一定是有意的，但这种行为实质上是一种隐瞒，学生没有从学校获得做出选择所必须具有的

[①] 朱晓宏. 儿童的成长：另一种记忆——学校道德氛围的改造与重建 [M]. 南京：江苏教育出版社，2009：113-114.

信息——给教师评分的依据。于是案例中的部分学生就未能做出合理的判断，而是按照自己的好恶，以冲动、偏见的情绪做出了选择，使得民主评分结果不再体现出民意，扭曲成了一种多数人的暴政。从我们上一节所提到的原则来看，这是伤害了互惠性原则的，学生们虽然做出了选择，但是却始终没有给出令所有人都能够接受的理由——很明显的，至少他们出于冲动情绪的理由就没有得到同为学生的"我"的认可。同样，在有人并不认可评分结果的情况下，学校没有组织学生们就这个问题进行讨论或者澄清，仅仅是简单地将学生的评分结果进行了公布的做法，也不符合互惠性原则的要求。此外，从问责制原则的角度来审视这个案例的话，可以看出，学校仅仅是做出了"让学生给教师评分"这样一个举动，却没有对这个举动带来的结果负起相应的责任——没有澄清评分理由，没有对受到伤害的老师和学生做出安抚或者做出说明，从案例中也看不出是否还有依据这个评分结果而进行的后续工作，这就使得比起一种民主的测评方式，案例中的学校行为更像是一个"为评分而评分"的走过场。从根本上讲，这些问题可以说全部来自于学校对这种民主评分的方法缺乏必要的审视和规范，就深层次来看则是一种对理性的忽视。我们知道，在一种非理性状态下很难保证能公正地看待事物，正是因此，我们认为这个案例中的评分没能遵循不歧视的原则，使民主权利超出了其应有的限度。民主生活本身的合理性在这个过程中受到了破坏，而其对学校民主氛围营造和学生民主道德培养所造成的影响也同样体现在了案例之中——案例中作为评价者的"我"和作为被评价者的教师们明显都因为这种破坏性的过程受到了伤害，那位年轻语文老师因此放弃了自己应负的责任，影响了教学活动不说，"我"更是在不知不觉之中已经对民主价值产生了怀疑，甚至开始否认学生评分方式的意义。由此可见，滥用民主的行为对整个民主道德氛围的破坏性有时甚至会超过不民主的行为，明确这一点同时也是要求学校的管理者和教师更加谨慎地去理解民主价值的真实意义。最后值得一提的是，案例1.2的情况还向我们提出了一个问题——违背公共性原则本身不一定会直接造成很大的危害，但是一定会间接地影响民主的其他原则和价值观念，因此我们在处理这些损害了公共性原则的问题的时候，可能需要注意修正一些随之而来的其他问题。

关于案例1.2中的问题，完全可以通过由学校制定一个相对较为公正、细致的评价标准来解决——学校希望由学生来明确评价的是教师的工作，也就是教学的过程的好坏与否，那么通过一些诸如"课堂思路是否流畅""是否拖堂""授课态度是否认真"之类的问题来指导学生做出评价的方向，就会让学生的判断有个较为合理的依据。另外，如果可能的话，在学生评价时也可要求学生对自己的评价举出相应的例证，以检验其评价的真实性和理智性。

案例1.2给予我们了一个重要警告——关于民主的限度与理性的作用。它反映出的问题提醒了我们，民主是一个有限度的概念。它的价值虽然与权威崇尚观念相对立，但这并不意味着它不需要权威，相反的，权威是维护它自身价值所不可缺少的重要因素。然而和权威崇尚观念所理解的权威所不同的是，民主权威并非代表一种决定性的力量，而是代表一种规范性和稳定性，它对民主价值进行指导，保证由民主价值所提供给人们的权力不会损害民主价值本身，从而使民主共同体能够稳定地发展，实现安全而有秩序的变迁。那么我们应该如何维持民主权威的存在，保证民主价值不会异化呢？答案是通过我们的理性来实现。理性对我们过民主生活是一种不可或缺的能力，它使我们能更好地认识问题和理解彼此，依据对他人利益的理解和关照来重新考虑自身利益，并使我们愿意在把握住民主生活的原则底线的基础上，以明智的协商方式来处理问题。当我们通过理性来对民主价值进行审议之时，民主的权威便能得以保障，我们也能更清楚地看到民主的限度，从而提醒自己不要越界了。

三、权威僭越民主

案例 1.3　评选大队委

在我们 D 小学里，少先队大队委是个"大官儿"，有很多特殊的待遇和权力，所以这个岗位一向竞争激烈。为此，学校还专门发布了这个岗位的一个评选标准，给每个四年级以上、可以参与评选大队委的班级，要求所有人按这个标准严格选出合适的人来。

我们五年级三班在大队部换届的时候，因为表现优秀而得到了一个大队委的名额，班里所有人都很高兴。按照标准的要求，有资格担任这个岗位的人有我和 W 两人。班主任于是决定："既然有两位同学都符合标准，那我们就以无记名投票来民主选举谁做大队委吧。"然后告诉我和 W："作为被评选的对象，你们两位都不参与投票了，虽然是无记名，但是你们也回避一下，去我办公室等一等。"于是我们就去办公室了。我和 W 平时私交很好，也同是班里的干部，平时工作上合作挺多，说话都没有什么顾忌。在办公室 W 问我："你觉得他们会选谁？"我说："我不太清楚……大概会是你吧？同学关系你比我更会处，我想应该支持者众多？"但是 W 却摇头说："不，我觉得不会……我知道你成绩比我要强得多，标准要求上成绩占很大一部分，同学一般又更看重这个。"然后不等我说什么，W 又接着说："哎，我真的很想当大队委啊。我爸也是当领导的，出门都有小车接送，又方便又有面子。"我笑着说："我也想啊，而且当大队委的话，真的是好处多多呢。"W 也笑了，说："就是就是！"这时班主任来办公室，说投票已经结束我们可以回班上了，于是我们的交谈就到此为止。回到班里后就听到老师宣布，今天晚上她就会尽快把票数统计出来，明天就会告诉大家结果。所有同学都很兴奋。

第二天一早，我因为轮到做值日所以很早就到校打扫卫生。结果扫地扫到一半就听到同学 X 叫我说："Y！老师让你把昨天下午发的那一摞卷子给她抱过去。"我于是就抱着卷子到办公室去了。没想到把卷子给老师之后老师却说："Y 啊，稍微等一下，老师有点话想和你说。"我很奇怪，觉得自己最近也没犯什么错，也没有特别的事情，为什么老师会突然"有话要说"，但是我还是乖乖站到老师面前去了。然后老师就和颜悦色地对我说："Y 啊，我知道你一直都很优秀，也没有什么做得不好的地方。但是呢，这个大队委的名额，我们班毕竟只有一个，实在是没有办法的事情。我也不瞒你，昨天投票的结果，确实是你得票比较多，说明你平时的行为和你的成绩，大家都是看在眼里记在心上的，但是你看，你是宣传委员，而 W 是中队长是不是？她一直比你要大一级，处理的事情一般都是整个班的事情，所以我觉得，在应对范围比较大的事情的时候，可能她比你要做得更好一些。大队委在大队部里是代表我们班，你也希望我们班这个集体能更好吧？所以啊，这个名额，你能不能就发扬一下精神，让给 W 呢？嗯？"虽然老师用的是疑问句，但是这话已经说得很明白了，而且我平时也比较喜欢班主任老师，一般她说什么我都会乖乖去做的，所以我连想都几乎没怎么想就答应了。老师笑了，说："我就知道你是个懂事的乖孩子。"

后来，老师公布说 W 以几票之差胜过了我，W 自然就成了大队委。而老师也没有看错她，处理大事，她确实比我更有一套，甚至还在一学期之后荣升大队长了，在她的争取下，我们班也因此有了更多的大队部的评优名额。而不知道是不是班主任为了补偿我的原因，虽然我五年级那两个学期实际上的标准都没有达到，却还是获得了期末考试"免考"的殊荣（那是我们学校一个特殊的制度，四年级以上，班上平时成绩的平均分最高的那一位学生可以不参加期末考试直接拿双百）。总之，算是个皆大欢喜的结局，大家都很高兴。

案例 1.3 是一个典型而清晰的与民主相关的问题，它警示我们关于民主价值多么容易被权威所僭越。案例中的选举确实有一个民主的形式，但是班主任的行动却依然在很多方面损害了民主的价值——平等、参与和公正。

首先，班主任让两位候选人回避的做法隐晦地违反了我们在上一节所提到的不压制原则。这一做法本身是没什么必要的，匿名的同时又是当场投票的形式为平等参与提供了保障。两位候选人本身虽然是候选人，但同样也是班级共同体的一员，她们也应该平等拥有对共同体的重大事务做出决策——也就是投票选举大队委的权力。其次，票数的统计也是投票选举这一民主决策形式中的一环，而这位班主任将选票带回家自己统计，第二天再宣布的做法，就不压制这一民主原则来看，也是不合适的，至少是不够谨慎的。这种行为在某种程度上确实有它自身的合理性，班主任很可能是考虑到学生能力的问题而选择了自己代劳，然后在事实层面它却变相令学生失去了完全参与选举这一民主形式的机会，失去了参与的价值，同时，这一行为意味着在统计这一关键环节上的所有权力都集中于班主任手中，这就使得他能够轻易地动用这种权力来压制与自己不合的意向——在最后他得以以自己的意志强行改变投票结果正是拜此所赐。在这种情况下，本该是民主的方式便异化为了一种看起来民主的走过场。不过，我们可以发现，教师本人所期待的选举结果——由 W 当选大队委——是出于为集体的共同利益考虑。站在民主价值的角度上来看，教师作为共同体的一员，有权利提出自己对于民主产生的决策的不同看法，并且作为教师，在教育活动中处于一个引导的地位，对于事务的认识和看法远比学生成熟，这些都决定了这位老师可以对投票结果产生异议，而不是一定要遵从学生们的选举结果。然而我们依然认为这位教师的行为不可取的原因，除了他压制了学生的参与性之外，还有另外一点——这位老师没有向学生提出一个自己反对 Y 当选，而又能让学生接受的理由，缺乏必要的对话过程，违背了互惠性的民主原则。此外，班主任在选举这一过程中对投票的结果进行隐瞒的行为还是一个违背公共性的例子。这种投票选举的行为并未涉及候选人或者其他人的隐私或基本自由等民主所要优先保障的问题，那么教师隐瞒这一结果就是一种无可争议的欺骗行为，损害了"公之于众"的价值。最后，班主任老师在利用自己的权力压制了民主的进程之后，对在其中利益受到损害的"我"进行了某种程度的补偿，这种行为又进一步损害了民主的不歧视原则。这种补偿式的行为将"我"和其他本来应该和我平等的学生之间人为地划分开来了，对于追求平等这一核心价值的不歧视原则而言，是明显不可取的。不过在这里需要说明的是，不歧视原则并不排斥对利益受到损害者进行某种程度的补偿，但是这种补偿只应该出现在由于不可调和的矛盾而造成的牺牲上，且要尽可能地不危害到民主自身的价值，而在案例 1.3 中，事情显然并不是这样，因此才判定它与不歧视原则相悖。在如此分析了这个案例之后，再从民主的最后一个原则——问责制原则出发来看，这位班主任的行为是否对所有学生都负起了责任？很明显，答案是否定的，因为从民主的价值来考虑，他的行为大部分是不可取的。

那么，对于这些看得见的问题，有没有解决的方案呢？答案应该说已经存在于上文的分析和上一节所讨论的原则中了。对这位班主任而言，完全可以让包括自己和两位候选人在内的所有人都参与选举。关键在于，投票之前的一个先行工作是请大家共同讨论明确大队委的职责和对候选人的要求，然后请申请人进行"竞选演说"，这样的"审议"过程必不可少。它既是民主投票程序正当性的体现，也是民主投票结果正当性的重要条件。如果在实践中漏掉了这一关键环节，则只能采取亡羊补牢的办法：在投票结果与自己期望不符时，与其通过隐瞒投票的结果来达成自己的期望，还不如光明正大地向所有学生提出异议，并给明自己的理由以求得学生的理解和支持。当然，若是这一做法依然无法让学生改变自己的选择，顺其自然以期待由一个可能不那么理想的结果来修正这个问题也是一种可取的做法——毕竟这样的损失并非涉及道德的底线、民主的价值或者其他一些不可逆转的失败，我们完全可以将之视为一种经验的积累。这样的做法比起案例中教师的行为，或许更加符合我们所希望营造出的民主道德氛围的价值，也为学生提供了学习民主价值的契机。

总的来说，案例1.3讲述的是一个关于民主的进程与形式的故事。这个故事向我们提出了这样一个重要的问题——民主必然会立刻带来好的结果吗？案例本身已经对此给出了答案：不一定。即使增加了"审议"环节，也只能减少失误，而无法完全避免失误。那么，我们为何还要坚持一种民主的价值呢？让我们做出下面的对比：假设那位班主任彻底以民主的方式进行了这次选举，那么当时的结果可能并不理想，但是通过真正民主的方式，学生们必然会增进对他们所面对的问题和他们彼此之间的理解，之后学生们将会发现自己也许做出了错误的选择，然后开始自发地修正那个不尽人意的结果。同时，当班级共同体再次遇到类似的问题需要所有人共同做出选择的时候，这次失败就会成为一种宝贵的经验，令学生们不会摔在同一个坑里。而按照案例中班主任的做法，虽然及时得到了一个令大家都满意的结果，但是当以后再次遇到类似的选择的时候，缺少对问题和彼此了解的学生们依然可能再一次做出错误的选择，难道每次班主任都能够以自己的意志来扭转局势吗？这就是我们在这里想要说明的问题——民主的意义在于以一种公开的方式来争辩和讨论，并以一种与民主价值的承诺相融合的方式来解决我们所面对的共同问题，而它的真正价值则体现在由此带来的人的成长发展和社会的自治上。民主价值在短期来看或许是缺乏效率的，但从长远来说，它值得我们去坚持。

案例1.4 联名上书的后果

高中的时候，大家学习都很忙，但是在学习之余，十六七岁的女孩子们还是开始更加重视自己的外表形象了。虽然学校的校规规定了着装只能是校服，但是女生们还是找到了另一种表现自己的方式——发型。即使学校不允许我们烫发、染发，但仅仅是直发也还是可以做出很多种不同的发型来的。那个时候，在课间休息和午间休息的时候，就是长发的女生们相互之间交流怎么盘头发、怎么编辫子更好看、更有趣的时间，也是在沉重的学习压力下我们在学校里为数不多的乐趣之一。

但是高二的某个周一，学校却突然宣布了这么一个消息——"近期内，有许多外来不良人员混入学校,造成了很不好的影响,干扰了我校教学秩序,为了加强管理,我校决定加强着装规范。从下周起,男生发型规定为不得超过1寸的平头,女生发型规定为齐耳短发。之后若发现不符合要求者,一律不准入校,直至理发完毕为止。"刚听到这个消息之后同学们都感到很不可思议,女生们更是议论纷纷,之后很快大家都开始了对这个新规定的抗议和抵制。最后一个平时在老师眼中比较"皮"(顽皮捣蛋的意思)的男生Z站出来说:"我说,我们联合一下其他人一起抗议吧?不满意这死规定的肯定不止我们班的,人多力量大嘛。"然后他跑到讲桌下的储存柜里翻翻找找摸出了学校的校规手册,然后翻开给我们看:"你们看,校规不是也说了吗?'若对学校的规定有不理解或不满意的情况,可以通过正规的渠道向老师和校领导反映'。"Z的意见得到了大家的一致赞同,于是我们发动了全班同学的人际关系,去联系了同年级其他几个班的班长,询问了情况发现他们班上不满意这个规定的也相当多,联系高一年级的学弟学妹们发现他们对这个规定也表示纠结,甚至有高三的前辈知道了我们在询问大家的看法之后也主动来表示愿意和我们一起抗议。最后我们发现,几乎是所有的学生都对这个"发型要求"的规定感到不满,于是我们就吵着要闹到校领导那里去。

这时候班主任老师被我们的举动给惊动了,赶忙来问到底发生了什么事情。我们当时的班主任是个相当开明的人,所以我们也没有什么顾忌就把大家的愤怒和不满一股脑儿地都倒给了他,班主任听了事情的原委之后愣了一下,然后对我们说:"这样吧,你们先缓缓,我考虑一下。"虽然我们当时很激动,但是班主任老师都这么说了,所以我们还是暂时忍了下来。第二天,班主任回来对我们说:"好吧,我也看了校规,确实学校也允许反映情况,你们对这个规定不满意我想想也觉得是可以理解的。但是校规也说了,要'通过正规渠道'反映情况啊,你们这样闹上去肯定是不行的,你们看这样好不好,你们联名写一封信给学校,然后你们自己递交或者我帮你们递到校长那儿去?"我们都很意外,老师居然会在这种事情上支持我们,于是很高兴地去找平时班里那些作文高手,绞尽脑汁地用较为正式、客气但是又能反映我们的愤怒和不满的语气和文字写了一封信,然后在信后附上了6张纸的签名(因为从高一到高三很多人都签了),最后还是让老师帮我们转交给校长了。因为同学们认为从下级到上级层层转交才显得比较正式。

终于,到周五下午的时候,学校给予了我们回应。学校临时举行了一个全校的会议,要求大家从广播收听。然后就听到校长在广播里大力赞扬了我们这种有不满敢于上报的精神,称我们是"有着民主的精神的优秀的学生",还夸奖我们说,我们没有采取聚众闹事的方式,而是采取了正式的渠道,递交了联名信,说明我们不仅很好地理解了校规,执行了校规,也是有法制精神的表现,甚至还提到我们的信也是写得非常好的,非常恳切,也很客观,等等。总之,就是表扬了一大堆有的没的。不过我们当时都很高兴,觉得学校都表扬到这个份上,应该算是接受了我们的请求吧。

但是第二周周一我去上学的时候发现好多人都迟到甚至一个上午都没有来。本来我还以为是出了什么大事,结果下午C来了,我惊奇地发现她剪短了头发,眼圈也是红的。我问了半天才知道,她早上来学校的时候依然留着长发,结果就被拦在了校门外面,被勒令去理发了。据C说,她和门外守着的老师据理力争了很久,但是老师就是一口咬定学校并没有撤销上周一的"发型规定",不准她进来,说必须去理发才行。最后C纠结了很久还是觉得总不能为了头发不上课吧?还是妥协了,但是也哭了一场。我想想她是应该挺委屈的。其他下午来的同学也和C的情况差不多，大家都很郁闷，连帮我们出联名上书主意的班主任都被弄得相当尴尬，听说后来还因为这事情被领导批评了。

但是没想到这事儿居然还没完。周三的时候，发现学校门口多了三张照片，然后下面写着："本校规定发型示例"。我惊奇地发现除了男生的平头版照片，女生的齐耳短发版照片之外，还多了一个"不超过5寸的马尾"版的女生照片——反正那照片下面就是那么说的，我也不知道究竟那马尾有没有超过5寸。结果搞了半天，联名上书要求不要限制发型的结果就是比齐耳短发多了一个不超过5寸的马尾的选择吗？我觉得自己一定是以相当呆滞的表情扫过那些照片的。最后那个月的月末总结，还是校长讲话，说："我们学校终于完全杜绝了奇装异服的不良风气，感谢各位同学和老师的努力。"到底是谁在努力啊！

案例1.4提醒我们，民主氛围并不仅仅表现为一种形式或者程序，我们所需要注意的问题可能比想象中的更多。

营造民主氛围是为了教育的目的，而能在学校生活中起到教育作用的不仅仅是教学，还有制度。制度构成了人们生活的框架，会对人的行为、情绪、体验、性情等产生深刻的影响。服饰规范在学校是最容易引起学生反感的规范之一。与不准打人、骂人一类的人们很容易理解也普遍认可的道德规范相比，服饰规范具有很大的人为性和相对性，被学者们从"道德规范"中分离出来，称为"习俗性规范"。一些学校有严格的服饰规范，一些学校则没有。教育者提出服饰规范的理由往往是：奇装异服、烫发染发等使学生不像学生，容易混同于社会青年；在服饰上面花太多时间会影响学习；服饰方面的统一可以减少学生之间的攀比，有利于学校管理，等等。而反对服饰规范者，则认为这种规范不是必需的，它的存在限制了学生个人对于自己生活方式的正当选择权利，在一定程度上剥夺了学生应有的个人自由，违背了民主的不压制原则，伤害了民主的自由价值，损害了多样化的价值，妨碍了学生的个性发展。有人甚至认为，这类规范把学校等同于监狱，剥夺了学生选择自己发型的自由，潜在地将学生放在了与监狱中的囚犯同等的地位上。媒体上类似"短发令逼死花季少女"的报道，揭示了相关问题的冰山一角。

抛开这类规范本身是否合理不论，单就规范的制定和实施而言，学校制定服饰规范是为了"加强管理"，是管理层单方提出来，又强制执行的，学生只是被动的被管理者，不服从管理的C同学就被剥夺了学习资格。学校的管理层与被管理层所处的地位是毫无平等可言的，管理层在有意识或者无意识地歧视着被管理层个人独立性和自主选择能力，学校这一本应由所有人构成的共同体变成了由少部分人支配的私人玩具。在案例1.4中有部分教师对学校的规定产生了疑问，并支持了学生向学校提出意见，本来这是一件好事，但学校对这部分教师采取的态度却是严厉的批评，对学生的意见则采取了口头表扬但实际无视的态度，这些都是非常典型的压制行为，体现出的则是一种强权，也是民主意义上的管理失败。民主式的领导应当是通过和别人交换意见从而激发和指导智慧的领导，而不是那种孤立地依靠行政方法专横独断地将教育目的和方法强加给别人的领导，但案例中领导的管理方式恰好是"专横独断的强加"，它使学生失去了选择的自由，压抑了教师所具有的民主精神，损害了师生的参与热情，传递了一种"无论你们说什么，这里始终是我说了算"的与民主相对立的权威崇尚的价值观念，危害到了学生与教师审议的能力——学生感到无力改变现状,而教师则感到自己缺乏掌控力,容易令师生质疑民主的价值,同时更加消极地对待问题而不是去思考、去辩论。这些方式完全伤害了民主最基本的自由、平等和共同参与三大价值,与不压制原则和不歧视原则都是严重相悖的。当然,我们应该看到,这个案例中的学校对于为什么要限制发型确实是给出了自己的理由的,但是这个理由并没有为大多数学生所接受,学校却依然强行执行了自己的规定,所以它还是不符合互惠性原则的要求的。对互惠性原则而言,对话是一个必要的过程,因为通过对话,才能够促进彼此的理解,从而保证我们对这一原则的承诺。而学校的这个行为拒绝了这种理智的对话,自然不符合互惠性原则提出的要求。此外,Z同学原本提出的联合其他人直接闹到校长办公室的做法显然不符合公共性原则的要求——这种行为是在小范围内提出自己的要求和理由,其直接面对的对象仅有校长办公室里的人,而并未公开地让所有相关人都明白自己的理由和要求到底是什么。同理,学校在没有以任何理由对学生联名上书提出的要求进行回应之前,就直接实行了限制发型的规定,这样的做法也不符合民主审议过程对于公共性原则的要求。

分析了这些之后,我们继续来讨论案例1.4中问题的可能解决方式。首先,学校在收到了学生的联名上书之后,就应该反思自己的这种"通过限制发型来保障管理"的行为是否具有足够的正当性——我们认为要保障学校管理,防止外来不良人员入校,通过校徽、学生卡或者校服等方式都比发型更可取。如果学校依然坚持自己的做法,那么对于学生的抗议和上书就应该做出正面的回应,积极地寻求对话的可能性来取得学生的理解。然后对于没有遵守规定的学生C,也不必拒绝其入校,而是可以考虑在校门口要求其留下班级与姓名,之后再进行劝说。

案例1.4讲述了一个关于学校制度的故事,通过它我们很容易意识到,在学校中营造一种民主的道德氛围是非常艰难的,因为民主价值体现在学校生活的不同方面,为了维持这种价值就要求我们广泛关注学校生活的各个维度,特别是规章制度的制定和学校的行政管理,因为在很大程度上它们是民主氛围的基础保障,没有民主的制度就没有民主的氛围。而实行和维持一种民主的制度需要学校中所有人的共同努力和大量的付出,稍有不慎就容易产生各种问题。民主价值虽然值得珍视,但在还未确实形成一种民主氛围的情况下,这些价值都是脆弱的,容易受到各种各样的压迫,因此需要我们随时保持警惕,时刻反省我们所过的生活,尤其是所行使的权利是否在某种程度上压迫、违背了民主价值。而这一点则使我们必须长期关注学校中的民主氛围,而无法期待一种一劳永逸的问题解决方式。或许只有当我们对这个问题有了充分的心理准备的时候,继续讨论该如何去营造理想的民主道德氛围才是有意义的。

尽管案例1.3和案例1.4的故事很不相同,但从民主的角度看,其核心都在于权威僭越民主,广大被管理者的声音被压制了。

本节的几则案例也许只能反映学校中民主问题的冰山一角,但已经足以产生这样的警示作用:具有民主形式或名称的做法,也许离真正的民主还有很长的距离,有些也许走向了民主的反面。

第三节 建设良好的学校民主氛围

民主，是一种政治制度，是一种管理国家的方式。作为一种政治制度，民主的核心程序是通过人民的选举产生自己的代表；同时，人民能够通过一定的法律程序参与国家的决策。同时，民主也是一种生活方式，体现于人们的言语行为之中，表现为一种内在的修养，绝不是参与投票选举就能涵盖的。前者是制度保障，后者是民主制度的生活土壤。

学校是帮助年轻一代学习民主精神，体验民主生活的场所。建设民主氛围需要从学校工作的方方面面、点点滴滴做起。但关键在于用制度保障参与，约束权力，在活动与教学中体验民主，其基础是认识民主的内涵，反思实践中的不足。所幸一些既有的或正在开展的尝试，给我们提供了有力的借鉴。

一、用制度保障参与，约束权力

民主是一个内涵和外延都相当广泛的概念，它体现在学校工作的方方面面。想要保障学校中的民主氛围，一种良好的民主型规章制度是不可或缺的。民主型规章制度至少有这样一些特征：其一，它的内容在对共同体进行规范和约束的同时，不损害民主本身的价值。其二，它是经由民主的过程所制定出来的，在条件允许的情况下应使制度所涉及的所有人都参与进来，在条件不足的情况下也应对制度进行充分的审议后再决定制度是否可成立。同时，这个制度还需要是一个"有商量"的制度，要保证在需要的时候可以通过合理的方式对其自身进行修改，以求得发展和延续的空间。其三，它的作用最终在于维护民主共同体的发展和民主价值的延续。这里仅讨论与民主联系最直接的制度，即保障参与和约束权力的制度，主要包括区域和学校层面的学校管理体制，针对教师层面的全员育人制度，针对学生层面的志愿者制度等。

案例1.5 健全"一主两翼"学校管理体制的决策、运行、监督机制[1]

2013年7月，南京市推进"一主两翼"现代学校管理体制全面建设现代学校制度的意见出台。以建设"依法办学、自主管理、民主监督、社会参与"的现代学校制度为目标，全面推进南京校务委员会制度建设，构建南京中小学校"一主两翼"新型学校管理体制，重点在教育管理体制改革、运行机制创新、学校基本制度建设等方面取得创新和突破，力争到"十二五"末，基本形成南京基础教育较为完善和先进的现代学校制度体系。

"一主两翼"现代学校管理体制是以校长负责制为主，以教职工代表大会制度、校务委员会制度为辅，学校其他工作制度相互配合的新型学校管理体制。

"一主"是指校长负责制在学校管理中处于主导地位。校长作为学校的法人代表，在学校的决策、管理等方面起主导作用。重大问题的决策，必须由校长主持，按照程序进行

---

[1] 南京市教育局.关于推进南京"一主两翼"现代学校管理体制全面建设现代学校制度的意见[N/OL].南京教育网.2013—07—15[2016—03—02] http：//www.njedu.gov.cn/default.php？mod＝article&do＝detail&tid＝673590

科学论证，提出解决方案，经过教代会或校务委员会审议，再经校长办公会或党政联席会讨论，最后形成决策并付诸实施。

"两翼"是指教职工代表大会（包含教职工大会，下同）和校务委员会，教职工代表大会侧重于校内事务，校务委员会侧重于校外事务，分别对涉及学校发展和师生切身利益的重大事项进行前置审议。凡是涉及学校教职工切身利益的重大事项，必须经过教职工代表大会审议通过，校长应当尊重教职工代表大会的意见、建议和表决结果，表决结果由校长颁布执行；凡是涉及学生切身利益的重大事项，必须经过校务委员会的前置审议，校长应当尊重校务委员会的审议表决结果，双方达成一致后方可实施。如果教职工代表大会或校务委员会在讨论审议时发生严重分歧，一般应当暂缓表决，本着充分协商的原则，待进一步交换思想修正意见后，再行安排讨论审议。必要时，可以提请上级教育主管部门和上级教育工会进行裁定。

充分发挥教职工代表大会参与学校民主管理和监督主渠道的作用。学校专业技术职务评聘办法、收入分配方案等与教职工切身利益相关的制度、事务，要经教职工代表大会审议通过；涉及学校发展的重大事项要提交教职工代表大会讨论。学校领导和管理部门应当接受教职工代表大会的考核和评议。要团结和带领广大教职工自觉遵守学校各项规章制度，积极参加学校建设，做学校建设和发展的生力军。

充分发挥校务委员会咨询和建议、宣传和协调、审议和决定、评议和监督的职能。中小学要在促进学校科学决策、维护学生合法权益、解决热点难点问题、沟通家校社校联系、利用社会资源、改善学校周边环境等方面积极发挥校务委员会的作用；职业学校要积极扩大社会合作，在决策咨询、教学科研、安全管理、学生实习实践等方面更多引入社会资源，健全制度，扩大社会参与的广度与深度。

完善民主监督制度。要充分发挥教职工代表大会和校务委员会参与学校民主管理和监督主渠道的作用，校长定期向教职工代表大会作年度工作报告，报告《学校章程》的执行情况以及学校建设和管理的重大事项；校务委员会主任定期向校务委员会汇报工作，报告校务委员会工作执行情况。通过制定科学合理的评价标准，由教职工代表大会和校务委员会分别结合校长工作报告进行民主测评；测评结果作为领导干部年度考核和单位绩效考核以及评优评先的重要依据。

构建现代学校制度是当前紧迫的任务，是学校道德氛围的重要组成部分。无论是制度本身的民主性，还是制度对于保障民主的价值，二者都是现代学校制度的应有之意。除江苏省南京市"一主两翼"的尝试，保障学校管理体制的民主决策、运行、监督外，四川省成都市青羊区开展了学校民主管理委员会（民管会）建设的实验研究。民管会是由教职工、家长、社会人士、学生、教育行政机构的代表为主组成的，对学校事务进行民主决策、民主管理、民主监督和咨询的学校最高一级的自治性组织。其成员是在学校教职工大会（或教职工代表大会）、家长委员会、学生会等三个二级组织的基础上，以民主选举的方式为主产生。青羊区同时开展了公办中小学校长公推直选的实验，让民管会和教职工推选校长，并把这种实验推广到了机关各科室负责人的选举。这样做，有利于拓宽选人用人的视域，把群众公信度高低作为重要指标，用好的、科学的制度选人，靠民主的程序选人，使更多的优秀人才浮出水面，脱颖而出，走上领导岗位；让广大教职工、高年级学生有表达自己的意愿、贡献自己的管理智慧的真正有效的途径和机会，使更多的学校管理方面的好的设想尽快转化成学校管理的决策和行动，提高学校管理效能，降低学校管理成本。该区逐渐将该方面的实验成果转化成常态化的制度。此外，浙江省宁波市海曙区开展了教育议事会建设的实验研究。教育议事会是指在不改变学校现有的办学所有制、不过度干预校长办学自主权的前提下建立的、对学校办学重大事务进行咨询和审议的外部咨询与监督组织，是学校与家长、社区建立长期、密切的协调与合作的一种组织平台。教育议事会开展议事活动，主要包括：规划、制度、汇报文本的审议，日常教育事项的审议，组织学生开展活动，协调矛盾，及时解决一些学校难以解决或不便解决的矛盾、纠纷和冲突，提高家教水平等。[①] 这些有益的尝试保障了相关人员的参与权利和机会，同时有力地约束了校长的权力。

案例1.6　班教小组与导师制：落实全员育人的实践[②]

镇江市润州区从2012年8月起推进班级管理体制改革，实施以班级教育小组制取代班主任负责制的改革（以下简称"班改"）。

我国从苏联学习来的班主任制使得班主任成为班级的"主心骨"、班级活动的组织者，在计划经济体制下，这种权力相对集中的管理体制确保了学校教育要求在班级得到有效落实。各种大型活动在班级得到快速响应和有效开展。

但随着社会的发展和教育改革的不断深入，班主任负责制的弊端也越发显现，具体表现在如下几个方面：①班主任工作繁杂，疲于应付，根本无法对每个学生进行深入的研究，无法按照学生身心发展规律采取科学合理的教育措施。②与现代教育的民主精神相悖。班主任一人主导着班级的教育，掌握着班级教育、发展的话语权，这显然不符合现代学校制度建设的要求。③难以做到班级管理决策的科学性。班主任负责制，客观上导致班主任成了班级管理、发展的唯一责任人，对于班级存在的问题、班级学生的教育、班级的发展方向等问题，班主任难有商量者、讨论者。班主任很难获得来自其他人员的适切意见和建议，这就影响了班级管理决策的科学性。④不利于全员育人思想的落实。在班主任负责制下，任课老师主要关注自己教学的学科；家长只能被动服从与配合学校和教师，缺少民主参与班级管理的机会，家长缺乏必要的建议权、评价权。

班级教育小组（简称班教小组）正是针对既有班主任负责制的弊端而采取的改革举措。①班级教育小组是整合各方力量的教育集体。影响学生成长的主要因素有学校（教师）、家庭（父母）和伙伴（同学），为发挥各方教育力量，形成教育合力，班级教育小组由教师（3名左右）、家长代表和学生代表组成。学校管理人员作为班级教育小组成员，参与班级管理工作。每个班级教育小组有组长1名，领导班级教育小组工作，起到组织、协调作用。②班级教育小组是集聚教育智慧的班级领导核心。班级教育小组在组长带领下，共同商议确定班级发展目标，共同制订班级工作计划，共同谋划班级文化建设并发挥

---

① 叶莎莎. 现代学校制度建设的着力点在哪里 [N/OL]. 中国教育报，2008－03－04（5）[2016－03－02]. http：//www.hrsxw.cn/znbm/Show Article.asp? ArtideID=472

② 束乾春. 落实全员育人的实践——润州区教育局推进班改实验的报告 [N/OL]. 2015年12月4日在江苏省教育学会班主任专业委员会第7届年会上的报告 2015－12－04 [2016－03－02] http：//www.nflsxl.com/art/2015/12/24/art_95_37905.html（本案例有删节）.

各自特长促进班级特色建设，共同研究班级学生思想状况并实施教育，共同带领班级学生参与学校各项活动……在学生教育和班级管理、建设过程中，班级教育小组成员努力贡献自己的教育智慧。③班级教育小组是职责分明但又团结互助的合作团队。在实际运作过程中，围绕班级发展目标、班级工作计划和班级具体事务，小组成员在组长带领下，经过商量进行合理分工（班级事务分工、常规管理分工、重大活动分工），做到职责分明。在具体实施过程中，大家又互相帮助，体现团结协作精神。④班级教育小组是关注学生个体健康成长的导师团队。班级教育小组把关注学生个体健康成长、促进学生良好个性养成作为重要目标之一。班级教育小组中的教师必须与学生"牵手"（班上每名学生都有"牵手教师"），教师要重视观察、分析"牵手学生"，通过"日碰头""周例会""月诊断"分析学生发展状况，教师通过个别交流、组织活动引导学生健康成长。班级教育小组的家长代表，发挥自身家教特长，指导帮助其他家长提高家教水平。班级教育小组的学生代表与班级特殊学生"手拉手"，互帮互助，共同进步。⑤班级教育小组是教育民主、开放办学的促进者。班级教育小组中有家长代表、学生代表，家长、学生对学校、班级的意见和建议得到更好的关注和吸纳，家长、学生能够参与班级、学校的管理，现代学校制度所倡导的教育民主化得到充分体现。在班级建设过程中，家长应充分利用社区资源，家长也可以成为课堂上的教师，在各类活动中要有家长的身影，社区要有学生活动的场景，家庭、社区、学校融合，开放办学才能得到落实。

润州区十分重视做好推进工作的顶层设计，召开校长会、分管德育主任会、教师代表会，广泛征求意见，建章立制，制度保障。制定了《润州区推进班改工作实施方案》，出台了《润州区教师育人基本要求》，明确教师育人能力是教师的第一能力、育人工作是教师的第一要务，以此来规范全体教师的育人行为。出台了《润州区中小学班级教育小组设置与管理办法》、班级教育小组"三会制"、班级教育小组"分工制"、班级教育小组"导师牵手制"、《班级教育小组评价与考核细则》等规章制度，有力地保障了班改工作的顺利推进。通过试点、调研、交流、培训、课题研究，在全区推进。

推进班改三年多来，我们觉得最大的收获是全员育人的氛围日渐浓郁，每位教师在自己的岗位上教书育人，悉心呵护孩子的成长；每位家长关注孩子的健康，与学校共同做好孩子的教育；每位学生在尊重、平等和民主的环境中积极进取。

其实，除润州区外，还有一些学校或区域在开展相似的改革尝试。如河南省第二实验中学的班级组改革，① 以及东北师大附中、新疆克拉玛依市实验中学等。这些尝试的重点在于通过制度建设，让全体教师参与育人的工作，更好地履行教师职责，改变过去班主任孤军奋战、难以形成合力、难以顾及全体学生的局面。当然，如何克服既有的惯性，将这种全员育人的制度改革落到实处，提升全体教师育人的意识与能力，调动全体教师育人的积极性，还有很长的路要走。

---

① 刘肖. 班级组改革：以"智慧集群"式管理破解班主任单兵作战困局——河南省第二实验中学探路班主任工作制度改革 [J]. 中小学管理，2012：10.

案例 1.7 从班干部到志愿者：走向平等参与[①]

新学期开学后不久，江苏省镇江市润州区金山小学四年级（3）班学生孙彤不再当学习委员了，而是当上了班上的读书志愿者。孙彤不仅积极辅导他人学习，还利用课余时间叫上同学们一起去图书馆读书。

如今，在润州区各学校，沿袭已久的学生班干部没有了，每个学生都能申请成为志愿者。例如孙彤所在的金山小学就设立了读书志愿者、劳动志愿者、护导志愿者、图书馆志愿者、爱心雨伞管理志愿者等岗位，学生依据自己的能力和特长自主选岗，并定期轮岗。

在志愿者岗位上，孩子们找到了奉献的快乐，一些原本性格内向的孩子也乐于与同学、老师交流了，变得更加阳光自信。

"实施志愿者制度后，孩子们每天看到的是同学们在为学校、班级和社会服务，确保了每一个孩子每天都生活在'奉献、友爱、互助、进步'的群体中，并受到良好的影响。"润州区教育局局长说。

润州区和其他一些区域的类似尝试，旨在打破既有的班干部制度人为地在学生中制造不平等甚至形成"特权阶层"的问题，搭建全体学生平等参与的舞台，让班级中人人有事做，事事有人做，培养学生的平等观念和服务精神。然而，在一些实践中，与志愿者岗位貌似而实质不同的是，有的老师让每个孩子都有个"官"当当，把岗位设为诸如"文体部长"再下设"文体组长"，尽管也是让学生志愿选择，但仍然突显了等级，体现了官本位思想，还是值得反思的。同时，区域改革推进的过程中，自上而下的强势推进，缺乏区域与学校之间的协商的问题也值得注意。

案例 1.8 班级岗位责任制[②]

（一）常务班长职责

1. 全面负责班级同学德、智、体、美、劳各项活动的开展，在为同学服务中提高自己的管理水平。

2. 及时传达学校及班主任对班级活动的要求，并组织同学将要求落到实处。

3. 班主任在校时，及时听取班主任对班级管理的意见，班主任不在校时，代行班主任的责权。

4. 负责领导班委会成员开展工作。凡通过竞选产生的常务班长，有权根据工作的需要任免班委会成员。

5. 负责指挥值周班长、值日班长积极主动地开展工作。

6. 通过竞选产生的常务班长，当任期已满时，负责组织并主持下一任常务班长的选举。

（二）团支部

1. 团支部设支部书记、组织委员、宣传委员各1人。

[①] 陈瑞昌，童凌翔. 镇江市润州区取消"班干部""三好生"和班主任——"微改革"让每个学生当"主人"［N/OL］. 中国教育报. 2014－05－03 (2) [2016－03－02]. http://www.jsqdedu.net/Item/27909.aspx

[②] 魏书生班级管理制度［N/OL］. 班主任工作网. [2016－03－02]. http://www.banzhuren.cn/banjiguanli/1626.html

2. 支部书记可由班长兼任，必要时，在班委会成员外另设1人。支部书记负责组织全班共青团员，按时完成校团委布置的各项任务。

3. 支部组织委员，具体负责发展新团员的工作，负责对团外积极分子进行帮助、引导，使之尽快达到团员标准。负责向支部建议召开支部会议或团员大会，讨论研究发展新团员，一经批准，则具体负责组织、主持会议。

4. 支部宣传委员，具体负责本班团员各项活动及好人好事的宣传工作。一方面向本班全体同学宣传，使同学学有榜样；一方面向校团委及上级部门、有关新闻单位宣传，使上级及时发现先进典型。对团员及同学中的不良倾向，凡带有普遍性的，也有在一定范围内宣传的义务，以便引起有关单位与个人的警觉，及时加以控制。

（三）班委会委员

1. 班委会设学习、生活、体育、文娱4位委员，加常务班长1人，共由5人组成。极特殊情况下，可设副班长（或称班长助理）1人。学校要求设的劳动委员职责由生活委员承担，卫生委员职责由体育委员承担。

2. 学习委员负责全班同学课内期末统考科目学习活动的组织、指导工作；负责指导各学科科代表开展工作；负责指导各学科兴趣活动小组的工作；负责考试前每位同学的考场安排；负责考试后，统计各学科成绩，统计每个人的总成绩，统计全班各学科的平均分和总平均分；负责计算同学的估算成绩与实际成绩的差距，对差距超出要求者，予以惩罚；负责对同学互助组进行指导。

3. 生活委员负责协助班长维护班级纪律；负责指导备品承包人，对不认真者可决定采取批评、惩罚甚至撤换的措施；负责收取学杂费、书费、班费等班级各项费用，将需上交的费用于当日放学前上交学校；负责班费的保管及记好班费往来账目，并于必要时向同学们公开账目；负责班级卫生清扫的指导工作，组织好全班大扫除；负责服装、发型、零食等项工作的同学开展工作；负责郊游的组织。

4. 体育委员负责全班各项体育活动，如带领同学们跑步、课间操、眼保健操、体育活动课、仰卧起坐、俯卧撑、队列体操比赛、运动会等各项活动的开展，可指定各项活动的临时或长期承包人，协助体育老师上好体育课，负责全班同学身体检查工作，协助医务室建立本班同学的健康档案，负责组织同学控制或降低传染病、多发病的发病率。

5. 文娱委员负责班级文娱活动的组织领导工作，负责安排课前一支歌活动。负责班班有歌声比赛、国庆文艺会演的编排和新年联欢会的编排导演工作。

（四）值周班长职责

1. 班长不在时，代行班长职责。
2. 完成班长交给的各项任务。
3. 领导值日班长完成各项职责。
4. 及时与学校负责值周工作的师生取得联系，征求值周者对本班各方面工作的意见，当天提出改进措施，分析班级本周德、智、体、美、劳各项活动在全校的排名位置，对被扣分的项目，分析原因，提出下周整改措施。

（五）值日班长职责

1. 负责记录当天的出勤，并及时在班级日报上登载，对迟到的同学提出批评，予以处罚。

2. 维护自习课纪律，对自习课说话的同学予以批评、处罚。自习课有准假权。

3. 维护课间纪律，及时发现并制止课间大声喧哗和在走廊打闹等行为，在"无声日"期间，对课间在教室内说话的同学予以批评、处罚。

4. 领导两名值日生搞好班级卫生，每天早、午、晚各拖地一次。及时发现地面上的碎纸，谁的座位底下谁负责，及时征求值周学生对班级卫生的意见。

5. 协助体育委员，督促同学们认真做好课间操。

6. 督促同学们做好眼保健操，可协助生活委员对不认真做眼保健操的同学，予以批评、处罚。

7. 在任班长的前一天晚上放学后，选择一条对班级现状有针对性的格言，抄写在黑板的右侧。

8. 协助体育委员组织好练气功活动。

9. 在当天的12：00之前将《班级日报》装订在班级的报夹子上，并在第二天的《班级日报》上刊登自己在任职期间的工作总结，值周评比中若对出席、纪律、卫生、课间操、眼保健操中的某项活动不满意，给予扣分，值日班长则须写清失误分析登在日报上。

10. 当天学校若召开班主任会，则可代替班主任参加会议，倘若召开班长或班干部会，而班长或班干部不在或不能脱身时，则可参加班长或班干部会议。

（六）科代表职责

1. 负责本学科老师委派的任务，例如：收发作业，收发试卷，准备课堂用的简单教具，协助老师做演示实验，帮助老师做分组实验的准备工作。

2. 及时收集同学们对教师教学的意见和建议，并及时向老师反映。

3. 协助老师调查、了解、分析本学科学习极端后进同学的困难、障碍，并尽力帮助其排除一部分。

4. 更深刻地领会任课老师的意图，教学的风格、特点，及时向同学们加以介绍，使同学们尽快适应老师的教法。

5. 负责记载本学期历次考试成绩，并对成绩升降情况进行分析，给教师当好参谋。

6. 负责本学科兴趣小组的工作，带动本学科学有所长的同学，使其发展得更快。

（七）备品承包责任制

1. 承包某项备品者须保持该项备品的清洁。如承包暖气片者，应按学校规定，定期擦拭，在校例行卫生备品大检查时，不得因该项不合格而扣分。

2. 承包者要保证该项备品的合理使用：承包窗户者，热天负责开窗；承包灯具者，光线暗时及时开灯，光线明时及时关灯。

3. 提高备品的使用率。如：承包篮球、排球的同学，要使同学们在该玩的时间内有球可玩；承包暖壶的同学，要使需要喝开水的同学有水可喝；承包鱼缸的同学，要使想观赏鱼的同学时刻有鱼可观赏。

4. 保护备品不被损坏，及时加以维修，损坏严重的，查清责任者，及时赔偿或报修更新。

案例1.8展示的是当代著名教育改革家魏书生组织制定的一份班级管理岗位责任制或细则。从上文中提出的三点民主制度的特性来看，这份细则在如何确立民主的制度上给了我们一些启示。首先，这份管理细则并非由魏书生老师自己制定，而是经由他指导，通过他的学生们自行讨论后产生的。这一事实带有着民主价值中共同参与的色彩，正是一种经由民主过程制定的例子，对于民主程序的推广是有积极意义的。其次，这个管理细则中明确了七类班级岗位的职责，这些职责有许多是相互之间可以替代的部分。例如当常务班长不在时，可由值周班长代行其职责，当班主任不在时，也可由班干部代行部分班主任职责等。这种可代替性使得这个细则具有了一定的自我调整性，在保障制度本身的合理与有效方面很有作用。第三，从第一节中的五项民主原则来看，这个细则在不歧视、公共性和互惠性三个方面是做得很好的。细则制定的进程包含了细则所涉及的教师及学生双方。教师指导，学生讨论的细则制定方式则较为真实地反映出班级共同体中每一个成员的基本诉求。同时，竞选、岗位轮换、值周班长、值日班长、备品承包人等制度和大量的岗位设置也让全体学生有了充分参与进班级管理的可能性，为魏书生老师提倡的"人人有事做，事事有人做"提供了制度基础。

当然，魏书生老师的这一班级岗位责任制也还有可以进一步体现民主精神的地方。可以看出，案例中的细则多在强调班级管理人员的责任与权力，对于如何监督管理者的工作效率、如何在现有管理者不适合的情况下更换管理者等相关问题较少涉及。这就留下了一些威胁民主价值延续的隐患，若是能在这方面增加一些附加条例可能会更完善。总的来说，民主制度的确立最需要的还是对于学校目的、功能和民主价值的明确认识和充分思考，而这一重任更多地会落在主导学校工作的管理人员与教师身上。

二、在活动与教学中体验民主

制度建设是民主氛围的基础，但要让民主氛围活跃起来，离不开学校中成员的活动和践行，而这并不是一件容易的事情。当学校成员有了更多参与的机会，如何让这种参与成为一种联合生活，如何在联合生活中谋求"共善"，如何在参与中倾听他人的声音，理智地发出自己的声音，如何为社会贡献一份才智，其中有许多可以深入探讨的问题。

案例1.9 小提案：如何倾听与发声[①]

参照全国人民代表大会制度而建立的少先队代表大会（简称少代会），有商讨、决定一个时期少先队的重大事务，选举产生队工作领导委员会的权力，是队组织实施民主集中制领导和管理方法的具体体现，是让队员实施民主权利、当家做主的保证，是队员学习民主、发扬民主、培养民主能力和主人翁精神的重要形式。

少代会提案又称红领巾小提案，是少代会的重要的议程之一，是少先队员或辅导员、家长通过少先队组织向少代会、学校、政府及全社会提出的意见和建议。少代会提案制度是会议代表履行自己职责的好办法，由会议代表通过各种方式广泛征询、听取队员们的意见、要求和建议，经过整理归纳，用书面形式提交大会讨论的一种制度；提案的另一种来源是队员表心愿，即设立心愿箱或开通网站心愿论坛，在全校队员甚至更大范围内征集儿童心愿，将收集到的心愿卡布置成心愿树或心愿墙，在校内进行展览，从而让有关方面了

[①] 汤杰. 探究少代会小提案背后的自我教育价值 [C]. 上海市少先队学会年会暨第一届"少年儿童组织与思想意识教育"学术研讨会论文集. 上海：华东师范大学，2015：42—50.（有删改）

解队员的意见和呼声，真实地反映队情童意。

有的提案内容既反映了儿童的发展需求，也契合学校的发展，往往会很快得到回应，民主的过程产生了良好的结果；也有的提案则表现出缺乏责任意识、反思意识，较少考虑队员们自身问题，较多向他人提出要求的倾向。例如，"食堂的防滑毯又脏又滑，能否更换"这样的提案，发现了问题，但关键在于造成防滑毯脏滑的根本原因是一些队员不好好取餐盘，单手拿餐盘，很容易倾斜或打翻。针对类似问题，请队员商讨对策，规范拿餐盘的行为，双手拿餐盘，做到途中不翻盘、不滴洒，以此为基础，再要求校方督促食堂工人，定期清洗防滑毯，这样双管齐下，有理有据，才是比较合理的解决问题办法。这样的提案也容易被接受。

要有效运用提案，需要少代表、辅导员、学校的共同努力。首先，少代表在撰写提案过程中，要保持高度责任心，深入队员之中，反映队员们的心意和需求；同时，要与队员理性商讨，反思队员本身需要改进的方面，在此基础上的合理需求可写入提案，借助少代会向相应部门反映；少代会后，要如实地向队员反馈会议精神及校方对提案的答复，明确学校对队员们的期望和要求，改变自身存在的不良行为，通过倡议书的形式号召队员们付之于行动。这里的倡议书也是队员们就某一问题协商出来的解决办法，是队员们的一种共同约定。

中队辅导员应在学生撰写提案时给予指导，特别是要把握好提案的诉求方向，既有利于促进学生的发展，也有利于促进学校工作，注意通过队会讨论等提升提案的质量，也更好地发挥提案的自我教育功能；大队辅导员则可组织全体队员对各中队提交的提案展开讨论、评选、修改，将能够反映现实问题又具有可操作性的提案报送学校相应部门，并要求相应负责人借助少代会的平台，向队员们做出答复。

就学校层面而言，提案往往会涉及学校各管理部门。会前，各部门具体负责人要仔细阅读提案，借助少代会回答提案的环节，跟队员们进行交流，客观分析问题产生的原因，对少先队员提出明确的要求，并给出部门的改善举措，即使是由于法律、法规、学校发展限制，目前无法实现的提案，也要给予回复，不能让代表们辛苦征集来的提案石沉大海。校方对待提案积极有为的态度就是对少先队员行使民主权利的最大支持。

少先队作为少年儿童组织，是学校道德氛围建设不可或缺的组成部分。少先队活动的广泛参与性本身就是民主精神的体现。少代会以及相联系的小提案制度的存在，为少先队员的民主参与打下了制度基础。小提案是反映学生需求的一种重要方式，是少先队员体验民主生活的重要渠道。但如同所有制度的执行过程都需要不断反思改进，以防偏离民主价值一样，小提案如何有效运用才能真正培养学生的民主精神，案例1.9中作为大队辅导员的汤杰老师的建议，是具有相当参考价值的。

案例1.10 历史课：沟通过去与现在[①]

杜威学校的7班（10岁儿童）在一位历史老师的指导下学习殖民地史和革命史。在课程中采取了分组的方式，分组的根据不是运用任何一种工具的技能，也不是实际年龄，

---

① 梅休，等. 杜威学校[M]. 王承绪，赵祥麟，赵瑞瑛，顾岳中，等译. 北京：教育科学出版社，2007：137—151.

而是儿童的社会态度所表现的协调一致和合理性。

这门课程主要是研究各殖民地之间团结的增进及各殖民地逐渐脱离英国独立的历史，和此后各殖民地的社会及政治的发展。课程安排了一星期复习革命前美国的状况，讨论了殖民地管理制度的发展、各殖民地之间需要的合作，以及本国工业的发展。学生们通过复习研究了各殖民地沿海贸易的发展、相互了解的各种方法、地理和农业的发展、家庭、城市和农村的组织和管理，以及当地居民从事的各种工业。之后，他们将复习的对纽约物产的研究，迁移到了对荷兰这样的国家是何情况的讨论上并得出了他们自己的结论；他们研究了一些特别的案例，例如纽约庄园的殖民地居民的家庭生活，设想他们的建筑和陈设、穿的衣服和吃的食物，然后讨论他们耕作的作物，利用风力推动的磨坊以及谷物的市场。这些研究和讨论每天都由一个孩子来做主持，其余儿童做出补充，而教师则添加足够的材料使孩子们讲述的故事更加令人感动。联系这一系列殖民地时期的家庭生活之后，全班计划并布置了一个殖民地史展览室，即对当时家庭内部的一种重现。学生们亲自动手，绘制图样、加工石灰、配置玻璃、制作藤椅等。花费了两个星期之后，终于将这个展览室布置完毕。在这个过程之中学生们有过失败和尝试，而他们在这个过程中所花费的时间和劳动，使他们深刻地感觉到，殖民地开拓者家庭完全依靠自己解决衣食住行的问题，具有多大的意义。同时，他们懂得了很多职业和工业的开端，是怎样从迫切的需求而来。而这个设计是在学校的工厂主任的指导下进行的，并且学生们得到了很多其他班级（特别是关注纺织的班级和艺术的班级）的帮助与合作。这一点也让学生们意识到了某些人或者团体是怎样成为制造某种东西的专家的，以此他们理解了产品的交换和贸易的开端。在这个基础之上，他们根据各个殖民地不同的情况所可能出产的产品以及交换的可能，得出了殖民地将会相互依靠并更少地依赖于英国的结论。在这段学习中结合学生们对工业开端的认识，教师还引导学生展开了对殖民地时期工业的研究。学生们讨论过后选择了亚麻作为切入点，并通过播种亚麻、请专业人员来示范纺麻、自己设法给亚麻布漂白等方式进行了研究，学习了如何利用社会的过程取得社会的结果，并且在研究之中学会了策划一些方式和手段来克服障碍。

之后，儿童回顾了法国人和印第安人的战争，感到这次战争使殖民地居民认识到了自己的力量，并提出了战争的费用由谁负担的问题。这样的讨论最终转向了印花税及其后果的相关研究。教师还给出了一些额外的以那个时期历史为背景的小说和故事，学生在阅读过后很高兴地发现他们所喜欢的小说人物的故事具有真实的地点和时间背景。而同样在学生的课外阅读中，他们中的一部分表现出了对革命战争中一些细节的兴趣，例如华盛顿怎样完成军队的改组和训练等。他们对此在课外展开了自己的独立研究并与其他同学分享。教师则以学生们对某些战役的兴趣为基础，鼓励孩子部署自己的军队，选择战略要地，采取军事行动。以此孩子们合作绘制了一副巨型地图，标注出了历史上有名的战役的地点，并且对美国的地理情况有了充分的了解。接着，学生们讨论了《独立宣言》和各殖民地接受宣言的态度，讨论了独立战争结束时所签订的条约的条款，并在他们的巨型地图上勾画出了1783年时美国的领土。和现在美国领土进行对比之后，他们研究了战后领土是如何扩张的。在学习这一段历史的过程中，学生们阅读了很多课外书籍，教师便要求他们根据自己所阅读的内容写一个革命的故事，而学生们也相当认真地完成了这一作业。教师们注意到，在这个时候学生们更加注意书面作业的外观，有几个孩子甚至用墨水誊清了自己的作业。

在上述的学习过程之中，有些孩子通过对殖民地时期人们生活情况的研究，开始对那个时期的一些食物以及由食物引发的消化问题发生了兴趣，于是尝试着在厨房进行了一系列有关食物的实验工作；另一些孩子则是通过对工业的发展的研究，对机械、物理和人体生理学方面产生了兴趣，他们也就这些问题进行了各自的讨论和学习。在这些额外的学习之中，学生们还掌握了各种计算方法和绘图技术。

这是一个杜威学校教授历史课的案例。可以看出，课程中采用的方法多是谈话与讨论，因为老师们认为，这个时期儿童的自主性有了更大的发展，他们的个人研究不断增多，自我指导的能力也相应提高，教师只要向儿童提供种种事实和情况，使他们所研究的时代尽可能具有真实性，即能够达成最理想的教学效果。当儿童了解生活的情况时，时代的问题就自然地被提出来，然后班里就会一起寻求对这些问题的解答，并必然地寻找当时的人们实际解决时代问题的方法。而教师们所做的则是积极地将各种资料提供给儿童，并鼓励每个人从不同的角度对这些资料提出自己的看法，同时也鼓励儿童自己去查阅资料以供他们自己讨论，最终通过讨论使思想与知识得以澄清，并在头脑里巩固起来。整个课程不是以一种灌输固定观念，而是用一种形成的方法来透视复杂的历史。这样的方法使得过去的内容不再脱离于现实，而是作为现实的支撑为学生接受。这个过程正是结合了实际的现状与对过去的思考，最终得出被学生们共同认可为"历史"的一种结论。现实与历史、儿童与课程、学校与社会被很好地沟通起来。另外，在这个案例中采用的分组方式也是一个值得思考的地方，它涉及了一个共同参与的情况下，参与程度与个人能力之间的关系问题。对于教师们而言，或许可以思考一下，这样的分组方式与机械地按照人数、组别、性别等因素来划分小组的方式，究竟哪一种更能带来学生对课程内容的全心投入与参与。

对于更年幼的儿童，杜威学校则从用餐、服装、公园中的花鸟、住房等日常生活经验出发，让儿童在一起准备午餐、收拾餐具、建造房屋等过程中体会参与、交流、认识世界、生产劳动和共同生活的乐趣。看似不起眼的像准备食物这样的家务活动，在杜威学校却成为重要的教育手段。年幼儿童在参与家务的过程中学习控制手头的简单材料，完成食物的分配、桌椅的清洁等任务，这也意味着引导儿童关注外界环境，暗示着对一种社会精神的培养。① 杜威学校注重学校与家庭、社会的融通，努力打破一切妨碍人发展的壁垒，让学生在平等理智参与中体验民主、学习民主。民主作为一种生活方式的理念，在每天的教与学中得到了切实的体现。

案例1.11 公民课：在商讨中解决社会问题②

公民教育除进行政治常识教育外，重点在于让学生参与讨论、识别和解决具体的社会问题。第一步，学生们通过一系列的头脑风暴，讨论识别自己所在社区或社群存在的问题。这事实上就是提升公民问题意识的练习。孩子们联系自己的生活经验，或读报，或采

---

① 梅休，等. 杜威学校［M］. 王承绪，赵祥麟，赵瑞瑛，顾岳中，等译. 北京：教育科学出版社，2007：45，50—59.
② 蓝方. 菲律宾如何做公民教育［J/OL］. 中国改革. 2015（12）2015－12－01［2016－03－02］. http：//cnreform. caixin. com/2015－12－02/100881157. html

访自己的父母、邻居等，来形成自己的观点。经常被这些高中生们所讨论的问题，有的基于社区——如摩托三轮司机乱收费，摊贩占道经营，生活垃圾无人回收，减灾备灾；有的基于社群——如校园欺凌，逃学问题，网络成瘾。

第二步，通协商讨论，选择一个题目作为小组的研究课题。老师们最重要的任务便是向孩子们传递一个概念：多数并不等于共识。共识需要被所有人接受，而不是简单地强迫少数人接受多数人的观点。这意味着，在协商的过程中，每个人都有机会表达自己的观点，参与者要学会倾听不同意见，学会妥协，在分歧中寻求最大公约数。

第三步，信息搜集。学生们自我组织分工搜集资料。有的负责去图书馆或上网查资料，有的负责采访相关利益人，有的还要向政府申请信息公开。

第四步，分析问题。学生需要把搜集到的信息进行整合，分析问题原因，批判性地反思现状究竟出了什么问题。

第五步，根据此前的分析，提出自己的解决方案。

第六步，学生们要拿出一套行动策略——如何让决策者接受自己的方案，也就是所谓的政策倡导策略。学生们需要识别利益方，判断他们的立场，分析政策制定的过程，明确自己在各个环节的行动方案。

第七步，学生将前一阶段的研究"可视化"，制作成展示板。第八步，模拟公共听证会。如果研究的是校园问题，老师们要组织学校领导、家长教师委员会等机构成员来"听证"；若是社区问题，则要尽量邀请基层官员和社区公民组织参加。

第九步，对整个活动过程的回顾。对照"好公民"的要求，从参与意愿、能力和知识三方面，总结此间的收获；进而又从自身的经验抽离开，理解在一个成熟的民主社会中，公民理性、充分的参与的重要性。

在访谈中，学生们关于"公民计划"的反馈很有意思。一个初中生说，通过"公民计划"，他发现"我们不应该坐等政府来解决问题""个人、NGO和政府应该各司其职、配合合作，共同解决社会问题"。另一个小朋友说，他发现观点的力量太强大，尤其是在讨论时，每个人都有不同的想法，每天都要辩论吵架，但也因此他学会了如何倾听别人的意见，怎么为达成一致而妥协。还有一个高中生说，"公民计划"改变了他的很多想法，"原来普通人也有改变世界的能量"。

案例1.11鼓励中学生进行公共问题的研究，以解决社区内的实际问题。在这样的公民课中，学生学着关心社会、发现问题、解决问题、讨论协商、反思回顾，其理智参与的意愿与能力逐渐得到发展。

案例1.12　一堂英语课：注重参与的家常课[①]

李镇西和同事们共同创立了"五步三查"课堂结构。五步指课堂环节的五个基本步骤：①独学：要求学生按照学案自学，找出学习困惑，而教师有针对性地开展个别辅导，特别是对学困生进行督促和指导，检查自学进度、效果；②对学、群学：要求学生以小组

---

① 李镇西. 民主教育在课堂 [M]. 济南：山东文艺出版社，2012：127-136.

为单位或邻座一起，围绕困惑进行共同学习；③组内小展示：以小组为单位，在组长的组织下，进行本组学习成果的"小展示"。对不同意见或不能解决的问题做好记录；④班内大展示：老师根据小展示中的问题，归类共性问题，进行全班大展示，师生共同开展研究；⑤整理学案，达标测评：由学生们归纳，整理纠错本，教师利用共同学习小组进行测评。而三查则指教师在课堂中需要特别对学生进行帮助和指导的地方：①检查学生独立学习情况，以便于指导下一个环节；②检查组内小展示情况，为后面的全班大展示做准备；③检查整理学案、达标测评的情况，对不达标的同学进行督促指导。

按照这个模式，成都武侯实验中学的英语老师张清珍完成了一堂以学生参与为中心的英语课。在课前，教师根据这节课需要完成的学习内容，准备了导学稿，对学生进行了分组，根据学生的成绩、性别、性格和气质，相互搭配将学生划为了9组（4~6人一组），并对组长进行了培训，要求各组制定出组规，另外，还在班上选出了一位主持人（学生），对课堂上小组负责的学习任务进行分配。上课后，先由主持人领读学习单元的单词，然后各个小组根据主持人的要求通过导学稿学习该节课的学习目标、重难点和学法指导，之后就开始了各自的自学。而教师在这个过程中则是在各个小组之间"游动"，或者只是听听看看，或者对学生提出一些建议和指导。当九组的自主学习陆续结束之后，课堂就开始了展示的过程。这个过程分小组进行，每个小组都会进行展示。值得一提的是，一个小组的展示并不是由小组选择某个成员来进行，而是所有小组成员都走上讲台，每个人都对某个部分进行说明，最后再由小组长进行总结。每个小组的展示结束之后，主持人都会像在舞台上"串词"一样对小组的展示成果做出一定的点评，并联系起前一组与后一组的展示过程。在这个过程之中，教师几乎没有干预学生的自由发挥。最后展示结束，这节课也到了下课的时间。本来安排的课堂检测和教师的反馈没有能够完成，教师决定将检测放在了下节课。

根据教师课后的感悟认为，学生们的小组展示表现得很不错，说明在自主学习时是付出了相当的努力的。但是在这堂课中，也还是有个别的学生并没有参与课堂相关的讨论，而是在"说小话"，没有用心，因此老师认为小组的管理还有所欠缺。

案例1.12展示的是一堂更为接近我国大部分学校的实际授课状况的英语课。从案例1.12可以看出，这样的课程核心在于学生的参与，其民主价值也在于培养学生的参与性品质。小组学习讨论以及展示所要求的"组内每个人员都必须走上讲台"这一点很好地保证了学生的参与程度。而且学生在这样的学习过程之中也有非常大的自由度，自身的能力与个性能通过这种自由得以体现，而教师的指导与介入则保证了学生学习的质量。运用参与式教学法的教师能够使学生自然地把课堂中的很大一部分时间用于努力学习。与此相对的是，那些灌输式教学的教师，尽管硬性要求学生把所有时间都用于学习，却常常被不断出现的捣蛋和破坏活动所打断，而不得不消耗自己的精力去控制这些与直接的学术活动无关的事情。

认识学校道德氛围中民主的内涵和意义以及学校实践中存在的问题，这是建设民主氛围的基础。民主氛围的建设需要从学校生活的点点滴滴做起。在当前最关键的，一是用制度搭建参与平台，保障参与，约束权力；二是在活动和日常教学中突破各种壁垒，让师生体验民主，学习民主，学习联合生活。在教育实践中，已经看到了许多为民主而教的努力。特别需要注意的是，在一个倡导民主的社会中，许多冠以民主名义的做法，其实未必符合民主的精神。更多人的平等理智参与，广泛的民主氛围的形成与改善，有待我们扎实和坚韧的努力。不断反思学校的制度和自己的言行是否促进了联合生活，是否存在压制或歧视他人的倾向，是每位成员的责任。特别是对于教育者而言，鼓励学生的平等参与和独立判断而非顺从权威，并不意味着放弃指导和教育。指导和示范负责任的、协商的师生关系，是民主氛围建设的必要组成。

第二章 规范与自由：走向有序的自由

> 自由只能为了自由本身的缘故而被限制。[①]
>
> ——约翰·罗尔斯

自由常常与规范如影随形。如何理解自由与规范，学校场域中存在哪些相关问题，建设有序的自由氛围需要在哪些方面着力，这些是本章所关注的话题。

第一节 自由、规范与教育

自由对人类具有极大的吸引力，但被误解和滥用的自由又有极大的破坏力。同样，规范普遍存在，但规范的合理性该如何判定，它与自由究竟是什么关系，在教育领域能够希冀什么样的自由与规范，这些都是建设有序的自由氛围的前提性问题。

一、自由与教育中的自由

英国哲学家、政治理论家密尔在《论自由》一书中，反复强调一条原则："人类之所以有理有权可以个别地或集体地对其中任何分子的行动自由进行干涉，唯一的目的只是自我防卫。这就是说，对于文明群体中的任一成员，所以能够施用一种权利以反其意志而不失为正当，唯一的目的只是要防止对他人的危害。"[②] 由此可以看出，在任意一个自由的社会，限制和自由是硬币的两面，相互依存，每个人所受的限制是不能以自己的自由为由，妨害其他人的自由。没有绝对的自由，教育中也不会有绝对的自由。

英国哲学家以赛亚·伯林将自由划分为两种形式：一种是消极自由，另一种是积极自由。消极自由主要回答的问题是主体（个人或群体）被允许或必须被允许不受别人干涉地做他有能力做的事，成为他愿意成为的人那个领域是什么。积极自由回答的问题是什么东西或什么人，是决定某人做这个、成为这样而不是做那个、成为那样的那种控制或干涉的根源。消极自由受他者控制因素的影响。"在这种意义上，自由就意味着不被别人干涉。不受干涉的领域越大，我的自由也就越广。"[③] 积极自由受自我控制因素的影响，是建立在自主性基础之上而产生的一种积极性的生活状态。"'自由'这个词的'积极'含义源于个体成为他自己的主人的愿望。我希望我的生活与决定取决于我自己，而不是取决于随便哪种外在的强制力。我希望成为我自己的而不是他人的意志活动的工具。我希望成为一个

[①] 罗尔斯. 正义论[M]. 3版. 何怀宏，何包钢，廖申白，译. 北京：中国社会科学出版社，1988：10.
[②] 密尔. 论自由[M]. 程崇华，译. 北京：商务印书馆，1959：10.
[③] 伯林. 自由论[M]. 胡传胜，译. 南京：译林出版社，2003：40.

主体，而不是一个客体；希望被理性、有意识的目的推动，而不是被外在的、影响我的原因推动。我希望是个人物，而不是希望什么也不是；希望是一个行动者，也就是说是决定的而不是被决定的，是自我导向的，而不是一个事物、一个动物、一个无力起到人的作用的奴隶那样只受外在自然或他人的作用，也就是说，我就是能够领会我自己的目标与策略且能够实现它们的人。"①

无论是积极的自由还是消极的自由，都强调了一点就是能够按照自己的意愿做事。有学者提出，在人类与个人的关系之中，个人自由是尊严；在社会与个人的关系之中，个人自由是权利；在自我与个人关系之中，个人自由是选择。因此，儿童的自由也由三个要素组成，即儿童的尊严、权利和选择。② 但是，儿童作为未成年人，其心智和身体发展尚不成熟，还要经历从他律到自律的发展过程，成人的引导，规范的约束与引领是必不可少的。需要注意的是，如果简单粗暴地强制约束学生，就会阻碍学生理性的发展，甚至侵犯其合法权益，使他们或奴隶般地屈服于规范，或暴徒式地反抗规范，无法理智地形成对规范的判断，无法正确理解尊严、权利和选择，达到自我立法这样一种真正自由的状态。可以说，儿童的自由是在成人和规范的引领下，但却不是控制下，按照自己的意愿做出自己的选择、从事自己想做的活动。即在不伤害他人利益的情况下，儿童能够拥有自己可以支配的时间和空间，进行自我选择，按照自己的兴趣成长和发展，并逐渐学会自我立法。

教育自由是人在接受教育中所享有的独特的自由。教育自由为了保证个人通过教育活动实现自我引导的精神成长，既需维护教育者自我创造的责任，又要解除任何为个人的自我引导和自我创造设置的障碍。③ 也可以说，教育自由是指儿童在教育中免除教育者或学校的某种干预或强制，能够参与社会为儿童提供的基本的教育，通过教育而获得自由行动的能力，从而促使其个性得到充分发展。④ 教育增加了受教育者的知识，提升了他们解决问题的能力，使他们在面对问题的时候，拥有更大的自由。

教育自由的原则包括四个方面：第一，平等原则；第二，限度原则；第三，宽容原则；⑤ 第四，无伤原则。⑥ 平等要求教育中要实现人人平等，每个学生都能够平等地享有受教育的权利；限度是指教育中的自由不是绝对的，更不是随心所欲的，在教育中，自由会受到一定规范的限制，但是限度要求这种规范的限制要在保证自由能够得以实施，学生能够实现自己个性全面发展的前提下遵守规范的限制；宽容原则就是要允许学生犯错误，允许学生差异的存在；无伤就是要求在教育中，要保证每个人的自由，不仅仅是大多数人的自由或一部分人的自由，而且要保证所有人的合法权利不受伤害。

综上所述，教育自由即在教育中的自由，这种自由是有限度的，没有绝对的自由。真正自由不是随心所欲地做自己想做的事情，而是在保证所有人都能够在平等、无伤的前提下，个体能够自觉、自主、自愿地实现个性全面的发展。合理的规范蕴含于自由的要求之中，是为了实现每个人平等的自由，保证人们的自由不伤害他人的权益；规范作为一种

---

① 伯林. 自由论[M]. 胡传胜，译. 南京：译林出版社，2003：55.
② 程红艳. 儿童在学校中的自由[D]. 上海：华东师范大学，2004：19.
③ 金生鈜. 论教育自由[J]. 南京师大学报（社会科学版），2004（11）：65.
④ 周兴国. 教育自由及其限度[D]. 南京：南京师范大学，2007：80—92.
⑤ 李春兰. 教育自由如何可能[D]. 成都：四川师范大学，2010：19—21.
⑥ 耿翠娥. 从被规训的自由到自我选择的自由[D]. 南京：南京师范大学，2008：10.

限制永远不是为了剥夺人们的自由,而是实现自由的途径,也可以说规范属于自由的一部分。

二、规范与教育中的规范

"规范"一词参照《现代汉语词典》中的解释,即"约定俗成和文明规定的标准"。"做动词时,意指使合乎标准、合乎准则、合乎要求、合乎秩序、合乎纪律的过程。做形容词时,则是指达到整齐划一、合乎标准的状态。"① 对于"规范"一词,英国犯罪心理学家布莱克本认为,规范就是受风俗、习惯、传统和特定的社会单位的习俗支配的规则,它是一种流行的有关通常的、公认的和可以接受的行为方式的标准,它们体现在群体成员公认的信念和实践中。波恩纳(H. Bonner)根据规范的作用,将规范描述为对集体成员行为的控制。如果没有某种规定的行为规则,社会根本不能存在。同样,如果没有某种参照系来指导一个群体中每个成员的相互作用,这个群体也不能存在,从这种意义上看,规范是群体内各个成员的行为调节器。②

因此,本章所说的规范包含三层含义:第一,是人们参与社会活动时必须要遵守的规则和要求。第二,规范的制定必须要符合社会的秩序、文明,是在人们的长期生活中所总结出来的大家能够公认的信念和价值观。这两个层面带有应然的、理想的特征。第三,规范是在特定环境特定的情境中对人们行为进行限制的规则。这个层面主要指实然的规范,有些符合应然的要求,有些则违背其要求。检视规范本身的合理性并加以修正,是社会进步的重要手段。

学校作为专门的教育机构,以促进学生发展为己任,其教育规范为学生明确了行为准则,是重要的教育手段。规范有禁止的一面,也有倡导的一面。好的规范有帮助学生明辨是非,厘清群己界限,明确追求方向等作用。传统社会更强调既有规范的传承、强制和控制作用,容易减少人们的自由空间,压抑人们的主体性、能动性与生命活力,使人们成为标准化的产品;而当代社会则更强调人对规范的理解,强调相关者参与规范制定,这就减弱了规范的外在性、强制性特征,彰显了规范对人的自由的促进作用。

三、学校中自由与规范之间的关系

学校中自由与规范之间的辩证关系主要体现在两个方面。

其一,自由是规范制定和执行的最终目的。"只有在为了避免对自由的可能是更糟糕的侵犯从而对自由本身是必需时,对自由的限制才是合理的。"③ 这句话从自由出发阐释了自由的真谛,同时也在一定程度上对规范做出了要求。限制只能是出于为了保护自由的目的或者是为了能够让自由更加自由才是合理的。规范作为一种限制的力量,最终目的也应该是为了保障自由能够真正地实现。规范不是为了限制自由,而是在自由不能充分实现的时候,通过一定的规范保障每个人的自由权利和意志。所以自由和规范之间并不是相互对立的,而是相互促进的关系,合理的规范能够促进自由的实现,实现了自由也能够促进

---

① 中国社会科学院语言研究所词典编辑室. 现代汉语词典 [S]. 北京:商务印书馆,2005:513.
② 赵学菊. 幼儿园班级规范教育研究 [D]. 安徽:安徽师范大学,2002:4.
③ 罗尔斯. 正义论 [M]. 3版. 何怀宏,何包钢,廖申白,译. 北京:中国社会科学出版社,1988:205.

规范更加完善。

其二,规范是实现自由的必要条件,在学校生活中,自由从来不可能是绝对的。因为绝对的自由反而会造成秩序混乱,干扰人们的正常生活,引发不自由的现象。自由是相对的,每个人的自由都以不伤害他人的同等自由为限。为了防止和制约人们只求自身自由,而不顾他人的倾向,规范是不可少的。因此,规范是实现自由的必要条件,但并不是所有的规范都能够促进自由。

应然的规范与应然的自由是统一的。应然的自由是在坚持自由的平等、限度、宽容、无伤的原则下所达到的能够按照自己意愿进行活动的自由,是人为限制最少又平等无伤的自由状态,是一种中道状态;而实然的自由是现实生活中人们实际所处的自由状态,有时它会和应然状态一致,有时被过多限制,有时可能趋向放纵。特别是,存在一种对于自由的误解,即认为自由就是可以无所顾忌、随心所欲地想做什么就做什么,不受到任何限制,包括法律和规范的限制,这样的所谓"自由"无疑是真正自由的敌人。

应然的规范并不是为了限制人们的行为而强制要求大家必须遵守的命令,应然的规范不是与自由相对立的,而是为了达到自由,为了使自由更自由而限制一些人们的行为——妨碍进一步自由或妨碍他人自由的行为,其根本目的是为了人们更好地发展。而实然的规范则状态各异,有的符合应然的要求,有的无关痛痒,有的导向错误,有的过分严苛。而过分严苛的规范,往往是由于一些人对自由的恐惧,担心自由会带来无序和混乱而制定的,是为了限制自由,成为自由的对立面。这时,规范高于自由,限制人们的行为才是最高目的;而应然的规范中,自由高于规范,规范是为了实现自由而服务,一方面限制伤害自由的行为;另一方面引领人们达至文明的高峰,是达到自由的途径。

本章希望通过检视学校生活中实然的规范的不合理性,试图寻求合理的应然的规范——能够促进学生更好地实现自我成长而主动遵守的规范,以促进应然的自由的实现。

第二节 检视学校规范对自由的不合理限制

我们的调查表明,有71.2%的学生反映学校的音乐、体育等副科常常被语文、数学等主科占用;70.5%的学生反映,违反班规会受到严厉的惩罚。一位初中生在日记中写道,"学校用点赞的方式反馈各班级守纪律、懂规则的情况。我们班级已经好几次没有获得点赞卡了,王老师很生气,叫我们每个人检讨。他这样做是为了让我们拥有集体荣誉感,这些我都知道。但是我不喜欢做被别人规定的事情,更重要的是我不喜欢王老师,他总是以为我们好的名义,剥夺我们的休息、玩、活动的权利。班级里除了学习还是学习,到处冷冰冰的,没有温暖的感觉,谁还会为集体争荣誉。"像这位学生所抱怨的,学校里强制学生、剥夺权利等不合理限制自由的情况比比皆是。案例2.1是个常见的例证。

案例2.1 "炼狱"般的高三

考上了重点高中以后,目标很明确了,就是要考入好的大学。那个时候老师告诉我们:你们现在的努力就是为了考上好的大学,到时候你就可以自由自在,想做什么就可以做什么,高三尤其是"炼狱",但是只要你经得住考验,就走向了成功!我们就在老师的激励和鞭策下,为了唯一的目标奋斗着。当时老师要求高三早上6点到校,但是我们一般都会5：30就来到教室，其他年级的学生都是7点到校即可。还要求我们课间除了上厕所之外，不得做其他的事情，更不能在教室里说话，教室就是学习的地方。当时我们所有的自习课都被老师用来讲题了，而且虽然学校说晚上9点晚自习就放学了，但是我们也一般要求10点半才能回家，所以很多人选择了住校。晚上我们还会用手电或者其他照明灯之类的自己学习。虽然当时是"炼狱"般的生活，但是现在再也找不到那样的充实感和满足感。

如今的我进入了梦想的大学，实现了那么多年苦读的愿望，可是我却感到无比迷茫，甚至觉得有点颓废。我不知道现在自己的目标是什么，也不知道自己应该去做什么，每天都那么浑浑噩噩地度过了。我感觉很可怕，一点也找不到学习的感觉了。直到快期中考试的时候，为了能够考出好成绩，我才开始努力学习。那个时候我好像回到了高三一样的奋斗，但是当考试过去了，这种感觉就没有了。别人描述的大学生活多么的丰富多彩，我现在却没有感觉到。我很迷茫，我的明天在哪里？！

我们调查和访谈发现，类似于上述被访谈者的情况屡见不鲜。这些学生都是每个省市通过高考选拔出来的优秀学生，在这个可以施展自己才华的大学殿堂中却迷失了自我，甚至有些学生将迷茫的感情寄托于网络、电话，寻求一些心理上的慰藉。付出了那么多年努力的学生本应该享受大学生活带来的成就感和满足感，现在他们甚至有一些恐惧。回想小学、初中和高中的教育，我们可以看到学校和老师制订好的条条框框，例如"赶紧坐好，准备好上课的用品，不要浪费时间""教室就是学习的地方，其他什么事情都不能做""我们规定同学们早上6：00必须到校"……这些为了更好地管理学校的"条条框框"中，有一些却是不合理地限制了学生，成了学生成长中的桎梏！自由本是学生成长的源泉，现在的规范中过多地对学生进行规训，导致了现在学生就像是流水线生产出来的机器，没有张扬的个性，也没有自主管理的能力！

学校中规范的存在本应是为了更好地实现学校的建设和学生的成长，但在现实生活中一些规范却适得其反，不仅没让学生养成良好的习惯，反而限制了学生的自由成长。本章试图从时间、空间、行动和言语四个方面来检视学校中限制学生成长自由的不合理规范。虽然不能完全涵盖学生学校生活的全部，但在一定程度上也可反映出学生在常态生活中受到不合理规范的影响，起到警示作用。

一、让学生喘不过气的时间之网

据调查发现，2012年上海市少年儿童中，近60%睡眠在8小时以下，20%感到每天几乎都没有玩的时间，80%感到每天玩的时间不够。孩子们每天玩的时间仅在60分钟以下，甚至双休日的时间也被家教、补习班和作业所占据。[①]

（一）"被规划"的时间

在学校中，全天的课间是作为学生在学校学习和生活中难得的"自由支配"的时间，但是据观察发现，在我实习的学校的小课间休息时间为10分钟，大课间休息时间为20分钟。课间休息的时间依次为9：00—9：10、9：50—10：10、10：50—11：00、14：10—14：20、

---

① 沈祖芸. 调查表明：六成上海少儿睡眠时间不足8小时 [N/OL]. 中国新闻网. 2012-05-30 [2016-03-03]. http://news.soha.com/29/31/news 201193129.shtml

15：00—15：10，累计休息时间为60分钟。（其中上午有两个小课间20分钟、一个大课间20分钟，下午有两个小课间20分钟。）首先，相对于每节40分钟、全天累计280分钟的上课时间，课间休息的时间比较少。更突出的问题在于，学生的这些休息时间并不能够得到保证，教师拖堂现象时常发生，而且连午间休息的时间也被用于订正错误或者做作业，课间的时间学生除了解决生理需要，很多的行为也受到了限制，不能自由地活动。

另外，学校有一个不成文的规定，就是每天都会有晚托班。晚托班并不是所有同学都要上，而是老师会留下一些平时学习成绩不好的同学，或者是一些需要补差的同学来背课文或者是听写生字、做作业等。平时孩子们16：30可以放学，晚托班的孩子要17点之后才能放学。孩子们回家后还要做家庭作业。对于这些学习能力比较弱的孩子来说，每天晚上吃完饭就要做作业，基本上要做到21点之后才能休息。随着年级的升高，这样的现象不仅没有减少，反而愈演愈烈，几乎所有的学生都要上晚托班。虽然学校没有要求学生一定要在晚托班上课，但是学生迫于升学的压力和老师的要求每天自习到很晚，回家以后还要继续完成作业，睡眠时间很难保证。

时间的划分越精细，它对人的控制就越严格、对人的行为要求就越具体，人的自主空间也就越小。时间划分得越精细，反而让学生受到了更大的束缚，孩子们像上了发条的机器，他们更应思考的是：我怎样才能够用最快的速度把作业写完，留下闲暇的时间可以看电视或者做游戏，更可能是去上一些辅导班或者补习班的课。孩子们没有多余的时间去做他们想做的事情，只能在被规划好的时间内让自己更好地完成任务，为下一项任务作准备，孩子们几乎没有自己可以规划和支配的时间，因为这一切都已经在成人的"掌控"之中，没有选择。

此外，这种时间制度忽视了学生之间的个别差异，否定了学生对时间的自我需求。无论是在课堂教学的时间安排还是课下的自学时间安排上，老师总是会要求所有的学生必须同时学习相同的内容。但事实是，由于学生的接受能力不同，有些学生在极短的时间内便已完成自己的学习任务，只能为了等待其他同学白白浪费时间。学生不能自主地支配时间以实现个体更好的发展。有些学生还没能够接受知识，老师们为了"赶进度"，不得不"忽略"他们的存在。既然课堂上不能实现因材施教，那么如果能够给学生的课下多留些时间来思考也可能让学生收获更多。但实际情况是学生们的课后时间被"安排"得更加"井井有条"，数学老师、语文老师、英语老师争先恐后占用时间布置习题或者测验，学生们就在各科老师的"安排"下"被成长"着。

学生的一切行为都要在规划的时间中完成，对于学生来说他们失去了对时间的选择权和自主支配的自由，他们不能够根据自己的兴趣爱好选择自己所喜欢的科目，也不能选择自己喜欢的时间来学习知识，甚至是学习的进度也不能够自己掌控。规划的时间限制了学生作为个体对时间支配的自由，同时也限制了学生成长的自由，整齐划一的时间虽然看似有利于学校的管理，但是毫无空闲和不能自由支配时间的安排无异于扼杀学生的能动性、自主性，久而久之，他们习惯了"被安排"，无法学会独立安排时间，自主制订、执行计划，所以当面临大量的空余时间和自己可以掌控的时间时，这些学生还是以"定式思维"希望有人能帮他们"安排"好一切。教育的脱节在于中小学时期的安排养成了学生依赖的习惯，但却在一定程度上忽视了教书育人的真正本质是将学生培养成人，这样的学生出现问题几乎是必然的。

(二)"被挤占"的时间

现在学校中教师"拖堂"的现象屡有发生。孩子们好不容易盼到下课铃声响起,结果老师们总是说"耽误大家几分钟的时间,我把剩下的一点内容讲完了再下课"。孩子们虽然唏嘘一片,却不得不接着听老师讲课,甚至有的时候这节课的老师还没走出教室,下节课的任课老师就已经在教室门口恭候已久。不要说孩子们有没有时间去活动一下筋骨,他们连解决生理上需要的时间都被"挤占"无几。有些胆子大的孩子还会向老师报告想去卫生间,有的胆子小一些的孩子就不得不憋着、忍着。这样下去,孩子们的身心健康发展存在着很大的隐患。

"挤占"学生的时间是学校中常见的现象。每天下课后都会有学生被老师叫到办公室去订正作业。最让人觉得不合理的是午饭时间,孩子们一般会在 10 分钟内吃过午饭。接下来的时间孩子们一般都会被老师叫到教室前边去订正作业。不用订正作业的孩子,可以到教室后边的读书角去拿课外书看,但前提是该写的作业都写完了。

这其中有个片段让我觉得有些心酸。有一天,午饭后我在卫生间里遇见了两个小女孩,她们正在卫生间里踢毽子,我有些纳闷。这个时候走进来一个老师,说:"你们两个赶紧回到教室里边去,别以为我没看见你们俩在玩啊,赶紧回去写作业去!"这两个被老师呵斥的女孩赶紧收拾了一下,灰溜溜地跑回了教室。中午的时间也从来没有见孩子们休息过,总是匆匆忙忙,写写作业,就到了下午上课的时间。这期间,要想去厕所,也要向老师请假才行,孩子们的活动受到了太多的限制。

每每看到课间、午饭后孩子们认真学习的身影,内心总是一阵酸楚,为这些在学习中度过童年——最美好年华的孩子们感到叹息,更为学校中这些不成文的规定感到悲哀。加拿大教育哲学家范梅南在《儿童的秘密》一书中提到:"孩子们的生活里只有学习、做功课以及严肃的闲暇活动,以致几乎没有时间空闲,没有时间用来简单地打发、四处转转、感到乏味或者无聊地在住处周围闲逛,或者在房子周围懒洋洋地休息一下……真正的业余时间(除工作、学习和娱乐时间以外)可能对形成孩子的自我个性是一个重要的教育因素。这种额外的、没做安排的、剩余的时间,是纯个人反思、做个秘密白日梦的机会。在这样一个环境中,孩子们不仅仅没有时间去做自己想做的游戏,去思考自己想探索的事情,更加悲哀的是因为长期生活在只有学习、做功课的环境中,即便孩子们有时间自己安排的时候,他们也不知道自己会玩什么,怎么去玩了。"[①] 有人曾对学生展开了调查,询问学生:"假如暑假两个月,没有任何人干预你,你将如何过?"很多学生的回答多是"睡觉、玩游戏"。这样的回答一方面说明孩子缺乏休息和睡眠,另一方面,也说明这些孩子缺乏休闲体验和教育,即使有了自由支配的时间,孩子们也不会利用了。

可是当问起学生是否觉得自己"很辛苦,没有属于自己的时间"这一问题时,他们总是很天真地回答"不辛苦,觉得这样的生活很丰富"。此时,回想我们童年时各种游戏和趣事时,不禁觉得现在的孩子们真的有些"苦",他们在"被安排得充实和丰富"中乐此不疲。老师们虽然觉得很辛苦,但是他们觉得"时间就是革命的本钱,只有抓紧了每分每秒,学生的成绩才能提高",他们都忽略甚至忘却了自由空间、自主安排的价值。哪怕安排的不是那么丰富,但是如果是孩子们自主完成的,对其成长的意义是非常重大的。

---

① 范梅南. 儿童的秘密 [M]. 北京:教育科学出版社,2004:192.

挤占了本应属于学生自我安排的时间,对学生而言,他们会丧失一些自主探索的主动性。在学生的印象中,时间就应该是被别人安排好的,所谓的"挤占",在学生眼里也是为了他们好,为了让他们的生活更充实。这种问题的严重后果大学时期反映得更明显了。学生有了大量的空余时间可以自主安排时,他们感到的不是兴奋,而是恐慌,因为他们不知道自己该做什么、能做什么,当时间一点一滴过去。他们就会开始怀疑自己的能力,再也没有别人能够"操纵"他们的时间。这时的自由对他们而言不是令人愉悦的自由,而是不知所措。如果能够早点给学生一些自主选择的空间,让学生养成自我管理的习惯,这样学生从时间支配的自由中走向了自律,对以后的学习生活有着深远的影响。

(三)"被紧张"的时间

"倒计时"在学校中已存在许久,即在学校和教室的显著位置立一块牌子,上书:离中考或高考还有多少天。这种"倒计时"牌好像顶在学生后背上的手枪,无情地提醒着学生走向"刑场"的时间在一天天变少。除了倒计时牌,还有为了考前冲刺学生们写的"豪言壮语",也赫然屹立在教室的某个地方。例如,"生活就是炼狱,我不下地狱谁下地狱,我不上天堂谁上天堂!""生当作人杰,死亦为鬼雄!"等。有时让人觉得有一种窒息的感觉。

对于学生而言,"倒计时"一方面给了他们警示的作用,让其能够抓紧时间好好学习、迎接考试,但同时也是在心理上给了他们紧张的暗示。有些心理素质比较好的同学可能不会觉得倒计时给他们带来的心理压力,但是有些心理素质不太好的同学,他们自己已经施加了很多压力,再加上倒计时牌的催化作用,会让他们感到焦虑不安,有些同学会出现失眠、头晕、神经衰弱等症状。这样不仅不利于学习,反而对学生的身心健康也造成了一定影响。这给我们教育工作者敲响了警钟。另外,"倒计时"体现的是一个短期目标,仅仅以眼前的得失作为衡量学生的评价体系,所有的成功失败仅仅靠一次考试来一锤定音,没有从学生的长远发展和人生的目标出发,更没有从因材施教的教育理念帮助学生规划一个属于自己的未来,而且,倒计时是一个外在的提醒,而不是学生内在的节奏,当学生疲于奔命地应付着外在的时间,自己内在的节奏已然失去平衡,不仅不利于学生的学习,更不利于学生成长。自由在学生的心已经荡然无存,他们没有时间去思考属于自己的时间和未来,紧张的心绪让他们无暇考虑自己长远发展的目标、长处、兴趣,所以前文片段中"不知道自己的兴趣爱好是什么"的同学的出现并非偶然,而是长期在紧张的环境熏陶中的必然结果。

二、令人压抑的空间

合理的空间安排不仅能够使学生身心轻松,而且更有利于学生之间的团结融合、营造良好的学校氛围。但是现实生活中,规范在给学生的空间安排上,依旧存在着一些不尽人意的地方。

(一)被压缩的活动空间

在学校实习过程中观察到孩子们在学校中所进行的活动是很少的,而且由于校园的空间布局的限制,以及学校一些常规的要求,孩子们能够进行的活动真是少之又少。

课间操是每个学校日常生活中所进行的最为明显的活动,但是在我实习的学校,孩子们没有课间操。学生们每天早上来到学校,有时会在教室里跟着广播中的音乐做早操。但即便是这样的活动也不是每天都进行的，有的班级的老师直接将音乐关掉，让学生继续读书，交作业，有时就让学生坐好，要训练学生的"坐姿"。一般学校的课间操会安排在第二节的课后，但是这个学校是做眼保健操，接着就上第三节课了，没有给学生做课间操的时间。室内课间操既节省了时间，同时也不必让孩子们拥挤着走向操场，但是室内课间操真的能像在室外做操一样给孩子们带来身心的锻炼和精神上的放松吗？这不禁让人深思。

除了课间操之外，笔者通过对课堂的观察发现，大多数的学生课间多在教学楼内度过，要么待在教室，要么在走廊。因为从教学楼走到操场通常需要2~3分钟，往返则需要4~6分钟。如此算来，在小课间仅有5分钟左右的活动时间可以在室外活动。许多学生为节约时间选择在楼道、楼梯上奔跑，由此引发的碰撞、争吵层出不穷。老师们因为安全等方面的原因，不希望学生在校园跑来跑去，有些甚至明确要求学生除了去厕所，其他时间一律待在教室里。

在一些学校，学生的户外活动几近被剥夺。这种剥夺以或显或隐的规范制约着学生，学业的压力、安全的需要、管理的便利等都是这些规范的理由。孩子们的确像被钉子钉在课桌上的蝴蝶一样，无奈地扇动着翅膀，甚至有很多已经不愿或不会扇动翅膀了——他们好动的天性、他们本真的需求因为被过度限制，因为失去自由而慢慢被扭曲、被遗忘，表现出教育者期待的驯顺和与年龄不符的隐忍，类似卢梭所说的"老态龙钟的博士"。当然，这种表面的驯顺有时也隐藏着另一种可能，一旦管束稍有松动，一旦遇到某种冲突，被压抑的能量、冲动就会加倍释放，于是破坏、攻击等教育者深感厌恶甚至恐惧的违纪行为就难以避免地发生了。这时，教育者往往采取更加严格的空间限制，于是导致恶性循环。孩子们在失去自由空间的同时，失去了自我约束的机会与能力，失去了自由探索的机会与能力。物质条件走向富裕的家庭对独生子女的普遍的过度保护、娇宠和由此导致的大众心理，以及由此给学校带来的压力加剧了这种过度限制的倾向。

（二）堆积成的"资料山"

笔者通过观察发现，学生物品的摆放和整理是令人头痛的问题。尤其是高年级学生的书桌物品摆放，一眼望去，桌面上的书堆得比人坐着的时候都高，有的时候一打开书桌盖，桌上的书就会哗啦哗啦掉下来。抽屉也是塞满了各种教科书、试卷、作业等"学习"材料，甚至有的同学资料太多，不得不堆在地上，以致妨碍了其他同学的进出。在学生的各类教科书、教辅书中很少能看见课外书的身影，有时候哪位同学偷偷带来了一两本，大家也会小心地传阅，怕老师发现后会被"没收"。

物品摆放的凌乱以及过多的书本都反映出学生课业的繁重，同时学生也因为过多的物品、书本而占用了别人的空间，这不利于教室整体环境的建设，也不能给学生创造一个良好的学习的氛围。迫于学习的压力，学生甚至连看课外书的权利也被剥夺了。在老师的眼里，只有坚持学习老师所教课程的学生才能够学习成绩好，而看课外书的学生则被列为"不求上进"的一类人。老师甚至会没收学生带来的课外书，以此来营造班级学习的氛围。其实，过多学习材料的堆积在一定程度上并不能够创造一个催人奋进的环境，而是通过一种压迫感迫使学生不得不学习。当每个人陷在自己的书堆里时，就难得与同伴、老师沟通交流，久而久之，班级的氛围反而会给人一种压抑感觉。自由已经完全被淹没在如山的书堆中，没有成长的空间，更没有选择的余地。多少学子在书堆后边度过了生命中的若干年，却没能有时间思考自己的理想和人生。书堆究竟滋养生命更多，还是扼杀生命更多？

在学生步入大学的时候就凸现出来的问题都足以说明这一点。那些填报志愿都完全听从父母的意思,那些不知道大学为何物的孩子们,是不是所有的锐气都在书堆后渐渐磨光?

三、整齐划一的行动命令

命令往往带着无可商量的口吻,强制执行是命令的实施方式。学生是活生生的人,他们有着自己的思想、自己的爱好、自己的行动方式,却在学校生活中失去了自己的决定权和选择权。一切行为都应是整齐划一的观念已经深入到了学生的思想中。

（一）让人烦恼的校服校徽

校服校徽是体现整齐划一的一种重要形式。可是,由校服校徽而带来的麻烦也着实不少,例如:

事件一:某天早上,校门口执勤的学生拦下了一名未穿校服的同学,"同学,你的校服呢?请穿上校服进校!"直到穿上校服才得以放行。

事件二:早读课,班级里书声琅琅,敲门进来几位学生会干部说,"请大家出示校徽、团徽!"班级一阵混乱,争相戴上两徽。

事件三:周一班会课之前,校学生处下发上周检查记录表,班主任办公室马上爆发出怒吼:"又是校服、校徽扣分!本月的星级班级又泡汤了!"

在日常的学校活动中,规范失效的状况时有发生。虽然学校有一整套严密的规范和惩罚系统,但学生违纪的行为依然不可避免。因校服校徽之类和发饰要求而违纪的则更为见。虽然学校三令五申要穿校服戴校徽,但是学生并不清楚这种要求的理由是什么。与打架、破坏公物等明显带来危害的违纪行为不同,穿校服、戴校徽的必要性,不经过一定的解说,很多学生并不理解。而且,校服校徽和发饰的齐整要求,与学生追求个性的需求之间存在矛盾,因此,服饰规范往往带有更强的人为性,会让学生感觉到是对自己自由的不合理干涉,不仅难以约束学生,还可能引发学生的反抗行为。

（二）值日生的苦衷

学校每天早晨、中午各一次检查,检查包括各个方面,检查的人员是各班的卫生委员。他们就像看显微镜似地每到一处就用手指摸一下,一有灰尘就扣分。扣完分还会在班级黑板上予以公示,作为友情提醒。值日生感觉各种压力纷至沓来,班级的卫生有进步了,可是学生却没有打心眼里热爱劳动,而值日生在拿起抹布"收拾残局"的时候心里也是别有滋味。

为了保持良好的学习环境同时提高学生劳动的积极性,每个学校都会制定关于班级的卫生检查制度,有的班级也会制定自己班级的卫生要求,但是有些规范的制定和执行未免有些吹毛求疵,违背了打扫卫生本身的目的。在另一所笔者实习的学校,有个老师要求班级的学生（一年级的小朋友）留下帮她打扫卫生。其实一年级的小朋友年龄小,自己也打扫不干净,笔者就说出了自己的疑惑。但是老师的回答让我很欣慰,她说,让学生打扫卫生并不是为了让他们帮她干活,而是一方面能够让他们明白打扫卫生的辛苦,不乱扔东西;另一方面是为了培养他们热爱劳动、热爱班集体的意识。每次学生打扫卫生,老师都要在旁指导,有些地方还需要老师再加工,慢慢学生的意识和能力就培养起来了。

规范本身就该像这位老师用行动阐释的一样,不是为了限制学生的行动而进行限制,是为了培养他们的品格,这才是规范本应有的题中之意!"德国哲学家康德认为:人是一种自由、平等的理性存在物,当他的行为原则可能是作为对其基本性最准确的表现而被他选择时,他是在自律地行动的。"① 不仅仅是打扫卫生,任何事情,当规范的力量能够促进学生学会从他律走向自律时,就实现了真正的自由。

（三）消失的游戏

一位老师讲述了一件最让她难忘的事情：

一次我们班的孩子学习效果很好,我想奖励他们,我问他们:"你们想要什么?"一个女孩轻轻地问:"老师,能让我们跑几圈吗?"此语一出,周围的好几个孩子也拼命地点头附和:"就是啊,现在课间、午间都不准跑了,也不准玩带奔跑的游戏,我们真想痛快地跑跑啊!"想想也是啊!看着这群朝气蓬勃的孩子,四年级,正是精力旺盛、爱跑爱跳、爱玩爱闹的年纪,这样的规定,确实让他们感到了压抑,他们也需要放松、宣泄释放自己的活力。"好吧!那咱们就先来痛快地跑两圈?""耶!"一张张小脸写满了兴奋。跑了两圈下来,是400米,孩子们似乎意犹未尽,不少孩子还嚷嚷着"不够不够",又继续在跑道上快乐地运动着。望着他们的身影,我不由地反思着课间休息"不准奔跑、不准喧哗"的规定。学生的意外伤害事故确实多半是由奔跑引起的,不管是哄闹,还是游戏,"禁止奔跑"的确是一个立竿见影的解决办法。但是,站在孩子的角度看,在校园里没有了孩子嬉笑欢乐的身影,似乎也会丢掉很多快乐。现在的规定是不是因噎废食了?

在学校中经常出现不让学生在走廊里乱跑乱跳的规范,而且每节课后还会有老师轮流做"护导",来监督学生不要在走廊里乱跑乱跳,让学生轻声走路,不能大声喧哗,更不能到操场上去打闹。打闹的确是事故发生的诱因之一,这使得相关规定与监督似乎具有相当的合理性。但是"乱跑、打闹"与正常的跑跳、嬉戏之间并不容易区分,于是许多学校在用类似的规范"保护"学生的同时,把学生正常的游戏、活动也剥夺了。一方面,学校变得安静,但缺乏活力；另一方面,一些学生不满这些束缚,专门逆规范而行,甚至故意在教师办公室前打闹、乱跑,诱发了更多安全问题。

在希腊语中,游戏（paidia）与儿童（pais）两词同构,从字面看来便具有极其紧密的联系。"爱玩是儿童的天性"这句耳熟能详的话也阐释了游戏和儿童具有紧密的联系。美国著名哲学家、教育家杜威曾在《学校与社会》一书中提及,游戏"是儿童的精神态度的完整性和统一性的标志；它是儿童全部能力、思想,以具体化的和令人满意的形式表现的身体运动、他自己的印象和兴趣等的自由运用和相互作用"②。作为儿童生活的重要组成——游戏,是一种实体性活动,是儿童的存在方式,也是儿童生活的可能世界。我国著名教育家陈鹤琴曾谈到,游戏是儿童的生命,是童年时期的主要活动,儿童在游戏中学习,在主动、自愿的活动中体验着游戏性,严肃、认真地工作、学习。可以看到,儿童时期的主要活动就是游戏,游戏对儿童的成长和心理发展起着重要的影响,儿童是天生的游戏者。但是在现在日常的生活中,儿童的游戏越来越少,一方面是没有时间玩耍；另一方面是孩子们甚至已经不知道自己该玩什么。

有个孩子在《每日小语》的作业中这样写道：下课了,大家都在外边玩,我也想去玩,后来想起来妈妈说要好好学习,不能贪玩,我就没有出去玩,而是在教室里写作业

---

① 罗尔斯. 正义论 [M]. 3版. 何怀宏,何包钢,廖申白,译. 北京：中国社会科学出版社,1988：242.
② 杜威. 学校与社会·明日之学校 [M]. 赵祥麟,任钟印,吴志宏,译. 北京：人民教育出版社,2005：82.

了,老师还表扬了我!还有一个孩子是这样写的:今天老师没有布置《每日小语》,但是妈妈非得让我写,妈妈是个大猪头!孩子们在《每日小语》中很少写自己做了什么游戏,或者是自己发现了什么新奇的玩意,更多孩子写的是今天晚上我留下来写作业,或者是自己家的小闹钟,妈妈做了什么好吃的,有的同学连续几天写的都是家里的闹钟、八音盒等。

游戏对于现在的孩子来说竟然成了"奢侈品",面对竞争日益激烈的社会,学生在家长的"威逼利诱"下报名参加各种补习班和"兴趣班",他们没有闲暇的时间来考虑自己玩什么,对所谓的"兴趣班"毫无兴趣;即便是有了自己可以掌控的时间,也被现代社会大量的多媒体信息所吸引。网络的普及、电视剧的泛滥,学生们宁愿坐在电脑前玩游戏也不愿出门和小朋友们一起嬉戏;在学校的生活时间也被课程的学习占据无几,这样培养出来的孩子像生产出来的机器,他们不会享受自己在做的事情,不会自己选择,当他们步入新的环境时最希望有人能够替他们安排好一切。进入大学后,他们依旧希望像中小学时期一样,老师说什么,家长说什么,他们就做什么,不需要思考,不需要选择,他们要做的就是按照所谓的要求做好一切即可,这样的悲哀不知道是孩子们的悲哀,还是社会的悲哀!

(四)统一规格的文具①

学校中整齐划一的行动命令在一位家长的描述中得以清晰体现。

没想到仅准备学具一项,就给了我们一个下马威。开学第一次家长会结束后,老师给了一份极为详尽的PPT,对买什么样的本、笔、文具袋、文件袋、舞蹈鞋等都做出了详细的规定,对每一本书、每一个本包什么样的皮,包多厚的皮,名字写在哪里,用什么方式写也都规定得一清二楚。

那个周末我们奔波在家附近的几个大超市和批发市场里,采购着老师开列的各项用品,一项项地落实。没想到,很多孩子的用品都不合格,也包括我女儿的。

那天回来,女儿着急地怪我:"为什么不给我买一双白色的舞蹈鞋?"

因为女儿一直在学舞蹈,家里有好几双规范的芭蕾舞舞蹈用鞋,怎么会不合格?

女儿说,老师交代了一定要买白色的,前面是宽宽的松紧带而不是系鞋带的。

"又不是上台表演,平时上课用,有必要这么统一吗?"几天的奔波焦躁,让舞蹈鞋成了压垮我的"那根稻草","就穿这个,不用非得换。"我生硬地对女儿说。

女儿没出声,我转身一看她的眼睛里充满了泪水,脸上写着焦急和恐惧,小声对我说,"有小朋友已经挨批评了。"

我怎么可能让刚刚上学的女儿因为这点儿小事就受到责备,怎么能让她这么无助?!

我立刻起身带着女儿到老师推荐的商店去买了合乎要求的舞蹈鞋。

女儿的心情平复了,但是我却异常难受,我不停地问自己:是我错了吗?

这些年社会舆论不是一直在讨论如何培养孩子的创造性吗?可是你去小学里听听课就能发现:下课会有人喊,都去喝水、上厕所了,大家听令而出;上课都把小手交叉放在课桌上;回答问题都把手举得一样高;打开书包所有孩子的书皮都一模一样;所有的铅笔都是2H的,连笔尖都要一样的粗细;连书皮上的名字都要一种式样写在同一方位……

---

① 林爻. 6年后我将收获怎样一个孩子[N]. 中国青年报, 2012-10-10 (3).

如此的整齐划一，6年后，我的女儿怎么可能不像流水线上的产品?!

这则案例体现出一些教育者对统一的迷恋。同发饰的统一要求相似，对文具的统一要求也具有极大的人为性。

瑞士心理学家皮亚杰通过实验发现，在前运算阶段儿童的思维具有不可逆性，对成人的尊敬是单方面的，由于儿童和成人不能建立一种真正的平等关系，所以成人的规则就包含了对儿童的强制的成分。① 对于刚入学的儿童，他们在心理上对老师既敬爱又害怕，老师说的话对他们来说就像是"圣旨"一样，不敢有任何违抗。但是对于缺乏判断力的孩子们来说，用一定的规范来约束他们的行为，让他们能够适应集体生活，明白在集体生活中遵循规则是必要的，但并不是用规范来约束学生的方方面面，不给他们一点选择的权利和展示自己的机会。

相对于公开的体罚，规范更是一种高雅的艺术，它无须粗暴的关系就能获得很大的实际效果，制造驯服的、训练有素的肉体、思想。通过精细的规范，可以把任何无关于学习的因素去除，从而创造为了学习而学习的等级空间体系。规范还可以把散乱的乌合之众变成有秩序的单一体。但是规范的实施以权威为前提，在学校中，权威则来自老师。老师通过一系列的奖惩手段来管理学生。"奖励是一种诱惑，不管是物质奖励还是精神奖励，都满足了人的心理需要，诱使学生的言行朝向教师期望的方向发展；而惩罚则以伤害尊严、剥夺个人部分言行为特点成为个人行动的障碍的符号，惩罚是一种制造效果的艺术，它不仅惩戒过去的'罪行'，更主要的是针对潜在的'罪犯'，通过受惩罚的确定性使惩罚更具有普遍性和必要性，从而教师建立自己的权威，也建立自己的纪律体系，组建了秩序井然的学校组织，在这样规则繁多的空间中，教师成为'主宰'。"②

但学生随着年龄的增长，他们对于规范和权威的判断也会有所改变，皮亚杰指出：具体运算阶段的儿童的思维具有可逆性，使他们能够在人与人的交往中区分自己的观点和别人的观点，并对不同的观点进行协调。他们之间的联系就不再是"集体的独白"，而是有意义的交谈，真正的讨论便是有可能的了，由于能够进行思想的交流，儿童就能够理解别人的观点和意图。此外，思维的可逆性也使儿童将自己置于和伙伴同等的地位，并缩小他们和成人之间的差距，这就为社会协作提供了基础。从平衡的观点来看，协作是儿童在其发展过程中对成人的强制所取得的一种平衡，与此密切相关的是，在情感的发展方面，儿童产生了一种新的尊敬情感，即相互尊敬。③ 也就是说，到了具体运算阶段的儿童不会再一味听从老师的言论，他们对于问题有了自己的看法和理解，这个时候就需要老师不仅能够从学生的兴趣爱好和个人特点出发，还要给学生一定的自主选择权利，只有这样才能够锻炼学生的能力，让学生有尝试和犯错误的机会，从而让他们有更加强烈的责任感，从他律走向自律，"权威不能成为公正的源泉，因为公正感的发展要以自律为先决条件。"④

（五）量化奖惩的规训

现行对规范评价的方式大多是实行量化管理，即通过量化的标准来检测规范的实施情

---

① 陆有铨. 皮亚杰理论与道德教育[M]. 北京：北京大学出版社，2011：42.
② 耿翠娥. 从被规训的自由到自我选择的自由[D]. 南京：南京师范大学，2008：24.
③ 陆有铨. 皮亚杰理论与道德教育[M]. 北京：北京大学出版社，2011：61.
④ 陆有铨. 皮亚杰理论与道德教育[M]. 北京：北京大学出版社，2011：67.

况。例如，迟到者每次在德育分数中扣一分，不认真完成眼睛保健操者扣一分，窗台没有擦干净者扣一分，拾金不昧者加一分，在考试中成绩前三名者加一分等，将规范的实施与学生的考评、班级的荣誉相挂钩。上文中所提到的关于"值日生的苦衷"就是一个典型的例子，为了能够得到"文明班级"的称号，牺牲学生的学习和休息时间打扫卫生，甚至提出苛刻的要求来保持班级卫生的清洁，其实质并未带来优雅的学习环境，反而让学生感觉到班级卫生的清扫是一种"负担"。学生由对班级的责任感到视打扫卫生为负担，这种落差是规范量化的最明显结果。

除了量化的分数之外，还有各种奖惩的手段来促进规范的实施，例如，有班级制定出这样的规范：放学离开教室前，将椅子摆放在桌子上，若5次不摆放者则罚做值日一天，由当天值日生负责记录并及时反馈给劳动委员；迟到时间大于10分钟者，累计3次罚做值日一天等类似的惩罚来约束学生的行为。还有以奖励的手段来鼓励学生遵守规范，如上文中某家长就出现了这样的困惑：用了6年让孩子明白礼物不是做事的动因，所以，尽量不把获得礼物作为孩子做事的交换条件。但是，这些天女儿已经用"小贴画"成功地换回了两块橡皮，又用几张印着图案的小纸片换回了一块棒棒糖，她还在一个小本子上积攒着另外一堆"小贴画"，据说攒够了10个就能换回更大的礼物。为了让孩子自己在班级墙上"热爱集体"一栏中插上更多的"小红旗"，家长给班里买了绿色植物、餐巾纸，送去了美化墙壁的墙贴、参与本该由学生自己参与的班徽设计……①

量化的规范存在的意义在于可以通过规范的量化来束缚学生的行为以及通过激励的手段增加学生参与班级建设的积极性。但是规范的过度量化在规范制定的意义上就出现了偏差，规范制定本身并不是为了限制学生的行为而进行限制，而是为了让学生更加自由而进行的限制；加减德育分、惩罚和物质奖励只是从表面上来促进了规范的实施，但并未让学生理解规范制定的初衷，无法提升学生的道德认识，反而使其成为奖惩的奴隶，远离了自由的真谛。如果通过民主的方式让学生了解到打扫卫生的重要性，认识到大家齐心协力地维护班级的卫生整洁才能够让每个人觉得生活在班级中是舒心的、幸福的，相信即便是没有各种"威逼利诱"，学生也会通过自主管理、积极主动地打扫卫生。让学生理解，在学校生活中每位同学把班级当成自己的家，每个人都要通过自己的力量把班级这个大集体建设得更好，那么没有"小红旗""小红花"的正向刺激，学生也会通过各种方式来装扮自己的家，这才是规范应该起的作用和意义所在。

四、沉默是金的言语限制

话语权的缺失是现在学校中的常见现象，无论是课上还是课下，规范更多是从教师能够更好地完成课堂教学任务以及管理班级的角度出发的，很少考虑到学生的话语表达途径。能够自由地提出自己的想法和意见是学生成长的必要组成部分，但在现在的许多学校中却成了缺失的部分。

（一）屡遭禁止的上课插嘴

上课插嘴的现象在学生中屡见不鲜，他们总是很稚嫩地纠正着老师的错误，或者很正义地告诉老师别的小朋友的不守纪律的情况，这些情况总是让老师们哭笑不得，以下就是

---

① 林爻. 6年后我将收获怎样一个孩子[N]. 中国青年报，2012-10-10（3）.

一位老师的阐述。

今年又担任一年级的语文教学,发现在课堂中不时有孩子插嘴,而且屡禁不止。每到此时,我总是有些恼火,大声告诉学生:"要发言先举手,上课不能插嘴,插嘴是违反课堂纪律的。"但收效甚微,过了五分钟,又有学生插嘴,而且在你批评他们的时候,他们一脸无辜的样子,这不得不使我重新考虑"上课不准插嘴"这条校规的合理性。

一年级学生的自制力差,在课堂上难免会经常出现"插嘴"的现象。具体表现为:当教师在讲解、引导时,学生突然冒出一句与课堂毫不相关的话,打断了上课的节奏;当老师启发学生思考问题时,有的学生会迫不及待地把自己的想法或答案说出来,有时甚至能说出你备课时未想到的资源;当同学发言吞吞吐吐说了一半,或者说错时,有的学生把正确答案脱口而出;有时,教师对学习要求还未开口讲,有性急的学生会开口问……

如何能够解决上课"插嘴"的问题一直是困扰老师们的难题,老师们常用的禁令对低年级学生并不那么有效,而一旦这些禁令生效,又会带来另一方面的问题:学生们沉默寡言,课堂气氛沉闷。其实上课"插嘴"常常体现了学生学习的积极性以及学生对所学知识的掌握程度,但是如何让学生明白自己生活在集体当中,要考虑到其他同学的利益和情况,不能自己为所欲为是解决上课"插嘴"问题的关键。集体生活的规则是学生从他律走向自律的必修课。在群体中,儿童能够有机会自由地进行讨论,学会听别人把话说完,再发表自己的看法,有更多的机会将自己的观点和他人的观点进行比较,从而学会理解他人,让他人也能够理解、表达自己。在学生的体验中和教师的引导下,学生能够在活动中逐渐摆脱成人强制观念的束缚,明白所遵守的规范不再是成人所谓的强制的规则,这个规范是他们之间通过商议制定的,是集体生活所必要的,不是一成不变的,而是可以改变的。只有这样,学生才会逐渐改变传统的遵守规范是为了摆脱成人惩罚或获得奖励的观点,而认为遵守规范是实现公正、促进交往的必要条件,因此,遵守规范成为他们内在的需要。当学生们通过合作、交流和沟通,互相理解、互相尊重,并达成一致目的的时候,他们就走向了自律,就不会再为了逞能或者其他的无意识的行为而损害其他同学的利益,这也是通过道德氛围建设所希冀达到的结果。

(二)缺失的意见表达途径

对于学生如何才能够向老师们表达自己的意见,通过什么途径来表达这一问题,通过对学生的访谈得知:

在40分钟左右的上课时间里,教师的讲课占去了绝大部分的时间,整个课堂时间都由教师来控制。在上课听讲的过程中,学生常常会产生不同或者和教师有分歧的想法,这往往是需要进行探究的地方和创造力展现的机会。但由于教师为了保持对整个讲课节奏的控制,中间不会给学生提供时间进行思考;而且,极短的课间休息时间仅供学生调整休息之用,使学生没有时间进行自主的探究。长此以往,他们的探索精神和创新能力的发展就受到了阻碍。除了学习方面的意见表达出现空白之外,学生们还有很多"难言之隐",但是迫于老师的权威,学生也不敢提出来,只能在忍耐和挣扎中生活。

面对缺失的意见表达途径,可能教育者也有很多的无奈,诸如课业太紧张,不严格抓紧就无法完成,无法再容忍节外生枝等。但是学生"话语权"的丧失,剥夺了学生的表达自由和交往自由，打击了学生探索和求知的欲望，也堵塞了教育者了解学生的重要渠道。如若学生能够自由表达观点，并在表达中学习倾听和反思，个人就获得了更加丰富的成长资源，为更多的自由奠定了基础；如若教师能够倾听学生的意见，就能够更准确地了解学生的需求，让教育更好地为学生的成长服务。

总之，上述学校中对学生的种种不合理限制，其实质是独断的规范对学生的物化。从规范制定的出发点来说，没有考虑到学生内在的精神需要，更多关注管理的方便；从规范制定和实施的过程来说，缺乏学生的参与，更多是教育者单方面的独断要求；从结果来说，学生往往对规范并不认同，或者迫于压力而驯服，或者阳奉阴违、表里不一，或者公然反抗，无论哪一种都与教育的理念相悖。这些独断的规范通过时空、言行的全面控制，侵犯了学生应当享有的身体自由、选择自由、表达自由、思想自由等，这样失去自由的人，与物无异，教育者和学生都成为考试机器，人的基本需要被漠视，人的鲜活个性被抹杀，人的基本自主机会被剥夺，教育从促进人发展的事业蜕变为扭曲人性、妨碍发展的流水线。

第三节 建设有序的自由氛围

现实中种种对自由的不合理限制提示我们，减少不必要的限制，建设合理的规范，让学生生活在有序的自由氛围中，使其应当享有的自由得到保障，是一件多么紧迫又有意义的事情。而实践中既有的或正在进行的一些尝试，让我们看到有序的自由氛围的样貌与魅力。

一、保障学生的应有自由

明确学生应当享有哪些自由，可以为学校自由氛围建设提供一定的依据。学生的自由至少可以包括以下几个方面：学生的身体自由，学生的选择自由，学生的表达自由，学生的交往自由，学生的思想自由，学生的道德自由。[①]

身体的自由是学生最为基本的自由，身体健康是每个人最重要的权利之一，任何制度、学校或教师，不能以任何理由做出有损儿童身心健康的规定或行为，任何教育活动的开展都不能使儿童处于过度的劳累之中，轻视学生的生命、健康或幸福。学生在学校期间的人身自由要有所保证，对于学生的生理需求和课间活动的满足都要落到实处。如学生课间需要喝水、上厕所等生理问题，教师不应该以任何理由为难学生，他们年龄尚小，有些学生比较内向，可能不敢向老师提出生理需求，这个时候就需要老师帮助学生养成良好的习惯，有需要及时向老师提出来，对于年龄幼小的学生，老师也要经常提醒他们及时解决生理需要。关于课间活动，爱玩是每个学生的天性，教师出于对学生安全的考虑不希望学生在操场上乱跑的行为是可以理解的，但是从学生的角度出发，游戏活动等是学生成长的必经之路，是学生日常生活中不可缺少的一部分，教师不能只因为安全的隐患就剥夺了学生课间休息的权利。教师可以设计一些益智类、能够吸引学生兴趣的活动，同时还能够

---

① 王丽琴. 为了学生的精神自由——教学秩序之思 [D]. 上海：华东师范大学博士后研究工作报告，2008：43—45.

减少身体的碰撞，既满足了学生爱玩的心理，又将安全隐患降到了最低。另外，参加体育活动是学生身体自由的权利之一，在体育活动中不仅学生的身体得到了锻炼，而且心理也能够放松，因此，学校要保证学生参加体育活动的时间才能够促进学生身心的健康成长。

在开放的社会，人生时时面临选择。大到人生价值、生活方式、职业定向，小到穿衣吃饭、活动安排等。以学生的学习方面的选择为例。从学习内容来讲，学生应该有选择课程的自由。学校可以为学生开设两类课程，一类是必修课，是学生成长过程中必须掌握的一些知识和技能；另一类是选修课，学校可以通过学生的心理特点和个人的兴趣爱好为学生开设丰富多彩的选修课，学生有学与不学、选与不选、选哪个老师指导自己的自由。从学习方法来讲，学生有在他们能力所及以及别人允许的范围内选择适合自己的学习方法，可以采用独立思考、小组讨论、分工合作等方式，学校也应该为学生提供讨论的场所以及所需的实验器材等硬件基础来保障学生的学习。从学习的时间和空间上来讲，学生可以根据自己的掌握能力和对知识的兴趣选择学习的时间，这可以减少学生之间因为接受能力的差异而引起的不必要的时间浪费；空间上学生可以自己选择喜欢的班级和座位，有些选修课的课程学生也可以选择在室内或是室外，例如，生物课如果条件允许，在学习植物的时候，老师也可以带领学生到室外通过实地考察和观察来学习知识，这样不仅能够提高学生的学习兴趣，还可以极大地提升学习效率。当前教育改革的诸多努力中，增加学生的选择机会是一个重要特征。

给予学生充分的表达自由是实现教书育人理想的必要条件。这至少体现在两个方面，一方面是学生在课堂上有表达自己意见的自由。现实中，老师们总是希望能够抓住课堂的每一分钟，把知识都传达给学生。正因如此，老师有时就会忽略了学生的一些想法和反馈，前文中提到的"插嘴"现象是最为明显的例子，学生对老师所教授的内容提出疑义，或者有其他解法、想法的时候，老师们总是想尽量把这样的交流放在课下，甚至打压这种行为。学生有想法要表达的时候说明他们在认真思考问题，他们渴望自己的意见能够得到老师的肯定。老师们总是害怕这种课堂的"突发事件"会打破整个课堂的秩序，但事实上也许停下来让学生更深入地思考反而比整节课都是老师来讲的效果更好，学生学会了思考，拥有了思考的能力，这不是书本上的知识能够替代的。另一方面，学生课外应该有表达自己意见的途径。有些关于课堂中的问题或者关于教师在班级管理中的一些意见和建议，学生总是会羞于面对面地与教师进行直接交流，需要有其他的能够供学生自由表达自己想法的途径。例如，班级可以建立"建言角"，同学们可以把自己的想法汇总给一位同学，或者集中时间进行讨论，大家都可以对班级建设建言献策，只有这样，班级才能够更加民主，学校的气氛才会更加和谐，同学们才会在温馨的氛围中体会到自由的气息，他们才能够不断完善自己，做到自我管理和自律。特别是，从学校规范制定和施行的角度上来说，学生更应该有表达的自由。学生可以为规范的制定出谋划策，通过民主的方式，共同商议出来的规范才能让学生信服，学生才会更愿意遵守规范。在规范施行的过程中，如果有不合理的规范可以及时提出并作修改。在对规范的评价上，同学们也可以选择大家都愿意执行的合理的评价标准，各抒己见，使规范在保证公正的前提下，让所有学生都可以享受到自由。

学生在班级生活中应该有交往的自由。学生交往的自由主要包括学生可以自己选择交往的对象、交往的时间、交往的内容以及交往的方式。学生可以和他们想交流的同学进行自由地沟通，也可以按照自己的意愿选择自己想坐的位子，选择自己可以和哪位同学坐在一起，以便他们沟通和交流，每位或者几位同学可以选择他们所希望的方式进行合作学习，学生还可以打破班级和年级的界限选择交往对象。要在课堂上给学生交流学习的时间，课下也要给学生充分的时间交流；学生交往的内容只要是积极健康的，能够促进学生全面发展的就应该予以鼓励和支持；在交往方式上，学生既可以选择面对面的交流，也可以通过网络、通信工具等进行交流。当然，交往自由的前提是不干扰他人。学生在与他人的交流中可以受到很多启迪，不仅有利于学生开阔视野，而且有利于提高学生的人际交往能力。交往是学生进入集体生活的必修课之一，学会交往学生才更容易融入集体，才会懂得更多融入社会所需要的人际规则。

学生思想的自由主要是指要给予学生充分思考的空间和选择，前提就是要给学生提供丰富的文化支持，而不是把学生局限在狭窄的信息范围中，让学生被动地接受教师所灌输的知识、信息和价值观。思想自由就是要在学生有机会全面掌握信息的情况下，给予学生一定的指导，鼓励大胆想象、探索，鼓励独创，让学生学会批判思考、自我选择和自我承担责任。然而现实教育中，在追求程式化、标准化、答案单一化的过程中，孩子们也不得不遵循这样的原则，他们不愿再开动自己的脑筋去思考一些标准答案之外的解释，他们也没有闲暇的时间用来做"白日梦"，他们就像被抽动的陀螺，在老师教鞭的指引下转动，难有思想的自由。还孩子一些空间，让他们也能插上想象的翅膀去他们遐想的世界展翅翱翔是教育工作者的义务和责任。

学生的自由具有道德的意义。只有自由的人才可能是道德的人。陆有铨先生在一次题为"关于学校道德教育有效性的几点思考"的讲座中提到，道德的基本规定是行为主体的自觉、自律，只有出于行为主体的意志，符合"我的意愿"的行为，才可能是道德的；在强制、灌输之下所做的"好"行为，也缺乏真正的道德意义。道德选择是产生道德行为的前提，自主选择乃是"自觉""自律"的具体表现和核心内涵。学生拥有道德的自由就意味着学生可以通过自己对事物的判断进行选择，可以选择和追求不同生活方式、实现自我价值、获得自我发展、创造独特的精神气质，这种选择要完全依据学生的主观意愿，没有丝毫强制的意思。然后学生在执行的过程中要能够从这种自由选择的氛围中学会自律，通过自我管理和自我约束实现自己的意愿，最后就是要对事物发展的结果负责任，无论结果的好坏都能够勇于承担，从整个过程中得到道德上的升华。道德的自由表现在规范中，即教师不能简单通过纪律、奖惩的手段来提升学生的道德认知和道德水平。奖惩的方式只是外在约束学生行为的手段，不能够深入学生的内心世界，真正的道德是学生通过自身的实践和体悟，在参与的过程中升华而成，所以，奖惩的手段可以辅助使用，但绝不是实现学生道德自由的主要手段。

让每个学生都能享有充分的自由，这种自由只以不伤害他人的自由、不妨碍自己更大的自由为限，由此，学生的身心健康、智慧发展、个性彰显、充满活力、目中有他人，这是每所学校的重要使命。

二、减少不必要的限制

学生的自由需要学校自由氛围的保障。建设有序的自由氛围，首先要检视学校中不必要的或过度的限制，将其减少到最低程度。正如美国哲学家罗尔斯所言，"自由只能为了自由本身的缘故而被限制。"① 只有当个体的自由可能侵犯他人应享的自由或妨碍自身更大的自由时，才应受到限制。从规范制定的过程来说，由学生协商制定的规范，体现了学生的自由意志，体现了自我约束，构成了必要的限制。

案例2.2 夏山学校：协商立法②

"对于是否上课，学生们拥有完全的自由。他们可以选择上课，也可以选择不上课，如果愿意，他们甚至可以完全不上课……"

对习惯了现行教育体制的人而言，是否会相信世界上竟存在这种令人难以置信的学校？

而这样的学校绝非天方夜谭。夏山学校的创办者尼尔（A. S. Neill）认为"不应该让学生来适应学校，而应该由学校去适应学生"，因为"自由发展"才是教育的终极理想。

在夏山，进入小班的学生总是一进校就会很高兴地去上课，而从其他学校转学进入夏山的学生则发誓说再也不上那些倒霉的课。在校园内，他们到处游荡。这样的情况也许会持续好几个月。要恢复这些学生重新热爱上课的时间与其对原来所在学校的怀恨程度正好成正比。有一个从教会学校转来的女学生，她在校园里晃荡的时间长达3年……

我和我的教职员都痛恨考试，我们知道，大学的升学考试无异于一道紧箍咒。但升学必须学习的科目我们也不能拒之门外，因为有考试制度的存在，我们便不得不对它有所屈服。因此夏山的老师们都有教那些必修课的准备。

参加考试的学生很少，除非他想进大学。应付升学考试，对学生来说也并非什么难事。一般说来，从14岁开始他们认真读书，三年后参加考试。他们中的部分人并非一考即中，但关键是他们有再接再厉的信心。

也许可以说夏山是全球最快乐的学校。这里的学生从不逃学，也很少想家。很少有人打架，虽有人吵架，但很少出现激烈的打斗。学生也很少哭，因为他们没有受到长期的压制，很少有怨气。仇产生仇，爱则产生爱。所谓爱的真义，即赞同儿童的一切，不管在任何学校，这都是最为重要的。如果你对孩子进行打骂和责罚，孩子们便不可能和你走在一起，夏山的学生们都知道，老师是赏识他们的。

孩子们的生活显然依其自由意志，而非焦急的父母或那些自以为是的教育家的意志。家长和老师的干预和指导最终造成的是一些机器人。我认为，不应该强迫小孩去学习自己不愿意学习的音乐或其他东西，才不致使其成为一个没有意志的人。

当然，在夏山并不是说自由就是否定一切常识。对孩子，我们也会采取一些必要的安全措施。如果要游泳，6个孩子以内必须有一个救生员陪同，才会被允许。如果不到11岁，不被允许独自在大街上骑自行车。这些规章制度都是孩子们自己定下，并经"学校大会"表决通过的。

夏山学校被称为世界上最自由的学校，其特点就在于把限制和规范减到最少：只要不伤害或影响他人，学生可以自由做自己想做的事情。学生不仅可以拥有自主选择学习内

---

① 罗尔斯. 正义论[M]. 3版. 何怀宏，何包钢，廖申白，译. 北京：中国社会科学出版社，1988：10.
② 尼尔. 夏山学校：养育子女的最佳方法[M]. 北京：京华出版社，2002：1，1—12.

容、学习目的、学习方法、学习时间和空间的自由,他们甚至可以选择上课或不上课,一切都按照自己的自由意志去做。但是夏山学校并非毫无规范。例如,如果损坏了他人的东西,是要赔偿的。其依据在于每个人的权利都是平等的,教师也无特殊。夏山学校的规范是由学生自己制定并经过"学校大会"讨论通过的。这样基于基本常识,基于对每个人安全和基本权利的保障,由全体成员共同商议形成的规范,是最必要的规范,也是出自行动者意志的规约,这是自由的体现和保障。由儿童自由讨论而决定的纪律规则,在儿童心目中不是作为外来意志而感到"必须"这么做,而是作为协调学生之间平等关系的准则而感到"应该""愿意"这么做。只有学生自己参与制定的规范才是大家愿意遵守、执行的规范。只有学生通过民主的方式制定的规范才是最能够体现自由的规范。这种规范的制定更能够促进学生主动性、创造性和积极性的发展。没有这些必要的规范,个人权利就可能受到侵害,个人安全就缺乏基本保障。正如杜威所言,在任何时候存在的自由系统总是在那个时候存在的限制或控制系统,如果不把某一个人能做什么同其他的人们能做什么和不能做什么关联起来,这个人就不能做任何事情。①

案例2.3 参与规范,争取自由

通过访谈,一位老师呈现了关于他们学校校服穿戴的调查过程及其结果:

在今年的少先队代表会上,有些少先队员提出了这样的提案:我们学校要求天天穿校服,只有周六周日休息在家才可以穿自己的衣服,希望学校能每周设定一天为自由着装日,让我们在学校也能穿穿自己喜欢的衣服。为此,大队部对全校开展了《关于学生穿校服的调查问卷》,希望通过问卷了解校服在学生眼中是怎样的,学生应不应该穿校服。问卷如下:

1. 你喜欢现在的校服吗?
   A. 喜欢　　　　　B. 不喜欢
2. 上题选A的理由是——(可多选)
   A. 美观　　　　B. 实用方便　　　　C. 有良好的精神面貌　　　　D. 其他
3. 上题选B的理由是——(可多选)
   A. 不美观　　　　B. 不实用不方便　　　　C. 不清楚
4. 你希望天天穿校服上学吗?
   A. 希望　　　　B. 不希望　　　　C. 无所谓

结果我们发现,所调查的同学约12%喜欢穿校服,他们都认为校服是学生及学校的标志,也是为了避免学生之间的互相攀比,同时能够加强学校的管理制度。

约88%的同学不喜欢穿校服,理由是:

1. 每个人都穿着一模一样的校服,一点不漂亮,太单调了,我们喜欢穿自己喜欢的衣服。
2. 爸爸妈妈为了让校服多穿几年,买了比我身高大几个码的校服,穿在身上宽宽大大的,运动起来也不方便。

两周后的少先队代表会闭幕式上,当少先队大队辅导员向全体少先队员宣布:从本周

---

① 杜威. 人的问题 [M]. 上海:上海人民出版社,1965:90.

开始，学校规定将每周的周五定为"自由着装日"，在"自由着装日"同学们可以穿着自己平时喜欢的衣服到校学习。话音刚落，台下便响起了热烈持久的掌声和欢呼声，学生们为自由着装日欢呼雀跃。

案例 2.3 中，学生对个性化服饰的渴望与统一服饰规范的矛盾清晰可见。学校通过听取学生的意见，每周给学生一天"自由着装日"缓解了这种矛盾。这是学生参与规范修订，争取自由的过程。同时，通过少先队代表会期间的交流，也会让学生进一步理解发饰规范的意义，从而使学生不必在强制中遵守规范。这可看作既定规范下的权宜之计。

如果按照最少限制的原则，整齐划一的发饰规范都是没有必要的，学生完全可以按照自己的喜好穿着打扮。一些学校为了强化学生身份，避免攀比，为了增强集体认同感，为了便于区分本校学生与校外人员，减少安全问题，要求学生统一穿着校服、佩戴校徽，不能说完全不合理，但这些都是为了管理方便的表面措施。因为，学生真正的身份认同需要发自内心地对学习的热爱，对学校的认可，对教师的敬爱。从这一点说，学校可以有校服、校徽，但是否穿戴要看学生是否愿意，靠强制的办法培养不出认同感，反而会增加反感和反抗。避免攀比也主要不是靠消除差异就能解决的，况且差异是不可能消除的，根本在于如何看待差异，学会认识与悦纳自己和他人，让每个人都做好真正的自己，而不是成为攀比的奴隶。安全的理由是统一着装的理由中比较站得住脚的，因为统一的校服和校徽使得闲杂人等混入校园增加了成本。即使所有的理由都很充分，即使还有其他理由需要学生统一着装，最好通过学生的讨论达成共识、形成规范，至少要通过教育者的说理使之明了并接受，而强制、扣分、不让进校等简单粗暴的学校常用的方式，离自由的理念实在相去甚远，事实上也难以保证规范的效果。

按照最少限制原则，学校中的许多规范都是可以撤除或修正的。具体的修正过程需要全体相关者的参与和协商。这种最少限制、参与和协商是道德自由的体现，是道德主体自觉自律的体现，因为只有出于行为主体意志、由行为主体自主选择的行为才具有道德意义。道德主体在自由的氛围中交互意见、理解自己行为对他人的影响与意义，理解规范的必要性，从而自觉自愿地遵守规范，为自己的行为后果负责。相反地，外在强制和奖惩往往把学生的道德发展局限在低水平，更糟糕的是，往往培养伪善或叛逆的人，他们行事的依据不是理性、自由精神以及人的基本权利，而是权力、利益或欲望冲动。由此可以说，减少不必要的限制，让学生参与规范的制定实行，能够为学生的发展扫除许多障碍。

当然，最少限制原则并不否认规范的必要性。法国社会学家涂尔干曾经谈道：人是一种有限的存在，他是整体的一部分。在物质上，他是这个宇宙的一部分；在道德上，他是社会的一部分。因此，他不可能在不与他的本性相矛盾的情况下，试图逾越强加于各个方面的限制。事实上，在他身上任何最根本的东西，都取决于这种有限性。说他是一个人，也就等于说他是与众不同的；这种独特性本身意味着限制。因此，如果从我们的观点看，纪律是善的，这并不是因为我们带着一种反叛的眼光来看待本性的作用，或者我们从中看到了一种必须打破的恶魔式阴谋，而是因为除非受到纪律的约束，否则人性就不能称其为人性。[①] 规范对于学生亦是如此，班级中设立的各种隐性的和显性的规章制度本身都应该

---

① 涂尔干. 道德教育 [M]. 陈光金，沈杰，朱谐汉，译. 上海：上海人民出版社，2006：52.

是从促进学生发展的立场出发的,是为了培养学生更加崇高的人性而设立的,从根本上讲不是为了束缚学生的行为,而是通过规范学生的行为让学生能够获得更多的自由,并能够在享受自由的过程中学会自律。

三、尽可能广阔的时空

自由除了意味着尽可能少受外在约束,尽可能通过协商和自我立法约束自己之外,还意味着扩大生活时空,用人类文化的精华让学生免于无知,体会精神的自由、思想的自由。

案例2.4 自主安排的机会①

9月8日 星期六

我有一个愿望:想变成小鸟,和风儿做伴;想变成雨点,和禾苗说话;想变成蒲公英,在田野里飞舞……瞧,这些可爱的生灵们多么自由!看,它们多么尽情!我太想像它们一样,可以在大大的空间里,插上翅膀飞阿飞……

暑假里,我读了一本怪怪的书《想变成人的猴子》。在我的心目中,猴子是世界上最自由的生灵了,为什么还想变成人呢?难道它不要"自由的快乐"吗?带着好奇,我走进猴子的世界——

山林里猴子有一个温暖的家,向爸爸妈妈撒娇,和小伙伴做游戏。是"对对眼"把安眠药放进香蕉,诱骗了猴子,然后用粗重的铁链锁住猴子,再用结实的鞭子逼着猴子表演行礼、抛飞吻、恭喜发财……猴子失去了小伙伴,没有了笑容,也丧失了自由,没有了快乐。在马小跳的帮助下,猴子逃出了"对对眼"的魔爪,找回了温暖,找回了自由,回归了大山,回归了那个处处是自由和快乐的地方,做自己喜欢做的事。一场磨难,猴子才明白,原来自己最想要的幸福就是自由哇!

是啊,自由,是最香甜的雨露!自由,是最灿烂的阳光!拥有自由的猴子,一定会像有阳光、雨露滋润的花朵,充满生气,绽放美丽,过上最幸福的生活!

我,不是一个自由的孩子:平时,做完作业,妈妈催我看书,爸爸叮嘱我做奥数;双休日,学书法,暑假,学游泳……没完没了。一旦犯错,妈妈还不准我上外婆家,不准我约小伙伴玩,也不准打电玩……简直像个小罪犯。可我又是一个特别渴望自由的孩子,于是,我就把《想变成人的猴子》推荐给妈妈看,没想到妈妈竟然答应我星期六上午的时间,可以自己安排。

开学后的第一个星期六到了!妈妈要上桐庐帮舅舅家买洁具。叮呤呤,七点钟闹钟响了,我一骨碌爬起来,穿衣、刷牙,再泡一碗快餐面,呵,好香啊!看看时间,已经七点四十分了。先做什么呢?我拿出《快乐写写写》,写了一篇"棒冰——融化"的日记。我边看课外书《漂亮女孩夏林果》,边摘录《我读我想我长大》的笔记……接下来,我该约上两个同学痛痛快快地玩上一场了。我们走弹子棋,做"三步回老家"游戏,然后打乒乓球,练自行车,哇,真痛快!"阿超,回家吃饭了!"听到阿超妈妈的一声呼唤,我也飞奔

---

① 李强. 自由,催开幸福的生活[A]. 征文活动组委会. 第二届"爱的教育:中国孩子情感日记"获奖征文选·小学卷[S]. 杭州:浙江少年儿童出版社,2009:305. 标题为本书作者所加。

回家。妈妈回来后，直夸我作业本上的字写得又整洁又漂亮，我听了好开心。不过，最让我兴奋的是妈妈说："咱们的刘强，不用妈妈'盯梢'了。以后的课外生活，妈妈给你自由！"

自由真好！在这个自由的星期六，我认识了像仙女一样的夏林果，记录了有趣的游戏，尽情地和小伙伴们玩耍，体验了甩掉"尾巴"的轻松，还得到了妈妈的信任。我好喜欢这种轻松，我好喜欢这样成长！

自由，能放飞我们的心情！自由，能开启我们的创新！自由，能锻炼我们的能力！自由，能发现我们的特长！自由的生活，是充满诗意的，是流淌音乐的，是无比幸福的！

爸爸妈妈，请还我们蓝天碧野，请给我们时间空间，请松开捆绑我们手脚的绳索，请卸下压在我们身上的"黄金"，让我们自由飞翔，飞得更快、更高、更自信！（指导老师：华菊芳）

案例2.4重点描述孩子对自由的渴望，以及从家长那里争取来自己做主的半天的丰富而又愉快的经历。这只是学生不自由的生活中，难得的几小时。所幸，渴望自由而又能够自律的孩子说服并打动了妈妈，获得了以后校外生活的自由。这则案例重点谈的是孩子在学校外、在家庭中的自由，看似与学校氛围无关。但是，这样的案例至少在两个方面影响学校的自由氛围。首先是观念上的启示。既然孩子们如此渴望自由，而且小学中年级及以上的孩子自律能力已逐渐发展起来，孩子们也只有在自由中才能真正学会自律，因此，学校应当效仿案例中的妈妈，多给学生一些自由空间，让他们自己安排，让他们体会自主所带来的力量感。当然，考虑到学生自律的发展水平不一，低年级的以及自律发展水平相对滞后的孩子需要教师更多的指导或关照。教育者比较理想的状态，一方面是资源的提供者，另一方面是守望者。作为资源的提供者，学校可做的事情很多，将结合下面的三则案例讨论。作为守望者，意味着学生享有充分的自由，教育者只在学生的自由可能带来伤害的时候进行适度介入。其次是实际的影响。随着社会的发展，孩子和家长对自由的呼声渐长，如果学校仍停留在灌输、强制的层面，且不说这与真正的教育精神背道而驰，恐怕单纯在管束的实效性上也会大打折扣。

案例2.5 丰富的课间活动

关于课间操的问题，笔者通过对一位校长进行开放式问卷调查后，得到了很多启发。

这位校长在外出交流学习的过程中曾经看到一所外省市学校的课表，为课表中上午9点到9点半的体育运动时间而动容。很少有学校舍得把上午最宝贵的这个时间段完全放给学生运动。该校长最初走进学校的那一刹就能够感觉到，学生们的运动绝非为今天有客人来做做样子的，看得出来，他们每天都这样沐浴在阳光下快乐地运动。校长随意问了几个学生，答案果然如此。

除了学校肯用最宝贵的时间让学生来做运动之外，还有一件事情让校长印象深刻。那所参观的学校校园尽管不小，但是因为每一个学生都在运动，依然显得有些拥挤。突然，操场上响起了一段柔美的乐曲，没有听到广播里任何老师声嘶力竭的叫喊，所有的学生们自然而安静地开始整队。原来，这也是他们学校的特色，让音乐代替教师的口令。

校长在讲述这些现象的同时也针对自己学校的现状进行了反思，她讲到，尽管因为课程的设置不同，但是依然为这个学校真心为学生的终身发展如此舍得而感动。不为给谁做样子，只为学生的发展而精心设计。细节之处动人心，让音乐不知不觉之中成为校园生活的一部分，让师生不知不觉成为校园共同的体验者、合作者，这样的境界，这样的舍得确实值得教育者好好思考。

这位校长还提到，之前看到诸多媒体都在报道一件教育热门话题，那就是代表中国参与第四次"国际学生评估项目"（PISA）测试的上海学生在参加的65个国家和地区中，在阅读素养、数学素养和科学素养全部三项评价中均位居第一。同时，也看到了还有这样一些数据：上海学生报告的每周校内上课时间位于第14位，校外上课时间为第9位，校内外上课时间总量位于第12位，学生课业负担偏重。前不久北京小学生足球队与俄罗斯小学生足球队以0：15的悬殊比分惨败，同样让国人震惊。截然相反的数据背后，呈现的是学生体质的整体下滑，我们需要尽我们所能还给孩子们体育运动的时间和空间。

课间操一直是每个学校的传统项目之一，课间操时间的设定本意是为了让学生能够在两节课后身心得到一定的休息和锻炼，也为接下来的课程做好准备。但是在实施的过程中出现了各种各样的问题，由于教师的不重视、课间操形式的陈旧、对学生要求过于严格等问题让课间操这一项目失去了其自身应有的意义。除此之外，也有不少老师会"霸占"学生课间操的时间，拖堂，把一些调皮的学生或者成绩比较差的学生留下来补课、订正作业，有的时候也未必有效果。对于学生来说，身体的康健和心灵的纯净也许更是教育者应该为孩子们提供的最为重要的保证！正如案例2.5中这位校长提到的，如何平衡学科学习和学生体育运动之间的时间，如何能够保证学生有强健体魄的前提下认真学习文化课程，是我们需要深入思考的。课间操虽然是学校的传统项目，但如何让课间操发挥本质作用、让传统开出新意的花朵是制定关于课间操规范时候应该考虑的必要条件。

课间操本身是一种对学生行为的规范，但是规范不是强迫学生去做课间操，而是让学生能够愿意做课间操，从而遵守规范、自觉执行规范，才是这一规范设立的成功之处。只有在这样的规范作用下，才能够保证学生自由的实现。这需要教育者根据学生年龄的特点和身心发展的水平来制定符合并能够促进学生进步的规范，在规范实施的过程中更要注意在保证学生能够强身健体的同时，让规范更加贴近生活，更符合学生需求。"人生活于社会中，人具有社会性；人拥有自己独特的生活世界，人又具有个体性。社会只是生活的必要条件，而生活本身的意义才是生活的目的。"① 所以，让学生的生活更有意义不仅是生活的目的，也是教育者的目的。现在有些学校已经尝试把一些更丰富的形式，如游戏、跳绳、踢毽子、比较新颖的健美操及优美音乐伴奏等纳入课间活动，通过效果来看，丰富的形式由于增强了学生的兴趣和自由度，使得学生能够更主动地参与，从而能够更好地起到强身健体、学习规范、享受自由的作用。

---

① 赵汀阳. 论可能的生活[M]. 北京：中国人民大学出版社，2004：71.

案例2.6 自由的借阅制

这是一位老师的参观感悟。

现象1——凌乱的图书馆

曾经去广州某小学的图书馆时,为图书馆的凌乱而困惑。在听到校长为凌乱而做出的解释时,我的内心被强烈震撼了:"我们的图书馆经常是这样凌乱的,因为我们的阅读是开放的,不限时,任何一个学生,任何一个时段,只要想读书随时随地可以进去阅读,甚至可以把书带回家,想起来再还回来。"

现象2——自由的借阅制

询问了该校有关图书借阅的制度,听到的又是让人震惊的回答:"学生自我管理,任何学生都可以自由借阅,学生管理员简单记录。"每一个参观者忍不住冒出一连串疑惑:"你们不怕学生把书借回家不还吗?""为什么要担心这个问题,还有什么比让孩子对书有兴趣更重要的?"校长的一句反诘让我无语。

回到学校,仔细看看我们的图书馆,书籍摆放整齐却显得拒人千里;一张张阅览安排表看似清晰却束缚了一双双热切的眼睛,一张张借阅卡看似规范却捆住了一颗颗热爱阅读的心灵。我们的图书馆,尽管美观却不吸引人。对学生而言,什么才是最重要的?不是一本本永远崭新的书本,而是一颗颗永求求知的心灵。当孩子们对书充满了兴趣,对阅读充满了吸引,我们还需要担心什么吗?

图书借阅虽然只是学校生活中不大的一件事情,但是如何才能够让图书真正体现其价值,却绝不是小事。案例2.6所呈现的图书馆与众不同,重点不在于其凌乱,而在于它的自由借阅制度,让图书馆成为孩子们可以自由出入、自由借阅的地方,这正是体现了图书馆存在的价值,激发了孩子们渴求知识的欲望,为孩子们在知识的海洋中翱翔提供了资源和空间。为了图书馆整齐干净而设立规范来限制孩子们对书的兴趣,反而失去了规范设立的真正意义——一切为了学生的发展。本案例的启示并不是说为了体现学生爱读书而一定要把图书馆弄得乱七八糟,关键的问题在于规范的设定如何才能让学生爱读书,爱去图书馆借书、看书,对于不爱读书的孩子,如何引起学生兴趣?当大部分孩子爱读书了,老师再教导他们如何爱护书籍、图书一定要摆放整齐、按规范借还图书以便大家更便捷地借阅等,这才是规范制定的意义所在。当学生连书都不爱,而规范规定一定要把图书摆放整齐,就难免有舍本逐末之嫌。图书再整齐也只是形式而已,其最终并没有实现对学生的帮助。对于学生来说求知的欲望是最可贵的,是其获得更多自由的重要基础,用生硬的规范限制住的不仅仅是他们对于图书的热情,更是学生求知的自由!

案例2.7 让教室成为学生自由呼吸的地方[①]

我是一名"80后"班主任。毕业后,我怀揣着教育梦想,走上了三尺讲台。班主任工作经历让我深深地认识到:每一间教室的物理空间是有限的,室内的物品虽然大同小异,但教室中流淌的精神与文化却大相径庭,有的温暖,有的冷漠;有的让人舒适,有的

[①] 罗凯. 让教室成为学生自由呼吸的地方[J]. 班主任,2015(3):10.

令人恐惧；有的民主和谐，有的专制压抑……一间教室的精神与文化在很大程度上取决于班主任的教育理念与实践。工作以来，我一直致力于用更加开放的理念培育"让学生能够自由呼吸的教室"，希望在这里，学生的个性得以彰显，潜能得到释放，每一名学生都能自然地成长为他所能成为的最出色的人。

信息时代的到来为我们提供了很多宝贵的优质课程资源。一间能够自由呼吸的教室，要培养学生高贵而自由的灵魂，"网上公开课"就是我在实践中为学生寻找到的一扇思想之门。

学生升入六年级后，我们用两个月的时间共同观看和讨论哈佛大学桑德尔教授主讲的伦理学公开课《公平与正义》，大家对桑德尔教授幽默、风趣的讲课风格和哲学思维大为着迷。起初，家长们也有疑问，世界著名大学的课程，还是哲学、伦理学等比较高深的学问，小学生能够看懂吗？的确，小学生并不能完全看懂，但这不要紧，权当听听桑德尔教授讲故事。听到这故事能够会心一笑，即有收获。哈佛大课堂的那种热烈、融洽、自由的气氛，具有强烈的感染力。即使那些青年才俊们干净、整洁、得体、亮丽的装扮，也值得我们的学生借鉴。

有一次，我们像往常一样在教室观看桑德尔教授讲课，他讲到一个比较敏感的问题——代孕妈妈，哈佛的课堂上正要展开辩论时，我暂停了视频，让我们班学生也来说一下自己的观点。没想到，学生们说得头头是道，观点明确、论据严谨，同时，大家的观点呈现出较为明显的分歧。我们接着看哈佛的课堂视频时，没想到苏万里同学的观点竟然与桑德尔教授惊人的一致！我开玩笑说："以后我们得喊你苏教授了！""苏教授"的雅号真的就这样喊起来了。每当我们大家这样喊他时，苏万里的脸上总会洋溢着自豪的笑容，这份记忆、这份自豪一定会让他记忆一生！

学生的潜能就像空气，可以压缩于斗室，可以充斥于广厦——就看我们给他们提供什么样的空间。通过观看"网上公开课"，学生打开了一扇攀登思想高峰的宝贵之门。

后来，我又给学生们推荐了 TED（technology、entertainment、design 在英语中的缩写，即技术、娱乐、设计）演讲。一段时间之后，学生提议开展属于我们自己的 TED 演讲。于是，每天早读之前的十分钟大家都会安静地坐在座位上，期待着一场场精彩的演讲。演讲主题更是涵盖了各个领域：从"换位思考"到"道歉技巧"，从"荒漠化"到"雾霾天气"，从"中国足球"到"NBA"，从"鸦片战争"到"楚汉之争"，从"木桶效应"到"心理暗示"，从"鲁迅"到"安徒生"……孩子们精心选择的话题非常有意思。我还带领部分学生精选组编了《班级 TED 演讲集》，我们相约，二十年后同学聚会时再拿出来听一听当时的声音，因为孩子们太喜欢这个自由而有压力的舞台了！

这是一位优秀班主任的努力。同样的时间，不一样的理念，不一样的实践；同样的物理空间，不一样的心灵空间；同样的大环境，不一样的小环境。像许多优秀教师一样，他用自己的聪明才智和自由胸怀为自己赢得了教育的自由，为学生撑起了自由的成长空间。他用人类文化的精华感召引领学生，成为学生精神自由的鲜活榜样，让学生享受自由的思想，真正让教室成为学生自由呼吸的地方。从学校的层面来说，则需要让学校成为学生自由呼吸的地方，让这些优秀教师的个人努力，激发更多教育工作者的热情，激发更多学校的共同努力，为更多学生营造自由的学校氛围。事实上，现在一些学校已经在努力给学生更多空间，让他们能够有更多机会走进阅览室、实验室、博物馆、实践基地，感受世界之博大，体验文化之精妙；给学生更多自由思考的时间，从单纯的静听，走向自主探究、体验、质疑、讨论、发现、总结；给学生更多借以扩展视野的资源，包括传统的图书、影视，也善用丰富便捷的网络资源等。这种自由的氛围也是一种规范，是一种示范，是一种用人类所能思考、所能表达的最好的东西，给学生的一种关于真、善、美的规范，为学生提供了无限的精神自由和发展空间！

　　自由对人类具有极大的吸引力，但被误解和滥用的自由又有极大的破坏力。自由不等于为所欲为，它需要规范的限定与引导。从消极的意义而言，好的规范能够通过给自由设限而防止对他人自由的伤害，防止对自身进一步自由的阻碍，从而成为自由的保障；从积极的意义而言，好的规范用人类文化的精华给学生以示范，为学生提供展翅翱翔的自由空间。参照学生应当拥有的身体自由、选择自由、表达自由、交往自由、思想自由、道德自由等内容，限定性规范应当尽可能减少，妨碍了学生自由发展，将学生物化的大量规范都应被检视、被修正或被撤销。这个修正、确立规范的过程应当是一个学生参与的民主过程，这是让学生理解规范，理解社会生活，走向自我立法和自制，获得真正自由的过程。而学校作为教育机构，运用一切可能的资源，用人类文化的精华给学生以规范和示范，为学生展示精神自由的无限可能，让学生获得理性、情感发展的全面丰盈，这无疑是建设学校自由氛围的应有之意。简而言之，学校自由氛围的建设要努力保障学生应有的自由，让学生参与规范的修订中，减少不必要的限制，提供和创造尽可能广阔的时空。

第三章 公平正义：让每个人都得到充分的发展

> 正义的首要任务是保障人的平等尊严。①
>
> ——慈继伟

社会之所以需要正义，是为了保障每个公民的平等尊严，明确分配公民权利和义务的原则，制约人们为了自身利益不惜牺牲他人利益的倾向，让公民在正义的界限内追求自身合理利益，从而减少社会成员之间的冲突，让社会有序、稳定运行。社会正义的实现既需要社会基本结构的改造与完善，也需要公民正义感的培育，二者都是正义理念的载体，并且相互支撑，不可偏废。对公民个人来说，正义感是其不断发展自身，获得他人的持久信赖，从而终身参与社会合作的重要条件。教育正义的理想状态是让每个人都得到充分的发展，包括健全的正义感的发展。然而，学生正义感的现状并不乐观。调查表明，各有两成多的大、中学生认为社会正义与否与自己的生活不相关；大、中学生了解正义、正义感的最重要的途径是电视、电影，而现实生活和课堂学习成为大、中学生了解正义、正义感最少利用的途径。这表明，一些大、中学生所谓了解正义、正义感，也不是来自于现实生活，而是"艺术版"正义和正义感；一半多的大、中学生认为社会中有正义感的人很少和比较少。②可见，营造公平正义的氛围，培育学生的正义感是一项紧迫的任务，它是全社会的责任，也是每个人的使命，更是学校不可推卸的责任。

第一节 公平正义的意蕴

《说文解字》解释：公，平分也；平，不倾斜，均等；义者，宜也。《辞源》解释：公平，不偏袒。《墨子·天志下》曰："义者，正也"。公平正义，不仅是合于一定目的的适宜，而且要求行为本身符合正确的道德原则，它既是一种伦理道德规范，又是人们对一定社会合理秩序的追求。

在当今社会，正义的首要任务是保障人的平等尊严，③它在何为公民合理利益、何样行为是正当行为等基本问题上给出了限制和判断标准。人们在制订目标计划、决定志向、选择手段时要考虑这些限制。那些需要违反正义才能获得的利益本身毫无价值。④公民权利义务分配的原则、资源分配等问题都是为保障人的平等尊严服务的。

---

① 慈继伟. 正义的两面 [M]. 北京：生活·读书·新知三联书店，2001：73.
② 廖运生. 大中学生正义感培育的困境与出路 [D]. 南昌：南昌大学博士学位论文，2010：89.
③ 慈继伟. 正义的两面 [M]. 北京：生活·读书·新知三联书店，2001：73.
④ 罗尔斯. 正义论 [M]. 何怀宏，等译. 北京：中国社会科学出版社，1988：27—29.

亚里士多德认为正义"是一切德性的总括",意味着对条件同等者平等对待,对条件不同者差别对待,这是对公平最经典的诠释。美国哲学家罗尔斯在此基础上又发展了公平的补偿原则。

一、相同对待原则

美国著名政治思想家萨托利认为,"平等表达了相同性的概念……两个或更多的人或客体,只要在某些或所有方面处于同样的、相同的或相似的状态,那就可以说他们是平等的。"[①] 美国学者艾德勒解释,"当一个事物在某一认同的方面不比另一事物多,也不比另一事物少时,我们就可以说这两个事物是平等的。"[②] 相同对待原则是指学生作为教育对象应该得到平等的对待,不因外貌、性别、国别、成绩等因素而受到歧视。教育的完全同等作为一种自然权利、一项基本人权,是人性平等的必然要求。艾德勒对平等有过这样的论证:"作为人,我们都是平等的。我们作为个人是平等的,在人性上也是平等的。一个人,在人性和个性上都不可能超过他人或低于他人。我们认为,人所具有的尊严是没有程度差别的。世间人人平等,是指他们作为人在尊严上的平等。"[③] 同等的对象指向教育权利、教育机会和教育资源等诸多直接影响个体发展的因素。

观照我们当前的学校教育,学生作为教育的主体,作为一个人,他应该得到平等对待。从宏观层面上来说,基础教育阶段的受教育权利是每个学生都拥有的,不能因外在因素而丧失。美国当代政治哲学家沃尔泽在其著作《正义诸领域》中就提到,基础学校应遵循平等原则,民主社会的教育目的旨在培养公民,基础教育要提供给每个学生同样的教育,培养他们成为良好的公民。基础学校作为一种社会物品应该平等的分配给每位学生。从微观层面上来说,在学校实际教育教学情境中,每位学生都应该受到平等的对待。如在评价学生时,要公平公正,不能因为某位学生成绩好、表现好,教师就会对其有所偏袒;如在课堂教学时,应给予学生同等的参与课堂互动的机会;如在分配教学资源时,每位学生都应该被同等的考虑到。

二、差别对待原则

差别对待原则是指基于学生客观存在的差别,不同的学生应该得到不同的对待。差别对待是为了学生得到更适合他本性的发展。不同的学生存在着客观上的差异,忽视这种差异而去一味追求一种相同则是平等主义,并非是公平。在古代,教育家孔子就提出了因材施教的教学策略,针对不同学习风格的学生,教师要变换不同的教学策略,以便学生得到充分的发展。例如,在班级教学中,有的学生学习进度慢,有的学生学习进度快,这种情况下,学生的学习水平就是教师需要考虑的重要相关因素,依据这一因素教师可以实行差别对待的公平。一位有公平意识的教师应该主动地去调节自己的教学进程,照顾到不同层次的学生。此外,在班级活动的开展、班级岗位的承担等方面,应在机会平等、自愿申报的基础上公平竞选,让擅长文艺的学生担任文艺志愿

---

① 萨托利. 民主新论 [M]. 北京:东方出版社,1993:340.
② 艾德勒. 六大观念 [M]. 北京:生活·读书·新知三联书店,1998:188.
③ 同上书,200页.

者,让擅长体育的学生担任体育志愿者,而不能不顾学生的各自特点,按照教师个人喜好胡乱任命。当今教育的发展趋势,是提供多样的、丰富的教育形式与机会,让学生能够根据自己的特点和需求加以选择。

三、补偿对待原则

补偿对待原则是针对处境不利者而设计的,为了弥补其因既有制度设计或其他先在原因而遭受的不公平待遇,使处于弱势群体的人得到补偿。这一原则的根本出发点是,由于出身、社会地位、自然禀赋所造成不平等不是应得的,学校教育中的主导者教育者应当纠正这些不平等,办法是改善由于自然原因所造成的那些处于不利地位的社会成员的不平等境遇。教育中的弱势群体包括学困生、家庭贫困生、同伴交往困难的学生、心理或思维水平发展相对迟缓的学生等。教师在面对这些学生群体时,更需要做到公平公正,能够有耐心、有针对性、有策略地对他们进行引导。从教育政策的角度看,国家有针对农民工子女的"两为主"政策,有针对贫困儿童的"两免一补"政策,有针对西部地区的"两基"攻坚计划,这些政策无疑都体现了社会、国家对公平的追求。落实到具体的学校中,则需要教育者能够做到一种补偿性公平。随着外来务工人员的流入,他们的子女会跟随父母一同入城,就读于城市里的学校,教师应当从个人层面对这些学生给予特殊的优待,而不应该把他们当作外来侵入者,当作教育资源的掠夺者,因为他们是城市化发展过程中的弱势群体,他们的处境并不是个人造就的。或许有人会反对这样的观点,认为这不是仅凭个人能力就可以做到的事情,这是整个社会的问题。但是作为一名教育工作者应该坚持这样一种信念:只有当个人美德形成时,才会促进整个社会公德水平的发展,当无力改变社会制度设计的不道德或道德的社会政策无法即时产生作用时,个人美德的塑造是更为重要的。

公平的三项基本原则有一定的普遍性,学校公平道德氛围的形成应该包含这三个含义。此外,针对学校的具体情况,在分配学校资源时,还应当考虑需要原则、努力原则和贡献原则,这些原则都是针对学生的具体情况而设定的,是公平的基本原则所能够涵盖的,它们之间并不冲突。例如,在分配助学金时,应更多地考虑到需要原则,哪些同学更迫切的需要这笔资助,实际上这就是差别原则基础上的补偿原则的考虑;在进行优秀学生评选时,应当更多地考虑学生的贡献原则,哪些学生表现好、进步大,为班级、学校争得荣誉,增添光彩,实际上这也是差别原则,给予优秀的学生应得的承认;在每学期的阶段性测试中,教师评价学生的标准更多应该考虑努力原则,而不是表扬那些一向得分最高的同学,这也是差别原则的体现,并且更具有教育意义。

第二节 校内公平的难题

我们的调查表明,12%的学生否认老师对学生一视同仁;60.3%的学生认为老师偏爱学习好的同学;有近1/3的学生否认身体弱小或有残疾的学生会得到师生的特别照顾。这三类表现大致对应上述三大原则,可以反映出学校公平氛围存在的一些比较明显的问题。

一、违反同等对待原则的不公平

案例 3.1 成绩决定座位

在我的记忆里,上学期间教室里最靠前的位子总是被那些成绩好的同学"霸占"着,小学的时候偶尔也有例外的情况,那就是针对调皮捣蛋的同学(成绩不是特别差),老师会单独安排一个桌子放在讲台旁边,然后让那些同学坐在前面,以便老师监管。但大部分情况下都是好学生坐在前面,成绩差的学生基本上坐在后面。后来上了中学,情况是愈演愈烈,教室里的座位资源是完全由成绩来分配。

记得刚上中学,班主任王老师就按照升学成绩给我们每人安排好了座位,而且大家基本上会接受,偶尔有家长反映说孩子视力不好,希望老师能照顾一下,老师也只是象征性地调换一下位子,但是整体格局是不会变的。王老师告诉大家,每个人都有改变自己命运的机会,如果想坐在教室前面,那就必须在第一次期中考试中取得好成绩。成绩公布下来后,王老师着手给大家排名次,那天下午班会课上,王老师先是给我们进行了一场思想教育,最后让我们全班同学拿起书包站在教室外面,他手上拿着成绩排名单,读一个学生的名字,那个学生就进来挑选座位。也就是说,成绩越好的同学,选择的空间越大,成绩最差的同学就没有选择的余地。王老师解释说,这是为了你们大家好,只有这样你们才会有动力好好学习,也只有这样才能保证班级整体水平,好的座位是成绩好的必要条件,好的资源不能浪费。

案例 3.1 反映的是教室空间公平分配的问题。教室里的座位作为一种班级公共资源,每位学生都应该具有同等享用的权利。好的资源如离讲台较近的座位大家都想拥有,但是应该由谁来享用呢?英国的米尔恩提出:①某种待遇在一种特定的场合是恰当的,那么在与这种待遇相关的特定方面是相等的所有情况,必须受到平等的对待;②在与这种相关的特定方面是不相等的所有情况,必须受到不相等的对待;③待遇的相对不平等必须与情况的相对不同成比例。① 他在这里明确表述,一个人是否应该拥有某种待遇,取决于与这种待遇相关的特定方面。这一特定的方面因分配的对象不同而不同,它杜绝与待遇无关的因素在分配中的作用,例如,在教育资源分配中,种族、家庭出身、性别、宗教信仰等都是无关因素,教育资源的分配就不能受到它们的影响。

在升学压力的背景下,王老师严格按照成绩安排座位,这有一定的合理性。但将其作为严格的唯一标准显然对于大多数同学来说是不公平的,因为除了成绩因素,应该考虑到学生其他不可克服的外在偶然的障碍因素,如有的学生个子矮小,有的学生高度近视等。根据罗尔斯的作为公平的正义原则,这些因素是外在的不由人主观能够控制的因素,不能成为学生受到不公平待遇的理由。此外,案例 3.1 中王老师的做法非常极端,不一定会调动学生好好学习的积极性,反而有可能让学生们产生反抗的情绪,还可能造成成绩好的学生越来越好,成绩差的学生越来越差的"马太效应"。因此,在进行座位安排的时候,首先应该保证全班同学能够同等享受公共资源,保证学生的基本权利,即公平的同等对待原则;其次,根据每位学生生理、社会等方面的相关因素,合理安排学生的座位,如个子矮

---

① 米尔恩. 人的权利与人的多样性——人权哲学 [M]. 北京:中国大百科全书出版社,1995:59.

小、视力较差的学生应该得到差别对待,即公平的差别对待原则;最后,应该秉承教育的信念,综合考虑如何在现有的空间条件下,做到最大程度地促进每位学生的健康成长,而不是造成班级的两极分化。在实践中通常有两种分配座位资源的方式,一是根据学生身高水平以及学生视力水平,定期地进行座位互换。这种做法在一定程度上体现了公平思想,但是"秧田式"座位安排方式可能会导致班级中的后排学生得不到同等的关注。二是根据学生的成绩来安排座位。这是普通中小学易采用的做法,尤其是在高年级段,迫于升学的压力,体现地更为明显。因此,中小学教师在安排学生座位时,一方面可以尝试一些新的形式,如"马蹄形""矩形"等不同的座位编排形式;另一方面要有意识地照顾到后排学生,不要让后排的学生脱离教师的视线。

二、不合理的差别对待所造成的不公平

案例3.2 捧压有别

那天,我很高兴地去拿期末成绩单,同学们等着班主任焦老师的到来,大家心里都很紧张。不久,焦老师来了,同学们立刻安静了下来,老师先是不说话,神色凝重。后来又说,这次期末考试,大家的语文成绩整体来说都不理想,但是一些同学考得不错,而一些本应考好的同学,却考得不好。这时大家都在窃窃私语,谁会考得最好呢?肯定不会是成绩最好的郭娟了,因为老师刚才的意思已经暗示了。最后,最高分竟是我!同学们很惊讶,我也很受宠若惊,大家都投来羡慕的眼光,而郭娟则不太高兴。最后,每人都带着成绩单回家了,我心里还是有点美滋滋的,回家后妈妈也很高兴。

新学期开学了,班上要选新的班干部,因为期末考试我的语文成绩是全班第一,作为奖励,班主任选我做了数学学习委员,要知道我以前做过最大的"官"就是小组长,现在一下子升级了,这是莫大的荣誉啊。但又有点担心,虽然我平时在班里属于中上等学生,但绝不是名列前茅的学生,因此,担任数学学习委员还是感觉底气不足。另外我挺怕数学老师的,而且数学老师很喜欢郭娟,因为她是名列前茅的学生,并且长得漂亮好看,各科老师都很喜欢她。后来发生的事情证明了数学老师是不喜欢我做数学学习委员的。我每天去见数学老师都是胆战心惊,只因为需要把同学们的练习本拿回来,否则我不愿意去见数学老师。记得第一次,收齐本子送给数学老师时,他很诧异,"怎么是你来送作业本呢?"我小声说了一句,"焦老师选我做数学学习委员了。"后来,由于我经验不足,不知道每次送完本子是否要把之前的作业本取回来,因为不确定老师有没有批改好,不确定有没有那种他需要找学生谈话的本子。我问了问郭娟,每次数学老师会主动让你带走之前的本子,还是你问一下呢?郭娟告诉我,数学老师会主动说的,如果他批改好的话。而我每次去,都是战战兢兢地问数学老师,有时候他就说没批改好,有时候就看都不看我一眼,点一下头。有时候,我不敢问,送完本子直接回班级了,他会批评我:本子不拿回去,同学们怎么做作业啊。他会让别的同学带话给我,让我到办公室去取,我会觉得很没面子,我这个数学学习委员形同摆设。那一学期,我一点都没感到开心和自豪,没有感受到因为成绩好所带来的愉悦心情,反而觉得是一种煎熬。数学老师为什么对郭娟态度这么友好,而对我这么冷淡呢?如果老师当时能够对我加以鼓励,我会不会做事更加勇敢、更加开心,生活在无忧无虑之中?一个学期过去后,郭娟"官复原职",我光荣"下岗"了。

案例 3.2 反映了师生互动中的教师公平问题。师生互动有广义与狭义之分，广义的是指教师和学生之间的一切相互作用和相互影响，不论这种影响是发生在师生群体之间还是师生个体之间，是发生在教育教学情境下，还是发生在教育情境之外的社会背景之中，都会导致双方心理与行为发生同向或反向变化。狭义的师生互动是指在教育情境下，教师个体与学生个体或群体之间在活动中的相互作用和影响。在这里，我们主要是指狭义的师生互动。① 师生互动中的教师公平问题主要有教师不能做到同等对待原则，不能一视同仁，会偏爱那些长得好看、学习成绩好、遵守班级纪律、家庭背景好、或与自己有亲密关系的学生。有学生画过这样一幅漫画，形象地描绘了这种不公平现象：一个怀揣课本、得意扬扬的老师，笑呵呵地看看捧在左手上的几个"优等生"，而右手则紧缩在身后，用力按压着一群"后进生"，标题是"捧压有别"。

案例 3.2 中，"我"因为偶然在一次考试中语文成绩是全班第一，作为对我的鼓励，班主任焦老师任命我为数学学习委员，成绩成为"我"从小组长升迁为学习委员的重要原因。成绩是中小学班干部选拔主要考虑的因素，这样的选拔标准与方式是否公平，在这里暂不作讨论，但可以肯定的是，成绩不是班干部的唯一标准，且选举班干部的方式也需要体现一种公平。在此之前，数学学习委员一直由长得好看、成绩优异的郭娟同学担任，数学老师在面对"我"这一新任学习委员时，表现出不一样的态度，让"我"感到不公平。对"我"的态度是冷淡，对郭娟的态度则是友好，这让"我"做学习委员非常不自在，光荣感和兴奋感顿时不存在了。数学老师之所以会表现出不一样的态度，一方面可能是不习惯"我"这位新的学习委员的上任，或者他认为"我"的成绩没有足够优异到可以担任这一职务，毕竟"我"的数学成绩并不优异。但是，在这里教师作为一个成年人，因为难以摆脱对两位学习委员的刻板印象，对她们采取不同的态度，这是不公平的。这是对"我"的打击，数学老师没有利用好这次机会，提高我做学习委员的积极性，这次担任学习委员的经历显然成为一次不愉快的经历。如果说在最初的时候，老师会对"我"这位新学习委员有些不适应，那么在整整一个学期中，老师应该主动地去培养我成为一名优秀的学习委员，而不是与之前的学习委员相比较，让"我"有一种挫败感。这也是在育人啊！

观照当前的学校情境，常常会发现，教师和学校管理者在行动时，很难做到客观公正。同样犯错误的两位学生，可能成绩好的学生受到轻罚，成绩差的学生受到重罚；教师对一部分学生态度友好，言语温和，对另一部分学生总是无法和颜悦色地交流。这是什么样的因素在起作用？教师为什么会出现行为态度的不一致？归根到底就是教师本人没有形成公平德性，易受到外在无关因素的影响。

案例 3.3　男生优先

在我的学生生涯中一直都没有拿过一张"三好学生"的奖状。记得小时候，看到其他小朋友的奖状贴满家里的整个墙壁，而我的房间里一张也没有，那是一个羡慕嫉妒恨。现在回想起来，经常调侃自己，就是因为第一次被老师剥夺了奖状之后，学习生涯就不再顺畅了。

那时我是一年级的小学生，在一次期末考试中，我和班里的杜刚同学并列第三名，如

---

① 冉玉霞. 师生互动中的教师公正研究［D］. 乌鲁木齐：新疆师范大学，2007：12.

果条件允许的话,我们都可以评上"三好学生"。后来,在看学校"六一"儿童节的晚会时,坐在台下的班主任李老师告诉我和杜刚,这次让杜刚先拿"三好学生"的奖状,因为他是男生,而男生在我们班里很少拿到过奖状,让杜刚拿可以鼓舞其他男生向他学习。之后,李老师安慰了我,并向我保证下个学期让我拿奖状,这次让我谦让一下。记得当时我有一点点不情愿,但是碍于是老师的决定不敢提出异议。那次的奖品是一支钢笔,我可喜欢了,眼睁睁地看着李老师把钢笔和奖状给了杜刚,心里不好受。后来,我们升到了二年级,我的学习成绩也名列前茅,不知李老师是不是忘了她对我说的话,她一直都没提让我拿奖状,有好几次真想问一问老师,可还是没有勇气去问。

在中小学里,每学期结束前,每个班级都会进行"三好学生"的评选活动,通常在实际学校环境中,考虑最多的是成绩因素,"三好学生"似乎是可以与学生的成绩画上等号。在学校智育风气盛行的情况下,学生的德与体似乎已是无关紧要的因素,只要成绩好就可以了。但是,"三好学生"是指学生在德、智、体三个方面都很优秀的人。从公平的角度来说,应该综合考虑三方面的因素。鉴于"三好学生"的评比本身具有竞争性和排他性,它的目的在于选出班级中优秀的学生,一方面是对这部分学生进行褒奖,另一方面是希望班级里的其他同学向优秀学生看齐,以他们为榜样,对全班同学产生一种激励作用。案例3.3中,"性别"却成为评判是否是"三好学生"的标准。教师或许有她的考虑,在低学年段,通常女生比较容易冒尖,反而男生表现平平,或许教师是基于此而让男生当选为"三好学生",以带动全班男生学习的积极性,似乎带有补偿"弱者"的意味。于是,这个案例就具有了某种复杂性和争议性。另外,如果说教师在征得"我"的同意后(也未完全征得同意),将"三好学生"的名额给了杜刚,这样做是合理的,那么,班主任老师应该考虑到补偿原则。如案例中班主任老师所承诺的在下次评选的时候,会优先考虑"我"。但是,显然班主任老师未进行任何补偿,这样就会让"我"感到受到了不公平的待遇,甚至是老师对学生的一种欺骗。现在对"三好学生"制度的一些改革,使得评价标准更多元,尽可能让每位学生的长处和努力都能得到承认,有望促进教师们改变自己的偏心。

三、缺少补偿考虑的不公平

案例3.4 "名声在外"的差班

我是一名二年级的小学生,我在(3)班,英语老师Miss Li不喜欢我们这个班级,喜欢(2)班。Miss Li经常将我们和其他班级比较,说我们班级是"独一无二",全年级都找不到的班级,什么样的"人才"都聚集在我们班。我作为(3)班的一员,每次听到这样的话都很伤心,偶尔也很生气。

有一次,上英语复习课,我们的默写错了很多,Miss Li气冲冲地来到教室,大声嚷道:你们看看自己错了多少题,我重复了多少遍,你们还是写错,你们真是"人才"!过了一会儿,Miss Li将大家的作业发下去,然后开始讲习题,说着说着,Miss Li又怒了,她的脸气得红红的,两只眼睛瞪得快要夺眶而出了,我们被她的声音吓着了,教室里很安静。Miss Li停顿了一下,继续讲习题。还有一次,Miss Li和另外一位老师聊天,说我们(3)班就是没有(2)班好,学习不行,纪律也不行,家长一点也不关心小孩子的学习,不配合老师们的工作。

其实，我想说的是，并不是每个学生都是那样的，我们也是很听话的学生，为什么老师会这么偏心呢？这两个班级都是老师带的，都是老师的学生，为什么待遇却不一样呢？

现在多数中小学老师都会身兼两个班级的教学任务，教师在教授两个班级中会不由自主地表扬一个班级，而对另外一个班级产生相对不好的印象，案例3.4中的英语老师喜欢（2）班，不喜欢（3）班，原因是她认为（2）班班级上课纪律好，学生成绩较好且家长配合老师工作，而（3）班却不一样，学生调皮捣蛋，考试成绩常常让她颜面无存。这样的鲜明对比，导致她在与两个班级学生交往中、日常教学中无法做到公平公正，常常是带着一种情绪在工作。首先，我们需要承认的是两个班级的确存在差异，更重要的是需要了解存在差异的原因是什么。从案例中可以看出，（2）班表现较好，（3）班较差，其一是学生自身的原因，其二是家长的原因，其三可能是教师间合作的问题。学生成绩方面，可能师生双方都需要负责任，教师应该有效地教学，学生应该有效地学习，这对于二年级的学生来说，很大程度上需要依靠教师的指导，学会有效学习，养成良好的学习习惯。针对家长不配合教师工作的问题，这需要家长与教师进行良好的沟通，教师可以做家访，了解学生家庭背景，父母亲的职业背景，共同努力，形成教师与家长之间良好的沟通反馈渠道。针对班级纪律等问题，任课教师可以与班主任合作，采用各种教育措施改变现状。其次，案例中英语老师自身的职业道德的培养问题。所带的两个班级有差异是正常现象，作为教师如果不能够正视这种差异，针对差异采取相应策略，甚至埋怨这种差异，会带来消极的期望效应，导致负向的师生互动，这种对学生的不公平对待，既伤害学生，也伤害自己。相反，当老师能够正视差异，愿意为这种差异多付出一些努力，公正对待学生的时候，教师的情绪也会变得平和起来。

案例3.5 谁在乎我有没有听懂

在我还不懂事的时候，妈妈就离家出走了，我一直和爸爸生活在一起。他平时会去工厂上班，干的都是体力活，很辛苦。每天放学回家，我会自己煮好饭，等爸爸回来，一起吃饭。我平时没有很多衣服，穿得有点破、有点脏，已经习惯了，也没有人来过问我。

我叫苏丹，我是差生，从小学三年级开始，我们班的数学老师孙老师一直是跟班走的，整整和他相处了三年的时间，是非常难受的三年。我很害怕上数学课，怕孙老师批评我："你就这么笨啊！你是猪啊！说了那么多遍还不会写！"起初，我还会脸红，后来就听习惯了。课堂上，孙老师每讲完一道习题，就会问全班同学有没有听懂，有些人会说听懂了，当然是学习成绩好的学生，而我最开始会说没有听懂，后来就不吭声了。因为说了听不懂，孙老师会很烦，会骂我笨。可是不吭声，有时候会被老师发现，孙老师就会骂我"滥竽充数"。有的时候，我也会听懂一点，我会战战兢兢地举手回答问题，但是，孙老师并没有让我回答，看那么多同学都举手，就让大家一起回答了，原来我听懂的那点内容，每位同学都听懂了。渐渐地，我会在数学课上开小差，还没上数学课就想着下课的情景，想着回家玩耍的情景，玩玩我的橡皮，做做自己觉得好玩的事情。起初，老师还会在意我有没有听课，后来，孙老师看我也没打扰其他同学，也就不闻不问了。但是他上课心情不好的时候，就会拿我作批评对象："难道××也要像苏丹一样，天天背个书包来学校，装模作样！"

课堂教学不公平的现象时有发生，主要表现为：教师与学生实行选择性交往，课堂参与机会分配失衡；课堂中公开或隐蔽地按能力分组现象；课堂教学不能既面向全体学生又兼顾学生特殊需要等。课堂教学公平，是指教师在课堂教学中给家庭背景、智力水平、教养程度不同的学生以平等对待，即每个学生是否皆获得了平等的待遇。倘若实施差别对待，这种差别对待应该以"平等考虑"为基础，即在平等的基础上以不同的方式对待不同的对象，符合平等化对象的利益。[①]

在案例 3.5 中，苏丹是一个特殊的学生，一方面在于家庭背景的特殊，母亲离家出走，只和父亲一起生活；另一方面在数学课堂上她得不到关注，受到老师不公平的对待。孙老师并没有认识到这位学生的特殊性，而且加重了她的特殊性。在课堂上，作为一名后进生，起初，她的学习反馈得不到表达，当全班大部分同学都举手表示听懂之后，她感觉到自己受挫了，自己懂的只是最简单的知识。渐渐地，她开始不愿意表达，游离于课堂之外，孙老师见她也未打扰别人，也未作任何表示。其实这种现象，在中小学的课堂教学中是常见的，几乎每个班级里都会有一些学生脱离了课堂生活，离开了老师的视线。原因一方面来自学生自身，可能学生自控能力差，注意力易分散，或对所学科目提不起兴趣；另一方面是教师及整个班级氛围的原因，教师会不知不觉地慢慢丢弃这部分学生，与这部分学生在课堂上的交流不多，整个班级也没有形成一个团结合作、积极向上的集体。在本案例中，教师没有遵循公平的补偿原则，针对苏丹这样一位有特殊经历的学生，教师应该给予更多方面的关注，而不是"落井下石""雪上加霜"。苏丹需要得到很多方面的帮助，如在心理上，她需要得到一些咨询与辅导，其家庭背景可能会让她产生压力，或者不适应，如她在衣着、卫生方面可能没有得到良好的行为习惯养成训练；在学业上，她需要老师和同学们的指导与帮助，她在数学课上，没有得到过积极正面的关注，没有获得学业成就感。罗尔斯的补偿原则针对的是那些由于自然、社会等因素所造成的不平等，是对这类不平等的补偿，公平不仅包括同等原则、差别原则，还包括补偿原则，对弱势群体的关注是公平正义的重要内涵，是一个班级、一所学校人性化的集中体现。

综上所述，让我们尝试回答为什么学校公平氛围存在以上诸多问题。

（一）精英主义教育理念在中小学校的普遍盛行

精英主义是一种认为教育主要应以培养少数英才为唯一目的的教育理念。它其实是一种通过学校实施的社会分层。在市场经济体制下，人们的价值取向趋于经济和功利，同时市场体制下的交换活动以经济化为原则。市场体制下形成的这种价值观必然会融入社会生活的各个方面，进而关涉学校教育活动中。由于相邻学校或学区因为学业竞争而存在着较为明显的利益冲突，因而各个学校特别向教师树立"英才教育观"，以期在竞争中取得优势地位，从而吸引更多的学生来校就读。

为了进一步凸显学校的精英色彩，一些学校的管理层面就出现了不公平的做法，如为了提高升学率，将学生按考试分数的高低，分成快班和慢班，分数高的编入快班，分数低的编入慢班。学校对快慢班的教育、教学管理侧重点不同，对快班是抓学习成绩，培养优等生；对慢班是抓纪律，保证学生在校不出事，成绩好坏无所谓。学校安排任课教师优先考虑快班，担任快班的任课教师往往教学水平和整体素质相对较高，而慢班的任课教师则

---

① 钱志亮. 关于教育公平问题的探索 [J]. 中国教育学刊，2001 (1)：61—62.

相反，其至有"拼凑"现象。这样快班的学生因为自己进了快班而自感高人一等，学习信心大，颈头足；慢班的学生，多数自惭形秽，学习信心一跌千丈，加之慢班教师十分"知趣"，不愿在提高学生学习成绩上多下功夫，结果慢班当中相当一部分学生荒废了学业。在这种管理机制下，教师的主要精力放在可能参评的学生身上，而一部分不可能参评的学生往往得不到教师的厚爱。这些做法不仅从学校管理层面违背了教育者对待所有学生都应一视同仁的原则，而且明示教师是可以有歧视地区别对待学生。再往下推移到实际的班级管理中，教师难免不受到精英主义教育理念的影响，在资源分配时会主动考虑优等生，如案例 3.1 中，班级里的好的座位资源就会一直被名列前茅的学生把控着，这样的做法一直延续下去，成为班级不成文的规定时，它将会带来多大的伤害可想而知。

（二）大班额情况下，学生个体差异遭到相对忽视

班级授课制本身就对个性化教学有着诸多制约，多项研究发现，班级规模不仅对学生的学习动力和学习成绩有影响，而且对师生双方的课堂行为以及个别化教学的实施也有极大影响。研究表明，罗纳德.S. 凯恩认为，教师和学生在规模较小的班级中往往表现得更愉快更活跃，较小规模的班级可以更好地适应学生的不同需要。班级规模首先影响学生参与课堂活动的机会和程度，在一个人数较少、规模适宜的班级内，每个学生都有机会参与课堂讨论，回答教师问题与教师及其他同学开展正常的交往互动，而在一个人数过多、规模膨胀的班级内，只有一部分学生能参与正常的课堂活动，相当一部分学生则被剥夺了这种权利，课堂行为大大受到限制。在规模较大的班级内，被剥夺了参与课堂发言讨论机会的往往是那些性格内向或能力较差的学生。班级规模大小对于教学的影响：第一，在教室大小不变的情况下，班容量越大，教室越拥挤，空气质量越差，噪音越大，学生拥有的空间越小，教师平均分配给每一个学生的时间和精力越少，相互了解、交流、讨论的时间就越少，不利于信息的交流、反馈和课堂的调控，也不利于教师对学生个性、学习需求的把握；第二，在授课时间不变的情况下，班容量越大，每一个学生平均占有的有效教学时间就越少，对问题的讨论、钻研的程度就越浅，因而对智力的开发和技能的形成就越不利；第三，在现有办学条件下，班容量越大，学生动手操作——尤其是实验课——的机会就越少，因而不利于实践动手能力的培养。①

（三）教师无法恪守职业道德，缺乏对弱势群体的同理心

由于教师的受教育程度的不同，以及一些其他的主客观因素，导致教师的素质有很大不同，尤其是教师的职业道德有很明显的高低之分，有的教师缺乏公平观念、缺乏平等待人、一视同仁的师德。教师的这种个人素质和职业道德观念将会直接影响到课堂教学的公平与否。每个教师之间的这种差异必然会导致教师以不同的方式来对待学生。在国内外都有对教师公平职业道德的明确规定：

1984 年，我国《中小学教师职业道德要求（试行草案）》中的第四条：热爱学生，了解学生，循循善诱，诲人不倦，不歧视，讽刺，体罚学生，建立民主、平等、亲密的师生关系。

日本教职员组织《教师伦理纲领》中的第二条：教师要为教育机会的均等而斗争。第六条：教师要寻求公正廉明的政治。

---

① 杜汉生. 现代教学论与教学改革［M］. 武汉：湖北人民出版社，2002：209.

美国教育协会《教育专业道德规约》规定教师为完成学生之责任：公平且体贴地对待每个学生。

美国教育协会《教育专业伦理规范》中明文规定教师对于学生的职责：不得根据种族、肤色、信条、性别、原有国籍、婚姻状况、政治或宗教信念、家庭、社会或文化背景或者性别取向，不公正地：①排斥任一学生参与任何课程；②剥夺任一学生的任何利益；③给予任何学生以任何有利条件。[1]

由此可见，世界上多数国家和地区对于教师的公平德性都很重视，教师的专业素质和职业道德对于学校教育来说至关重要。在上述案例3.4中，教师对差的班级态度极其恶劣，恶言相向，这不单纯是专业素质的问题，更是个人道德问题。在案例3.5中，由于教师职业道德觉悟不高，缺乏同理心，对于弱势群体无法做到补偿性的公平。

第三节 营造学校公平道德氛围

一、制度完善保障

对于以培养人为核心使命的教育事业而言，教育制度中的不正义，如城乡教育资源以及教育投入的巨大差异问题，流动人口的子女教育歧视、城乡贫困人口因经济困难而失学的问题，重点学校和薄弱学校的差异问题，择校问题，以及学校对部分学生的教育歧视问题，学生的生存状态恶化问题、学生在教育中的各种权利不受尊重，教育权威对受教育者随意对待等问题，[2] 都会妨碍学校道德氛围的建设，妨碍受教育者的教育机会，妨碍其理智能力的发展，妨碍其正义感的良性发展。

所幸国家在教育公平正义方面正在大力推进并取得了显著效果，如让教育资源重点向农村、边远、民族、贫困地区倾斜，建立了家庭经济困难学生资助体系，初步解决进城务工人员随迁子女在城市接受义务教育问题，全面提高教育质量和水平，高等教育毛入学率提高到30%；国民受教育程度大幅提升，15岁以上人口平均受教育年限达到9年以上等。这些举措和成就对于增强学校道德氛围的公正意蕴，保障学生的平等受教育权利，充分发展他们的品格和能力，拥有从事有意义的工作的机会，拥有平等的生活前景，切身体会教育正义带来的福利，获得实现人格价值的尊严，从而形成正义感并获得充分的发展具有积极作用，值得继续推进。

同时，教育系统不能满足于能够转化为金钱和权力的知识的传授，而是要关注学生正义感的培育，注重培养他们搜集、审视信息，辩证看待信息，检视和克服自身偏好的意识和能力，让学生免于无知、偏见的奴役。尊重儿童的平等人格、生命价值和基本权利，以道德上合宜的方式对待学生，是教育系统的义务；也只有如此，教育系统才能形成公正的氛围，才能成为促进学生正义感发展的积极因素，否则，就成为反面教材。[3]

---

[1] 黄向阳. 教育专业伦理规范导读[D]. 上海：华东师范大学，1997：63.
[2] 金生鈜. 教育正义与教育改革的转向[J]. 当代教育科学，2004（20）：3-7.
[3] 鞠玉翠. 试论公民正义感的培育[J]. 教育研究，2013（11）：73-80.

案例 3.6 学生分班公平[①]

孩子入学后,家长们关注的第一件事情就是分班。有的家长想发挥自己人际关系力量,为孩子找一个理想的班级。这可能是所有中小学校面对的难题。怎么解决?盘锦市提出并实践了一个概念——阳光分班。就是每年的9月1日,新生入学第一天,走进任何一所中小学,你都会看到这样的情景:在学校的操场上站着4支队伍,学生队伍、教师队伍、家长队伍、新闻及相关部门监督员队伍,大家都在做着同一件事:分班。

第一步:学生分组。将学生入学考试总成绩按递减顺序蛇形排列,然后在绝对分数相等的条件下进行微调,保证男女生比例均衡,共分为12组,定名为A至N组,各组学生名单存档并进行公示。

第二步:教师分班。根据12名班主任教师所教学科及所有科任教师情况,学校统一均衡安排教师的配课,然后12名班主任分6组抽签,抽出班级号。

第三步:学生现场抽选班主任。

①全体学生到位,统一站队,由到场旁观的学生家长随机指定每班参加抽签的学生。

②由12个学生代表抽出抽签的顺序号。

③由12个学生代表再按顺序号顺序抽出印有班主任姓名的签条。

④被抽取的班主任分别持本班学生名单立即入班。

三个步骤组成了阳光分班的全过程,阳光分班更重要的是均衡配置了学校的教育资源,给教师创造公平竞争的机会,为学生们提供了公平享受教育资源的一个前提。

经过阳光分班的一位学生说,她走进初中生活参加的第一个集体活动就是"阳光分班",在这个集体活动中,听到次数最多的一个概念就是"阳光",感受到的第一个概念就是"公平"。

择校、大班额,搞得人人都有压力,人人都觉得不公平。没有挑到好老师,家长不满意;没有分到好的班级,老师有怨言;就连挤进优质校、挑到好老师的家长也不满意,"班里已经这么多人,怎么还进学生?"

有责任感的老师,看得更长远。"为了择校、择班,家长到处找人,托关系,对孩子心灵也是一种腐蚀!"晋城实验小学的班主任李石,每每听到学生说,我妈妈给我找了个好班时,心就像被人狠狠拧了一把。

"成人的言行,是在向孩子传递价值观啊。当我们理所当然地认为通过关系就可以占有优质资源时,我们是不是在无形中告诉孩子,不公平是正常的、不平等是无可厚非的?"

人是环境的产物。"我们给孩子一个什么样的环境,他就会成长为什么样的人。"看着孩子们一双双纯净的眼睛,李石常常感到焦灼,感到难受。

"阳光分班"的制度,从源头上一下卡死了这种不公平。

"阳光分班"是在校内教育资源不均衡、优质资源稀缺背景下采取的维护公平的举措。这也有效地避免了因择班而托关系给孩子们带来不良影响。未来更理想的状态,是普遍提高办学条件和师资水平,让学生能够自由选择自己心仪的学校和老师,让学生在自身基础

[①] 魏书生. 民主科学教育专辑[J]. 人民教育,2009:13—14.

上得到充分发展。

案例3.7　磁石学校[①]

　　磁石学校不以考试成绩作为录取和评价依据，而是寻求学校特色与学生兴趣的契合。康州所有适龄学生，不分种族、宗教信仰、贫富、身份与地位等，都可以根据自己的兴趣愿望报名参加磁石学校的招生录取。其实，在经济、社会发展不均衡的基础上解决公平问题，这个层面的公平永远是相对的。基于学生发展的内在需要和核心追求发展特色教育，才是更高层次的公平。

　　磁石学校尊重学生的发展。尊重学生是一切教育的前提和基础，这是一个常识，却常常被忽视。康州（康涅狄格州，Connecticut State，CT）磁石学校能够给学生提供兴趣发展的最充分的支持。当学生进行潜艇设计时，他们专注的神情感动了我；当学生展示他们的创新成果时，他们自信的介绍打动了我。为了设计一艘参加比赛的船只，一些学生竟能花费两年时间，持续不断地付出努力。可以说，美国康州磁石学校的教育已然超越了对于知识的量的追求，让学生在兴趣的发展和需要的满足中自主学习知识，并且能够在解决问题的实践中运用知识。这让知识的价值在学生的发展中得以充分体现，同时在实践中更好地激发学生主动学习和获取知识的热情。

　　从这类学校的实际教育效果看，大部分学生都会选择升入大学，能够得到继续学习深造的机会，同时在每个学校都有接近30%~40%的毕业生因为专业发展特别优秀，而被企业直接录用工作。相信这些孩子同样也会在自己的专业领域中寻找到事业的未来，同样也会对社会做出自己应有的贡献。

　　美国磁石学校让学生拥有更大的选择权和选择空间，致力于把学校变得像磁石一样吸引学生，让每个学生基于自身的兴趣和需要得到充分发展，这是在满足基本教育需求基础上，更高层次的公平追求。我国也做出了许多有益的探索。值得警醒的是，我国的一些特色教育定位在比赛获奖，为学校挣得荣誉，为学生考试加分，有的甚至不顾学生的能力和健康竭泽而渔、拔苗助长，损害了学生本身对学校的所谓特色的兴趣，甚至损害了发展自身的愿望，这就有悖于特色教育的初衷，有悖于教育公平的理念。

二、权威榜样引领

　　对学生而言，教师等权威人物的榜样引领，对其正义感的发展作用显著。如果权威人物之间观点不一，道德氛围中的价值导向不清晰，则儿童也会随之摇摆或感到混乱。包括父母、教师在内的教育者应当成为引导孩子寻求正义的表率。对于要求于儿童的道德，教育者们应当以身作则。当养育者、群体中的他人认真履行他们的义务和职责并实践他们的职位的理想，正当地做好自己的事情，正当地对待他人时，儿童就有了可以效仿的榜样，并且会从榜样的正义行为中获益，从而对他人和群体产生一种依恋、感激之情，以及以德报德的互惠倾向，这是正义感形成和发展的生活基础。其中，身处要职者承担着更为重要的职责和惩戒、榜样作用。

[①] 孙先亮. 特色发展是更高层次的公平——美国康州特色教育的启示［J］. 人民教育，2015：19.

案例3.8　让每个学生都听懂[1]

"差生"佩纳克的一位救星是神奇的数学教师巴尔先生。多年以后，佩纳克还能够清晰地回忆数学教师巴尔先生：他笑眯眯的平静神态，就是一尊数学菩萨。这位先生全身没有任何独特之处能吸引眼球。但是，他一开口讲课，我们就身不由己地进入数学。巴尔先生讲授的内容，仿佛就寓于他的心中，这使他成为一个出奇活跃的人。他平静而和善，和善得出奇，产生于知识的本身，自然而然地渴望与我们共享令他心醉神迷的"教学内容"，而他也不可能想象我们会厌恶，或者仅仅感到陌生。他身上体现出数学神童那种喜悦的成分，一种令人惊愕的单纯。他头脑里从未掠过学生会在课堂上起哄的念头，而他教学的幸福感特别令人信服，我们也绝不会产生嘲弄他的愿望。然而，我们并不是个听话的班级，差不多全是废物。不过，我们一跨进巴尔先生这道门，就仿佛因沉浸到数学中而圣化了。他说："我们在这里上课，可不是讲中学会考，而是讲数学。"他把一年的时间花在把我们从无知的深渊中，一米一米地拉上来，同时还饶有兴趣地把深渊说成科学的深井。他总是显得很惊奇，说我们知道那么多事情。当然，这种"助产术"不足以把我们变成数学天才，但是我们的井再怎么深，巴尔先生还是把我们拉上井沿儿：中学会考的平均分数。巴尔先生的与众不同之处，在于他在课堂上只字不提中学会考，从来不提灾难的未来，不像许多其他教师那样，总预言灾难的未来等待我们。[2]

佩纳克说："我在拯救了我的教师身上，总能感到那种渴望传授的难以置信的热忱。"[3]正是获得"拯救"的这份人生经历，成就佩纳克老师的职业信念。他从1969年至1995年的职业生涯中，所教的学生大部分都是像他当年那样的儿童和少年，在不同程度上都存在相当大的学习困难。为了让这些学生有机会到达目的地，佩纳克老师总是努力把他们从无知状态拉出来。

通过《上学的烦恼》中呈现的诸多生活体验故事，我们看到了一个"差生"的生活世界和以改变"差生"为己任的"救星"教师的形象。遵照捷克教育家夸美纽斯所崇尚的自然法则，可以看到，每个生命都有自己的节奏，有的花朵只不过绽放得迟一点儿。教师之教，作为一种艺术，就是要细心体味和把握生命的节奏，让每个生命适时绽放！这种对每个生命的尊重，这种让每个孩子都听懂的教育态度，这种竭力展示所教学科魅力从而感召学生的职责履行，让学校公正氛围真正具有了生命，让学生耳濡目染。

案例3.9　打分岂能过于随意[4]

小学时的我学习一直很努力、很认真，教过我的老师对我印象都很好，因为我听话、成绩好。然而，到了五年级时，换了一个新的班主任。他教我们语文课。一次作文考试，题目是"我爱×××"。我想这是一个抒发真情的题目，于是写了自己喜爱的娱乐活动。

---

[1] 朱晓宏，曹宇轩. 让每个学生都听懂［C］. 第十七届全国教育哲学学术年会论文集. 上海：华东师范大学，2014：545—546.

[2] 佩纳克. 上学的烦恼［M］. 李玉民，译. 北京：人民文学出版社，2010：224—225.

[3] 同上书，265页.

[4] 朱晓宏. 如何解开不公平的结？［N］. 中国教育报，2007—02—02（3）.

由于作文是当场知道分数，交完卷的同学都挤到老师跟前看成绩。当小丽把作文交给老师时，老师看了一眼就给了她100分，而我满怀期待却只得了95分。那次作文得高分的人很多，95分是很一般的分数。当我得知小丽的作文题目是"我爱我们的班主任"时，我一下子愤怒了，真想去质问老师。可是，我当时是一个小学生，老师在小学生的心目中是神圣不可侵犯的。我只好独自忍着气，回家大哭一场。

"我"叙述这个故事时已经是大二的学生了。从故事中，我们可以感受到一名小学生成长中遇到的挫折。透过故事，可以发现她原有的公平经验：学习努力、成绩好，就会赢得老师和同学们的信任，这是一种生活中体验到的公平。而一次作文的打分，打碎了她心中的公平。这个经历给一个幼小心灵带来的伤痕是很长时间内无法抹去的。

案例3.10 孩子，我们一起捍卫"正义"[①]

周三，轮到我们班执勤。

安排部署、详细分工后，我正要离开教室，一名女生举手，问："老师，执勤的同学之间可不可以调换？"我不解。她怯怯地说："食堂有高年级同学插队，我不敢管。"听完，我严肃地对班级学生提出了要求：捍卫自己和他人的权利是我们的职责。面对不同的情况，我们的标准应该一致，就是"纠正他人的错误，坚持正义"。一名男生问："老师，如果他不理我们怎么办？"我说："劝说，直到他改正，如果对方态度恶劣，你要登记信息，反馈给我。你们记住：我是你们的后盾。"

执勤当日中午，我有事外出，半路接到电话："老师，不好了。有高年级同学要找我们班麻烦……"我一听，立刻赶回学校，先向身边的老师了解中午的情况，听完才如释重负。不过就是一个高二学生不服从他们指挥，"坚决插队"，他们因此发生了争执。

了解这些后，一方面，我很自豪：涉世未深的他们确实单纯地坚持着内心的正确观念；另一方面，我也隐隐担心，这样的坚持需要多大勇气？看到我回来，原本安静自习的学生立刻骚动起来，一瞬间，我也觉得我就是他们心里的"靠山"，刚刚还顾虑重重的我突然茅塞顿开。

作为一名老师，我应该做到"传道授业解惑"，这种"道"，远不是那么一点跟高考有关的知识而已，最重要的还是做人的准则。

我通过询问班长了解事情原委后，我的心也定了下来。"捍卫正义"，不仅仅需要这些孩子，还需要我这个为人师者在这样的时刻帮助他们"惩恶扬善"。我故作不知地问对方的特征和班级并且要求班长带我去当面对质。话音未落，全班高呼："我们都要去！"我很严肃地说："有理也不需要仗势欺人，否则和那位同学本质差别在哪儿？一个无知，还有一个就是无聊了。"他们笑笑，全都坐下。谁知，我前脚出了教室，后面就传来"加油"的呼号。

我找到那名学生后，谈话的过程并不顺利，我只好找来他的班主任，三人一起坐下来谈。经过一番漫长的教育引导，那名学生终于意识到这件事情可能带来的影响，愿意到我们班公开道歉，在全校做好表率，保证绝不会再发生类似事情……

[①] 戴启江. 孩子，我们一起捍卫"正义"[J]. 班主任，2013 (11)：59.

周一，他非常诚挚地向我班学生道歉，而我们班的孩子也报以原谅的掌声。

周五的主题班会，围绕"今后遇到这样的事情，我们该干什么？"这个话题，联系社会上很多"老人倒地无人敢扶"等现象，我们达成了一致：坚持正义，绝不妥协。

案例3.8、案例3.9与案例3.10都体现了教师在营造正义氛围、影响学生正义感形成过程中的重要作用。如果教育者在进行教学、评价、奖惩和指导的过程中能够依据正义理念，做到公正无偏、恰如其分，并耐心向学生解释评价和奖惩的理由或所依据的正义理念，邀请和引导学生参与讨论相关话题，那么，学生不仅通过奖惩的结果体会到正义的含义，而且通过评价、奖惩以及讨论的过程学习到正义理念，从而有望逐渐发展起理智思考和对话的能力，从盲目服从权威中走出来，为自律的正义感的培育打下良好基础。相反，如果不具备这些条件，那么学校的公正氛围就会出现扭曲，就有可能正不压邪，学生的正义感也容易因之扭曲。

报纸杂志、影视作品、网络等传媒也在相当程度上担任着权威榜样的作用，是传播正义观念的重要渠道，对学校道德氛围产生影响。像追求平等，抵制特权，反抗压迫，不随波逐流，法网恢恢疏而不漏，即使单枪匹马也能主持正义等观念和相关事例及人物形象，会对学生产生或隐或显的榜样作用。这种间接经验构成对直接经验的补充和扩展，影响着学生正义感的发展。①

三、群体生活互尊

瑞士儿童心理学家皮亚杰研究表明，大约在八岁以后，正义感发展的主要原因是平等协作和协商，包括儿童之间的互相尊重和团结以及儿童与成人间的相互尊重，而不是儿童对成人的单方面尊重。这时，成人与儿童的互惠关系和榜样作用比语言教诲作用更大。②因此，群体生活中，学生间的互惠交往、相互尊重是公正氛围的重要组成部分，是正义感培育的重要路径，而平等协作与协商为培养自律的正义感所必须。

案例3.11 班花落选

小琳是五年级（1）班的班花，相貌清秀，鹅蛋脸，黑漆漆的双眸，性格活泼开朗。她学习成绩优异，在班级名列前茅，又能歌善舞，煞是惹人喜爱。班主任黄老师和同学们对她都非常喜爱。小琳担任班级的文娱委员，组织过多场班级的文艺会演。她排练的舞蹈，还赢得了去年市里举办的文艺大赛一等奖，为学校赢得了荣誉。

今年"六一"儿童节，班里有两名"三好学生"的名额。黄老师提议，通过个人竞选，班级同学投票，同时班主任考查的方式来决定"三好学生"的人选。小琳认为自己一定能够当选。结果，刘彬、王铭票数最多，分别为32票与29票，而小琳只有15票。计票员宣布结果后，小琳忍不住呜呜地哭了起来。黄老师认为小琳在许多方面都表现优异，有意将"三好学生"的名额给她。于是，黄老师在班级宣布票数最多的人选，只说明是候选人，还要通过班主任的考查。黄老师没有轻易将"三好学生"的名额给小琳，而是开始

---

① Matthew B. Robinson. Justice as Freedom, Fairness, Compassion, and Utilitarianism: How My Life Experiences Shaped My Views of Justice [J]. Contemporary Justice Review, 2003, 6(4): 329—340. 333.
② 皮亚杰. 儿童的道德判断 [M]. 傅统先，陆有铨，译. 济南：山东教育出版社，1984：394.

着手准备调查刘彬与王铭票数比小琳高的原因。但是,同学们在私下里纷纷讨论,黄老师一定会将其中的一个名额给小琳。

事后几天,班主任询问了几名班里的同学,同时经常到班级走动。他私下里发现刘彬与王铭不仅学习好,还经常帮助学习差的同学,甚至毫不吝惜自己的休息的时间。他们俩在体育方面也十分优秀,王铭是班级的体育委员,刘彬获得过市田径赛的奖项。小琳虽然学习成绩优异,但是经常是独来独往。上体育课,同学们都去操场锻炼,她经常在老师点完名后,躲在教室里休息。

为了让小琳明白自己落选的缘由,黄老师找了小琳聊天,并讲述了刘彬和王铭的表现,小琳也感到自愧不如,面有惭色。两小时过去了,小琳信服地离开了黄老师的办公室。"六一"节那天,刘彬、王铭站在了颁奖台上,小琳和同学们一起向他们投以钦美的目光,同时学生心里也感到黄老师办事公平,而且也尊重他们的选择。

案例3.12　班会引发的"公平"风波[①]

新学期的班会课上,当我宣读完班干部竞选结果,教室里立刻炸开了锅。

"老师,上周班干部竞选演讲时,我得到的掌声最多,为什么我落选了?这不公平!"一个男生站起来质问说。

"就是嘛,我是班上的文艺骨干,还在学校演出中获过奖,为什么不能当文娱委员?"一个女生也委屈地说。

"不公平,不公平!"几个调皮学生趁机起哄。

当了多年班主任,头一次遇到这种情况。教室里乱糟糟的,局面似乎要失控。我忍不住想发火,班干部人选的决定自然有我的用意,岂容学生如此放肆。不过转念一想,如果仅靠班主任的威严压制学生,学生心里还是不服气。与其如此,不如换一种方式,给学生一次畅所欲言的机会。

我让自己冷静下来,先在头脑中理清了思路,心平气和地对学生说:"同学们,有这么多人想当班干部,愿意为大家服务,这是好事。可老师没想到,大家对班干部人选的意见这么大。感谢同学们勇敢地说出了心里话。既然如此,大家就借今天这件事,说说老师工作中的不公平之处,我保证洗耳恭听。"

我的态度很诚恳,教室里"剑拔弩张"的气氛缓和下来,学生们不再吵闹,开始据理力争:

"老师,上次评'三好学生',有的同学成绩虽不突出,其他方面都很优秀,却没评上。有的同学成绩优秀,其他方面都很一般,反倒评上了,这公平吗?"

"老师,有一次我们班的同学跟六(4)班同学吵架,明明我们班的同学有理,您却狠狠地批评他,这不公平。"

"同样的事发生在不同的同学身上,老师的态度也不一样。比如有一次,一个成绩好的同学没交作业,您只轻描淡写地'嗯'了一声,一个成绩不太好的同学没交作业,您马上把他叫出去谈话。"

对学生们的意见,我逐一认真记录。老实说,有些意见很有道理,我虽然自认为对学

[①] 刘红云. 班会引发的"公平"风波[J]. 人民教育,2010(12):29—30.

生一视同仁，但一些不经意的细节中，的确流露出潜意识中的"不公平"。但更多时候，是我缺乏与学生的有效沟通，使学生并不理解我的教育意图。

听完学生的话，我也找到了教育的切入口："同学们，大家刚才给老师提出了很好的意见，有一些是老师以前忽略的，以后一定注意避免。还有一些问题，课后老师会找有关同学深入交流。不过有时候，公平并不像大家想得那样简单，比如有同学刚才提到的吵架事件。"

"这还用说，学生吵架肯定事出有因，但批评有理的同学就是不公平。"一个学生仍坚持己见。

"不完全对。那次吵架发生在两班之间，老师批评自己班的学生，这是谦让。"另一个学生起来反驳。

"词典对'公平'的解释是不偏袒哪一方，可刘老师偏袒别班的同学，这怎么算公平呢？"有人搬出《现代汉语词典》为证。

"我认为刘老师做得对，如果她批评（4）班的同学，他们会觉得刘老师替自己班学生说话，肯定更不服气。再说，他们做得不对，（4）班班主任也会批评他们的。"一个平时处事沉稳的学生说。

最后，我作了总结发言："同学们，每个人都有追求公平的权利，但有时候，公平要考虑每个人的起点和接受程度。特别是在人际关系的处理中，除了讲求公平，还要懂得谦让和协调，顾及周围人的利益。"

学生们若有所思，我适时地把话题引到这次班干部竞选："这次竞选中，有不少同学都表现出色，按理说够格做班干部，但班级是一个整体，老师要综合考虑，既让班委会发挥出最大合力，又要给每个学生提供锻炼机会。不过，没有当选的同学也不要灰心，老师以后也会给你们机会。"

班会课在学生的掌声中结束了，为了让学生更好地思考"公平"，我布置了一道家庭作业，请他们回家和父母讨论后写一篇周记，阐述他们理解的"公平"。后来，有不少家长联系我，称赞这是一次有意义的班会，他们的孩子变得懂事了。

今天的学生有个性，民主意识强烈，这就要求教师在日常工作中注重公平教育，既让学生充分享有公平，也让他们以健康、和谐的心态走向社会。

班干部、"三好学生"评选中常见竞选、投票之后老师综合协调之举。这种协调、平衡往往得不到学生的理解，让学生感到不公平。如果老师的协调缺乏事实基础，比较武断，或基于个人的偏见，那么，学生的不公平感会更加强烈。案例3.11和案例3.12中，老师比较重视调查研究，尊重实际情况，比较重视跟相关学生的沟通，从而让教师的做法更趋公平，也让学生较好地理解教师的做法。案例3.12中，老师还直接把班会的内容顺势变成了关于公平的讨论课，这让学生们能够更好地理解日常交往中的公平。当然，现在已经有一些老师尝试尽可能少用自己的权威，尽可能多让学生自主，让学生在平等交往中体会公平的意蕴。有些学校设置学生督察员、小卫士，不仅关心学生的行为，也关注教师的行为习惯，如拖堂，影响学生的课间休息；上下楼梯，要求学生靠右走，但老师们随便走等问题。这样的举措体现了教育者对学生的尊重，便于学生在双向尊重的氛围中，享受正义，发展正义感。

四、个人践行维护

公正氛围离不开每个人的努力。每个公民都尊奉正义原则,忠于职守,正当待人,不贪婪、不虚伪、不偏私,社会中自然会形成一种浓郁的正义氛围。主动通过阅读报纸杂志、欣赏文艺作品等渠道学习正义理念,与他人讨论相关事件和问题,认识和反思自己的正义感发展状态,并有意识地向处于更高水平者学习,是提升自身正义感的重要途径。崇尚和维护他人的平等尊严,认真履行职责和义务,尊重他人的权利,也维护我们自己的权利,不让任何与我们交往的人受到不合理伤害等都是正义理念要求我们的,要靠我们每个人去理解和践行。要特别注意反思自己的自私偏好和适应性偏好等不义偏好,乐意以人为镜,避免违背了正义理念而不自知的状态。[①]

自私的偏好是指,偏好者占有资源的欲望超过了本人对于资源的公平的份额。[②] 即使人们懂得"见得思义"(《论语·季氏》),还是因为天生偏向自己,所以容易把公道的位置定在离自己的利益较近而离他人的利益较远的地方,从而在远未达到公道时就认为自己已经是公道的。人们常常具有的统治的意志、追求荣耀的欲望、对财富的渴求如果离开了正义理念的规约就很容易陷入强权、虚荣、贪婪,成为自私偏好的集中体现,并导致对他人的压迫、歧视和剥削以及对其合理利益的侵害。

适应性偏好表现为,或对自己被压迫的状况已经适应而变得怡然自得,不再追求自己的合理利益,即所谓"满意的奴隶";或被压迫者一方渴望的不是解放,而是认同压迫者一方,并将压迫转嫁他人,例如,"多年的媳妇熬成婆"。这样的偏好使得不正义得以复制而不是得以纠正。

社会的法律法规通过强制的方式,对那些严重侵犯他人利益的做法给予相应的法律制裁,来迫使人们克服自私的偏好,从而也在一定程度上切断了适应性偏好得以产生的源头;公民之间的平等交往与制约,对不义行为的愤恨、义愤和抵制、报复等,有助于人们觉察和克服不义偏好;公民内化正义理念,自觉检视和克服自身的不义偏好,既维护自己的合理利益,又不侵害他人的合理利益,是自律的正义感形成的重要标志。

人们的自私偏好和适应性偏好都与自身所处的实际地位、习惯相关,都表现出对既有地位的认同、维护或复制,缺乏公允的对待权利义务的立场。为了避免这种既有地位、习惯、既得利益的影响,找回一种公允的立场,罗尔斯提出了"原初状态"和"无知之幕",即在假想的初始平等状态,相关各方并不了解自己在群体中的身份地位、先天资质和自身的既得利益等"综合偏好",正是这种设计出来的平等状态,"可以保证任何人在原则的选择中都不会因自然的机遇或社会环境中的偶然因素得益或受害。由于所有人的处境都是相似的,无人能够设计有利于他的特殊情况的原则"[③],大家才会一致地选择正义原则,才会不偏不倚地决定社会基本益品如收入和财富、机会和权力、权利和自由等如何分配,才会倾向于认同前文关于正义理念的论述。尽管"原初状态"是一种假想状态,但是现实中

---

① 需要特别说明的是,正义不排斥仁爱,不排斥圣者和英雄对正义的超越,对他人和社会不计回报的付出和奉献,但其关键在于抵制不正义,反对不当获利,反对剥削、压迫和歧视,反对特权,克服不义偏好。
② 金里卡. 当代政治哲学 [M]. 刘莘,译. 上海:上海三联书店,2004:75.
③ 罗尔斯. 正义论 [M]. 何怀宏,等译. 北京:中国社会科学出版社,1988:10.

的人们可以通过"无知之幕"搁置自己的立场,随时进入"原初状态",进行对正义原则不偏不倚的思考和选择。这个过程有利于人们认同正义理念,帮助人们自觉克服不义偏好。

当然,"原初状态"的确存在局限。其一,自我是被"镶嵌于"或"置于"现存的社会常规之中,并不那么容易退出和搁置这些常规。因此"我是谁",我所身处的境地难以避免地对哪怕是假想的原初状态中的人们的正义判断产生影响,从而阻碍了对不义偏好的检视。其二,原初状态无助于对社会规范、地方观念和各种具体地位进行充分客观的审思。于是,与其他公民展开对话交往,在互相制约中,学习采纳他人的视角,思考他人的理由,求同存异,有助于拓展自身的视野,反思自己所处的情境脉络,找出不正义,并努力改变它,这成为克服我们自身狭隘性和不义偏好所必须。[1]

---

[1] 阿玛蒂亚·森. 正义的理念[M]. 王磊,李航,译. 北京:中国人民大学出版社,2012:118—121.

第四章　用诚信的氛围培养诚信

诚者，真实无妄之谓，天理之本然也。[①]

——朱熹

当今社会中几乎人人都切身地感受到诚信缺失所带来的直接或间接的伤害，也都体会到在弄虚作假司空见惯的环境中要真正做到诚信的困难。要改善社会的诚信状况，需要建立和完善诚信制度，让弄虚作假者受到应有的惩罚，也需要通过诚信教育让人们学会尊重规则，让诚信规则转化成人们的行为习惯和美德。制度和美德缺一不可，制度建设和诚信教育缺一不可。

学界一般把诚信教育理解为以诚信为内容的教育，却忽视了对诚信教育方式的讨论和关注。现实中的诚信教育往往停留在对诚信内容的灌输和倡导，让学生觉得虚伪不实，反倒为学生树立了伪善的榜样，这可能是诚信教育失效的一个重要原因。诚信教育绝不是在一般的教育内容之外增加了冠之以"诚信"的内容就够了，也不是在常规教育之外另外开展的教育。其关键在于深刻认识诚信的内涵与意义，检视不诚信现象及原因，用诚信的理念改造现有教育，让教育回归其本然，让师生在诚信的氛围中养成诚信品格。质言之，要用诚信的方式培养诚信。

第一节　认识诚信的内涵与意义

认识诚信的内涵与意义是诚信教育和诚信行为的前提。在现实生活中，个人对诚信的认识更多地来自生活经验，往往是朴素、模糊的，甚至不乏歪曲和错误。这些错误的诚信认知正是诚信行为失范的先导。有调查表明，我国中小学生对诚信内容的掌握上存在较大的偏差。小学二年级学生中，高达44%表示没有听过"诚信"一词；在对诚信的含义进行选择时，只有37.5%的学生选择了"讲真话，不说谎，而且能说到做到"，其余的理解都很片面。[②] 特别值得关注的是，当前我国儿童、青少年自小学六年级起直到高中二年级，对诚信内涵的理解并未随着思维能力的提高而有所增强；而且，对诚信价值的重视程度居然陡然下降。[③] 随着我国近年对诚信理念的大力宣传，这种状况会有所好转。重温古今中外对诚信内涵与价值的理解，有助于更清晰和深刻地认识诚信及其意义。

[①] 朱熹集注. 四书集注 [M]. 陈戍国标点. 长沙：岳麓书社，2004：36.
[②] 王丹. 我国小学低年级学生诚信知行冲突的现状、原因及教育建议 [D]. 大连：辽宁师范大学，2009：34.
[③] 刘磊，傅维利，李德显，王丹. 透视我国儿童、青少年的诚信价值取向 [J]. 教育科学，2010 (4)：1—5.

一、中国传统：诚信乃美德之本

在中国传统文化中，"诚"和"信"是两个非常重要的道德范畴，俱有"诚实不欺"之基本含义。诚的具体要求首先是不自我欺骗，要做到心口、表里、名实如一，暗处明处如一，言行一致，高度坦诚，心地洁净。《大学》说："所谓诚其意者，毋自欺也。"这就要求人们不以暗中作恶无人知晓而自安，不以超过实际的虚名而自喜，不以出于不正的动机而取得的某种效果而自夸，不以伪善为荣，不文过饰非，不为自己的恶行、过失辩解、开脱，不以不知为知。对诚而言，更重要的是不欺骗他人。其基本的要求是不以谎言骗人，不弄虚作假、欺世盗名，对事不敷衍塞责。不仅不可说谎话、假话，而且不说那些不能兑现或无用的大话、空话。此外，诚还表现为对自己所从事的事业、工作真心实干，全心全意，"实用其力"。它所体现的是一种高度的务实精神。[①]

诚具有本体论意义，是个人道德修养的主要途径。《孟子》和《中庸》先后将诚视为"天道"，又将追求诚看作是"人道"。这便是："诚者，天之道也；思诚者，人之道也。"（《孟子·离娄上》）对此，后代儒者多有发挥，比如，朱熹认为："诚者，真实无妄之谓，天理之本然也。"（《四书集注·中庸集注》）在《中庸》中"诚"与"成"通用，明显地体现出"诚"作为自然万物之所以"成为自己"的本性的含义。因此，"诚"和"实"连用时，在最初的意义上二者有着相同的含义：天然的事实和本然的状态。这在孟子那里被引申为真诚。[②]

中国古代思想家非常强调诚的价值意义，凸显诚的地位，是因为：其一，诚是一切道德行为的基础和根本。只有出于真诚，才能形成道德信念，养成道德品质。一切真正的道德行为都是出于真诚，有诚方有德、善。诚乃是德性形成、增进的内在保证、驱动力。周敦颐曾作了高度概括："诚，五常之本，百行之源也。"其二，诚意乃是道德修养的关键。只有真心实意认同道德准则，去从事道德修养，它才能有实效，否则，所谓修身便成了自欺欺人的行为。意诚是"修身齐家治国平天下"的基础。其三，诚是一切事业得以成功的保证。正如"二程"所说："修学不以诚则学杂，为事不以诚则事败。"（《河南程氏遗书》卷二十五）"诚无不动者。修身则身正，治事则事理，临人则人化，无往而不得。"（《河南程氏粹言》卷一）这是因为，只有出于诚，才能对事真心实干，真诚务实，脚踏实地，有始有终，才能激起巨大的热忱、激情，充分发挥自己的潜能，不达目的绝不罢休。中国古代先哲重诚反伪，应该说是抓住了道德建设的根本，不论在理论上还是实践上都具有重要意义。[③]

信与诚一样，其基本要求也是真实不欺，二者常常通用。但它更侧重于对人讲话的真实不欺，要遵守自己对他人的承诺，所谓"言而有信"（《论语·学而》）。信之德要求人们说话和办事都诚实可靠。就是以诚信态度对待工作任务，包括按时按质完成任务，保证工作、产品质量等内容。中国自古强调信的价值。其一，信乃是一个人立身做人的根本，所谓"失信不立"（《左传》），认为人能守信方能立足于社会。这是因为，人能守信，其言行

---

① 张锡勤. 中国古代诚信思想浅析 [J]. 道德与文明，2004 (1)：19-21.
② 罗肖泉. 试论孔孟诚信之道及其现代价值 [J]. 徐州师范大学学报（哲学社会科学版），2003 (2)：114-117.
③ 张锡勤. 中国古代诚信思想浅析 [J]. 道德与文明，2004 (1)：19-21.

可靠,才能取得他人的信任,与他人建立并保持正常的交往。反之则不然。其二,信是事业成功的保证,只有以信实的态度全身心地投入工作、事业,不掺假、不作伪,才能收到实效。孔子在谈事业时最终落实为"信以成之"。其三,信是正常的社会秩序赖以建立、维持的根本。古人曾一再指出,人际关系如果缺少了信,社会秩序必将一片混乱,其害不可胜言。就诚与信的关系而言,诚是信的基础,一个人只有诚于内方能信于外。与诚相似,信对于其他美德也具有基础性作用。朱熹在回答门人"仁义礼智,性之四德,又添信字,谓之五性,如何"之问时说:"信是诚实此四者,实有是仁,实有是义,礼智皆然。如五行之有土,非土不足以载四者。"(《朱子语类》)[①] 有学者在综合各家之言后,认为我国传统文化中诸子百家对"诚信"的意义具有共识:即诚信是立人之本、立业之本和立国之本。[②] 之所以如此,原因在于诚信乃美德之本。

二、西方传统:规范论与美德论的互动

从西方诚信伦理的演进情况来看,西方诚信伦理尽管因其伦理思想的丰富与精深而呈现出多元化的特点,但其基本线索是美德目的论和权利规范论的互动与交织。即,一方面以契约精神为特质形成坚实的信用伦理路径;另一方面,从亚里士多德肇始的美德论诚信伦理依然历久弥新。但以罗马法的法律诚信、基督教的诚信教义和与资本主义经济形态相伴生的现代契约伦理构成的一脉无疑是西方诚信伦理的演进主线。这一主线的特点是其鲜明的契约性,认为诚信的实质是社会契约,是共同体成员达成的一致性共识。诚信伦理的基本内涵:诚实不欺、信守承诺,不是内在的道德涵养的必要,而是与他者建立共存关系和公共生活的不可或缺的规则,是实现人的权利和正当利益的条件,也是保障公共利益的工具和手段。决定诚信的力量是外在的、社会的,需要各种规则和制度来对权利和义务进行限定、控制和保障,以使诚信作为规则得到实施。诚信伦理在资本主义兴起与发展的过程中起到重要作用。诚信的价值通过现代市场经济的反复博弈得到了市场主体的广泛认可和尊重,从而作为商业伦理并成为市场经济的"黄金法则"(the golden rule)。从这一点看,西方现代诚信伦理以信用为特质,以对规则的尊重和遵守为底线要求和考评德性的依据,从而表现出"公平"(justice)和"正当"(right)的伦理取向。但这不意味着美德论诚信观的式微,而是恰恰相反,作为一种平衡和道德资源,美德论诚信作为理想的道德境界和道德人格仍然在西方现代道德文明中扮演着重要角色。美德伦理诚信观将诚信视为个体或共同体的美德,是诚信行为唯一的目的和动机,它是人性固有的善,是一种优秀的社会道德品质。"讲诚信"不需要外部的理由,它是自足的,以"善"为最高价值和最高追求。[③]

两种诚信伦理进路一个强调人格诚信,一个强调契约诚信;一个以善为价值诉求,一个以正当和正义为价值诉求;一个表现为价值理性,一个表现为工具理性。以追求"善"为目的的美德目的论诚信观和以"正当"为目的的权力规范论诚信观都是有缺陷的。事实上,规则与美德之间是有着一种"关键性联系"(麦金太尔语)。这种"关键性联系"不仅

---

① 张锡勤. 中国古代诚信思想浅析 [J]. 道德与文明,2004 (1):19—21.
② 涂永珍. 中西方诚信文化的差异及其现代整合 [J]. 伦理学研究,2004 (3):81—85.
③ 王东. 论诚信观的培养 [D]. 大连:辽宁师范大学,2008:11.

为不同诚信伦理之间的比较提供了学理的依据和现实的可能,更为社会信用伦理的现实建构指明了方向和途径。其"美德与规则之间的关键性关联"至少具有三层意义,即:内在美德的脆弱性需要外在的规则提供保障和支撑,外在规则的有限性则需要内在美德提供价值动力和人格基础,敬重规则也是一种美德。①

因此,当今中国要完善诚信体系,让诚信行为获益,让不诚信做法寸步难行。而学校在诚信氛围营造和诚信品格培养方面责任重大。

第二节 检视不诚信现象及原因

师生在日常生活中勤于观察和思考,善于感悟诚信情境,共同检视学校中各种不诚信表现,分析讨论其影响因素和发生机制并寻求解决之道,是了解诚信在生活中的具体表现,让抽象理念生活化,深化对诚信的理解,培养诚信敏感性、自觉性的重要途径。需要说明的是,检视不诚信表现的基本原则是对事不对人,也就是说,关注的是不诚信现象而不是跟某个具体的人过不去;对不诚信现象的检视和分析并不是要抹杀教育者已经做过的大量有益的工作,只是为了改进现状,更好地实现教育的育人价值。概括而言,不诚信行为的内在驱动力是追求与自己付出不相符的收益;情境因素特别是不当的奖惩是不诚信行为的直接外部诱因。在教育领域,教育的异化成为不诚信的温床。

一、追求不当获利

不诚信行为的内在驱动力在于追求不当获利。在很多人心目中,"诚信是虚的,利益是实的"。调查表明,事情与眼前利益关系越密切,学生采取不诚信的处事方法就越多,诚信迷失的状况越严重。如学生因学习而说谎、作假的行为比较普遍,而考试作弊的原因,几乎都是出于对眼前自身利益的考虑,即希望自己在考试中获得好成绩,以便能得到老师的表扬、同学的认可和家长的肯定。② 追求利益本没有错,关键要以合理的、诚信的方式追求。贪污腐败、假冒伪劣都是想不劳而获或少劳多获,追求虚假利益的不诚信之举。抄袭作业,考试作弊的部分原因就在于不花或少花工夫,不努力或少努力学习,又要蒙混过关,取得好成绩,这同样是投机取巧、虚荣、不诚信的表现。许多学生背弃诺言,也是为了维护自我的眼前利益,如答应帮别人做事,又不愿耽误自己的时间,花费自己的精力,于是在私利和信义之间选择了前者。

案例4.1 作弊

初中时教我们历史的老师好像不怎么懂历史,上课基本都是让学生们轮流念课文。学生们也似小和尚念经,有口无心。课本中那些遥远的年代、人物、事件、意义很难在我们心中留下印象,历史成为我学得最差的一门课。

印象很清楚的是,期末考试的时候。历史老师监考与其他老师都不一样,他不是监督

---

① 陈绪新.信用伦理及其道德哲学传统研究[D].南京:东南大学,2006:82.
② 杨华英.当代中学生诚信教育探析——关于粤西地区中学生诚信教育的研究[D].桂林:广西师范大学,2005:17.

我们，而是站在教室门口观望，然后"适时"提醒我们：校长来了啊！我们就赶紧把课本藏起来，装模作样地"认真"答题。

老师的"体谅"当时颇让我们"受益"，不用为考不好历史而烦恼。但抄来的高分，只带来短暂的窃喜，并没有带来真正的成就感和愉悦，更没有改变我对历史不感兴趣，而且学得很糟糕的事实。这个经历还带来一种内心认识的变化——既然老师都支持作弊，那么作弊就是可以接受的，不是什么大不了的事情。

表面看来，通过作弊，学生获得了好分数，教师脸上有光，双方都"获利"了，何乐而不为呢？仔细一想就不难发现，这里的"获利"正是"不当获利"，甚至是"虚假的获利"。未经踏实努力获得的好分数，不过是自欺欺人罢了；它并不是学生知识增长、能力提高的标志。教师专业知识水平的不足和由此带来的学生学习结果的欠缺，被作弊掩盖了。考试分数像其他学科一样漂亮，然而师生在学科知识和素养方面却没有多大长进。这不仅造成个人知识结构和素养的缺陷，潜在地或间接地削弱了师生后来感悟生活、享受生活的能力，也会削弱其在社会上的贡献。更为严重的是，学校所倡导的诚信理念和规范，在如此亲身经历之后，在学生心目中变得模糊了、动摇了。诚信规范与诚信美德之间的"关键性连接"被教师的反面"榜样"所破坏，学生诚信美德的形成因此而大打折扣。学校共同体"育人"的本然功能也被扭曲了。作弊之害，可见一斑。

二、情境影响与教育的异化

美国耶鲁大学哈桑和梅（Hugh. Hartshorne & Mark. May，1928）就诚实等品质对1万多名8~16岁儿童进行实验研究，结果表明，一个人决定欺骗与否在很大程度上取决于是否便利。是否欺骗取决于欺骗行为暴露的危险程度和欺骗所得的效果的大小。比起欺骗者，不欺骗的人并不是因为他更诚实些，而主要是更谨慎些。即使诚实的行为并不是因为害怕惩罚或被人察觉，也主要是取决于团体赞成和榜样的直接环境因素的影响。[①] 这些发现意味着诚实行为与情境特点有密切关系，而不是单纯的诚实品质的结果。

美国心理学家科尔伯格的研究并不简单赞成哈桑和梅的结论，而是强调道德判断的阶段水平与道德行为之间存在着一定的确定性。例如，欺骗本身并不是道德判断成熟水平低的标志，但一贯的不欺骗却是成熟水平高的标志。[②] 他通过实证研究证明了自己的假设，"实际道德判断不仅仅是个人的稳定特征（道德能力）的产物，而且是他或她的能力与情景的道德特征相互作用的结果。我们把他和她在其中做出道德决定的社会情景称为'道德气氛'（moral atmosphere）。"[③] 我国中小学生从六年级到高二，对诚信价值重视程度下降，与他们亲身经历和体验的当下中国社会不尽人意的诚信文化环境不无关系。[④] 其中学校诚信氛围中存在的问题尤其值得教育者反思。

---

① Hugh Hartshorne & MarkA. May. Studies in the Nature of Character，（Ⅰ）Studies in Deceit, Book One, General Methods and Results. The Macmillan Company, 1928：306. 参见科尔伯格. 道德教育的哲学［M］. 杭州：浙江教育出版社，2000：32-33. 刘次林：诚实教育的思路与出路，华东师范大学学报（教育科学版），2005（12）：1-8.
② 王东. 论诚信观的培养［D］. 大连：辽宁师范大学，2008：13.
③ 科尔伯格：道德教育的哲学［M］. 杭州：浙江教育出版社，2000：174-175.
④ 刘磊，傅维利，李德显，王丹. 透视我国儿童、青少年的诚信价值取向［J］. 教育科学，2010（4）：1-5.

在迎接各项上级检查的过程中，学校有组织地整合众人，形成集体行动的力量去造假、去应付。学校卫生环境、安全环境的营造和维持，学校育人功能的充分发挥，学生的健康发展，学生诚信品格的养成，这些教育本然的工作和功能被边缘化了，让位给一轮又一轮迎接检查的临阵磨枪、突击加班和集体造假。迎接检查和日常工作似乎成了学校工作的表和里，展示给上级的是光鲜的外表，而检查团离开之后的日常生活却完全是另一副样子。这样的表里不一、前后不符的波浪式的工作方式可能为学校和行政部门积累了关于办学成就和政绩的证据，但是这样的证据究竟有多大的真实性，这样的工作究竟带给学校多少有益于学生发展的变化，是值得反思的，特别是这种不诚信的工作方式对于诚信品格的影响。

公开课的作用在于检视问题，交流经验，提升教学质量。公开课的打磨和精心加工本身也许无可厚非，但是现在学校里的公开课，常常演变成"老师教学生骗人的课"。① 为了展现"最好的"上课效果，问题被尽可能地隐藏掉了。学生目睹了教师们弄虚作假的全过程，有在课堂上"炒冷饭"的，有把学生选优拼班的，有指定学生背好问题答案的，有课上温柔课后痛骂的。在公开课这一特殊的教学情境中，诚信一次次被颠覆，其负面影响是不可低估的。公开课公开的是学校教育中的一个谎言：言行不一致、不诚实和不守信。而且这样的作假甚至欺骗，成了所有人都心照不宣的"潜规则"。不卸下公开课身上的名利附加，只会让它在歧途上越走越远。②通过公开课，学生知识技能有什么真实的长进，教师教学水平有多少真实的提升这些根本问题反而被遗忘。更关键的是老师专注于公开课的效果，忘记了教书过程中的一切行为都可能影响孩子的道德成长。而恰恰是老师所忽视的东西深藏于孩子心中。

学校中考试作弊现象几乎成了公开的秘密。在激烈的考试成绩排名的压力下，有时老师甚至公然鼓励学生作弊，并为学生站岗放哨。当然更多的情况是，学校每逢期中、期末考试，设立专门考场，配备监控系统，监考老师严阵以待，领导巡视考场，效果仍不理想，考试作弊手法越来越高明，监考老师力不从心。有研究者在监考过程中，竟听学生说："这个老师真不会做人，就快过年了，还监考这么严！真扫兴！"调查"你对学生考试作弊的行为怎样看？"约10%的中学生认为"作弊的人较多，感觉没什么"③。这样的状态实在值得忧虑：考试原本是为了检验学生知识技能掌握的情况，诊断学习、教学中存在的问题，为学生的学和教师的教提供反馈，以便改进学与教的手段。也就是说，从学生发展的角度看，评价的发展性功能是首要的，即便终结性评价仍然是为了教育的改进。然而，现实是，考试成绩更多地成了政绩、结果的指示器，从改进教育的手段变成了争相追逐的目标。

总之，在眼前利益的压力下，教育的本然功能被遗忘，学生发展这一目标被扭曲。特别是在诚信品质的培养方面，学校时常可见的不诚信做法使得学校及其开展的"诚信教育"甚至在不知不觉中成了弄虚作假的榜样。

---

① 朱晓宏.儿童的成长：另一种记忆——学校道德氛围的改造与重建[M].苏州：江苏教育出版社，2009：49－56.
② 高德胜.道德教育的20个细节[M].上海：华东师范大学出版社，2007：135.
③ 杨华英.当代中学生诚信教育探析——关于粤西地区中学生诚信教育的研究[D].桂林：广西师范大学，2005：13.

案例4.2　如此会考

关于诚信，关于考试作弊，印象最深的就是高中各科的毕业会考了。

因为文理分科的关系，文科生在高二的时候几乎没学过化学、物理和生物，却又不得不参加这几门课的毕业会考。所以，大家都习惯了集体作弊，老师也习惯了这种情况。这样的考试根本没有意义，这样的考试制度也是值得推敲的。

记得考试前，小美就告诉我要把试卷放到边上。这样，她就可以抄选择题的答案了。当时，我也没觉得有什么不对，反正大家都这样的。事实上，我们整个班都是这样做的。因为会考是按照高一时的班级坐的，这也意味着同一考场中文科生、理科生都有，这样大家就不用担心所有人都不会做。而且，大家对于这样的考试，压根儿就没想过考高分，都抱着通过就好的心态，所以就没什么压力，也不用准备什么了。如果座位离得比较远，就用丢纸团的方式来获得答案，所以现场的状况就不难想象了。监考老师对于这些都睁一只眼闭一只眼，偶尔会警告我们不要太大声。

高中会考是以测量和评价学生学业水平、学校教学质量为主要目的的水平考试，是评价普通高中教学质量的一项重要手段，它与作为选拔考试的高考相区别。会考政策的初衷是既鼓励全面发展，保证高中教学质量，又不给学生过大压力。但在一些学校看来，与高考相比，会考是虚的，学校的主要精力还在高考上，会考只是应付而已。像案例4.2中这样，文科生从高二就完全取消理科学习，在会考中公然集体作弊的情况究竟有多大普遍性，我们没有数据来说明，但是，这种状况的存在值得我们去思考。案例的写作者和其他同学一样，都认为让不学理科的同学考理化生，是会考政策不合理，这就为作弊找到了很"充分的"理由；却没想到是学校歪曲了会考政策。与个别化、偶发性的作弊不同，如此"习惯化"的集体作弊，对学生知识、德性的影响，的确让人忧虑！

案例4.3　走过场的学校活动

今天，和同事走在回家的路上，我问道："听说你们年级今天组织学生去参观垃圾填埋场了，应该很有意思吧？"同事快快地说："一点意思都没，学生叽叽喳喳的，烦都烦死了。""那你们去之前，没有做好活动安排吗？例如向学生申明活动意义，讲清活动过程或是讲明活动纪律方面的要求？""平时学校德育方面的活动是挺多的，但他们也不想想班主任平时的工作有多繁重，除了教学还得时时刻刻关注班里的动态，生怕出现一点问题被家长投诉，我们一听学生活动不知道有多头大，只在心里祈祷学生纪律好一些不出纰漏就好了，关于活动的过程、效果那都放在其次了。其实我们内心深处很希望孩子能在活动中有所收获，但几年下来，活动把他们的心都搞浮躁了，有时活动前后学生根本不在学习状态，作为老师我们也挺无奈的。例如这次去垃圾填埋场，学生就是远远看了看厂房，走进看了看垃圾堆，回来在车上看到了填埋的过程，有些孩子只顾着到处乱跑或是和同学打闹根本毫无收获，回来后我们急于赶课也没怎么进行后续教育，你说活动还有什么意思。别看我们班级网页上的活动照片那么丰富，其实好多都是他们作秀时拍的，哎，没时间，没办法，只好找找对策了。"关于这样的言论我也经常在办公室里听到，很多低年级的班主任一进办公室就在抱怨又有活动了，又该三令五申纪律问题了。由于这是一所既抓教学又强调素质教育的新型学校，给予班主任的工作确实既繁重又繁琐，我看到他们被各种各样的活动包围着，"别说学生的心很浮躁，连老师的心也跟着浮躁起来，谁还有工夫认真地备课和反思啊，能顺顺利利完成教学任务就很值得庆幸了。"这也是我私底下听到一些老师的抱怨。

案例4.4中的现象与明显造假不同，其突出问题是活动的形式化。字里行间能够感受到教师的疲惫、烦躁、交差了事的心态。把老师们的这种状态说成是不诚信，似乎有些过分；但从实质来看，不能扎扎实实、实用其力，就是一种不诚信的表现。其结果是教师浮躁，学生也浮躁，没有很好地实现活动的教育意义。应该说，素质教育中倡导通过丰富的活动促进学生全面成长，这本身没有错，那么，问题出在哪里呢？造成这种应付心态的原因何在呢？

从教师个人来说，把"顺利完成教学任务"看成首要目标，把其他活动看作"额外负担"的观念，可能是造成抵触、应付心态的一个重要原因。如果是这样，就需要教师端正心态，认清自己教书育人的使命，从异化的教育中走出来，认识"实用其力"的诚信原则对每个人的要求。

从学校管理层来说，应该系统规划要开展的活动，充分考虑各项活动的育人功能如何更好地体现。为此，要注意活动的频率，要对活动进行有层次的筛选，给予教师足够的时间和精力去筹备，真正向学生渗透活动意义，引导学生成长，并及时做好活动前后学生情绪的安抚，不能单纯为了政绩而活动，不顾及教师以及学生的实际状态。与此相联系，学校不能只重视对活动结果的验收，上传几张照片或稿件就算大功告成，更要重视活动过程的指导和监督，让学生真正从活动中受到教益。否则，学生从浮躁、应付的氛围中，自然也就学会了相同的态度。

案例4.4　同学中的"间谍"[①]

十多年前，我在教高95级（1）班时，曾在周末约学生到我家玩。在一次与学生包饺子的过程中，一位从外校初中考进我校的女生向我说了这样一件事：

我在原来的学校一直是班上的好学生，但我却不喜欢我的班主任。因为她总喜欢在班上安插"间谍"——这些"间谍"其实就是我们班上的同学。

本来嘛，大家都是同学，可一旦接受了老师的"重托"当上"间谍"，就俨然成了"地下党员"：谁上课说小话了，谁在课余说老师的坏话了，谁在自习课上偷偷下五子棋了等，都得暗中细细观察，然后向老师汇报。最初担任"间谍"的大都是班委干部，后来同学们渐渐知道了他们的"特殊任务"，都对他们敬而远之。于是，班主任便在普通同学中发展"间谍"。这样一来，同学之间互相猜忌，互相防范。本来很好的朋友，往往因为一方告发了另一方而中断了友谊。

因为我性格比较内向，在班上很不起眼，所以也曾被老师"信任"。有一次，老师把我叫到她的办公室，对我说了一大堆"关心集体""主持正义"的道理，然后就说："你负责自习课暗中记下违纪同学的名字，然后将这些名字写在字条上，悄悄塞进我这本书里

[①] 李镇西. 绝不培养告密者[J]. 班主任，2012（3）：64-66. 标题为本书作者所加。

面。"她一边说一边指着她办公桌上的一本厚厚的词典。

师命不可违啊！但一想到从此我要充当告密者，就感到恶心，我实在不愿做这样的小人！怎么办？当天晚上，我在作业本上给老师写了一封短信，大意是说我眼睛近视，课堂上看不清远处的同学，所以完成不了这个任务。结果，第二天我被老师叫进办公室，她把我狠狠批评了一顿，第一句就是："你说你眼睛近视看不清，可你的学习为什么那么好？我没见你戴眼镜啊！"她又说我没有起码的正义感。最后她说："你实在不愿意就算了！但是，请千万别对任何同学说这件事。"我后来真的做到了没对班上任何人说这件事，但对我爸爸说了，爸爸说我做得对。

然而，我却得罪了班主任。她对我明显冷淡，还常常在班上说什么"一个人不能只管自己的学习，而不管班上的事""有才无德的人是不可能成为真正的人才的"之类的话。我申请入团已经很久了，可每次都被她以"没有正义感"而卡下来。

听了她的述说，我毛骨悚然！当然，我绝对相信，像这位班主任安插"间谍"的行为，现在并不多见。但是，希望学生给自己打小报告的教师，恐怕就不是少数了吧！

有一位"优秀班主任"，长期不深入班级，也很少找学生谈心，但他总是对班上的情况一清二楚，甚至几乎对每个学生每堂课的表现都了如指掌，因此他总是能够"及时地""有针对性地"处理、解决班上的各种问题。有人向他请教"经验"，他得意地说："关键是要在班上培养几个心腹！"可是，这位"优秀班主任"班上的学生却说："在班上，我们没有安全感。"

的确有这样的班主任，他们总是好心地通过班干部或自己的"心腹"，了解班上的各种情况。很难说这些老师有什么恶意，相反，他们不过是想尽可能细致地了解班上学生的真实情况，以便更好地教育学生。

但这样做所产生的恶果可能是我们许多班主任未曾想过的：第一，这样做首先是对大多数学生的不信任。不，岂止是不信任，简直就是对他们的极不尊重！因为班主任在大多数学生浑然不觉的情况下，就把他们无端地置于少数人的监视之中。这离我们教育者所必须遵循的相信学生、尊重学生的原则相差何止十万八千里！一旦大多数学生意识到这点，他们所产生的羞辱感必然导致师生对立。

第二，这样做也会导致班集体的分裂。一个由友好亲密、真诚纯洁的少年组成的班级，应该是多么和睦的温暖家庭啊！可是，由于存在告密者，亲如兄弟姐妹的同学却成了互相防范的"敌人"。

第三，这样做将在学生心目中播下扭曲的正义观。让学生在"正义"的旗帜下大行告密之勾当，无疑是对正义的亵渎！当学生逐渐以告密为荣而丝毫不觉得这是人性的可耻时，我们的教育已经为未来培养了许多奴才和小人！

案例4.4中李镇西老师已经作了深入的点评。同学中的"间谍""眼线"，在班级中营造了一种互不信任的、甚至敌对的氛围，与诚信理念、育人的初衷背道而驰。可悲的是这种教育方式依然还为一些所谓优秀教师津津乐道！诚信教育之难，其中一方面就在于教育者对于自己的不诚信以及由此所产生的后果习焉不察。

三、奖惩不当

正像社会上缺乏诚信制度，会让不诚信行为轻松获利，诚信行为反而吃亏一样；正像某些形式主义的上级检查奖惩不当，没有真正激励诚信办学，反而奖励了学校造假一样；学校只重结果不重过程的管理制度或评价体系，教师只要成绩，不关心学生真实发展的做法，都会通过不恰当的奖惩给孩子们一种强有力的伪善动机，鼓励他们在行动上走向诚信的反面。

研究表明，学生在处理与权威者之间关系的诚实事件中所表现出的诚实行为率要低于学生在处理与非权威者之间关系的诚实事件中所表现出的诚实行为率。学生对父母或亲属等权威人物不诚实的行为主要集中在父母要求最严格或父母最关注的事情上，最为典型的事件就是学习。这是因为权威者掌握着奖惩大权，避免惩罚、获取奖励成为学生对教师、家长等权威者说谎的主要原因。但是，当学生认为教师能够识别其谎言时，就倾向于不说谎。[1]

承认错误者受罚（被责骂，请家长，交检查，作检讨等），不承认错误或文过饰非者躲过一劫，这样的情形在学校中时有发生，这显然向学生传递着这样一个信息：诚实则招致责难；谨慎地保持缄默则有可能幸免于难。教师这样做，无疑是鼓励孩子建立不诚实或不勇于承认错误的信念体系。[2] 而诚恳地面对自己的错误，恰是诚信的应有之义。

奖励，作为人为的强化物，往往在学校的道德教育活动中被巧妙地加以使用，并认为是一种有效的方法，而忽略了它对于诚信的销蚀作用。不慎用奖励，不但不能使学生诚信，还常常会助长不诚信的行为，因为它可能演变为"需要"，或成为某种交换物。为了得到老师的表扬，或为了表现自己不落后，小学生在捡不到钱的情况下，拿出自己的钱作为捡到的失物交给老师或警察。这与学校中的集体作假何其相似：事实上没有达到上级的要求，却又要相应的荣誉。这种被外在赋予的荣誉奴役的状态也远离了诚信的要求。[3]

案例 4.5　抄袭

小学的时候，我喜欢上语文课，特别是作文课，每当老师把作文本发下来，我都迫不及待地看老师的评语，还有可爱的波浪线——老师会把作文中的好词好句用波浪线标示出来，以示鼓励。如果波浪线很长很多，我心里的自豪感别提有多强烈了。有时候，老师会在全班表扬谁谁谁的作文写得怎么怎么好，我特别希望自己能在被表扬之列，所以每次都会很用心地写作文，实在不知道怎么写就去请教爸爸。

有一段时间，小洁的作文经常被老师当作范文在作文课上读给全班同学听。在我眼里，她是个成绩平平的女生，人缘一般，她最近的作文的确写得很美，但是与她前面的文章有很大不同。我听到几个男生在议论，"她抄的作文书，我都能找出那篇作文。"虽然小洁矢口否认，但我也怀疑她可能抄袭，这样的话老师再怎么夸奖她我都不会羡慕的。语文老师好像一直都没有怀疑过，依旧表扬她，让其他同学向她学习。

有一次星期六，语文老师布置的家庭作业是以某种植物为描写对象写一篇作文。星期

---

[1] 王丹. 我国小学低年级学生诚信知行冲突的现状、原因及教育建议 [D]. 大连：辽宁师范大学，2009：51.
[2] 朱晓宏. 儿童的成长：另一种记忆——学校道德氛围的改造与重建 [M]. 苏州：江苏教育出版社，2009：49—56.
[3] 陆有铨. 用"道德"的方式养成道德 [J]. 当代青年研究，2008（8）：1—4.

天家里来了客人,我玩得很开心差点把作文忘记了。坐在书桌前怎么也想不出来该怎么写这篇作文,没有一点头绪。为了赶在动画片开始前把作文写完,我翻开了一本作文选,刚好有一篇符合要求的作文。我把那篇作文看了一遍,凭着记忆把作文用自己的语言写出来了,有个别描写的语句,因为实在记不得了,自己写得又不好,就照抄过来了。草草写完作文,我一溜烟去看动画片去了。

新的一周作文课上老师表扬了我的作文,还读给全班同学听,我的心里五味杂陈,说不清楚的复杂的感觉,很想沾沾自喜,但是生怕被别人识破,被贴上"抄袭"的帽子。我忍不住埋怨自己玩得把作业忘记了,态度不认真,埋怨自己挑了篇那么优秀的作文剽窃,而且没怎么花心思改动原文,很明显两篇文章是一个模子出来的。我应该向老师承认吗?承认我态度不认真,抄袭别人的作文?这样的话老师、同学们对我的印象会不会一落千丈?我可是班长,如果大家都知道了,我以后没法做人了。假如,假如没有人看过原文就没有关系了,我以后绝对不会做这样的事情了。心存侥幸,我硬着头皮全盘接受了老师的表扬。下课了,我终于松了口气。没想到刘超跑过来说:"你的作文是抄的!"我就像是被当场捉住的小偷,内心尴尬羞愧但嘴上打死也不承认。小孩也有自尊心、虚荣心啊,我能够理解小洁的所作所为了。

本以为风波已经过去,没想到市里有个作文比赛,语文老师把我的那篇作文推荐上去了,结果得了二等奖。爸妈知道了特别开心,我骑虎难下,只能装作开心的样子,乞求这一切快点结束。

经过这件事情,我才深刻认识了"抄袭"这个词。以后写作文自然不敢用别人的文章应付了事,那犀利的指责声"你的作文是抄的"就像警钟一样在我耳边长鸣。后来依靠老师的指点,自己的努力积累,文笔也好了起来,有了自己的风格,但那警钟依旧长鸣,警示我诚实做人坦荡行事。

很明显,连学生都对小洁的"高水平"作文感到很蹊跷,以教师的水平应该能识别小洁的剽窃行为,但她却只以作文水平为根据表扬学生。这如果说是信任学生,在利用期望效应鼓励学生的积极性,显得太过牵强,因为教师的表扬显然是对不诚信行为的纵容;如果老师课后找小洁私下谈过话,请她谈谈自己作文进步的心得,并对如何参考他人作品进行指导;如果老师没有公开表扬小洁的作文,而是向学生讲解参考他人作品与剽窃的界限,也许全体学生都会因此既学习了提高作文水平的方法,也获得了一次实在的诚信教育的机会。当周围的情境,特别是教师倡导的主导情境,对剽窃等不诚信行为鲜明抵制的时候,班级中的诚信氛围会更加浓郁,盼望表扬的"我",也许会更谨慎地参考范文,而剽窃也许就不会发生。

当然,许多学生在日常生活中已经形成了一定的诚信感,对他人的不诚信举动具有自己的评价,"我也怀疑她可能抄袭,这样的话老师再怎么夸奖她我都不会羡慕的。""你的作文是抄的!"个人良心和同伴的监督,对于学生保持诚信行为具有一定的规约作用。

但是,贪玩又要应付作业,不想付出真正的努力却又想完成任务的心态遇上了纵容抄袭的氛围,抄袭发生的可能性大大提高了。而抄袭之后被人指出,又面临着能否勇于认错的考验,这时,虚荣心又占了上风。"我就像是被当场捉住的小偷,内心尴尬羞愧但嘴上打死也不承认。小孩也有自尊心、虚荣心啊,我能够理解小洁的所作所为了。"

所幸最终"我"的良知和同伴的监督让这一次抄袭事件成为终身的教训。

事实上,学生中抄袭作业的现象极其普遍。我们的调查表明,76.3%的学生认为,同学经常抄袭作业。除上述的学生贪玩、虚荣,特别是教师的不当奖惩所造成的不良导向等因素外,这还与作业本身的情况有关,如作业量过大,超出了许多学生的承担能力,不完成作业又会遭遇教师责罚;作业性质多为机械练习,往往设有固定答案,一方面让学生感觉毫无认真完成作业的必要,另一方面为抄袭提供了方便。这也提示教育者,作业的数量质量都要根据学生的情况进行调整,让作业真正起到巩固和深化课堂学习、拓展视野、激发创造的作用,而不是成为滋生不良行为的温床。

第三节 回归教育本然 用诚信理念改造学校教育

哈桑和梅的实验研究通过实证的方法证明了说教式的诚实教育没有什么效果,因此,教育者的主要精力不应该放在"教授"诚实的品质上,而应该放在致力于重构那种一贯的、经常的、成功的师生实践方式和健康情境,让学生想不到欺骗或者觉得没有必要不诚实。科尔伯格也认为,"个人在真实生活中的道德决定总是在团体规范背景或团体决策过程中做出的,并且,个人的道德行为常是这些规范或过程的函数。……在许多情况下,道德教育的最好方法是努力改进个人做出道德决定时的道德气氛。"[1]

诚信教育不是在现有教育体系中简单做加法。增加一些精心组织的专门的诚信课和诚信活动,当学生中出现了诚信问题时进行针对性的教育,这固然是需要的;更重要也更本质的是,用诚信理念改造学校教育,让教育回归本然,在整个教育过程中,在教育的每时每刻、每个角落都体现诚信的精神。教育中对诚信的追求,体现在教育者、教育系统以至整个社会对教育根本使命的把握,矢志不渝,不断反思和改进教育实践。教师要思考自己的职业义务与承诺,认识到自己不是仅仅制造分数,更要培养完整的、诚信的人;学生的义务与承诺是靠自己诚实的努力,不断促进自身的真实成长。"康德从对自己的义务中推出诚实;他把说谎看作是一个人对自己的人格尊严的放弃,看作是与自杀同等程度的东西:后者毁灭肉体生命,而前者毁灭道德生命。"[2] 同样,教育、教育者、学生的真实道德生命,也在于忠于其职守。

一、用制度规范获利保障诚信

人类经验和既有研究表明,缺乏制度规约的诚信是极其脆弱的。合理的制度是诚信的保障条件,会让人感觉没有必要说谎、作假;或者说谎、作假会受到应有的惩处,带来更大的利益损失。与我国社会整体诚信制度不完善的状况相应,学校中也缺乏诚信制度。诚信制度不完善、不合理,使得生活中守信成本与失信获益形成强烈反差,会造成说真话办实事吃亏,被认为是"迂腐""愚笨",而投机取巧者获利的结果;会鼓励表里不一、弄虚作假、形式主义等不诚信行为,降低人们对诚信的认同度。

瑞士著名儿童心理学家皮亚杰的经典研究表明,儿童起初是出于对"制定"道德律令

---

[1] 科尔伯格. 道德教育的哲学 [M]. 魏贤超,柯森,等译. 杭州:浙江教育出版社,2000:167.
[2] 包尔生. 伦理学体系 [M]. 何怀宏,廖申白,译. 北京:中国社会科学出版社,1988:577.

的成人权威的敬畏才遵守道德规范的，而成人权威的树立离不开一定的责罚。为了免受这些责罚，他们才愿意遵守道德规范。因此，儿童的道德内化过程是由道德他律到自律的转化过程。在这一过程中，一定的道德他律的强制是其必不可少的动力条件。这个原理不仅对儿童的道德成长，而且对成年人的道德塑造，具有普遍的适用性。①

学校中现有的考试制度、学生日常行为规范等渗透着一些诚信的内容，但主要是针对学生的，而且缺乏比较严格的惩处措施，难以落实到日常行为中。诚信制度作为普遍性的规则，对学校中的全体成员都有制约作用，管理者也不能例外。管理者贪污腐败、弄虚作假、朝令夕改、言行不一、形式主义是对诚信规则的严重侵犯。诚信制度也要约束和规范教师的行为，如杜绝教师在公开课中的作假行为，杜绝考试中教师纵容的舞弊行为。

由于中小学生几乎都是未成年人，对他们的惩罚主要立足于教育的立场，是为了通过严格的他律，促使他们养成诚信的习惯和品格。例如，让考试作弊的同学学习诚信课程，写出书面检查。这是一种惩罚，更是一种给予改正机会的比较温和的惩罚。这种惩罚是建立在尊重学生的基础上的。这是希望他能够通过学习恢复诚信，使其行为能够符合做人的基本要求，取得他人和社会的信任。②

制度是刚性的，旨在确保不诚信者受到应有的惩处，保障诚信者的正当利益。但制度又不是完全外在的、冰冷的，它与美德具有内在的关联。特别是对于以培养人为目的的学校而言，诚信制度是为培养规则意识、诚信习惯、诚信品格服务的。学校教育要致力于推动从规则到美德的转化。同时，诚信规则是整个规则体系的一部分。让学生学会尊重、遵守各项合理规则是让学生学会重信守诺的一种方式，也是诚信教育的一部分。让学生参与制定、检视和修改班级规范，有助于学生理解各项规则对于学校和班级生活的必要性，从而更好地恪守规则；在开展各项活动过程中，注意提醒学生遵守活动规则，让学生体验规则的公正性、必要性，使其懂得规则合理是各项活动顺利展开的根本保证。

当前某些行政部门对学校的评价、检查制度中尚有一些不合理因素：如重视可编码的结果（如分数、获奖数、排名、汇报材料等），而对于难以编码的学生道德发展等方面以及达成结果的漫长过程比较忽视，表现出一定的急功近利和形式主义色彩。这在很大程度上制约了学校诚信制度建设，对于营造学校诚信氛围起了负面的作用。应当紧紧围绕学校教育的核心使命：学生真实的、健康的发展，来反省和改造相应的制度。学生诚信档案的建立是诚信制度的重要组成部分。

案例4.6 诚信记录进入高考考生档案③

教育部从2005年起首次将考试诚信记录记入考生电子档案，并与高校录取挂钩；凡携带规定以外的物品进入考场或者未放在指定位置的考生，都有可能影响其录取。对有违规记录的考生，将在考生特征标志信息项中，统一用字母"W"予以标示。

考生电子档案是高等学校录取新生的主要依据，考生的诚信记录被载入档案，明白无

---

① 皮亚杰. 儿童的道德判断 [M]. 傅统先, 陆有铨, 译. 济南: 山东教育出版社, 1984: 96, 276.
② 韩震. 建立诚信社会应该有制度性的奖惩安排 [J]. 伦理学研究, 2006 (11): 55-57.
③ 诚信记录首次进入高考考生档案 [N/OL]. 中国教育报, 2005-06-05 [2016-03-20] http://www.qzzk.cn/wzyd.asp? NewsID=1640

误地传递了一个信息：有作弊等失信行为的考生，很可能因此而失去被高校录取的资格。作为一个更广泛的导向，诚信记录进入考生电子档案，也告诉我们：诚信记录成为个人在社会上的"通行证"，已不仅只是一种呼吁，一种构想；它正在一步步向我们走来，变成看得见、摸得着、与我们如影相随的事实。

"对学生负责"——这是每所学校都在说的一句话。但是对学生负责并不是只要把学生训练成考试机器，并不是只要成绩搞上去。这些年来，一些学校在教育价值的取向上发生了很大的偏差。悠悠万事，分数唯大，德育是"软任务"。这样的教育肯定是失败的，奉行这种教育的学校把学生培养成了失信的人，最后让学生为失信"埋单"，这能说是"对学生负责"吗？

为考生建立诚信档案，不仅仅是为了对失信者施以惩罚，其更深远的意义，还在于让学生更早地具备诚信意识，这无疑是在诚信教育与现实之间找到了一个很好的结合点。

其实，考场发生的违规行为，除了考生，往往有监考者的责任。以往发生考场舞弊的案例，几乎无一例外地证明了这一点：要么是监考者直接参与集体舞弊，要么是监考者玩忽职守给了作弊考生可乘之机。否则，作弊考生有此心，未必有这胆；有此心、此胆，未必有机会。因为在考场里，监考者拥有绝对的主动权、权威性与威慑力。

对监考者来说，严格执行考场纪律，严肃处理作弊行为，固然是好的；要是能将防线前移，开考伊始就让考生意识到，在这个考场不会有作弊机会；稍有苗头，及时制止，在萌芽状态着手，不让作弊动机成为作弊事实，既捍卫高考的严肃、公平与公正，也挽救那些有一念之差的考生，这可能是难能可贵的上策。

教育部规定，对在高考中有营私舞弊、弄虚作假，考场纪律混乱、考试秩序失控，导致大面积作弊，索取或者收受考生及其家长礼品、现金、有价证券等行为，纪检监察部门将追究有关领导和责任者的责任。考生要写"诚信考试承诺书"，监考者是否也该写"认真监考承诺书"？不妨一试。

考生档案增加诚信记录给我们的启迪是多方面的。众所周知，诚信原则是建立良好的社会风气的基石。考生档案增加诚信记录，可以让学生权益获得制度上的认可和保障，使诚信的学生获得比失信的学生更多的荣誉和利益上的实惠，在利弊的均衡间不断激励诚信的学生保持诚信，也使那些在"诚"与"不诚"间徘徊的学生走进诚信者的行列，营造出一个人人讲诚信的良好氛围和环境。

这种措施积极效应的发挥，还有待高校接过诚信记录的"接力棒"。因为大学和中学教育本来就应该保持衔接，这种衔接不应该仅仅是知识上的，更应该是诚信上的。

高校应针对学生这一特殊主体，建立学生诚信档案，建立和完善主体个人诚信档案和诚信评价体系，并与整个社会的个人信用制度建设衔接乃是当务之急。从制度和道德两个层面构建大学生的诚信系统最为可取。首先，建立完备的学生信用体系和奖惩制度。通过对每个学生建立个人诚信档案，详细地记录个人情况、品行说明、信用记录以及奖惩情况等。其次，加强教育，诚信信念的形成也不可缺少。

诚信记录在高校和中学的衔接，更能发挥诚信记录的作用，更能激发学生群体的诚信观念，进而形成诚信的良性循环机制。这也是让诚信记录不流于形式的必然条件，也是逐步建立符合现代市场经济运行规律的学生诚信制度的要求。

二、在交往中体验诚信

诚信制度提供了保障诚信的"房子"。要让"房子"变成"家",就需要有家人之间的真切交流与互动。要让学生对诚信产生切身的积极体验,离不开对真实人际交往中诚信情境的感知与应对。"长期以来,造成我国道德教育实效差的原因虽然是多方面的,但普遍利用虚拟道德教育情境进行道德教育,而不能引发学生真实的道德冲突是最重要的原因。充分利用真实的道德冲突对学生道德成长的作用,应该是道德教育取得良好成效的重要途径。"[1] 在虚拟的道德教育情境中进行的学校诚实教育,如教师话语虚拟情境中的诚实讨论或诚实故事的角色扮演等,并没有使学生参与到真实的诚实活动中来,并没有使学生面临关乎其切身利益的诚实问题,因此最终没有向学生提出诚实行为的要求,也就不能向学生提供一个解决诚实问题的全过程。

其实,学生生活中遇到的真实诚信情境很多。他们可能跟从他人的诚信表现,如跟从性承诺是学生没有经过主观判断或者认真做出主观判断,而盲目跟随他人做出语言承诺;跟从性失信是学生在经过认真的主观判断后,并对另一方做出了语言承诺,一旦发现其他人有失信的行为,则随之做出失信反应。这可以用"别人对我(不)讲信用,我对他也(不)讲信用"的句式来概括。学生也可能主动采取诚信的做法,以换取他人的诚信、友谊或互利关系。即便小学低年级学生也会说:"他们不借给我东西(不讲信用),我就借给他东西(我讲信用)。他们才会借给我东西。"[2]

如果教师引导学生观察、体悟自己生活中的诚信交往情境,就会让学生有更多切身的诚信体验。当然,我们希望更多的学生表现出主动的诚信行为,这样跟从性失信发生的可能就会降低。为了取得这样的效果,教育者的榜样作用就显得非常重要。《傅子》有言:故人君以信训其臣,则臣以信忠其君;父以信诲其子,则子以信孝其父;夫以信遇其妇,则妇以信顺其夫。[3] 那么,在师生交往中,"教师以信诲其生,则生以信敬其师。"这要求教师忠于职守,处处从学生终身发展的角度来审视自己的教育教学工作。例如,教师带领学生共同保持物理环境整洁、有序、安全,是教师的日常工作,而不是为应付检查时去突击形成一尘不染;教师把每堂课都当成公开课一样去打磨、提升,把每堂公开课都当成家常课一样"去虚取实",真正为学生发展服务,这本身就体现了最质朴和本真的诚信精神。当然,为了突出诚信氛围,日常生活中,师生可以共同参与学校和班级环境布置,张贴学生书写的有关诚信的书法作品;黑板报经常甚至定期出现以诚信为主题的内容,材料可以由教师和全体学生轮流提供。这样的师生交往会让学生切实体会到诚信的价值。

作为教育过程的主导者,教师在评价和对待学生时要尽可能信任学生。在学生出现问题时,要实事求是,不轻易怀疑学生,不夸大学生的问题。有时有意淡化学生的过失,关注积极的方面,反而会起到扬长避短甚至扬长补短的期望效应,这体现了教师信任的巨大力量;也是教育关系努力使人向善的本然要求。下面这些真实的案例,从不同角度为交往中体验诚信提供了启发。

---

[1] 傅维利. 真实的道德冲突与学生的道德成长 [J]. 教育研究, 2005 (3): 13—17.
[2] 王丹. 我国小学低年级学生诚信知行冲突的现状、原因及教育建议 [D]. 大连: 辽宁师范大学, 2009: 79.
[3] 冯务中. 诚信问题的三重解答——读蒋璟萍《诚信的伦理学分析》[J]. 伦理学研究, 2005 (1): 110—112.

案例4.7 一场关于诚信与欺骗的讨论[①]

有人说，会说善意的谎言是会处理人际关系的一种表现。这种观点到底对不对？诚信教育是学校文化建设的一块重要基石。为了让学生形成良好的诚信品质，我们举办了一场关于诚信与撒谎的讨论。

正方：善意谎言与人为善

王海泉：读四年级时，我的同桌是一名刚转学来的新生。因为不熟悉班里的规章制度，他把书包摆在了走道上，正巧被值日生发现了。按照班规这是要被点名扣分的，因为影响了其他同学通行。我看到他怯生生的样子，就主动说是自己放的，连忙弯下腰抱起书包放回书桌里。这个谎言让同桌很感激我，此后，我们成了好朋友。

刘博文：有一天，我从家拿了一袋桂圆孝敬爷爷奶奶。为了让老人家能痛痛快快地吃，我对奶奶说："我吃过了。"不然，奶奶、爷爷肯定舍不得吃。事后，奶奶逢人就夸奖我说："俺孙子真是个既孝敬又懂事的孩子啊！"在日常生活中，这种能够增进感情的谎言是可以巧妙地说一点的。同学们，你们怎么看？

宋辉：电视里有过这样一则报道，讲的是儿子瞒过妈妈为其捐肾的故事。妈妈的肾病很重，但因为心疼儿子，坚决不同意儿子捐肾。儿子和家人商量后，和医生一起对妈妈说了一个谎言：肾是一位不认识的好心人捐的。最让人感动的是，当妈妈手术成功后想见儿子时，亲戚、医生都没说破这个谎言，而是骗她说儿子出差了。看完这个报道我感动得哭了，同学们，难道这样的谎言不该说吗？

老师：谎言之所以称为谎言，是因为它是虚假的、不真实的、骗人的话语。但是今天，我们谈到的谎言，还有个定语——善意的，加上了这个限定词后，谎言的本质也就发生了根本的改变。善意的谎言是人们对事物寄托的美好愿望，谁也不会去追究它的可信程度，即使听到善意谎言的人明知道是谎话，也一样会相信。

第三方：讲究方法诚实守信

王奕涵：在现今社会里，有时讲实话是要吃亏的，但还是有人这样做。"雷锋传人"郭明义叔叔就经常做这样的傻事，我自己也有类似的经历。上学期，班里开展"小红花创优奖"时，因为我主动承认了放学路上翻越公路护栏的事，失掉了一朵小红花，心里一度很失落。后来，我平心静气地想一想，讲了实话，放下了包袱，即使没有得到小红花，心里也是坦荡的。

李慧：有一次，班里办了一本《国庆特刊》，让大家提意见。我说报刊办得有点乱，插图和文章内容有的对不上号，却惹来同学一片反对声。我反思，即使是讲真话，也要注意表达方式，不能伤害其他同学。

乔奇：我班提出创建"无抄袭作业班级"，对良好班风的形成大有裨益。其实，对于每个人来说，诚信的勇气在自己的心中。每一个人要拒绝说一次谎、揭穿一次谎言，我们班上就多一句真话、多一份真实。如果大家都从自己做起，我们整个社会的文明程度就会前进一大步。

[①] 刘绍林. 一场关于诚信与欺骗的讨论 [N]. 中国教育报，2012－02－09（3）. 作者系安徽省临泉县阜临小学六年级班主任.

老师：同学们的讨论很精彩，自己就得出了答案：人人心中都有谎言的标准，怎样把握这个度，是我们要思考的。与动机不良的谎言相比，善意的谎言会使人们的感情变得更融洽，它可以巧妙避免冲突，实现情感沟通和顺利交往。所以，善意谎言可以讲，恶意欺骗要杜绝，诚实守信办实事，光明磊落做好人。

反方：恶意欺骗损人利己

孙震：有一次数学考试，我作弊被老师发现了。当时，我虽然找到了逃过惩罚的理由，但心里总不是滋味、情绪也不好。班主任老师在我的日记里写出诚信格言："作弊是学习的陷阱，既毁掉人的尊严，又将思考打入冷宫。"我鼓起勇气向老师说出心里话，才如释重负。可见，任何谎言都会让你背上沉重的心理负担。

杨琳琳：我提出一个问题，公开课上的回答算不算欺骗？每次公开课，老师都要事先排演好几遍，还要求我们一字不落地背诵发言稿。我不喜欢这样不能讲真话的公开课。语文课上也是如此，每次写作文，谁编得离奇，假话说得好听，谁的作文分数就高。有的老师好像是故意引导学生说谎话似的，这很伤我的心。难道这就是所谓的会做人的谎言？

郑涛：我对学校的思想品德课不感兴趣，觉得老师课堂上讲的和我们的现实生活有差别。比如，老师讲"诚信是金"，而社会上的虚假广告频频骗人，还有位高权重的人也是谎话连篇、言而无信。爸爸告诉我："这是有些人失守底线、失去人格，被利益奴役的结果。"可周围的大人好像都着了魔似地说谎，真让人迷惑不解啊！虽然这些人如鱼得水，但是我还是不能认同他们的观点。

老师：讲求诚信，古已崇尚。历史回溯到公元前359年，秦朝商鞅立法欲以诚信富国强兵。"南门立木"的典故就此上演。商鞅立法10年，"秦民大悦，道不拾遗，山无盗贼，家给人足"。今天，倘若让假冒横行、信誉丧失，则将对经济生活造成巨大的危害，给社会生活带来灾难性的后果。

案例4.7让我们看到，六年级的学生已经能够比较深刻地讨论诚信问题。学生们讨论的三种观点都是诚信问题的重要方面。善意的谎言之所以能够得到大家的认可，是因为诚信价值最终也是为人间之善服务的；同样，讲真话也要讲究方式方法，不能伤害他人；而现实中种种恶意谎言和欺骗所带来的恶果还需要更充分地暴露。在讨论中，学生获得的体验和感悟比单纯听讲要生动、真切。学生真切地体会到诚信所带来的比外在利益更重要的内心坦荡的感受，这成为后续坚持诚信之路的坚实基础；大胆质疑身边的欺骗表现，为改造诚信环境提供了契机。

案例4.8 酸酸的幸福：坚持说真话之后[①]

"张苏，对不起！"

面对班主任满脸的尴尬和紧张，我的大脑仿佛被抽尽了空气，呆呆地望着老师。

"我，我伤害了你。那次座谈会你是对的，我们要诚实，所以你，能原谅我吗？"我那空白的脑海中终于有了些模糊的影子！

那天班主任让我和其他两个同学去大队部开会，并郑重地叮嘱我们已经申报了"绿色

[①] 征文活动组委会. 第二届"爱的教育：中国孩子情感日记"获奖征文选（小学卷）[M]. 杭州：浙江少年儿童出版社，2009：177.

中队"，而且也完成了所有的任务，只要座谈会开得成功，我们就可以挂上"绿色中队"的牌子。

前几个问题都顺利过关了，还剩下最后一个问题："你们集体学过《环保法》吗？"我怔住了，其他两个同学也一脸茫然。老师举起一张试卷，想提醒我们。

我恨不得钻进脑子里去挖掘出这样一张试卷，可是没有！我们无奈地摇了摇头，摇掉了"绿色中队"这个称号。回来时，我们都有些垂头丧气，老师会批评我们吗？

一进教室，老师容不得我们辩解，就沉着脸批评道："不是告诉过你们我们所有的活动都搞过了，你们怎么还说没有？这点儿事都做不好！"在老师的呵斥下，同学们也纷纷投来异样的眼光，有些同学已经不客气地指责我们是"害人精"。我低下了头，眼圈渐渐红了……老师为什么不肯听我们解释？这件事难道老师没有责任吗？

沉默了几天后，那件事始终在我的脑海里盘旋，挥之不去。终于，我忍耐不住，在一次习作训练时，提笔写下了我的不平。我尽情地发泄着自己的不满和委屈；尽情地申诉：我不要撒谎，不要虚伪！"如实？到底什么是如实？难道就是明知没有硬说有吗？没有就是没有，我们没有学过《环保法》！"作文本上的我像一个充满斗志的战士，我要让老师知道，我说实话我没错！

交上作文本后，我又恢复了一贯的胆小，开始有些忐忑不安起来，老师会勃然大怒吗？我会因此失去在老师心目中好孩子的形象吗？老师会怎么惩罚我呢？但作文本已经交到老师手中，我，没有机会再反悔了！

我以为事过境迁老师已经忘记了这件事。没想到，今天，即将放假的今天，老师，就站在我面前，面红耳赤地对我说："对不起！张苏，你能原谅我吗？"

怎么不能呢？此刻站在我面前的老师，她的表情是那么的尴尬，我恨不得立刻结束这次谈话！我似乎觉得是我对不起老师，不该指责老师说得不对，不该把老师推到这么被动的局面！眼泪涌出了我的眼眶，我向老师深深地鞠了个躬，哽咽着说了声："没关系。"此时此刻，我所有的委屈全部烟消云散，尽管泪水还在继续流出来，让我感到酸酸的，但我的心底却充满了温暖。（指导教师：瞿春红）

孩子的心灵往往是纯净的。张苏没有谎称自己的中队学习了《环保法》，中队没能得到"绿色中队"的牌子，因而被老师责备，被同学称为"害人精"，这就是诚信应得的结果吗？张苏把自己的委屈写在了作文中，坚持"我说实话没错！"在学期就要结束的时候，老师向张苏道歉了，一声道歉，化解了学生全部的委屈，甚至体会到酸酸的幸福。不难想象，老师经历了这件事情，道歉之前也一定心潮起伏、难以安宁，而道歉之后则如释重负。诚信带来的就是这样一种坦荡、安宁。由此还需要进一步反思学校的各项评比，在关注"绿色"、成绩等业绩的同时，如何鼓励诚信，让道德环境也更绿色、健康，是不容忽视的。

案例4.9　学生撒谎之后[①]

家长会上，小冉的妈妈叙述了小冉说谎的经历：考试前小冉与妈妈约定，只要英语考

[①] 王丽明. 让诚信浸润孩子的心灵 [J]. 班主任，2013 (6)：47—48.

过95分，妈妈就给他奖励，结果小冉考了91分。为了赢得奖励，小冉便改了两道题，谎称老师判错。最终还是被细心的妈妈发现了。班长也撒谎？我在惊讶之余，分析了他撒谎的动机——争强好胜，渴望成功，希望得到家长的奖励。对此，该如何引导呢？我决定利用其优势，促其进行自我教育。

我首先与小冉进行了真诚的交流，鼓励他把这件事写成作文，之后还帮他投了稿，因为感情真挚，作文还真上了报纸。当小冉看到自己的作文第一次变成铅字时，小脸上满是成功的自豪。他在晨读课上把作文读给全班同学听："看到那鲜红的91分，我顿时呆若木鸡。""狂跳的心使我失去了理智。我小心翼翼地把那两道题改对，舒了一口气，只觉得背上出了黏糊糊的冷汗。""我呆呆地站着，心里上上下下地翻滚，仿佛五脏六腑都挪动了位置。""妈妈锐利的眼神像一把利剑，击碎了我的谎言。""顷刻间，我的心里满是后悔，我只觉得内心一阵热，脸上发烫，眼睛扑闪扑闪的，泪水从眼角扑簌簌地滚落下来。"……教室里安静极了，无论小冉还是其他学生，都感受到了说谎其实是一件让自己痛苦的事情，都明白了希望得到别人的赞赏要靠自己的努力，而不能靠说谎去换取。

以此为契机，我们班建立了"心灵驿站"——"悄悄话信箱"，鼓励孩子们像班长那样敞开心扉，释放心灵。小敏说："老师，那次您刚布置好的专栏是我在值日时不小心弄脏的，一直没勇气承认，今天说出来，觉得压在心里的石头消失了，对不起。"飞飞说："老师，因逃避责任说谎时，其实内心很煎熬，几次因为偷懒没写作业而提前就编好了谎话，其实知道智慧的您会有所察觉，感谢您为了我的颜面没有在全班同学面前揭穿，您放心，我今后不会再说谎了。"……看到孩子们的真情表露，我明白了，当你为孩子们营造一个宽松的氛围时，他们真的会把整个内心世界敞开给你看。

接下来，我又在班里召开了"让诚信伴我成长"主题班会，学生们从商鞅"城门立木""列宁打碎花瓶"等故事讲到现实生活中一个个感人的故事，感悟出诚实正直是做人的基本美德，感悟到抄作业，迟到说谎话，考试作弊，为了要钱欺骗家长都是不诚实……然后，我又带领学生制作了特色"诚信"小书签——"人而无信，不知其可也。""诚实守信，一诺千金。""我诚实，我成功。"这些简洁有力、图文并茂的小书签放进了孩子们喜欢的书中，同时，诚信的芬芳也已浸润到孩子们的心灵深处。

王老师把班长说谎当作契机，因势利导，通过习作发表交流、心灵驿站、主题班会、诚信书签等活动步步推进诚信教育，营造了宽松诚信的氛围，让学生真切地体验到诚信的价值。有老师跟帖说，学生撒谎主要有两种原因：一是做了本不应该做的事，如抽烟；二是没做本应该做的事，如按时完成作业。由于有些老师在要求学生"该做什么"和"不该做什么"上界定不清，许多孩子就钻了空子，所以老师在制定班规班纪时，应首先明确"什么该做""什么不该做"。把学生可能找的撒谎理由尽可能都"封锁"住，而一旦孩子触犯班规班纪，就要鼓励孩子告诉老师自己真实的想法，坦白真诚者可宽大处理，否则严格按照最初约定的惩罚措施执行。所以，要允许孩子犯错，但千万别让孩子从撒谎中尝到"甜头"，把撒谎当成一种习惯，到那时再来想方设法纠正就为时已晚。特别需要说明的是，班长说谎的起因是家长答应孩子考到95分给奖励。这种依靠外在奖励鼓励孩子学习的方式要慎用。让孩子体会学习本身的魅力，才是本真的学习动力之源。脱离了事物的本然，就脱离了诚信之轨。

三、培养自律意识与能力

人的诚信行为往往离不开他律与自律的共同制约。而学校教育的职责之一是培养学生自律的意识与能力。当自律意识与能力发展起来的时候,"做人坦荡,不受良心谴责"的内在力量成为有力的制约,诚信行为才能趋于稳定,较少受不良环境的侵扰。

诚信在我国古代就一直被认为是一种道德修养的方法。诚信要求慎言笃行、知行并进。慎言笃行的道德要求包含着言行一致、表里如一的内容。知行并进则要求道德认知和道德实践相互促进、并行发展。这要求人们对所认识和掌握的道德理论与道德规范要自觉地付诸行动,忠实虔诚地坚持实行,而不要只在口头上夸夸其谈。这样的做法注重道德实践,要求人们自觉地将人的认知上升到道德实践阶段。[①]

同情心以及建立在同情心基础上的义务感和道德良知在自律中起到不可或缺的作用。一想到"我"的作弊行为会使得整个学校蒙羞,会伤害那些没有作弊的人,甚至伤害整个教育系统,"我"就要诚实地对待自己的学习。正是这些通过同情作用所产生的内心"不安"构成强有力的内在约束,有效地和持久地阻止人们做那些不诚信的事情,甚至在没有外部监督的情况下也一样。[②]

诚信践行能力的培养对于诚信行为的最终发生至关重要。守信行为的践行绝不是容易的事情。当主体对未来守信行为的难度缺乏准确预判时,往往会因低估难度而轻率许诺,后来却无法兑现;当事态发生变化,缺乏相应应对能力,也会导致失信。因此,需要培养学生谨慎承诺、准确预判、克服困难实现承诺的能力。研究表明,学生比较容易对教师信守承诺。但教师对学生的权威影响经常使学生对教师的守信行为变成了学生对教师的无条件服从。出现这种伪守信行为,主要是因为学生缺少了守信链条中的判断和承诺两个环节,而直接采取了"守信"行为。教师应引导学生先做出自我守信判断,然后在此基础上做发自内心的而不是屈从权威的自我守信承诺。学生能够较好地完成师生之间的承诺后,再指导他们学会完成生生之间的承诺。这时由于撤销了权威的力量,其承诺水平更具有自律性,也更具有普适和长远的意义。[③]

案例 4.10 班级无人监考的实验操作及其教育意义[④]

我在班主任工作实践中进行了无人监考实验,这是培养学生诚信意识、增强学生自制力的有效举措。通过多方努力,该项实验取得了显著的教育效益。

无人监考实验的出发点是:以人为本,善待学生,满足学生得到老师理解和尊重的情感需要。班主任不只关注学生学习成绩的高低,更着眼于学生诚实品质和行为习惯的培养,着眼于帮助学生树立起"自己是学习的主人"的意识。班主任放下师道尊严的架子,平等地对待学生,尊重学生的人格,在师生之间建立起愉快、和谐的人际关系,以此调动学生学习的积极性和主动性。

[①] 王丹. 我国小学低年级学生诚信知行冲突的现状、原因及教育建议 [D]. 大连:辽宁师范大学,2009:19.
[②] 石中英. "狼来了"道德故事原型的价值逻辑及其重构 [J]. 教育研究,2009 (9):17—25.
[③] 王丹. 我国小学低年级学生诚信知行冲突的现状、原因及教育建议 [D]. 大连:辽宁师范大学,2009:79—82.
[④] 成平. 班级无人监考的实验操作及其教育意义 [J]. 班主任,2005 (11):18—20.

(一) 无人监考实验的操作过程如下

1. 思想动员作铺垫。在对新生进行入学教育时,我就提出了"诚实地通过每一次考试"的号召。为落实这一号召,我提议在平时每一门功课的阶段测试中实行无人监考,并组织学生围绕"考试"这一话题进行充分讨论。讨论的过程正是学生自我认识、自我教育的过程。通过讨论,学生们对于考试的目的、实质以及无人监考的意义等问题有了明确认识,并达成共识:①考试不仅考学习,同时还在考品德,特别是诚实的品质。②良好的学习成绩主要靠平时的努力去争取,而不是靠考场上的"偷窃"去提高。③真实的分数可以如实反映学习中存在的不足,以便在以后的学习中改进;虚假的成绩会掩盖不足,阻碍自身的进步。④实行无人监考,可以体现一个学生的良好信誉和诚实品质、体现班级的良好学风、体现我们是学习的主人,可以培养我们良好的自制力。无人监考考场是荣誉的教室,是诚信的教室。充分的讨论和学生的自我教育,为无人监考实验的开展奠定了思想基础。

2. 问卷调查摸情况。为摸清每一个学生的真实想法,使教育更具针对性,同时也为了进一步营造实施无人监考的舆论氛围,在第一次实施无人监考前,我以问卷的形式向学生们做了调查。问卷主要包括以下内容:①你赞成班级实施无人监考吗?②实施无人监考,你会有些什么担心?③如果有人在考场上违纪,你认为该怎么处理?④你是怎样看待考试作弊现象的?⑤你对班级将要实施的无人监考有什么建议?问卷结果表明,学生们对无人监考的方式普遍表示欢迎,提出了许多积极的建议,并表达了对考试作弊现象的谴责。但同时他们也表示出一些担忧,担心如果有人作弊,可能会出现成绩不公平的现象;担心考试时,如果遇到试卷上的印刷错误或字迹模糊,而老师不在教室怎么办等。针对上述问题,我和学生们共同讨论并提出了解决办法,基本上消除了他们心中的疑问。

3. 家庭配合聚合力。在实施无人监考前,我对学生家长的想法也进行了一次书面了解,并征求了他们的意见和建议。我还利用家长会,把无人监考的意义向家长做宣传,把学生们的想法作了汇报,并对家长们普遍关心的问题进行了解释和解答,打消了部分学生家长的疑虑,取得了他们的理解和支持,从而使学校和家庭达成了一致的教育意向,形成教育合力,为无人监考实验的顺利进行营造了良好的教育氛围。

4. 制定规则导行为。无人监考并不是放任学生的考试行为。为使无人监考实验能有序进行,为体现考试的公平性和证明无人监考状态下考试成绩的真实性,我组织全班同学共同讨论制定了无人监考守则。这样,既能使学生遵守规则,又体现了"学生是学习的主人"这一理念。我们制定的无人监考守则是这样的:为了使我班的无人监考在有序、公平的环境中进行,使我们拥有可信的成绩和诚实的品质,我们制定以下守则:①考试前,充分做好准备工作。考试时所需学习用品准备齐全;课桌上只放文具和没有书写过的草稿纸,与本科目考试有关的学习资料要放进书包;座位排列整齐划一。②考试时,保持正确的坐姿;把所有试卷对折后再答卷;不东张西望,不交头接耳;不向同学借东西,不翻书包;遇有试卷上的疑问,等老师巡视时举手提问。③考试终了时,应立即放下笔,不再答卷;按顺序整理好试卷,并和同座的试卷放在一起等待收卷。

5. 加强防范堵漏洞。为确保无人监考的可信度,我们采取了一些防范措施。一是不定时的考场巡视。这主要是为解答学生在答卷过程中可能遇到的印刷问题。二是不定时的考场外巡视。这种巡视可以及时发现和纠正考场内可能存在的不正常苗头。这种巡视在实验初期是必需的，但不宜多用，以免引起学生误解。三是考试完毕按顺序收卷。要把同桌和前后同学的卷子合在一起按顺序收缴，这样既可以让学生证明自己成绩的真实，又可使老师在阅卷时易于发现雷同卷子。四是在实验初期，通过班干部或其他同学了解考场情况，以便及时发现问题、解决问题。五是组织全班同学对已经实施了一个阶段的无人监考进行总结，指出存在问题并提出改进措施。六是制定处罚措施。对于违反考试守则的学生，视情节轻重予以口头警告、暂时取消参加无人监考的资格、操行降等的处理。通过这一系列的防范措施，能有效地保证无人监考的可信度。但随着学生认识的提高和良好行为习惯的不断养成，一些防范措施可解除。

6. 个别教育促养成。在无人监考实验的初期，也发生过个别违规现象，主要表现为：考试过程中向别人借文具；考试终了时，没有立即放下笔，而是继续答卷；与同桌试卷雷同等。班主任要及时对违纪现象进行点评，对个别同学进行批评教育，帮助他们提高认识，增强行为的自觉性，并做出相应的处理。随着无人监考实验的不断完善和推进，考场上发生违纪的现象越来越少，几近绝迹。

7. 及时鼓励造氛围。全班同学的共同努力营造了实施无人监考的良好氛围。为了巩固成果，我经常肯定学生们的行为，鼓励他们做得更好，还及时转达学校领导、科任老师的赞许和其他班级同学的羡慕之心，使大家感受到被人肯定和被人羡慕的快乐，以此进一步强化学生在无人监考时的自律行为。在班级中树立起以诚实为荣、以虚假为耻的风气，学生们的集体荣誉感和班级凝聚力得到了增强。

8. 全面实施争荣誉。待时机成熟，我们以班级名义向学校提出了在期中期末考试中实施无人监考的申请。学校在对我班进行多方考察后批准了这一申请。全班同学将此视为极大的荣誉。在给学校的书面承诺中，每一个学生都以主人翁的姿态，郑重地签上了自己的姓名，并以实际行动履行了承诺，赢得了一致好评。荣誉和赞美进一步促进了学生良好行为的养成，学生的自律意识也得到了强化。

无人监考实验的教育意义。在谈到参加无人监考的感受时，班上一位同学写道：实行无人监考，不仅使我们明白了考试的真正意义，更让我们感受到老师对我们的信任，因此，答卷时很轻松，考试的压力变小了。无人监考体现了老师和同学之间的相互信任，对我们的自我约束力也是很好的考验，这有利于培养我们的道德和纪律意识。还有一位同学写道：考试本来就是我们自己的事，遵守考场纪律也是对自己负责。参加无人监考是经自己签名承诺的，这种自我诚信和维护声誉的欲望，比监考老师的目光更有力量。

（二）无人监考实验的成功给我们的教育启示

首先，无人监考的实验过程，是学生进行自我教育的过程。从班会课上对无人监考的讨论到问卷调查的参与，从考试守则的制定到不断完善，从学生的签名承诺到考试中的自我约束，无不体现着学生的自我教育，因而使实验收到了预期的教育效果。

其次，无人监考的实验过程，也是学生不断受到尊重和增强自尊心的过程。无人监考考的是一个"信"字，这其中包含着两层意思：一是教师对学生的信任，二是学生自身所具有的诚信。随着该项实验的一步步深入，师生间的互信关系也在不断地建立。在广受信任和尊重的氛围中，学生的自尊心不断得到强化。

再次，无人监考的实验过程，又是学生良好行为习惯的养成过程。实施无人监考并不是放任学生的考试行为，而是伴随着规则的建立和完善有序进行的。学生确立起规则意识，就确立了自律、慎独的意识。学生遵守规则的过程，就是其良好行为养成的过程。

无人监考给学生带来的不仅仅是一种教育的温馨，更重要的是使学生获得了一种内在、向上的动力。我们期待无人监考能在更多的班级里生根、发芽、开花、结果。

无人监考曾在一些学校或班级实行，也曾引起争议。[①] 无人监考的初衷大都和成老师的实验相似：尊重、信任学生，营造诚信氛围，培养学生的诚信品格。但现实中，无人监考的尝试存在一些问题，如有的所谓无人监考炒过一阵就停了，作秀的成分远大于诚信教育的成分，适得其反；有的改为摄像头监考，换汤不换药；或者由同学相互监督、举报，诱发更多问题（参见案例 4.11）。这些都是需要注意的。其实，在美国大学尤其是私立名校，考试是没有人监考的。美国高校的学生自觉遵守"荣誉规章"（honor code）制度。"荣誉规章"是美国开国之父、第三任总统托马斯·杰弗逊在自己的母校威廉玛丽学院首先建立的，这项规章迄今已经执行 200 多年。学生入学时，都要签署一份"荣誉规章"，以作为学术诚信的保证，承诺自己的所有考试和书面作业，既没有剽窃行为，也没有违反其他的道德规范。作弊等于学术自杀，会受到开除、停学、留校察看等严厉处罚，很少有学生铤而走险。在我国的现实情况下，如何完善无人监考制度，让它持续开展，让学生真正体会、践行诚信理念，还有许多工作要做。

案例 4.11 绝不培养告密者[②]

在我的教育中，我从来就反对学生给我打小报告。对每一届班委干部，我都当着全班学生说："我不许任何班委干部给我打小报告！因为班干部是同学们的公仆，也是同学们的朋友！"我这样对班干部说："班上出现了纪律问题，你们按《班规》办就是了。只要你们解决了就行，不必给我汇报。动辄给我汇报同学的不良表现，这既说明你们无能，又影响你们在同学们中的形象，反而不利于你们的工作。"但是，我同时又在班说："如果出现了重大违纪现象，或其他严重的偶发事件，当学校下来调查时，任何知情同学都应如实反映情况——但这不是打小报告，而是'大报告'。"所以，我班的班干部从没有给我"汇报"的习惯，他们与其他同学的关系自然一直十分真诚和谐。

但是，我也不得不承认，我也曾有过不知不觉地默认学生打小报告，或客观上为学生提供打小报告机会的时候。

比如，我曾经要求学生写日记、周记、随笔、谈心本等，本来我的初衷是通过这种形式和学生保持心灵的沟通。事实上，至少我班绝大多数学生是愿意向我敞开心扉的。但是，在学生交来的本子上，常常写有他们的苦恼，而这些苦恼往往涉及其他同学的种种违纪行为（比如，哪个同学上课说话影响自己听课等）。最初，我只当这是学生对我的信任和求援，便根据这个反映去教育有关学生。后来，我意识到这样做实际上是在鼓励学生打小报告，于是我便给自己立了条规矩：不管学生在本子上给我反映其他同学的什么问题，我绝不依据学生的"告状"去追究任何"被告"。

但是，我并未明确阻止学生在本子上给我反映班上的问题，所以，有的学生每天依然

[①] 王妍，等. 我看无人监考 [J/OL]. 半月谈，2004（1）. 2004 — 07 — 16 [2016 — 03 — 20] http：//news.xinhuanet.com/banyt/2004—07/16/content_1604853.htm
[②] 李镇西. 绝不培养告密者 [J]. 班主任，2012(3)：64—66.

通过与我的书面谈心向我反映其他同学的问题。渐渐地，这样的学生越来越多。直到有一天，我看有学生在谈心本上对我说，现在有个别同学只要对别人有什么不满，就威胁道："哼！我们谈心本上见！"我终于意识到：我实际上是为学生提供了一个打小报告的渠道！

并不是说向我反映问题的学生都居心不良，相反，我相信多数学生是出于对我的信任和对班级的关心，才向我反映班上其他同学的问题的。但是，哪怕只有个别学生以打小报告为乐，我们都应该引起警觉，并杜绝发生这种情况的可能！

所以，我郑重地在班上宣布："以后在同学们交来的作文或随笔中，绝不许写别人的不是；要写只写你自己！"我特别强调："因为李老师特别反对同学给我打小报告，我也要防止有人给我打小报告！"

我要让我带的班级有一种温暖和谐的氛围，要让我所教的学生有一种心灵的安全感，要让我的学生具备一种自我教育的能力，绝不让我的学生长大后成为暗中踩着别人往上爬的小人，所以——我绝不培养告密者！

德国著名人类学家博尔诺夫说，教育者控制儿童发展方向也取决于教育者如何看待儿童。如果他把儿童看作是诚实的、可靠的、助人为乐的，那么儿童的这些品质就会得到激发和增强。教育者的信赖可增强他所假定的儿童具有的那种出色能力，反之也完全一样，如果教育者把儿童视为好说谎的、懒惰的、阴险的，儿童就不会抵制这些行为，他们肯定会说谎、偷懒、耍诡计，正如教育者所猜疑的那样。①李镇西老师"绝不培养告密者"的警示，值得每位教育者关注，因为在打小报告盛行的环境中，真正的自律是难以生长的。

总之，当学校教育紧扣住育人的本然，实实在在做好一点一滴的育人工作，用工作实绩而不是机会主义、形式主义的方式获取上级认可，整个学校系统的环境、制度、人际交往以及行为方式就在以一种诚信的方式运作着，这一切给学生树立了最有力的诚信榜样。在当前社会诚信制度尚不完善的情况下，每个人从自己做起，为维护一个诚信的社会，克服一些眼前利益的损失，做好自律的诚信者，是值得倡导和期盼的。

---

① 博尔诺夫. 教育人类学［M］. 李其龙，等译. 上海：华东师范大学出版社，1999：47.

第五章　尊重：让师生有尊严地生活

尊重他人的义务被包含于这样的一个准则中：不使任何人降格为达到我的目的的单纯手段。①

——康德

尊重教育规律，尊重学生人格、权利、个性、差异，尊重儿童天性，尊重生命等类似话语在教育文献中时常可见，也得到部分教育实践工作者的重视和践行。但尊重远未成为教育者普遍重视和奉行的价值，教育场景中尊重的缺失与理解偏误使得歧视、排斥、压制、羞辱等违反尊重理念的现象仍广泛存在着，并带来恶劣的后果；尊重一词尽管耳熟能详，但其含义无论在教育理论界还是实践界都还有待深入的探讨与厘清，尊重氛围的营造任重道远。

第一节　尊重的含义辨析②

在《现代汉语词典》中，"尊重"作为动词有两种解释，其一是"尊敬"或"敬重"，例如尊重老人，互相尊重；其二是"重视并严肃地对待"，如尊重历史，尊重事实。与此相应，《牛津高阶英汉双解词典》（第四版增补本）中的"respect"词条也包含着两种类似的解释：一是"尊敬，对某人或某物持有肯定性的评价"；一是"重视，给予考虑"。前者突出了尊重的评价要素，根源于客体具有某种值得肯定的价值和重要性；而后者则强调尊重所包含的注意、关注要素，尊重的根据在于对象具有某种主体必须予以重视和承认的事实和特征。前者被称为评价性尊重，后者被称为承认性尊重。

一、承认性尊重

承认性尊重的对象可以是各种不同类型的事物，其中心含义是人们在慎思过程（deliberations）中对有关事物的某个特征给予适当考虑、并采取相应行为的意向。它主要涉及在考虑如何行动中给予对象的某个特征以恰当的考量或承认。③承认性尊重蕴含着认真地、如其所是地对待事物之意，如尊重教育规律，尊重人的天性。

承认性尊重的对象如果是人就意味着每一个人都应得到符合人性的对待，承认人性的

---

① Kant. Practical Philosophy [M]. Mary J. Gregor ed., Cambridge: University Press, 1996: 569, 449—450. 转引自周治华. 伦理学视域中的尊重 [D]. 上海：复旦大学，2007：95.
② 周治华. 伦理学视域中的尊重 [D]. 上海：复旦大学，2007：27—95.
③ Stephen L. Darwall, Two Kinds of Respect [J]. Ethics, 197788 (1): 36—49. 转引自周治华. 伦理学视域中的尊重 [D]. 上海：复旦大学，2007：28.

尊严，把人作为目的本身来对待，从而限制我们的一切任性。康德通过把任何人（包括自己）的人性或理性作为目的本身来看待这一目的公式的阐释，论证了尊重他人和自尊的义务。自尊包括有义务避免醉酒、不自杀、不奴颜婢膝和培养自己的禀赋等，从总体上说，就是要避免毫无限制地放纵欲望。对他人的承认性尊重同样如此。康德明确指出：每一个人"承担着一种必须向其他每一个人表示出来的尊重之义务"。"它不是被理解成由于把我们自身的价值与他人的价值进行比较（诸如孩子仅仅出于习惯而对他的父母、学生对他的老师，或者任何下属对他的上级而感受到的）而产生的单纯情感。毋宁说，它被理解为这样一个准则，这个准则通过他人的人性尊严来限制我们的自誉。因而这是一种实践意义上的尊重（尊重应当被表现于他人）。……尊重他人的义务被包含于这样的一个准则中：不使任何其他人降格为达到我的目的的单纯手段（不要求他人为迎合我的目的而抛弃自己）。"①像避免虚假承诺和促进他人的幸福都是尊重他人的表示。

托马斯·希尔进一步解读了康德的目的公式，认为其蕴含了重要的实践意义：既然人格中的人性具有无条件的、无与伦比的价值，而人性是我们的理性和设定目标的能力，因而我们可以很自然地推导出尊重人就是：不戕害生命；不损害一个人的理性能力；运用、发展和完善理性能力；诉诸人的理性而不是使用非理性手段操纵人；给人以自由，使之以合乎理性的（道德和审慎的）方式确立和追求他们的目标，仅仅屈从于理性进一步提出的限制；以某些特定态度和象征性姿势，谦让他人。如果人性有无与伦比的价值，我们应当对它表示敬意和尊重，或者至少不嘲笑、玷污或羞辱它。② 与此相似，新精神分析主义心理学家弗洛姆认为，尊重"就是指客观地正视对方的全部，并容纳对方独有的个性存在。还努力地使对方能健康成长和根据自己的意图自行发展"③。

二、评价性尊重

评价性尊重被认为是给予一个人应得赞许的尊重。它主要涉及对人的一种积极评价的态度：对他作为人的积极评价，或者对他作为某种具体目标之追求者的积极评价。相应地，能够充当这种尊重之基础的，就是人们显示了应当受到积极评价的那些品质。④

在汉语中，尊重以及与之相近的敬重、尊敬等词原本至少首先包含着一种卑者对待尊者的内心状态，即祭祀祖先或神祇时的虔敬心理。显然，如果就尊重这一原初的意义而言，它只能被给予父母、老师、长者等在上下等级中处于高位或优位的对象。换句话说，在我国传统的认识中，评价性尊重的依据是长幼、地位高低，即主要是指"下"对"上"、"弱势"对"强势"而言。"尊老爱幼"这一中国传统观点就是很好的证明。

现代社会对尊重概念的一个极为重要的重新理解，就是使这一概念原先具有的等级性敬重内涵受到压制、并逐渐被遗忘，从而与我们对人与人之间平等的诉求密切关联起来。

---

① Kant. Practical Philosophy [M]. Mary J. Gregor ed., Cambridge: University Press, 1996: 569, 449—450. 转引自周治华. 伦理学视域中的尊重 [D]. 上海：复旦大学，2007：95.
② Thomas E. Hill, Jr. "Humanity as an End in Itself" [J]. Ethics, 1980, 91 (1): 84—89. 转引自周治华. 伦理学视域中的尊重 [D]. 上海：复旦大学，2007：88.
③ 弗洛姆. 爱的艺术 [M]. 萨茹菲，译. 北京：西苑出版社，2003：39.
④ Stephen L. Darwall, "Two Kinds of Respect" [J]. Ethics, 1977, 88 (1): 36—49. 转引自周治华. 伦理学视域中的尊重 [D]. 上海：复旦大学，2007：29.

这一方面体现在承认性尊重的提出，另一方面体现在评价标准的改变。

现代意义上评价性尊重的根据在于人之为人或者作为某种从事特定活动的人表现出来的品格特征，亦即他们作为道德行为人能够按照理性（或者合乎理性）的要求行动的特征。康德在《关于美感和崇高感的考察》一文中也曾经揭示，一些人由于外在机遇而受另一些人的尊重是人们的一种错觉。尽管人们倾向于尊重门第、头衔、甚至没有功德可言的财富，但门第、头衔、财富这些东西本身并不值得尊重；人们尊重它们是因为这些东西有助于实现伟大的行动规划。[1]同样，纯粹"自然的"能力以及表现这些能力的行为尽管可能是承认性尊重的对象，却并不是评价性尊重的合适对象。

就我们每一个人而言，由于幸运而天生就具有某种超凡能力是很多人所羡慕和渴求的，因为它有助于成就事业，获得成功，但这种不经人自主选择而具有的先天倾向和品质不构成评价性尊重的依据。任何一种天分都必须在克服各种困难的过程中得到发展、训练和实践，正是这些人们经过自主选择和磨炼所形成的品性，才构成我们所说的评价性尊重的根据，例如，能力、品行、资历、贡献等。

在两种尊重中，承认性尊重是普遍的、平等的，所有人都应是尊重主体，所有人也都应是尊重的对象，而评价性尊重的对象则仅限于那些符合一定标准者。承认性尊重是根本，离开了承认性尊重，评价性尊重就可能蜕变为一种压制、奴役的状态。在教育场景中，无论是教师、学生、职员还是校长，首先都是平等的人，是承认性尊重的主体和对象，然后才谈得上是优秀教师、学生干部等。

第二节 教育中尊重的缺失与偏误

当前教育场景中尊重缺失与偏误的现状非常严峻，可概括为评价性尊重标准偏差，评价性尊重遮蔽承认性尊重；承认性尊重虚化、误读、浅表化等。具体表现如下。

一、对"低位"者尊重的缺失

等级性的单向尊重在教育场景中司空见惯，实质上导致对"低位"者尊重的缺失。这是评价性尊重标准偏差的一个典型表现，也是评价性尊重遮蔽承认性尊重的典型表现。

先从师生关系来看，依据传统的"长幼"评价标准，"尊老爱幼"在学校场景中转变为"尊师爱生"，但尊重对象的单向性并没有改变，学生在受爱护、受教育之列，而不在受尊重之列。而且，学生对老师的尊重，主要是顺从的尊重。

调查表明，从学生对尊重的感受看，学生对老师的尊重与老师对学生的尊重处于不对等的状态，认同同学们尊重老师的学生占调查总数的 82.6%，只有 40.8% 的学生认为老师也会尊重学生，其中完全同意者仅占 10.2%。[2]

另一项研究得出了相似的结论：中学生主要是出于教师对自己的教育和教师就是应该得到尊重的社会规范，还有学生感受到教师对学生关心爱护、支持帮助而尊重教师。很少

---

[1] 康德. 关于美感和崇高感的考察 [C] //李秋零. 康德著作全集（第 2 卷）. 北京：中国人民大学出版社，2003：214.
[2] 曾庆芳，曹大宏. 学校道德氛围的调查与研究 [J]. 教学与管理，2008（30）：62—63.

有学生认为教师和自己是平等的,可以相互尊重。这可能是因为在我国学生的心目中,教师是典型的权威形象。我国一直保持着"师道尊严"的传统,家长一再对孩子强调在学校要尊重老师,要听老师话,因此,学生对老师的关系更加恪守知识贫乏者对权威者的关系,下对上的关系,而难以超越这种具体的关系,达到一般的人与人之间的平等关系。[①]

当教育者陷入单向尊重的泥潭,"爱学生"失去了尊重的基础和支撑,无视学生的发展潜能和基本权利,体罚、歧视、排斥、压制、羞辱、随意处置变得司空见惯,学生的权利被剥夺、见解被漠视、情感被忽视、兴趣被扼杀、差异被掩盖、人格被伤害,学生实际上成了学校系统中的边缘人,陷于被动、恐惧、沉默、臣服的状态。有教育者形象地称之为"跪着读书",意在刻画学生奴才般的状态和教育者的"主人情结"。[②]

扩展到整个教育系统中来看,同样存在着尊重的标准偏差和单向性的问题,下级尊重上级,而上级不需要尊重下级是典型表现。人们往往既是下级面前的"主人",又是上级面前的"奴仆"。这种对"低位"者尊重的缺失,就意味着"人是目的"戒律的失效,意味着承认性尊重的缺失。评价性尊重本身也由此很难再称为尊重。

案例5.1 "气(去)括号"

小七从小在农村长大,后来到县城读书。在小学时,小七对自己的说话一直没有很在意。但到了初中,小七经常一上课站起来说话就满脸通红。究其原因,除了本身胆子小,在众人面前讲话会紧张,还因为她说的话老是惹得同学们哈哈大笑。

小七说,她印象很深刻的是在初一的时候。有一次上课,数学老师问同学们一个数学问题,但是同学都没有反应,因为大部分同学不知道。这时,老师看到了小七的表情,猜测她大概知道答案,就让小七回答。像往常一样,小七满脸通红地慢慢站起来,低着头小声地说:"答案是气(去)括号。"老师眼前一亮,小七说对了!但是小七的声音太轻,很多同学并不能听清楚她说的是什么,这时,老师微笑着对小七说:"小七你大声地告诉同学们,答案是什么?"小七听了老师的话,抬起头看着老师,很自豪地大声说道:"气(去)括号!"同学们听了,哄然大笑,老师也忍不住地笑了。

当时,小七并不知道什么原因。课后,有同学跟小七说了原因,小七很不好意思。再后来,小七说话经常成为同学们的笑料,他们还会学小七说话。老师也经常听到小七说话后,表情古怪地笑笑。于是,本来害羞的小七,就更少说话了。难得说话的时候,她总是说得很慢。问了她才知道,她总是担心说错,说话的时候总是想着说的字怎么发音才是对的,于是说话就很慢了。尽管如此,仍有人时不时指出小七的普通话发音问题,虽然小七与人沟通并没有问题,但她却因此更加自卑了。

对小七而言,她普通话不标准,被同学和老师取笑让她感到难堪和自卑,而在老师和同学看来,也许这根本不是问题,只是自然反应而已。人们通常会认为是小七的敏感个性造成她后来个人性格和与人交往中的不顺利,而不是老师和同学们的问题。小七对待别人的并无多少恶意的笑,可以学着洒脱一些,甚至可以慢慢学会自嘲。只要内心强大、足够尊重和接纳自己,外界的嘲笑甚至侮辱都伤不到自己。问题在于作为一名未成年人,小七

[①] 赵闯. 中学生尊重观念的发展及与友谊关系的研究[D]. 大连:东北师范大学,2007:19.
[②] 邓世平. 不让学生"跪着读书":"尊重"的教育学意义及其实证分析[J]. 教育发展研究,2012(8):53—58.

的自尊心也还处在发展中,还难以达到宠辱不惊的水平,这时,教育者的帮助、保护就非常必要了。

当前,大量随迁子女到城市就读,经常遇到类似的情况。农村的孩子由于受当地环境的影响,无论是发音嚼字还是知识的深度与广度都常常与城里的孩子有差距。因此,在课堂上经常会闹出一些被城里孩子所认为的"笑话"。这种并不带有伤害意图的玩笑,却伤害着"小七们"。在这里,对"低位"者不尊重的问题出现了,尽管不那么明显——人们对于自认优于自己的差异是不会当笑话看待的。案例5.1提醒教育者,要敏锐地捕捉教育场景中可能伤害一些弱势群体的苗头,尽早加以引导,而不是跟着学生一起加入嘲笑他人的行列。

案例5.2 检查与尊重[①]

某中学的校行政会议在讨论新学期的工作,当研究提高教学质量问题时,赵校长谈了他到外地学习访问的体会。他说:"外地有一所中学为了加强教学管理,提出了要狠抓教学工作各个环节的检查,包括检查教师的备课笔记。我想,这是一个好办法,因为教师要上好课,首先就得备好课;抓检查备课笔记,就能促使教师更好地钻研教材,了解学生,改进教法,提高课堂教学质量。我们过去在这方面没有抓,只有一般号召,缺乏深入调查,是一个薄弱环节。因此,这学期把这个问题明确提出来,列入计划。"

校领导层会议上,副校长基本上同意校长的意见,只是对检查方式提出了看法,认为检查次数不可太多。教导主任则持反对态度,理由有二:"一是过去未搞过,大家都不习惯,要慎重;二是这样做恐怕对教师不够尊重,会引起反感。"副教导主任也不赞成,认为抓教学主要是领导听课,以及加强教研活动。经过争论,校长的主张还是通过了,会议决定,一学期检查两次教师的备课笔记,由教研组长直接抓,在组内相互传阅,校长和教导主任抽查其中的一部分。

在宣布学期工作计划的教职工会议上,赵校长提出了这一措施。会后,一些青年教师比较紧张,备课很认真,写了很多,花了不少时间,可是课的质量提高并不显著,一些有经验的教师反响不大,似乎无动于衷。

时间过去两个月,按计划规定,第一次检查备课笔记的日期到了。

语文组几个青年教师把一沓沓教案本送到组长办公桌上,并说请组长和教师们多提宝贵意见。当组长要他们互相传阅时,他们又一个个说:"没有时间看那么多,水平不够,还是组长看吧!"有几位中年教师只是把备课本放在自己的办公桌上,等待组长检查,不像青年教师那样主动。而组内最年长的周老师依然在批改学生作文,一声不响。于是组长李老师主动又亲切地走到他跟前说:"周老师,您的备课笔记是否可以让大家学习学习?"周老师微微一笑说:"非常抱歉,我素来没有写具体教案的习惯,只是写个提纲。如果一定要的话,待我花几天时间抄一份行吗?"李老师碰了个软钉子。数学教研组的办公室里同样有一点小风波。组长武老师向两位中老年教师索取教案时,一位说:"教案没有,听课欢迎。"另一位则说:"武老师,你不是反对这种做法吗?现在为什么这么积极?"这样,武老师自然就没有办法查下去了。

[①] 萧宗六. 学校管理学(增订本)[M]. 北京:人民教育出版社,1994:149-151.

其他教研组，有的是在互查，但粗粗翻阅几页，说声"很好"，也就走过场了；有的组长则说了些变通话："今天检查笔记，也是相互学习，就三三两两交谈交谈吧！"

当天下午课后，语、数两组长不约而同地来到校长办公室。武老师气呼呼地说："赵校长，我说检查教案的办法不可取，现在得到实践检验了。"接着汇报了组内情况。李老师说："收了一部分备课笔记，我没这么多时间看，你们领导什么时候抽查，我什么时候给你们。有些同志有意见，我没法查，请领导去抽查。"

赵校长听完情况不禁思索，别校说是好办法，我们这里为什么行不通呢？所以，当两位组长谈了检查的经过后，校长又问："你们分析过问题的原因没有？"武老师说："上次教研组长会上，我就说过，这种做法是不尊重教师的表现，会挫伤积极性的。"李老师补充说："不同教师要不同对待。用统一的抽查方式，就是一刀切。"最后，赵校长决定开一次教研组长会议，一起来分析问题存在的原因，以便把抽查工作做得好一些。

保证学校的教学质量是学校工作的应有之意，也是一项系统工程。这样的重大学校事务，应该在教职工会议上，与全体教师共同协商，至少要通过教职工代表大会讨论，只在校领导层面讨论，就明显表现出对缺乏权力的教师的不尊重。也难怪老师们对校长的新举措不买账。问题的关键不在于是否应该检查教案，而在于管理的程序是否体现了尊重全体教师的理念，是否体现了民主精神。只有在尊重教师基础上建立起来的教学质量体系，才是老师们乐意奉行的，也才是真正有保障的。

二、承认性尊重被利益虚化

承认性尊重被虚化，人的尊严让位于利益的考量是当前最深刻的教育危机之一。作为一项社会建制的教育系统，在权衡社会经济或政治需要与人的发展之需要时，常常向前者倾斜，人往往处于被忽略的地位。例如，升学、考试就是驯服人的工具，达不到社会既定的标准就会被贴上"失败者"的标签，很难找到好工作，过上好生活。平等的个人权利包括教育权利得不到充分尊重和保障，学生的健康权利和生命权利被侵犯的问题普遍存在。教育制度在选择、安排和设计上不能平等地尊重和平等地关怀每一个学生，而是歧视性地对待不同的受教育群体，区别对待城市和农村教育群体，区别对待学习竞争中高分数群体和低分数群体，区别对待政治优秀学生和非优秀学生。[①]

分数横亘在人与人之间，阻隔着直接的、作为整体人的情感交融。教师依据分数把学生分等，并冠以"优生""差生"之名；教师眼中的学生已经不是有血有肉、个性鲜明、表情丰富的生命体，而是带着分数面具的考试机器；为了让孩子们去学习那些"无意义的唠叨"，教育者常常不得不绞尽脑汁、软硬兼施、威逼利诱，甚至以"爱"的名义，包办代替，替代他人去思考与决定；教师无暇或者原本也不太在意学生的内心体验，他们更烦恼于学生的厌学、不听讲、不做作业，因为学生的这些举动将直接影响他们的分数；对于威胁自身权力、又间接影响考试成绩的那些违纪、反抗行为，教师常常火冒三丈，总要严加惩处。

十几年如一日的学校生活让学生学会了驯顺，磨掉了自己原本的趣味，也学会了对

---

① 金生鈜. 什么是正义而又正派的教育 [J]. 教育研究与实验，2006，24（3）：1—7.

"读书""学习"的厌恶,更忘记了真我的存在。而在激烈的考试竞争中,同学常常变成了对手、敌人、物,甚至变成了需要被踩在脚下的垫脚石。[①] 学生几乎没有什么机会真切体会自尊和平等地尊重他人的理念。

可见,尊重人、尊重人格和权利等话语,在现实的利益压力之下,很容易被虚化。学生不再作为完整、独特的人被对待,而是沦为知识容器、考试机器。如果说对学生有尊重的话,这种"尊重"的标准是顺从和分数,而不是学生的理性能力、诚实劳动、坚韧善良和独立判断能力。符合利益考量者受到推崇,成为"上位者",其余人则成为"下位者",学生群体本身也因此具有了尊卑等级。这样的尊重不是现代意义上平等的尊重,扭曲了评价性尊重的标准,偏离了承认性尊重的内涵。

案例5.3 教师的检讨书[②]

2011年10月31日,浙江慈溪市某小学,三个一年级的小男孩因为不遵守课堂纪律,受到老师的"惩罚"。被惩罚的男生脱裤子在操场上跑步,并由一名女生"监督"。之后,由于媒体的曝光,惩罚孩子们的教师被学校批评,并写了一封检讨书:

"当时课堂上三位同学特别地吵,还在抽屉里折飞机,他们都是一年级的小学生,我把他们当作自己的孩子,一心想教好他们。这几位同学的成绩又不理想,加上明天街道拼音统考,我非常着急,生怕他们考不好,这天又刚好是最后一天复习拼音了,这个时候他们能听多少就是多少,不要浪费这宝贵的复习时间,一心就想让他们记住,打起精神来,叫他们去外面脱了半条裤子去跑一下。

"在跑的时候,我在想有没有过了头,会不会对孩子有心理的负面影响?他们毕竟还是些7岁的孩子,很多时候还控制不住自己的行为,这很正常。我不该这样对孩子。于是,我马上叫他们回来了,关心地问他们'累不累……'他们还笑着对我说'不累'。

"事后,我一直在深思自己不该那么做,孩子毕竟还那么小,怎么当时自己会犯那么低级的错误呢?回想起自己这段时间用心地教他们拼音,发自内心地喜欢他们,呵护他们,恨不得把我知道的知识全告诉他们。……这次我真的做错了,我掉下了眼泪……

"以后我会用理智的方法去教孩子,用心去爱他们,请给我这次改过的机会。"

教师之所以说自己所犯的是"低级"错误,可能是因为,在当今这个强调尊重学生、法律禁止体罚学生的时代,能够做出违反法律的事情,这是为人师表的他从未想过的。教师已经对自己的低级错误进行了反省和检查。其实,之所以会犯这样的低级错误,一个主要原因就是没有把学生当作与自己具有平等人格的人去对待,学生是"低位"者,可以不必那么慎重地去对待,于是在情急之下采取了带有侮辱性的脱裤罚跑这一奇招。当学生领受惩罚,跑起来之后,教师才想到会不会过了头,会不会对孩子造成负面影响。如果不从承认性尊重的高度来深刻反省学校中发生的类似"低级"错误,不反省教育者自身的学生观,不把学生看作是有自己独立的尊严、意愿与个性的人,类似的侮辱性事件仍会发生,学校在这个意义上所做的事情就不是教育,而是压制、奴化。

[①] 鞠玉翠. 论"人作为目的"的教育理想 [J]. 南京社会科学,2011 (2): 134—140.

[②] 丁建庭. 浙江慈溪小学生上课讲话被罚脱裤跑步 [N/OL]. 南方日报,2011—11—3 [2016—03—20]. http://politics.people.com.cn/GB/101380/16124952.html

体罚屡禁不止的另一个原因是功利的压力。案例5.3中的老师正是在统考检测前,生怕学生考不好,非常着急,才在学生违纪时采取了脱裤跑的变相体罚。当时老师所关心的是考试,尊重学生的理念在急迫的考试压力下变得虚幻缥缈起来。

教不严,师之惰。尊重的理念并不意味着让教师放弃教育、管理学生的职责,也不是让教师放弃惩戒权。对惩罚本身的研究与了解以便恰当地使用,在尊重的前提下,善意地、恰当地运用惩罚,是教育者的职责所在。

惩罚对暂时抑制问题行为往往具有立竿见影的效果,这也是教育者往往惯于使用惩罚的原因。研究表明[1],惩罚尽管是需要的,但它的作用是对行为的暂时压抑,而不是对反应总数的减少。即使处在严格而长期的惩罚条件下,只要惩罚不再继续,反应倾向就会提高。同时,惩罚的副作用很大,因为它会引起许多消极情绪反应,包括躲避或报复的倾向,降低了团体的工作效率和满意感。学校中的许多恶作剧和逃学就是反侵犯或逃避控制的形式。心理治疗的主要技术旨在翻转作为惩罚的结果而产生的行为变化。治疗师作为接纳的听众,不评判、不惩罚,用友善消除敌意,让曾被惩罚的行为显露,从而消除惩罚的副作用,减弱犯罪感,达到治疗的目的。

由此可见,仅从效果的角度说,惩罚必须慎用,是在所有其他方法之后的震慑力量,不能随意使用。特别是伤害学生尊严的惩罚,其引发的反抗往往更加强烈,是应当禁止的。积极的教育策略有很多,如,增强教学本身的吸引力,让学生感受到学习本身的乐趣;对学生的积极行为加以关注和鼓励,让他们明白应当做什么,感受到自己的进步,获得成就感;对年幼孩子的缺乏自控加以宽容等。简言之,体现了对学生尊重的策略,才真正具有教育意义,才能真正促进学生的发展。

三、将"爱"等同于尊重

在教育场景中,无论是教育者还是受教育者,容易将爱视为尊重。尊重学生在某种意义上就是爱学生,被爱也就等同于被尊重。对25名中小学教师的访谈中,有16名教师认为爱护、关心学生就等于尊重学生。其中一位中学教师认为,爱学生与尊重学生都是满足学生的需要,因此没有差别。实质上,"爱在本质上是特殊主义和有差等的,而尊重所蕴含的则是固有的普遍性和公正性。"[2] 爱学生夹杂着教师强烈的个人主观情感,而不是用理性对学生进行评价。以一个班集体为例,每个学生获得的"爱"是不均衡的,学业成绩优异、表现积极或是相貌出众的学生往往会受到教师的青睐。尊重则意味着一视同仁,平等相待。正如前文所述,承认性尊重要求承认人的尊严,把人视为目的,从而限制人的任性,这就意味着要尽量控制主观情感对自身产生的影响,平等地对待每一个人。对于教师而言,无论学生的成绩是否优异,品行是否端正,相貌是否出众,都要尊重他们。承认性尊重是基本要求,应当成为所有教育行为的底色。离开了尊重的爱,往往带有胁迫性,以"为你好"的名义,压制他人的个性和生长空间。

---

[1] 斯金纳. 科学与人类行为 [M]. 谭力海, 等译. 北京: 华夏出版社, 1989: 178, 346-348.
[2] 周治华. 伦理学视域中的尊重 [M]. 上海: 上海世纪出版集团, 2009: 147.

案例 5.4　国旗下的捐赠

某企业家向某乡镇中学捐赠了 10 000 元，奖励给十名高中品学兼优而又家境贫寒的学生。企业家要求亲手放在每位学生的手中。校领导及部分教师商讨后给受资助的学生提出了额外的要求，在全校师生齐集时，向企业家致谢，以及谈谈受资助的感想。但是，有些教师认为这种做法并不妥当，会伤害学生的自尊。可是，校长则认为，这能起到监督与激励学生学习的作用。

小平是高二（3）班的班长，父亲早逝，母亲失业，家境窘迫，学习成绩名列前茅。班主任石老师知道他的情况，为他报了名。因此，他是受捐助者之一。周一，升国旗，全校师生齐集，捐赠仪式开始，校长首先向企业家表示感谢，接着企业家给每个受捐助的学生发放资助金。之后，轮到受资助学生发言，其他学生都向企业家、教师与校长表达了谢意，并立下今后要回报家乡、回报社会的宏愿。轮到小平发言的时候，他只说了一句："谢谢好心人的帮助，我会努力学习。"话刚落，他就听见旁边的老师议论，"这学生缺乏感恩心，即便学习好，长大后一定是个自私自利的家伙。"他立刻面红耳赤，不知说什么好。从那以后，他不再接受任何捐赠，而是通过假期打小工挣些钱，那样他觉得心里踏实。

不要求受惠的人把他人的善行当偿还的债务，或者把帮助看得不值一提，以保持受惠者作为自主个体的地位，避免他因此而感到羞耻，这是一种义务。案例 5.4 中校长的做法，虽是出于对学生的"关爱"，但是他的做法，在某种程度上使学生的自尊心受到伤害，而且难以让他们产生真正的感恩心。这也就不难理解，为什么社会上有些人批评当代有些贫困地区的中小学生缺乏感恩心，受到资助，对捐助人全无谢意了。学生所受的资助是以牺牲自尊为条件的。给学生帮助，又使受资助学生处于全校师生的监督之下，让受帮助的学生承受着巨大的心理负担。在平时的生活中，他们处处都得提防，否则在穿着打扮的新旧以及日常生活的开销多少等方面都可能会招致他人的指责。

有一所学校，校长为了让贫困生能够受到资助，而且又不伤害到他们的自尊，于是采取了跑步竞赛的方式与学业奖励的方式，当他们在体育竞赛取得佳绩或者学习成绩有所进步再给他们发放，让他们感到，尊重是自己通过努力得来。同时，通过让食堂改善学生伙食的方式，给学生补充营养，学生也能感受到教师的关爱。可见，真正的关爱是与尊重相伴相依。因为爱与尊重的宗旨都是以促进学生幸福为目的。

四、将尊重混同于放纵

尊重学生人格、权利、个性、差异、需要，尊重儿童天性，尊重生命等话语所倡导的都属承认性尊重的范畴。实践者非常关心的是，在教育实践中，究竟怎样才算做到了尊重？尊重会不会导致放纵？尊重与放纵的区别是什么？

一位从教 6 年的中学教师就提出了许多老师将尊重混同于放纵的问题："我觉得尊重文化建设过程中最大的问题是对尊重程度拿捏的问题，就是什么是尊重，什么是放纵，很多老师搞不清楚。学校提出的尊重理念，致力于打造尊重生命、享受教育的学校生活，这确实是一件好事。但是，在实际教育教学活动中，很多教师诚惶诚恐，生怕一不小心就被扣上不尊重学生的帽子，该管的事情不敢管了，该批评的学生不敢批评了。这样下去，恐怕学校正常的教学秩序都要被打破，这显然不是领导者所希望看到的。"①

如果对照我们前文对尊重内涵的辨析，就不难理解，承认性尊重要求我们把人作为目的本身来对待而不能仅仅作为手段，这一原则限制我们的一切任性，它与纵容绝对不是一个概念。并不是太尊重了就会导致纵容。尊重学生也不是不管理学生，不批评学生，让学生为所欲为，而是在管理、批评学生的时候至少不伤害学生的尊严，不讽刺、不侮辱、不体罚，不造成"师源性伤害"。进而，教师不仅要管理、批评学生，让他们的不良行为及时得到矫正，更要帮助学生发展理性能力，学会辨别是非，学会自我管理。

与此相似，尊重学生的需要、个性，同样不是由着学生，毫无限制地想做什么就做什么。而是在教育中必须重视、了解学生的需要、状态、兴趣、观点，尽可能让教育适合学生的起点；对于学生需要和个性中不合理的成分则要及时辨析，加以引领。在前文 respect 的解释中，有一条是指遵从、服从的意思，其中暗含了尊重包含对道德规约的服膺与遵守。既然是要遵守道德规约，那就意味着要受约束，不能放纵。承认性尊重要求主客体双方是平等的，也意味着任何一方不能随心所欲，要兼顾到对方的感受并能小心翼翼地对待。倘若任何一方不服从这种规则，尊重也就无法维持。在校园中，不仅学生不能肆意妄为，教师同样也要学会约束自己的行为，要谨言慎行，不随意讽刺、体罚或侮辱学生。

简言之，尊重本身恰恰是对纵容的一种限制，也是对理性能力的表现与发展，这样的内涵尤其符合以培养人为使命的教育的召唤。

案例5.5 "三不准"下的尊重

某农村中学在本学期决定开展以尊重为主题的系列活动。校长专门给教师提出了"三不准"：（一）不准伤害学生的自尊，（二）不准体罚学生，（三）不准歧视学生。这三条要求还被制成标语，粘贴在校宣传栏上。初中的男生，处于青春期，个性上都比较叛逆，经常与老师发生口角。初二（1）班的小南，就是这样的男生。父母外出打工，家中只剩下目不识丁的爷爷奶奶，他经常不写作业，上课迟到也没人管。有一次，上语文课，没有带书本，上课还与同桌打闹，孙老师让他罚抄10遍课文。但是，课后他一个字也没抄，于是孙老师把他批评了一顿，让他罚站。事后，他告到了分管教学的副校长那里。副校长李老师不但没有批评小南，还提出了与孙老师的不同教导方法，认为罚抄与罚站的做法不妥，应该以心理沟通与引导为主。没有被批评的小南，愈加地不把孙老师放在眼里，上学迟到直接推门而入，经常打断孙老师上课的思路。孙老师想批评他，脑子里想想副校长的话，欲言又止，之后就干脆不管。在办公室备课时，其他老师也反映自己有类似的情况。

小南的行为都被同学们看在眼里，班里一些顽皮的男生也开始模仿小南。整个班级的风气越来越差，期中考班级在年级排名倒数。班主任张老师，觉得尊重学生，不是不敢管学生。于是，对不守纪律的同学，又进行了严厉批评，告诫他们，这样的做法不仅影响了自己的学习，更影响到其他同学。张老师说："就拿迟到不敲门，直接走进来，一方面影响了老师上课的思路，还分散了同学的注意力。"结果，这些同学异口同声地说："老师，校长说不准伤害学生的自尊，我们又不是故意的。"张老师哭笑不得。学校在一个学期当

---

① 戴轶. 以"尊重"为价值取向的课堂文化建构研究 [D]. 上海：华东师范大学，2010：47.

中，也开展了以尊重为主题的黑板报评比、校园尊重之星的评选等活动，但是尊重教育的效果并不明显，学生见到老师甚至连句问候都没有。一个学期下来，只有调皮学生心里高兴，教师们却在发愁，不知如何管理这群学生。

案例5.5中，校长将"三不准"粘贴在校宣传栏的墙上，似乎是给教师的头上戴上了隐形的"紧箍咒"，让教师无法管理学生了。其实不然。导致这种误解的缘由是教师和学生对尊重缺乏清晰的认识。前文中提及每个人都有一种受到他人尊重的正当要求，同时，他反过来也必须尊重其他的每个人。这是承认性尊重的平等性与交互性的要求。"三不准"是对教师提出的要求，体现了尊重学生的理念，该理念贯彻的前提是学生进行自律，对自身的行为进行约束。例如，学生不带课本，如果偶尔忘记还有情可原，屡次不带，就显得既不尊重自己，也不尊重老师的劳动；迟到也是如此，还会打扰大家的学习，是对班级全体的不尊重。因此，只针对教师贴出"三不准"，而不帮助师生准确理解尊重的含义，以及尊重这一理念对教师和学生行为的约束力，这样的尊重教育只抓住了表面，难怪会陷入尴尬的境地。

尊重教育更多的是靠教师春风化雨般地感染学生，与学生平等交流，将尊重理念落实到实处，而不是成为标语口号下学生捣蛋的庇荫之地。对于喜欢讲尊重的学生，要用尊重的逻辑跟他们讲道理，让他们意识到尊重也意味着责任。此外，案例中校长与教师也不理解尊重教育需要有个"尺度"，即需要准确把握约束与放任、管教与迁就的"尺度"。在学校教育中，尊重对学生来说意味一种与人相处规则的习得。这就要求他们逐渐学会用理性对自身进行约束，遵守德性与规范。

中小学阶段是青少年学生品德塑造的关键时期，也是纪律意识养成最佳时机。一方面，教师要给予学生一定的自主权，尊重学生的合理需要，让学生感受到有自由的空间。另一方面，要从平时的言谈举止的细节抓起，让他们从小事中习得尊重的德性与规范。

五、道德标杆遮蔽承认性尊重

教师是教育的领舞者，课堂的主导者，学生的引路人。教师在教人求真的过程中，也以自身的人格魅力熏染与陶铸着学生的品格。教师无私奉献的品格，被人们誉为园丁、春蚕、蜡烛。在诸多誉词之下，中小学教师也承担了来自学生、家长、社会的多重压力。人们将教师职业神圣化之后，教师俨然成为整个社会的道德标杆与尺度，意味着他们不能犯错、不能图利，更不能违法乱纪。教师的生活好像也超越了世俗的生活，养活他们的仿佛是精神与道德。教师倘若有稍许错误便会遭到人们的口诛笔伐，为世俗社会所不能容忍。

然而，中国实行市场经济以来，教师群体受到功利思想的影响，也出现了道德滑坡、敬业精神减弱的现象。一些教师只顾举办课外辅导班、收取辅导费，而在学校课堂中不认真备课、教学，疏于对学校学生的教导与管理。加之，"范跑跑""杨不管"的例子，使人们对教师的形象又产生诸多负面印象，以至于有些人对教师乃至教师职业百般苛责、诋毁，甚至疾呼"师德沦丧"。

在中国，教师自古以来就是人们尊敬的对象之一。受到传统认识的影响，人们往往只看到教师职业崇高的一面，而忽视了对教师个体作为平常人的尊重。教师也是常人，有喜怒哀乐，不是不会犯错的圣人。因此，不能因为教师队伍中出现了个别道德感弱或缺乏敬业精神的现象，而迁怒于整个教师群体。在当下，生存问题也是每个人需要解决的问题，教师亦然。只要他们在学校中认真教学，履行了教师的职责，利用课余时间为有需要的学生补习收取费用，增加收入那又何尝不可？承认性尊重认为对他人的尊重有促进他人的幸福的义务，教师只有在物质上和精神上得到满足，才能获得所谓的幸福感。

案例5.6　活着太累

　　1988年出生的万老师，大学毕业后，在老家的县一中教书。起初，他将陶行知的"带着一颗心来，不带半根草去"作为自己的座右铭，并将很多的精力与时间都投入到对教育的热爱之中。几年后，他对自己的事业产生了疲倦。每天，早上5：30就得起床，6：00监督学生早操，一天中除了正课之外，包括晚自习有10节课，晚上10：00左右才能回家，回到家还得备课，通常12：00左右才能休息。此外，新手教师都要当班主任，要处理学生之间的矛盾、冲突与家长的告状等诸多事务。与他同时进这所中学的姜老师，更加辛苦，承担学生管理工作，每天要到宿舍查房，确认所有学生都在，等学生上床熄灯没有声音后，再回家休息。

　　更令人窒息的是，高中阶段各种模拟考试、会考有100余场。此外，高中阶段不属于义务教育，没有规定不许补课，寒暑假补课成为惯例，一年之中休息的时间并不多。他担心的还不止这些，倘若教的班级成绩不好，还要被校领导批评甚至扣奖金。万老师感到当老师实在太累了，天天都这样无休止地教课、批改作业、处理学生矛盾、关注学生成绩，周而复始。他感到自己一年来，不仅消瘦了好多，而且人也变得容易急躁、焦虑。

　　案例5.6中，教师承担繁重的教学任务、背负着巨大的压力。教师成为教书的机器。正如陶行知所说的，先生好像是书架子、字纸篓之制造家，学校好像是书架子，字纸篓的制造厂。不是教师愿意成为书架子、字纸篓，而是学校安排的教学任务让教师没有时间进行自我提升与发展。在这种教育体制下，教师容易产生职业倦怠，失去对教育的热情。

　　正确的做法是让教师在生存空间与生活质量方面都受到足够的尊重，而不是片面强调其工作的神圣性。在教师的福利、教学、师生关系和其他专业发展各个方面，无论是社会、学生和学校管理层，都要给予教师以足够的关注，要允许教师在工作之余有自己的空间。简言之，尊重的对象包含每一个人，不能把教师排除在外。不被尊重的教师，也很难尊重学生和家长。

六、以礼貌替代尊重

　　我国教育理论界对尊重特别是承认性尊重的探讨欠缺，相应地，实践领域对尊重的理解也比较浅表化，以礼貌替代尊重的现象比较普遍。学校和家长一般都比较重视礼貌教育。学生见到老师问好，进办公室报告、敲门，离开时跟老师说再见，成为固定仪式，甚至已经形成行为习惯。研究发现，学生这种礼貌往往是形式化的，他们的礼貌行为可能是种习惯动作，而缺乏情感和真诚。在他们的头脑中并没有平等的尊重、独立的尊重概念。那些能够问候、讲礼貌的同学，同时还伴随着很多不尊重行为，如侵犯同学正当权利、伤害同学自尊等。礼貌与平等的尊重、独立的尊重成为互相分裂的两张皮。其部分原因在于教育中缺乏人的尊严、价值、独立性和人格平等的内容。访谈中很多学生除了提及有礼貌教育外，想不出学校和家长还教育过怎么尊重他人。对老师和家长的访谈也发现，很多老师和家长的尊重观念同样是模糊不清的。尊重观念不清晰的教育者，尊重教育内容不足的教育体系，难以使学生形成清晰的尊重观念。①

已有研究表明小学儿童认为尊重他人主要就是有礼貌，大多数小学儿童的尊重观念属于单向尊重，但是双向观念从四年级开始有稳定增长趋势。年级越高，尊重观念发展水平越高；尊重观念具有从单向尊重到双向尊重的发展趋势。②但是，一直以来，学生被告知的都是该如何尊重教师，这必将导致他们对尊重的理解仅仅停留在单向尊重的阶段。此外，许多学生对老师的礼貌，往往是出于应付，并非内心的真实意愿。这也与承认性尊重对他人要履行避免虚假承诺的义务相背离。由此可见，礼貌无法替代尊重。用礼貌替代尊重的做法，只会导致对尊重理念的理解的浅表化。

与学校重视学生的礼貌教育相似，从教师的角度而言，一些教育行政部门倡议要规范教师用语，使教师语言文明、人性化和艺术化。有的推出若干教师禁语，如"你怎么这么笨""你简直无可救药"等，其主要内容为教师在上课、教育学生时可能使用的讽刺性、侮辱性的语言。应当说，不对学生说羞辱性语言是尊重学生的基本要求。但言由心生，如果不是怀着尊重的心，仅靠语言规范，能让学生感受到多少尊重则是值得怀疑的。

我国是礼仪之邦，而支撑礼仪的内在价值是尊重。"为礼不敬"（《论语·为政第二》）在孔子看来不仅毫无意义，而且难以容忍。当子路问怎样才能做一个君子时，孔子的回答是第一步要做的是"修己以敬"（《论语·宪问第十四》）。因此，用礼貌教育规范言行固然重要，更关键的是用尊重内涵去支撑言行，让礼貌教育不再浅表化。

尊重的缺失与偏误让教育系统中的人们时常感受羞辱、压迫，丧失真我，丧失自尊，学习工作变得了无生趣，甚至失去意义感，冷漠、抑郁、麻木、对抗、自伤、伤人等问题随之而来。如何让尊重理念在实践中生根结果，成为一个紧迫的论题。

第三节 让尊重理念在实践中生根结果

尊重是一种具有强烈实践意义的价值，对教育场景中的人的生活质量具有重大影响。要让尊重之树在实践中开花结果需要我们：加固制度之根，强壮交往之茎，而所结出的"尊重之果"将是权责平衡之人。

一、根基：尊重人的教育制度

教育制度是整个教育体系的根基，缺乏制度保障，尊重之树必然枯萎。作为一项社会建制的教育体系固然要为社会的政治经济发展服务，但其根本任务是促进人的发展。尊重人是教育制度不可或缺的特征。教育的正义原则要求教育不羞辱人，首先应该尊重人的尊严，不侵犯人的基本权利，而"侵犯人权是最典型的羞辱"③。承认性尊重要求教育制度平等地保障每个人的基本权利，而不是只保护部分人的权利，忽视另一部分人的权利。要

---

① 陈会昌，马利文. 中小学生对尊重的理解[J]. 教育理论与实践，2005，23（6）：32—34.
② 张春妹，周宗奎. 小学儿童的尊重观念及其发展[J]. 心理科学，2005，28（2）：337—341.
③ 金生鈜. 什么是正义而又正派的教育[J]. 教育研究与实验，2006，24（3）：1—7.

关注弱势群体的教育机会、学习条件，更要审视和改造制度性的歧视、排斥和羞辱，确保在制度层面正当地对待每个人，防止尊重缺失，防止尊重理念被利益虚化。

教育权作为一项人的基本权利，是人人享有的，且对每个人而言是平等的。但特别需要注意的是，这并不意味着每个人必须接受相同的教育。"让全民接受同样的教育是慷慨而又民主的措施。实际上，这种措施可能同时又是不民主的、无效的。……许多人会在学校中失败，这是因为他们被迫去做那些他们讨厌的工作，进而被剥夺了去做他们所喜欢的事情的机会。"① 不同兴趣、不同才能的孩子应该接受不同形式和内容（但不是按照单一标准，划进不同"水平"的学校）的教育。我们能够设想的最理想的教育可能是真正适合儿童个体的教育。

合理的教育制度，应该"符合教师的实际，坚持校务公开，提高教师对校务的知晓度和参与度，让教师充分感受到学校管理者对其话语权、知情权和参与权的尊重与信任，进而产生主人翁的责任感和自豪感"②。应该满足教师的物质与精神需求，为他们提供发展的空间用以提高专业化水平。此外，教育制度不能以过高的标准衡量教师职业，而忽视对教师作为常人而应受到的尊重。

案例5.7 改革"三好学生"制度：发现每个孩子的闪光点③

镇江市穆源民族学校五年级（2）班学生熊雨诺一直是个品学兼优的学生，但上学期末，她没有把"三好学生"奖状捧回家。原来，穆源民族学校先行试点，上个学期就取消了"三好学生"评选制度，取而代之的是"小学生4A认证"。

"过去评选'三好学生'，比例不能超过15%，能够当选的学生数量有限。'4A认证'关注的是学生有没有参加志愿者活动，着重自己和自己比，所有学生都有机会。"穆源民族学校校长周建苏说。

润州区教育局对"三好学生"制度进行改革，评优时不再只看重学业成绩，名额方面也大大放宽，甚至允许学校取消"三好学生"称号，自行探索新的评优方式。"任何学生的进步都应该受到鼓励，我们相信每个学生都能获得成功。"教育局局长黄科文说。

与穆源民族学校实行"小学生4A认证"类似，金山小学将评选"三好学生"改为评选"金色少年"，细分成"文明少年、阳光少年、勤学少年、爱心少年、才艺少年"5个称号，不设名额限制，在学期中就可以颁发给学生。该校校长孙文生说："随着奖励机制的改变，教师变得不再只关注学生的学习成绩，而是更加关注学生的成长，学生们也变得更自信。"

教育体制的改变是一项系统工程。案例5.7所呈现的是评价改革的一种尝试，其特点在于尊重每个学生的努力。真正适合儿童个体的教育制度尊重儿童的天性、差异、个性和自由，不再用单一的智能观衡量学生，不再仅仅把具有抽象思维能力、语言表达能力的人看作聪明人，更不会把纸笔测验的成绩当作衡量孩子价值的唯一标尺，而是尊重孩子们多

---

① 诺丁斯. 幸福与教育[M]. 龙宝新, 译. 北京: 教育科学出版社, 2009: 74.
② 王伟. "尊重教育"在学校教学管理中的实践[J]. 现代中小学教育, 2011, 27 (11): 75—76.
③ 陈瑞昌, 童凌翔. 镇江市润州区取消"班干部""三好学生"和班主任——"微改革"让每个学生当"主人"[N]. 中国教育报. 2014—05—03 (2).

种多样的才能；不再用单一标准去筛选学生，把学生划进"水平""质量"不同的学校和班级，把许多学生驱赶到别无选择的求职"管道"，无奈地、自卑地从事被公认是"低级的"工作，而是让学生有机会在各具特色的学校和班级中自由选择，帮助学生自豪地选择职业，在他们热爱的、能够幸福地从事的事情中找到工作，发挥自己的才干，体会做人的尊严。

二、茎脉：珍视每个人尊严的平等交往

尊重，是把自己和他人看作是自由、完整、具有独特天性、人格和尊严的人。尊重他人意味着接纳、平视、理解和宽容地看待对方的所作所为。[1] 尊重的理念要通过人与人之间的平等交往得以承载和体现，就像树木需要茎脉去输送养分一样。学校要鼓励和引导学生之间的平等交往，防止在学生中因成绩差异、学生干部等因素而形成"特权阶层"；教师更要做好平等交往、尊重学生的表率。

当我们对自己有肯定性认识时，也更容易肯定性待人。如果缺乏自尊，也很难将这种尊重推及他人。而儿童肯定性自我意识的形成来自成人的认可。"己所不欲，勿施于人"体现了尊重的基本要求。不羞辱、不贬低学生，不给学生造成"师源性伤害"，这是对每个教育者的基本伦理要求。身为师者，要时刻检视自己：我有没有伤害学生的自尊，哪怕是无意的？如何把这样的伤害降到最低？特别是，当自己心情不好时，要提醒自己：不要迁怒于学生，不要把学生当替罪羊。当学生成绩不好、违反纪律、顶撞教师时，教师要提醒自己：这并不是教师可以恶语相向、讽刺挖苦、拳脚相加、随意惩处的理由。

进而，教师可以追问自己：我有没有抱着与人为善的态度，保护孩子们的身心健康，珍视每个孩子的价值与尊严？面对那些学业不佳、升学无望以及有着各种缺点、总给我们带来麻烦的孩子们，我们能够以欣赏的态度去看待他们、倾听他们吗？我们能够尊重属于每个人的那种独特性（哪怕这种独特有些离经叛道）吗？如何让教育中强制性的成分降到最低，让学生的理性能力、自主性、主动性、反思能力、尊严意识得到提升，尽可能使其理解自己行为对自身成长的意义，使其从自身意志出发，依靠自身的理性能力，向着自我实现的方向迈进？[2]

特别需要强调的是，学校中的尊重不仅仅存在于师生之间、生生之间，更应体现在每个学校成员的交往中。校工、厨师、园丁、学生、教师、校长等，没有人更高一等，每个人都应给予其他任何人平等的承认性尊重，这样才能在学校形成浓郁的平等尊重氛围。

凡真实的人生皆会有相遇，每一相遇将育成你与世界之关联，她能助你瞥见永恒。正是这样的相遇让尊重理念的养分传递到学生的心田，促进了尊重之果的成熟。

案例5.8 "留级生"[3]

那一年，我教三年级。开学前，我被告知要来一个"留级生"——小雨。于是，我向

---

[1] 陈会昌，马利文. 中小学生对尊重的理解 [J]. 教育理论与实践，2005（6）：32—34.
[2] 鞠玉翠. 论"人作为目的"的教育理想 [J]. 南京社会科学，2011（2）：134—140.
[3] 此案例由上海大学附属学校范英俊老师提供.

过去教小雨的班主任和任课老师询问情况，给我的回答都是一致的：他从不做功课，家长从来都是对他放任的，各科成绩永远都是个位数。

开学第一天，小雨一个人孤零零地坐在教室最后排的角落内。我平静地说："这个学期，我们班级来了一位新成员，请他来介绍一下自己吧！"其实，班主任老师已经向全班作了介绍，但是我还是要这样做，因为我需要向全班证明：这不是一个"留级生"，他只是我们班级的一位新成员。同时，我还希望看到他的真实的语言表达情况。在他自我介绍后，我还刻意摸摸他的头，勾勾他的肩，我的目的是想给全班暗示：他不是一个留级生，不可以瞧不起他；老师很喜欢他，你们要一起和他友好相处。

儿童的世界很微妙，他们的洞察力超过我们的想象。每一个成年人都需要用儿童的眼光平等地与其相处。但是，往往人们都很难做到。作为教师来说，树立发展的眼光对待儿童尤其重要。当教师充分形成准确的儿童发展观，以一种平等的姿态、睿智的目光，"蹲下身"与学生交流、交谈，甚至是教育教学，都将变得自然、柔和、平稳。师生关系，教师与家长的关系，也将随之变为和谐。

自己的班级中进入了一名"特殊"学生，这样的事情许多老师都遇到过。老师用一种什么样的态度来介绍这位新同学，就为今后的班级氛围打下了什么样的基础——歧视的、厌恶的、冰冷的，或是尊重的、接纳的、温暖的。而这种态度背后是教师的教育观、儿童观。当教师真正尊重每个人的平等尊严的时候，他的一言一行中就会自然地散发出迷人的光彩，尊重的班级氛围就会在这样的平等交往中浓郁起来。

案例5.9　互相尊重，营造没有噪音的校园环境[①]

前一段时间有老师反映我们班有的同学在午休时间大声喊叫，弄得楼道里、教室里特别吵，影响了周围同学和老师的休息。由此，我们意识到在我班存在一定的噪音问题。如何从我做起，减少校园噪音，还大家一个安静的校园环境？

我们开展了如下活动。其一，学生通过自学、采访耳科医生，了解噪音的危害，并邀请医生参加班会。其二，从网络下载测噪软件，一起对校园声音进行监测；预备现场测量声音的分贝值，体会噪音带给人们的不悦感受。其三，学生寻找身边的噪音现象，完成《关于噪音的调查报告》。其四，完成两篇周记，要求学生与家长交流后完成。第一周："学校中的噪音现象有哪些？噪音给你的感受是怎样的？"第二周："你有什么办法减少噪音？"

班会课上，同学们交流了调查结果。普通教室的声音最高不得高于55分贝，超出这个数位就形成了噪音污染。不过判断是不是噪音也不能完全依靠这个数据，环境不同标准也会有所调整。比如，我们正在认真听讲，有同学窃窃私语，虽然声音很小，但影响到其他同学学习，就是噪音；上音乐课时，同学们放声歌唱，声音虽然很大，超过了55分贝，但那是一种使大家愉快的声音，就不是噪音。因此，凡是干扰人们休息、学习和工作的声音，即不需要的声音，就是噪音。

我们认为以下声音都属于噪音：听起来不和谐的声音；在一定环境中不应出现的声

[①] 柳静. 互相尊重，营造没有噪音的校园环境[J]. 班主任，2013（12）：34—37.

音；妨碍到人们正常休息、学习和工作的声音；引起人烦躁或音量过强而危害人体健康的声音。

对于如何减少噪音。学生们的建议是：第一，约束自身行为。课上不随便说话，尽量避免物品发出声音。课间是休息时间，因而不要大喊大叫，这也是对其他同学的尊重。第二，对学校、老师和班级的建议：学校把扩音喇叭的声音调小一些，尽量不影响到附近的居民；老师穿走路不发出声音的鞋；班级利用黑板报向大家宣传噪音的危害，开"悄悄说""轻轻走"等主题班会，每周评选"减噪小明星"。在校园的不同区域贴上相应的提示语，如楼梯上贴"轻声慢步上下楼"；楼道上贴"脚步轻，靠右行，不喊不叫讲文明""跳绳拍球莫进行，体育活动去操场"；宿舍区贴"嘘，……"。

班会结束后，各小组开始按照自己设计的减噪方案进行活动：学生们的铅笔盒换成了布袋，换座位时他们会搬起桌椅，课间大喊大叫的少了，学校楼道里出现了一些活泼提示语，一个个"减噪小明星"的照片出现在光荣榜上……慢慢地，学生的减噪意识增强了，校园噪音减少了。

嘈杂的小学校园司空见惯，从这些声音中区分出影响人们休息、学习、工作的噪音，明确其危害，并设法减少噪音，是实实在在体现尊重的举措。其实，从任噪音扩展开去，师生还可以共同检视其他影响人们休息、学习、工作的言行，找出改变的策略，让学生学会心中有他人，让尊重更全面地体现。需要注意的是，减噪并不是减少活力，只是要在适当的场合、适当的时空高歌、欢笑、玩耍。

案例 5.10 "学生个性化成长方案"：让每个学生都成为"重要人物"[1]

杜威说："在人类所有的冲动中，以'希望成为重要人物'的欲望最为强烈。"人本主义心理学家马斯洛也提出，人类的最高需求就是自我实现的需求。可是"成为重要人物""自我实现"却并未真正地发生在每一名学生身上。这促使我一直在努力寻找让理想照进现实的有效途径。

为了让每一名学生都能成为"重要人物"，我在班里探究实施了"学生个性化成长方案"。我与每一名学生及其家长坐下来沟通，认真倾听学生的兴趣、特长、理想和希望，帮助每一名学生找到自己独特的生长点，并与他一起制订出详细的可操作的成长计划。几年的实践让我体会到，每一名学生都有与众不同的兴趣、特长，只有把学生的个性视若珍宝，学生生命的独特价值才能够更加自由地生长发挥出来。

在"学生个性化成长方案"的激励下，学生的成长呈现出可喜的局面。女生小冉，原来比较好动、学习习惯不好，在与她一起制订"个性化成长方案"的过程中，我发现她有很高的漫画天赋，善于用画笔表达自己的思想，便鼓励她创作了自己的漫画作品集《"不不"上学记》，并且在我们班的《荷之韵》班刊上为她开辟了一个漫画专栏，现在的她俨然成了校园里的"漫画家"。两名性格内向的学生在"个性化成长方案"制订过程中都想发挥自己下象棋的优势，我就引导他们成立了班级象棋俱乐部，组织了象棋联赛，他们的性格也有很大转变，还成了《当代小学生》的封面人物。几个喜欢音乐的学生，组建了自

---

[1] 罗凯. 让教室成为自由呼吸的地方[J]. 班主任, 2015 (3): 10—11.

己的乐队，利用课余时间刻苦排练，创作了多首歌曲，并在校内外的舞台上演出，赢得了很高的赞誉。有名学生反复阅读《红楼梦》，两年时间读了二十几遍，评论书籍也读了厚厚的一摞，已经有多篇鉴赏文章公开发表。还有学生开展了水资源研究，有的搞起了"魔方"沙龙，有的成了了不起的"茶博士"……我还鼓励、支持学生进行科技创新，学生的创意层出不穷，设计新颖独特，我所带的学生先后有40多人次获得了国家级发明专利证书，其中杨艺萌和齐世清共同发明的"人体工程学电脑键盘"获得了山东省青少年科技创新大赛一等奖，被新华网、《齐鲁晚报》、山东教育电视台等10多家媒体采访和报道。在"学生个性化成长方案"的激励下，每一名学生都在被肯定中不断地主动成长，尽情地享受着自己生命的独特价值。

我一直坚信：每一滴露珠都有闪光的愿望，每一个孩子都是一个天使。我要做的，就是用更加开放的理念，提供成人对儿童应有的、真正的帮助，使他们成长为自己心中独一无二的"重要人物"。

在许多学生的回忆中都有一位或几位类似罗老师的人物，这样的老师关注到学生的闪光点，关注到学生自身的长处，给学生自信，把学生点燃，让他们获得了真正的尊重，成长为"重要人物"。这样的老师对每个学生都很重要，对那些容易被忽略、被排斥的"差生"尤为重要。在"差生"佩纳克的回忆中，他的头一个"救星"是三年级时遇到的一位法语教师。"他发现我是一个真诚地爱编故事的人、高高兴兴的自杀者。我功课不会，作业不做，准备的理由却越来越有创造性，对我的这种能力，法语老师无疑十分惊讶，他就决定免掉我的论说文，让我写一部长篇小说。我必须每周写出一章，一个学期内创作一部小说，题材自由选择，但是要求我提供的稿子没有错别字，'提高批评水平的故事'（整部小说我全忘记了，但是还记得这句指点的话）。我满怀激情写这部小说，借助词典，一丝不苟地修改每个词（从那天起，我就词典不离手了），每周交出一章，就像专业的连载小说家那样准时。我并不认为那一年，我的学习有了实质的进步，无论哪门功课，但是从我上学以来，一位老师破天荒地第一遭给了我一种身份。我对恩人感激涕零。"①这位"差生"，后来成了作家。可见，一位能够让每个孩子充分发挥所长的教师，一位能够珍视每个孩子个性的教师，能够为孩子们、为教育带来多少福音！

案例5.11　在肯定称赞中点亮儿童向上向善的信念②

生命因赏识而精彩。恰当地鼓励，适时地肯定，是儿童生命成长的美妙体验。经常听人说，好孩子是夸出来的。儿童有很多的可能性，你启发什么就会引导出什么。孩子喜欢被肯定，喜欢得到发自内心的称赞，儿童的心是清澈透明的，像镜子一样映射着成长的历程。

小A一激动说话就会结巴，也许是怕同学笑话他，他上课很少发言。桀骜不驯的他有着深深的自卑感。一次语文课上，他兴致盎然地举起小手，姚老师毫不犹豫地叫了他。他胆怯地站起来却又有点不知所措。老师又把问题重复了一遍，轻声鼓励他："你可以说得更好的！"其他小朋友也轻轻地鼓励他。小A抬起头结巴地说："我，我，我……"全

---

① 佩纳克. 上学的烦恼［M］. 李玉民，译. 北京：人民文学出版社，2010：74—75.
② 此案例由上海市嘉定区华亭学校唐伟东老师提供.

班小朋友都静静地期待着他。姚老师赶忙用手势向其他同学示意夸夸他,教室里响起了热烈的掌声。他用明亮的眼睛注视着老师,流利地说了一半,又停下了,老师弯下腰,摸摸他的小脑袋,耐心地对他说:"老师相信你一定能把你自己的想法说清楚!"在他涨红了脸,结结巴巴地把他的答案说出来后,姚老师亲切地鼓励他再说一遍。这次他比上次回答得更流畅了。老师由衷地夸奖他:"好!"教室里再次响起了雷鸣般的掌声。在同学们的掌声中,小A的眼神特别明亮,他自信地挺直了身子,脸上露出了少有的微笑。这节课虽然因为小A的发言没有完成预定的教学任务,但从教育的角度来说这节课的收获是巨大的。在以后的日子里,小A渐渐地能高高地举起小手,响亮地表述自己的观点,甚至还敢跟同学争辩呢!

当儿童遇到困难时,要给他思考的时间,给他努力的机会,要用无比耐心的等待,帮其自悟其得。这样,学生会从"自甘落后""破罐子破摔"的阴影中走出来,自信地抬起头,在自我肯定的喜悦中、在"我能行"的体验中一步步走向成功。我相信,当小A结结巴巴、断断续续地回答问题时,如果姚老师生硬地打断他,让他灰溜溜地坐下,那么,这个原本就缺乏自信的孩子也许会更自卑、更自闭,也许会永远对自己失去信心,其潜能也永远得不到激发,那是多么令人遗憾的事情啊!

"等待"是一种尊重,尊重儿童的个体差异;"等待"是一种信任,相信儿童都能具有良好的道德品质;"等待"更是一种唤醒,老师用尊重、关注、激励去唤醒受教育者"心中的巨人",使儿童的各种美好品德都能得到充分展现。

是啊,孩子毕竟是孩子,他们的成长是有曲线的,有时是高峰,有时是低谷,有时他们心甘情愿配合你,有时他们怒目圆睁排斥你。孩子的成长就像蜗牛一样缓慢,在他成长的路上,让我们放慢脚步,心平气和,等待孩子慢慢成长吧,也许不经意间他就会给我们带来惊喜和感动。让我们给成长一些时间,予教育一份等待吧!

案例5.11中小A的表现与案例5.1中小七的表现有类似的地方,而两位教师的表现差异很大。小七的老师跟着学生一起笑话他,没有起到老师应该起到的积极指导作用;而小A的老师则用鼓励、期待所营造出的尊重氛围,给小A带来了自信、自尊,给整个班级上了一堂鲜活的尊重课。很多时候,尊重不需要额外了时间和财力的投入,只需要牢记尊重的理念并体现在生活工作的点点滴滴、一言一行之中。当然,也有些时候,尊重意味着陪伴,意味着舍得花费时间、金钱。在案例5.11中,老师耐心启发、等待小A的回答,花费了一些时间,甚至因此没能完成预定的教学进度,然而,教学毕竟是为学生发展服务的,当班级的氛围更加积极向上,当学生的自尊、自信、互相欣赏建立起来,看似被耽搁了时间,实际上起到了更重要的作用,课堂的效率也因此而大大提升。

三、果实:权责平衡之人

尊重固然强调权利,尊重同样强调责任。责任是尊重的延伸。尊重他人就是重视他人,就会为他们的利益感到有一份责任。尽责的(responsible)字面含义是"做出反应的能力"。它意味着面向他人,关注他人,并对他人的要求做出积极的反应。当然,这样做的基础是对他人状态谨慎的关注,而不是以己度人或妄加揣度。

责任强调我们的肯定性义务,而不是满足于不伤害、不羞辱;责任召唤我们努力去相互扶持，分担痛苦，把世界变成一个更美好的地方；责任还意味着值得信赖，而不是让别人失望。我们负好我们的责任，也就是对他人的帮助，而如果我们失职，就会给他人带来伤害。①

当然，尊重也要求我们对自己负责，不做伤害自己的事情，努力发展和发挥自己的理性能力、善良意志，让自己为他人、为社会做出应有的贡献；而尊重整个复杂的生命之网，就禁止了残忍对待动物，并要求我们的行动顾及自然环境——所有生命赖以生存的脆弱的生态系统；尊重还意味着我们有责任重视规范，重视权威，学会用自己的理性能力去判断其合理性，努力参与规范的制定与执行，让共同体和谐发展。

我国曾一度只重义务和责任，不重视权利。这导致了某种逆反，许多人谈到责任和义务就表现出反感；社会上缺乏责任感的问题也非常突出。在"权利"观念日益受到重视的今天，强调责任意识作为一种平衡显得尤为重要。教育需要培养既能捍卫自己和他人的正当权利又能承担相应责任的人，这样的人正是"尊重之果"，能够获得一种外力无法剥夺的内在尊严。

下面在一所学校见到的海报的内容，很好地体现了权利与义务的平衡，因而也很好地体现了尊重理念。

◆ 你有权利享受安全的环境，你有义务遵守安全规范。
◆ 你有权利发表意见，你有义务尊重他人意见。
◆ 你有权利使用学校的书本，材料，你有义务爱惜学校财物。
◆ 你有权利受到公正对待，你有义务公正对待他人。
◆ 你有权利受到良好教育，你有义务尽自己最大努力。

---

① 里克纳. 美式课堂——品质教育学校方略[M]. 刘冰，董晓航，邓海平，等译. 海口：海南出版社，2001：42.

第六章 理解：倾听·表达·同情

理解人的方法只有一个：判断他们的时候不要急躁。

——圣佩韦

我们的生活、学习离不开理解，"它是人生中最普遍的生活现象""离开了理解，人生顿时会成为一片思想的荒原，没有任何人生的意义会在这片荒原上成长起来。"①同尊重、宽容等理念一样，理解对人类发展意义重大。基于理解，人们才可能会选择如何尊重他人，如何公正待人，如何与人合作，如何去宽恕、关爱他人，才能感悟人生的意义。作为交往主体的人，可以通过倾听理解他人；通过表达，展示自我的存在，让他人理解自己；通过情感层面的理解，达成同情，感受人与人之间的休戚与共。

第一节 理解的内涵与意义

"理解"一词由来已久，在我们的日常生活中也屡见不鲜，虽然在现实生活中的使用频率很高，但其中很大一部分是作为日常概念来使用的。对此，我们有必要对学校道德氛围建设中"理解"这一概念进行辨析。

一、理解内涵辨析

道德教育作为一项"成人"的活动，其本质上是师生之间以意义生成、价值共享为目的的精神性交往实践活动。因此，德育视域下的"理解"范畴并不仅仅等同于认识论层面的"认识"，而是需要从本体论层面去诠释，正如有学者提出的，"理解是人的存在方式和生命价值的体现。理解的目的不是解释现成的事物，而是源于人自己的生存状态，提示人的生活意义和生存价值的。理解关涉人的认知，但它更多的包含了超越人的认知能力的洞察、移情和自我确认的能力。"②

因此，德育视域下的"理解"可以说是"德育主体之间立足于生活世界，以德育文本为中介，通过个体批判性反思与双方视域融合所达成的意义共享、道德共识和行动协调，从而使个体生命的各种可能性得到筹划、拓展，并且个体与他者的关系更为全面和丰富"③。且主体性德育理论提出，"道德教育的理解要'回归到生活世界中'，是对学生日常生活与发展中现实道德水平的理解与指导。教育只有立足学生丰富的生活现实，才能获

---

① 殷鼎. 理解的命运——解释学初论 [M]. 北京：生活·读书·新知三联书店，1988：239.
② 赵杰. 学校教育中学生道德理解问题的探究 [D]. 长春：东北师范大学，2014：4.
③ 陈志兴. 道德教育视域中"理解"范畴的特性 [J]. 教育评论，2010 (1)：41.

得真实、动态和可靠的理解,实现道德的内化。"①

由此可见,在德育视域下,学校道德氛围中的"理解"包含以下几个层次。

(一)道德认知层面:理解是一种理性认识

"理解"一词,《现代汉语词典》将其定义为:"懂,了解"。而在《辞海》中"理解"被界定为:"了解;领会。是应用已有知识揭露事物之间的联系而认识新事物的过程。其水平随所揭露联系的性质和人的认识能力而异;有揭露事物间外部联系的理解,如把一新事物归入某一类已知事物中;有揭露事物间内在联系的理解,如确定事物间因果关系。理解事物时须应用已有知识,或在已有知识的基础上掌握新知识。理解过程可分直接或间接两种:直接理解是通过亲身经验而实现的;间接理解须通过一系列的分析、综合过程,从最初模糊笼统、未分化的理解逐渐过渡到明确清楚、分化的理解。实践是理解的基础。"②此外,《哲学大辞典》将"理解"界定为一种"理性认识活动""是认识借助概念,通过分析、比较、概括以及联系、直觉等逻辑或非逻辑的思维方式,领会和把握事物的内部联系、本质及其规律的思维过程。"③

通过以上几种对"理解"比较通用、权威的界定我们可以看出:"理解"是人具有的一种理性认识活动,从这个层面来看,它大体上与认识论中的"认识"大同小异。在教育活动中,"理解"活动渗透在各种学习活动的过程中,学习主体根据自己已有的经验、情感、体会与道德知识的学习相结合,形成学习者的各种情感态度、经验行为等,从而促进学习主体的发展。在道德知识的学习过程中亦是如此。理解是道德知识取之不尽、用之不竭的源泉和动力。反之,没有理解,道德知识的学习也会变成无源之水、无本之木。

(二)道德情感层面:理解是一种方法——移情

德国哲学家狄尔泰曾说,"自然界需要解释说明,对人则必须去理解。"④ 在他看来,科学研究中有两个世界:一个是自然世界,一个是精神世界。面对自然世界,我们只能解释、说明;而人文科学以人的精神世界为研究对象,要求我们必须诠释生活的价值与意义。因此,解释学应当成为整个人文科学区别于自然科学的普遍方法论基础。由此可见,理解是人与人相处的一种方法。

而狄尔泰在谈到"理解"的道德情感层面时也说,"理解的方法就是移情的方法,就是从作为历史内容的文献、作品、行为记载出发,通过直觉或移情,在想象中处于作者的地位和环境,进入作者的个性,把握作者的意图、情感和观念,从而更好地理解作品的原意。"⑤

同时,美国学者罗恩·哈伯德对"理解"也有自己的独到见解,他认为在现实交往中有三个极为重要的因素,这三要素通常被称为 A.R.C. 三角。⑥ 它们之所以被称为三角,是因为它们有三个至关重要的相关点:"①亲情度(Affinity),它是指人与人之间存在的

---

① 王海燕. 主体间理解:道德教育方法论的一种思考[J]. 教育研究,2002(5):33.
② 夏征农. 辞海[M]. 上海:上海辞书出版社,2002:1003.
③ 冯契. 哲学大辞典[M]. 上海:上海辞书出版社,2001:817.
④ 殷鼎. 理解的命运——解释学初论[M]. 北京:生活·读书·新知三联书店,1988:240.
⑤ 姜勇,郑三元. 理解与对话:从哲学解释学出发看教师与课程的关系[J]. 全球教育展望,2001(7):35.
⑥ 哈伯德. 有效理解的窍门[M]. 杨红秋,译. 北京:生活·读书·新知三联书店,1988:45.

或者人内心的一种情感的反应,是指喜欢的程度;②现实(Reality),这可以说是一致性,其基础是认同;③交流(Communication),它是人与人之间的思想与物质上的交换,它是三者中最重要的相关点。"[1] 它们三者相互影响,相互依存,也构成了"理解"的三要素,在哈伯德那里,这三者的综合就等于"理解";由此,"理解"就成为一种通用的解决问题的方法。

由上可见,"理解"作为人与人相处的一种重要方法,需要交流双方设身处地地体验对方的感情,从而达到感情的共鸣。而它最终是要落实到行动的。正如马克思说过:社会生活在本质上是实践的。[2] 实践才是人的存在的基本方式和特征。而"理解本身就是一种德行"[3] 归根到底是实践性的,并且总是在实践中进行的。无论是道德认知层面的理解还是道德情感层面的理解,最后都是要落实到道德行为上。如同加拿大教育学教授马克斯·范梅南所认为的,理解"不是一种抽象的、孤立的理解形式,必须要转换成实际的行动"[4]。

基于以上分析,本章所指的学校理解道德氛围之中的"理解"是指师生这两大主体在一定情境的交往过程中,他们同为传递信息的信息传递者和信息接收者;在交往过程中,信息接收者一方面在认识上借助概念,通过分析、比较、概括以及联系、直觉等逻辑或非逻辑的思维方式,领悟信息传递者所传递信息的内部联系、本质及其规律的思维过程,这是一种认知性理解;而另一方面,在情感上信息接收者以领悟为基础,认同、接受信息传递者信息的过程,信息接收者能够设身处地去体会别人的感受,能够深入到对方的内心世界中,并能够把对方的情感转化为自身的心灵体验,即交往主体能够"善解人意",会对他人表现出怜悯、仁慈与感同身受,比如说"将心比心"等;情感上的理解,可以说是一种认可表示。而好的理解就是交往双方能够对等地接收对方所传递出来的信息。简言之,作为交往主体的人可以通过倾听理解他人;通过表达展示自我的存在,让他人理解自己;通过情感层面的理解,达成同情,感受人与人之间的休戚与共。在此,理解不仅是交往师生主体所要具有的一种品质,更是师生之间相互作用的一种关系体现,同时也是一种需要师生付诸行动的实践活动。

综上,简单来说,"理解"在此包含两方面的意蕴:一是认知上的理解;二是情感上的理解。需要指明的是,这里的理解也包含有自我理解之意。

被理解是人们普遍的心理需要。在我们的现实交往中,人们都希望最大限度地得到他人对自己的理解,尽可能地消除他人对自己的"理解"问题。发展良好的人际关系既是人们的普遍愿望,也是道德教育的基本目标之一,而实现这一目标的关键在于主体能够自觉自愿地理解他人。"理解他人",不论是在古今中外的道德文章中,还是在现实生活中的种种境遇中,已然成为化解各种人际紧张和冲突的灵丹妙药。当更多的人愿意主动理解他人,人们被理解的需要就能得到更好的满足,人际关系就会更趋和谐融洽。

---

[1] 哈伯德. 有效理解的窍门 [M]. 杨红秋, 译. 北京: 生活·读书·新知三联书店, 1988: 45, 46, 47, 48.
[2] 中共中央马克思恩格斯列宁斯大林著作编译局. 马克思恩格斯选集(第1卷)[C]. 北京: 人民出版社, 1972: 18.
[3] 熊川武、江玲. 理解教育论 [M]. 北京: 教育科学出版社, 2005: 28.
[4] 范梅南. 教学机智——教育智慧的意蕴 [M]. 李树英, 译. 北京: 教育科学出版社, 2001: 114.

二、理解在学校道德教育中的意义

(一)理解是学校道德教育不可或缺的手段与途径

理解所涉及的,不仅仅是人的认知方式,而是人的整个精神整体。道德教育通过理解可以培养人的精神,促进人的整体发展。与其说教育或道德教育是在为人生做准备,不如说它们是涵盖整个人生的。因为它们占据着人生活的每时每刻;人自有生命那一时刻起,就开始生活着,同时也开始学习着——学习语言、学习传统经验,也可以说是开始理解着,不断成长着。

在我们学校道德教育活动中,受教育的学生都是还不够成熟的个体,他们本身所具有的视野也不够开阔,学校老师要通过"解释"教育活动使受教育者理解,引导受教育者理解,从而引导受教育者成长。受教育的学生在学习的过程中学会理解,在理解的过程中学会更深层次的理解,从而扩大自己理解的视野,扩大自己的人生视野。由此,理解并不仅仅是获得知识的一种学习方式,理解本身就是一种成长的方式、生活的方式。受教育的学生的理解过程,就是他们学习、接受教育的过程,也就是其个体生命发展的过程。不论是在哪种意义上,教育都是以理解为基础的,没有理解,教育将是不可能的。[①]学校道德教育亦是如此。

现阶段学校德育落实不尽人意,就学校德育落实的方法而言,由于各方面原因,目前学校德育实施的方法主要是简单的"强制灌输"。它所导致的后果就是德育的实效一直不高,取得的效果不明显,学生仅仅知道一些道德概念的皮毛,但是却没有真正理解,不能将其落实到行为上。在我们的学校道德教育中,不论老师如何苦口婆心、不厌其烦地讲述各种知识、道理,想把学生们教育成为"道德"的人,但是倘若这些知识、道理没有被学生所理解,没能渗入他们的心灵,他们就不能从情感上、从心底里对老师所说的知识有所认识,那么那些知识是不可能化为他们心底坚定的信念的。

道德教育不应该在生活之外,而应该是对人生的一种展示。这种展示,正是个体对生活意义的一种理解、传递,这也就是人生实践的过程。苏联著名教育实践家和教育理论家苏霍姆林斯基说过,道德教育的核心问题,是使每个人确立崇高的生活目的……由理解社会理想到形成个人崇高的生活目的,这是教育,首先是情感教育的一条漫长的道路。新人的精神面貌在很大程度上取决于在何种程度上彻底地实行道德教育的一项极重要原则:一般原理通过情感才能变成个人的行动指南。[②]

在学校道德教育中,只有通过引导学生的理解才能塑造他们成为合格的人。学生需要将道德置于他所生活的社会中、环境中,使之看到道德对于生活的最重大意义,体会其中所蕴含的内涵。在学校生活中,不论是面对一件事还是一个人,受教育的学生都是先要理解那是什么,领悟其中蕴含的意思,才能够去掌握方法,而后才知道该怎么样去做才正当,才能既利人又利己。

在学校道德教育中,教育的所谓"教育意义"都是在学生的理解过程中构建起来的,正是因为学生的理解,使得其个体精神与教育建立起了独特的关系,教育因而对受教育者

---

① 金生鈜. 理解与教育 [M]. 北京:教育科学出版社,2001:58.
② 苏霍姆林斯基. 爱情的教育 [M]. 世敏,寒薇,译. 北京:教育科学出版社,2001:123.

具有了独特的教育意义。理解，就成了连接知识学习与学生的人格成长的桥梁。[①]在学校教育中，学习只是一种方式，而通过理解，使知识成为学生精神发展的食粮，才是知识学习的目的。[②] 在理解的过程中，受教育者在掌握知识中超越了知识，使其对人的精神具有了某种特殊的"意义"，从而成了人精神发展的"引导"。在学校道德教育中，受教育者的学习与理解是共存的，缺一不可。

此外，老师想通过"传道授业解惑"使学生学会理解社会、他人和自身，这意味着老师首先要理解学生。了解学生所需，把学生视为一个有需要、有情感的个体；关注学生的生活环境、生活经历与生活状态；了解学生的成长规律与特点，宽恕学生的过错。只有了解了学生，老师才会知道怎样去正确地引导学生。从另一方面来讲，学生想通过学习理解社会、他人和自身，就需要先理解老师。所谓"亲其师"才能"信其道"，这样才能理解老师的教育意图。

综上所述，学校道德教育在实施过程中，理解作为重要的手段与途径必不可少。

（二）理解是学校道德教育的目的之一

在现实生活中，人之所以为人，在于人不仅是一种客观现实的存在，同时人还是一种精神的存在。人精神的形成是人的理解与生活的成就，它脱离不了人生，也影响着人生。

在学校教育中，教育的目的是发展人，是使受过教育的人更懂得生活，更热爱生活，能够自由地、安全地、健康地、文明地、幸福地生活。要实现这一目标，就要引导受教育者与自然、与社会、与他人及自身的关系达到和谐。这种和谐必须通过人的理解才能实现，理解贯穿于教育活动之中。[③] 换句话说，教育的目的是有关于人能更好地实现其生命的可能性，培养、塑造人的精神世界。正如法国作家孔巴兹所言，教育学应该是精神生态学，未来的学校应该培养灵魂，锻炼精神，优化情感，使学生成为热爱世界的主人。[④] 教育，就是要把人类所创造的文明、知识、经验等内化为学生所拥有的精神财富，从而更好地实现其价值。此外，教育的一个特定目的就是要培养感情方面的品质，特别是人和人关系中的感情品质。即教育的目的是人，教育培养人就是要培养人的精神。

而人作为精神的存在物，其精神是通过理解而不断"站立"起来的，这需要经历一个过程。[⑤]人"站立"起来就应向前"行"，在"行"过程中要注意是否合乎道德。康德曾说过，一个行为之所以是道德的，不仅在于它是否合乎道德的，更在于它是为了道德的，否则，那种相结合就是偶然的，因而也是靠不住的。[⑥]

因此，学校道德教育的目的之一，就是要受教育者通过交往、学习，学会理解，努力地"站立"起来，脚踏实地向前"行"。学校道德教育就是要把人类的正面的价值取向、意识形态内化到每一个学生的心里，使其能够落实到行为中。其最终是要促进学生在教育活动中感悟人生的真谛，领悟什么是幸福，找准自己的人生价值，明白什么样的生活才是有意义的生活。就像有学者提出的那样，道德就是在对生活方式、生命实践的理解和选

---

① 金生鈜. 理解与教育［M］. 北京：教育科学出版社，2001：85.
② 同上.
③ 谢善梅. 论人类理解的本质及与教育的关系［D］. 长沙：湖南师范大学，2004：13.
④ 张天宝. 关于理解与教育的理论思考［J］. 教育研究与实验，2000（5）：33—39.
⑤ 金生鈜. 理解与教育［M］. 北京：教育科学出版社，2001：101.
⑥ 康德. 道德形而上学原理［M］. 苗力田，译. 上海：上海人民出版社，2005：4.

择，它是生活的解释系统，它所要破解的是人的生活意义，它的存在就在于使人对生活意义有更合理、更深刻的理解。①

在学校中营造理解的氛围，有助于大家更好地互动交流，进行信息交换，形成友爱、合作的关系，促进个体和集体的共同发展。

第二节 学校中的"理解"问题

在学校关涉道德的情境中，特别是师生交往过程中，"理解"问题屡见不鲜。其原因主要是信息加工者和信息源。从信息加工者或理解主体的角度来说，学生受认知发展水平的限制而理解能力有限，交往双方立场视角不同，先入之见造成的偏见，个人利益至上而忽视他人利益等都可能导致"不理解""理解偏差"或"不愿理解"的问题。从信息源的角度来说，信息不全、信息被歪曲、沟通渠道不畅通等，都会带来"不理解"或"理解偏差"问题。

一、"不理解"问题

"不理解"问题，是指在学校教育中，师生在交往过程中由于认知方面的原因，信息接收者完全不明白信息传递者所传递的信息而产生的问题。在当前学校师生交往中有许多"不理解"问题的发生，主要是"不理解"当事人为什么这么做、应该怎么做以及应该做什么。例如，学生的"不理解"问题大概有：学生对规则的不理解，对责任的不理解，不能够明白老师的"一片苦心"；此外，老师的"不理解"问题主要包括：老师对学生的需求、动机的不理解，对学生责任的不理解，对学生做事方式、立场的不理解等。

案例 6.1 "倒霉"的一天：难以理解的规范

小 A 今年 6 岁多，刚上小学一年级。今天对他来说是"倒霉"的一天。早晨因为起床磨蹭了一下，结果迟到了 5 分钟，到学校班主任老师大发雷霆，告诫他以后不准再迟到，小 A 很是害怕。课间活动的时候小 A 和小朋友在楼道里玩耍，结果因为跑得太快他撞倒了一位小朋友，幸好没有大碍，但还是被老师批评了，老师不允许他以后在楼道里跑来跑去。下午上课的时候，为了在老师面前"表现"好一点，小 A 没有举手，不等老师叫他的名字就抢答问题，结果又被老师批评不懂纪律。小 A 自己满肚子的委屈，开学的时候老师只是给大家草草地说过一些大家要遵守的规则，可是"为什么要 8：30 到校，稍微迟一点不行吗？""上课发言时为什么要举手？""课间活动是我们的休息时间，为什么不能在楼道里跑来跑去？"

案例 6.1 主要表明了低年级学生对规则"不理解"所产生的问题。学生对规则的"不理解"问题，主要在低年级学生中比较常见。常言道：没有规矩，则不成方圆。每一个人从生下来后，其成长过程就是其社会化的过程。作为一名社会人，规则似乎不可或缺。马克思说过，人是一切社会关系的总和。人的一切活动总是在一定的社会关系下进行的，在

---

① 鲁洁. 生活·道德·道德教育［J］. 教育研究，2006（10）：4.

这种关系形式的活动中就产生了一种约束性的规则。在家庭教育之后，学校是个体必然要接触的第一个社会机构，是他学会自己与陌生人相处的场所。自由社会依赖于其成员及早地和透彻地认识到，公众的权威不同于家庭的权威，它必须基本上依赖于一般准则的非个人的运用。[1] 为了维持学校的正常运转，规则必不可少。

但对于低年级小朋友而言，他们入校时间不长，很难做到规则的内化。为什么要制定那些规则，为什么要按照规则做事，他们并不理解。产生这种问题的原因在于他们认知水平有限。比如，刚入学的一年级小朋友，他们刚刚进入校园，算是一个特殊群体，他们还处于人生的"心理断乳期"，性格、情感和认知模式等都还远未定型，心理还较脆弱，分析、辨别是非能力弱及低年级学生受到道德认知水平、个性等因素的影响，对于某些规则不是很理解。同时，又由于他们的"自我中心"意识较强，很难和他人相处得较为融洽。

针对此种情况，我们所要做的就是要让小朋友将规则内化，明白制定规则是有道理、有意义的。在他们的成长过程中是离不开规则的。

面对刚刚踏入学校的小朋友，怎样才能让他们内化规则呢？怎样才能把规则转化为他们的道德行为习惯呢？传统的通过灌输、识记等方式，学生"只能处于接受者和被塑造者的客体地位，他们只能是一根根灌满了各项道德规范、概念的香肠"[2]。

在学校教育中，老师所能做的是：首先，要引导学生参与规则制定的全过程，让他们知道制定这些规则的由来及其必要性、重要性；其次，还要给学生提供充足的活动材料，以满足学生的基本需求，保证他们有充分活动和交往的机会；再次，班级环境的设计要有暗示性，使环境时时刻刻能与孩子们"对话"；同时，教师须要以身作则，发挥榜样作用。

案例 6.2　责任是什么

一个星期四的下午，值日生小 D 同学因为家里临时有事，放学后得赶紧回家，不能打扫卫生了，他想找人调换一下值日，在班里问了一圈后，家住比较近、排在周二值日的小 Y 同学接受了他的提议，两人决定临时调换了一次值日。但之后事情的发展出乎了小 Y 同学的意料，在这之后的每个周四，小 D 同学的劳动都找小 Y 同学代劳，因为小 D 同学要么声称"家里有事，急着回家"，要么说"忘记跟家长讲今天值日的事了，这样家长会等很长时间的。"

小 Y 同学就这样"任劳任怨"地干着，直到有一天他自己也有事，放学后必须马上就回家，于是他去找小 D 同学商量。没想到，小 D 同学拒绝了他，理由是"因为你没有提前告诉我，所以我没有跟家里大人讲要晚点来接我。外公年纪大了，让他等很长时间不太好。"小 Y 同学说："你就克服一下困难，帮我这一次吧！"小 D 同学斩钉截铁地说："不行。"小 Y 同学说："我那么体谅你，帮你干了那么多次，你就不能帮我干一次么？"小 D 同学说："不是我不体谅你，不肯帮你，关键是我现在也有事，没办法帮你干。"之后，两人的冲突就闹到老师那里去了。

从案例 6.2 中我们不难看出，小 D 和小 Y 同学都没有很好地理解责任是什么。小 Y 同学出于体谅小 D 同学当时的处境而临时和他调换一次劳动，但最后竟演变为小 D 同学

---

[1] 柯尔伯格. 道德教育的哲学 [M]. 魏贤超, 等译. 杭州: 浙江教育出版社, 2000: 258.
[2] 孙锦明. 理解之于德育方法论价值 [J]. 江西师范大学学报, 2002 (3): 15.

的值日全都由小 Y 同学代劳。

小 Y 同学在小 D 同学第一次寻求帮助时，能够领悟、感受到小 D 同学的焦急与无奈，也能够体谅他的心情，对他不能够留下来打扫卫生表示可以认同，也愿意在行动上支持小 D 同学——站出来帮助他，和他调换值日。这一点是非常值得肯定与学习的。小 Y 同学的想法是"因为我理解你，所以我愿意帮助你，愿意让着你"，但他的这种一味妥协与退让，于人于己都是不利的。其实，他是没有真正地理解小 D 同学和自己的责任——这个班级是由大家共同组成的，放学后值日生打扫班级是班级内所有成员所应共同承担的责任和义务。每个人都不应该逃避自己的责任，或者将自己的责任转嫁给他人。

而小 D 同学之后的做法是在逃避自己作为集体中的一分子所应负的责任，推卸自己应尽的义务。他以"家里有事情""外公年龄大了"等借口逃避自己的责任。这种做法是不能够被赞许的，也是不值得鼓励的。

那老师该如何解决这个问题呢？不仅要让双方明确自己所应承担的责任与义务，也应该引导他们将心比心、设身处地地多为对方想一想，多考虑一下对方的感受。

小 Y 同学应该从小 D 同学逃避自己责任开始，就明确地告诉小 D 同学他的责任与义务所在，并表明自己的立场：同学之间有困难是需要互相帮助的，但是不能因为有人帮你就可以将自己的责任转嫁给别人。

二、"理解偏差"问题

"理解偏差"问题，是指学校师生两大交往主体在交往过程中，由于交往双方认知方面的原因而导致的信息传递者与信息接收者在传递信息过程中出现了偏差而产生的问题。信息接收者以为自己是了解的，其实并没有真正地理解，或者说事情本来是那样的，结果被理解成了这样。用简单的一句话来概括，就是理解偏了。这可能存在以下几种情况：第一，在交往过程中，信息接收者根据信息传递者传递出的信息自己生造了一种与传递者完全不同、毫无关联的意思；第二，也有可能信息接收者理解为与信息有某种关联的但却是错误的意思；第三种情况就是理解的不完整、不全面，即片面理解；第四种情况就是不恰当的理解，就是说信息传递者所传递的信息有那方面的意思，但是在具体的情境中它又不是那个意思；第五种情况就是信息接收者想多了，即过度理解。

案例 6.3 无声的独白：缺乏有效沟通的后果

这是发生在一所寄宿制初中学校的事情。302 宿舍里住着 6 个可爱的女生。起初，大家相处还是很融洽的。经过一段时间的接触，大家发现小 K 平常在生活上不拘小节，不懂得合理安排生活，花钱没计划，常常是月初出手大方，买这个吃买那个玩，到月底不够了便向同学借，而且经常只借不还。一段时间内，同宿舍的其他同学经常发现自己的物品短缺。有人放在桌上的饭票会不翼而飞；有同学从家里带来的相机不见了。又有一次，一个同学发现自己放在枕头下的钱少了很多。大家都怀疑是小 K 偷的，于是在一个大家都在的时候互相进行"搜查"。"搜查"过程中，大家发现小 K 的饭票竟然有很多，便当场"质问"她。小 K 感觉到了这次"搜查"是完全针对她一个人的，心情十分沉重。为了证明自己是清白的，她采取了最极端的方式——她在当晚留下遗书，自杀身亡。

这是一个令人心痛的故事。

在案例6.3里，大家都是有责任的，因为小K生活上有一些"问题"，同宿舍的其他同学丢了东西就都"盲目"地"怀疑"是她偷的，而且她们"搜查"的结果也"印证"了她们的推测。她们完全没有顾及小K内心的想法，直接"逼问"她，最终，悲剧发生了。

可以设想，如果这个过程中，少一些先入为主，少一些"定罪"后的质问，多一些心平气和的沟通，尽可能让每个人都能平心静气把自己的情况加以说明，让每个人感到即使犯了错，也有改过的机会，也能得到大家的谅解，也就是获得大家彼此的相互理解，那么，小K采取极端方式的可能性就大大下降了。

此外，案例也反映出小K同学的心理素质差，承受能力较弱，面对同学们对自己的行为"理解不当"而给自己带来的巨大压力，她选择了一种最极端、最不可取的方式来表明自己的清白。这是不可取的做法，也是最"笨"的做法。面对这类"理解"问题，比较正确的做法如下。首先，要用理智调整好自己的心态，冷静面对问题，消除反常情绪的发生，以积极的态度去寻求解决问题的办法。如果是"冤案"，就一定会水落石出的。其次，要反省自己的行为。为什么大家会对我的行为理解偏差？自己到底是什么地方让同学不能正确理解。如果真是由于自己的缺点造成的，就应该及时承认自己的缺点并加以改正。最后，要找机会表明自己的清白，跟大家解释清楚。当只凭借自己还不足以让大家信服、无法解决问题时，可向他人求助，通过他人来证明自己。在和同学交流时，要心平气和，用自己的真心换取同学的理解，消除理解的偏差。假使真是自己偷拿了别人的东西，则要真诚道歉，真诚改过，努力做到物归原主。如果暂时有困难，可以与同学协商，逐步归还。总之，类似的问题通过良好沟通达成理解，减少或消除理解的偏差，是可以找到解决办法的。

案例6.4　我误解了你

有一天，小H心爱的水彩笔找不见了，这可是他的好朋友送他的生日礼物。他翻遍了所有可能落下水彩笔的地方，但还是没有找到，他心里特别着急。这时他发现自己的同桌小M对他的事不闻不问，也没有一点想帮他找找的意思，小H便以为自己的水彩笔是被小M拿走了。于是，他直接找小M要笔，小M觉得小H太莫名其妙了，两个人大吵了一架，最后闹到了班主任那里。班主任通过仔细调查，没有发现小M有拿小H水彩笔的确切证据，但小H仍然坚持自己的意见。此事当天没有得到解决。第二天，小H的水彩笔找到了，原来他把笔落在家里了。

在学校生活里，一个人可能会被别人误解，也可能误解别人。在案例6.4里，因为同桌小M没有帮小H找他心爱的水彩笔，他就觉得是小M拿了他的笔。这类"理解"问题在学校中也很常见。

作为信息接收者的一方，小H对小M的行为反应做出了不恰当的理解，从而引发了冲突。如果当事人能够冷静面对事情，也许会避免冲突。

在案例6.4中，由于双方在信息传递中已经出现了偏差，那事后就要有所弥补。

小M方面：作为互动机会比较多的同桌，应该更加相互关心、友爱才对。在小H很着急找笔的时候，应该对其表示关心，帮其一起寻找，而不是不闻不问。可以自己想一想：要是自己的东西不见了，小 H 也不闻不问、不帮我找，我会怎么想？我是不是也会认为是他拿了？再遇到这样的事情时，我该怎么做？

小 H 方面：首先，小 H 同学不能因为小 M 不帮忙找笔就认为是他拿了自己的东西，因为这两个行为之间并没有必然联系。其次，当最后找到水彩笔后应主动向老师、小 M 说明情况，并赔礼道歉。如果小 M 没有很快接受道歉，或即使接受了道歉但对自己仍有看法时，自己也要体谅。也应站在小 M 的立场上想一想，如果我处在那样的位置上，我心里会舒服么？我会立刻谅解他么？我的心里会是什么样的感受呢？这样一想也就会领悟到小 M 的委屈了。最后，在以后遇到这类事情的时候，就不能这样"鲁莽"了，心里要谨记"不能在缺乏证据的情况下冤枉别人"。此外，要主动与人沟通交流。当遇到不满情绪时，要多与人交流自己的想法，让别人清楚你当时的需求和内心的感受，这样有助于化解隔阂，消除矛盾。小 H 找笔的时候，可以主动要求小 M 一起寻找；如果小 M 有自己的事情，不方便帮忙，也可以说明自己的情况。适时的沟通是减少和消除误解，达成理解的有效方式。

案例6.5　男女生安全距离

某高中给学生制定了几条规矩：男女生不得成对单独出现在校园里，男女同学平时距离不能小于50厘米，男女生不得同桌吃饭。副校长称，现在春暖花开，为防止早恋，给他们打个预防针。[①]

从案例 6.5，不难看出，早恋问题在许多学校可谓"谈虎色变"。本书并不是想为早恋"正名"。但是如此地大动干戈，好像确实没有必要。学校这样做反而可能激起学生的逆反，使早恋现象愈演愈烈。

关于早恋的问题，老师会严加制止，他们会认为"我这样是对你好"，是为了避免影响你们的学习，你们是要高考的。这是老师对学生交往需求理解偏差的表现之一。

随着学生年龄的发展，他们的生理、心理也随之发展，他们有交往的需求。但学校、家长、社会没有给学生积极的引导，而是严厉打压，这不利于学生的健康发展。

在学校道德教育中，老师应该对学生进行正面的青春期教育。让大家知道青春期如何进行健康的异性交往，如何正确区分友情与爱情，与异性交往的行为规范；也要有意识地培养青少年正确的独立意识。学校的规范和教育活动只有基于对学生发展需要的理解，才有正当性，才会受到学生支持。

案例6.6　我真的不是在作弊

小 L 是一名五年级学生，今天考试的时候发生了一件让他特别委屈的事：在考数学的时候，他忘记准备好草稿纸，等考到一半的时候才想起来找，但是他的抽屉里书很多，他越是急越是找不到。正在他在抽屉里翻来翻去的时候，数学老师走过来生气地把他的卷子收走了。边离开还边说："平常不好好学习也就算了，考试的时候还要作弊。"小 L 正准备跟老师解释一下的时候，老师一摆手，打断了他未说出口的话，"别再狡辩了，明天

[①] 杭州中学出新规　男女生交往距离禁小于半米［N/OL］.钱江晚报，2012－04－05［2016－03－20］. http：//society.huanqiu.com/roll/2012-04/2582981.html

请家长来学校。"小 L 很难过，虽然自己平常成绩不怎么样，不讨老师喜欢，但是这次他真的没有作弊，现在卷子被老师收了，不仅老师认定他是作弊，同学们也这样认为，回家之后等待他的也将是耳光。小 L 百口莫辩，觉得"跳进黄河也洗不清"了，于是回家取了一些衣物和钱财，准备离家出走。

从案例 6.6 可以看出，老师和学生小 L 对作弊的理解存在差异。老师把考试时翻抽屉的举动视为作弊；小 L 认为自己只是在找草稿纸，没有抄袭答案，不是作弊。应该说，在比较严格的考场规定中，小 L 的举动是被界定为作弊的，即使他只是为了找草稿纸，因为考生究竟在找什么，找的过程中看到了什么，监考者是难以判定的，只能根据外显行为来判断。师生之间的这种理解差异，也许源自学校对考试规则的界定不够清晰；也许源自学生对清晰的规则理解不够到位，因此没能很好地遵守规则。本案例中，小 L 之所以感到特别委屈，还有一种可能，就是老师强调"平常不好好学习也就算了，考试的时候还要作弊"。如果换作一个平时成绩好的学生，做出类似的举动，老师也许就不那么较真了。如果是这样的情况，就是老师带着先入之见在理解学生，这时，偏见、不公就容易发生。

发现考试时违规行为后，是没收试卷，还是提出警告后允许学生继续答题，或是进行其他处理。如果事先没有明确的规范，教师临场的处理很可能会带进先入之见：成绩差的学生更容易作弊，对成绩差的学生处罚要严。处罚后或考试后若是先与学生单独沟通，必要时再请家长了解相关情况、协助教育，学生就有机会被理解，而不是感到被冤枉且无处申冤。案例 6.6 中的老师，不容学生说明情况，直接请家长，堵塞了与学生沟通的渠道，让学生感觉百口莫辩。这种情况容易诱发学生离家出走等问题，也就是此时学生倾向用比较极端的方式证明自己的清白。

的确，感觉被人冤枉是很愤怒、很伤心的。但是，若此时采取比较冲动的、极端的做法，很可能诱发新的问题，给自己或周围人带来伤害。让自己冷静下来，平心静气地分析问题、解决问题才是明智之举。案例 6.6 中，小 L 在考场上翻抽屉找草稿纸即使不算作弊，至少也反映出他学习习惯不好，考前未做好应有的准备。当他能够反省自身的不足，被冤枉的感觉也就减轻了。此时与老师沟通，自己的态度也会谦和很多。

三、"不愿理解"问题

"不愿理解"问题，是指学校师生两大交往主体在交往过程中，交往主体在认知上已经达到了能够理解的水平，但由于信息接收者在情感上不想去主动理解信息传递者所传递信息的意思，而导致的在传递信息过程中出现了偏差所产生的问题。例如，有些学生可能认为"事不关己，高高挂起"。别人的事情跟我没多大关系，我不想去了解他是什么意思。

案例 6.7 爸爸下岗之后

五年级的小 S 走进教室看到好几个同学围坐一团，议论着什么，她走近，听到了这样的对话：

小 G：你们知道吗？小 S 的爸爸下岗了。

小 E：真的？她妈妈病休在家，治疗需要好多钱呢，这回可惨了。

小 X：这又怎样？关我们什么事？

小 S 听到后很难受，准备转身离开。小 G 看到了，连忙走过来说：小 S，没关系，我家有钱，以后你需要钱说一声，我给你。

小 S：走开，谁要你的钱！

小 G（一脸委屈）：我是要好心帮她的嘛，她干嘛生那么大的气？

在案例 6.7 中，小 S 因为家里的事心里本来就不好受，到学校又听到大家背后议论她，而且小 X 竟然说"这又怎样？关我们什么事？"小 G 又直接走过来说"我家有钱，以后你需要钱说一声，我给你。"小 S 生气好像也是理所当然的。

在此案例中，我们着重探讨一下小 X 与小 G 的言行态度。关于小 X，她就完全是一副"事不关己，高高挂起"的样子，她认为小 S 家的事跟她完全没有关系，她家出事了又怎样，一点也不会影响到她。而小 G 虽然想对小 S 有所表示，但是她的方式又有点问题。她本来是出于好心，想去帮助小 S，但她这种直接的方式让小 S 多少有一种低她一等，需要小 G 去可怜她，受她施舍的意味。小 G 的好心并没有很恰当地表达出来，也没能让小 S 恰当地理解，从而使她得感到安慰。她的方式让小 S 很受伤，她自己也很委屈。

通过案例 6.7 我们可以看出，在学校同学交往中，不能一切只以自己为中心而不去考虑、顾忌别人的感受；此外，安慰、帮助他人也要注意方式方法，以免好心办坏事。

特别需要注意的是，一项对 1300 位中小学生所做的问卷调查中，当回答"老师和你沟通吗"时，选择"经常"的，仅 83 人；选择"偶尔"的，有 220 人；而选择"从不"的，则有近 1000 人。[①] 这表明教师不愿与学生平等地进行沟通交流的情况非常严重，由此自然会带来形形色色的理解问题。

第三节　搭平台促理解

有人说，学校教育无小事，事事皆育人。营造学校理解氛围有助于改善师生交往关系，为学生、老师的成长与发展通过学校理解道德氛围的营造，帮助大家学会理解，让大家在理解的过程中健康成长。

师生交往主体面对一件事情需要"理解"的是当事人为什么这么做、应该怎么做以及应该做什么。

一、平等对话，夯实理解

平等是人与人之间的一种关系，同时也是人对人的一种态度。人和人之间的平等，不是指物质上的"相等"或者"平均"，而是在精神上的互相理解、互相尊重、把对方当成和自己一样的人来看待。而在教育实践中，教育活动都是在教师与学生之间展开的，教师与学生总是处在共同的教育情境中，双方总是在交往中教育和被教育。也就是说，教师与学生总是处于一定的交往关系中，没有交往，这种教育关系就不成立，教育活动也就不可

---

① 谢志斌. 论尊重缺失的表现、原因及对策 [D]. 武汉：华中师范大学，2008（6）：6.

能产生。师生之间的交往关系,并不是教育活动派生的副产品,而是自发产生的、正常的人际交往。

在师生的交往过程中,想要理解得透彻,不产生歧义,不对另一方产生错误的理解,沟通很重要。双方之间要通过对话才能形成真正的沟通和交流,形成真正的相互作用。这是因为对话可真正使师生在相互作用中理解对方,获得精神上的沟通。在师生交往过程中,"对话不仅仅是指二者之间的狭隘的语言的谈话,而且是指双方的'敞开'和'接纳',是对'对方'的倾听,是指双方共同在场、互相吸引、互相包容、共同参与的关系,这种对话更多地是指相互接纳和共同分享,指双方的交互性和精神的互相承领。"[1] 师生对话的过程就是双方相互理解的过程。在对话过程中,师生通过语言上的交流,"敞开"了自己的精神世界,"接纳"着对方,这是真正的精神层次上的沟通。

在目前的师生交往中,"教师为中心"的关系更为常见,学生往往是被看作要被控制和教育的对象,师生在教育活动中可以说是从属关系,老师"高人一等"。当前,重构新型的师生关系已成为时代发展的必要要求。只有在平等对话与理解的基础上,师生才可能向对方敞开精神、彼此接纳、无拘无束的交流互动。即在教学活动中,"对话和理解构成了新型师生关系,即'我—你'关系。"[2] "我"与"你"是整体性的关系,在"我—你"关系中,师生双方都作为整体的、独立的个体在交谈,师生各方都把对方"看作与'我'讨论共同'话题'的对话的'你',师生关系是直接的,相互的,亲临在场的"[3] 交往双方在理解中获得沟通和共享。在这里需要阐明的是,教师对学生的理解,是表现在"把学生作为整体的精神来接纳他,从而感染他、育化他、使他获得精神的完整性"[4]。

在教育过程中,师生之间达到相互理解也只有在平等的基础上进行对话交流,师生的关系应该是一种对话关系,一种双向的、交互作用的对话关系。后现代主义者罗蒂强调,"教师的作用不在于传授真理,而在于激发学生的想象力,教师必须拟稿使学生产生对话。"[5] 后现代主义对话的本质是一种交流和共享,是师生之间共享知识、共享经验、共享智慧。同时,对话是开放的、公平的;双方都有对话的权力和对话的能力;教师要以平等、平和的心态,关注和关心学生。在《学会生存》里有这样一句话:教师的职责现在已经越来越少地传递知识,越来越多地激励思考;除他正式职能外,他越来越成为一个顾问,一位交换意见的参加者,一位帮助发现矛盾论点,而不是拿出现成真理的人。他必须集中更多的时间和精力去从事那些有效果的和有创造力的活动:互相影响、讨论、激励、了解、鼓舞。[6]

案例 6.8 我给自己画张像:创造互相了解的机会[7]

进入新的班级,学生之间比较陌生,有的甚至互不认识。要把他们拧成一股绳,凝聚

---

[1] 金生鈜. 理解与教育[M]. 北京:教育科学出版社,2001:131.
[2][3] 同上书,138页.
[4] 同上书,138,139页.
[5] 王景英,梁红梅,朱亮. 理解与对话:从解释学视角解读教师评价[J]. 外国教育研究,2003(8):39.
[6] 联合国教科文组织国际教育发展委员会. 学会生存[M]. 华东师范大学比较教育研究所,译. 北京:教育科学出版社,2008:108.
[7] 孙娜. 在活动中提升班级凝聚力[J]. 班主任,2015(12):28-29.

成一个整体，班主任首先应该及时地搭建一个增进相互了解的平台，让班级每一名学生都能相识、相知，快速地融洽关系。每次接手新班，我都会组织开展"新班级我给自己画张像"活动，活动分为"画像"和"评像"两个环节，每个环节时间为期一周。

在"画像"环节，我要求每个学生都要向大家做自我介绍。介绍方式不限（可以书面介绍，也可以口头即兴介绍），但一定要突显个性，能够全面、真实、客观地反映一个真实的自我。要求重点就自己的性格特点、兴趣、爱好、特长以及以往取得的成绩和在新的学年、新的班级有哪些打算等方面进行"画像"。在学生自我画像的同时，我会对班级每一个学生的"画像"进行整理，并统一张贴在教室后墙"风采展示栏"内，供班级其他学生欣赏和交流。在"画像"期间，学生可以随时对自己的"画像"内容进行修改或者补充，直到自己满意为止。

"画像"结束后，活动进入"评像"环节。我要求每一名学生都要对其他同学的画像进行点评，最终评选出8～10幅优秀画像，并对画像学生进行表扬点评、评选的依据是"画像"以及本人进入班级后的实际表现，所选的优秀"画像"要求必须"像""实"相符。

在新的学期或新的班级里，多数学生都会有一种新鲜感，会确定一些新的追求，设计新的目标，产生"从头来""好好干"的念头与想法。"画像"活动正是基于学生这种要求上进的心理组织的。"画像"活动其实也是一个自我展示、自我激励的过程。为了能够更多地得到别人的关注与认可，每一个学生在"画像"过程中都会积极地"美化"自己、"修饰"自己，力争把最美好的一面展现在别人面前。在活动中，虽然我没有对学生进行任何说教，也没有对学生的行为作任何强制性的限定，但每一个学生都在切切实实发生着变化。他们的言行更规范，关系更融洽了，班级整体风貌也发生了明显的变化。

进入新的班级之际，借助自我画像的办法，让学生有一个认识自我、互相认识、互相了解的机会，在理解氛围的建设中开了一个好头。同时，在新的氛围里，学生对未来自我的理解和筹划融合进画像中，产生了积极的心理效应。

其实，可以促进沟通的活动有很多。主题班会是班级教育活动的主要形式之一，在促进学生的成长和树立人生观上都起着重要的作用，是营造理解氛围的一个行之有效的途径。成功主题班会应该主题鲜明，有针对性，有吸引力；内容丰富，形式生动活泼；具有教育性，有助于学生的提高等。像"老师（同学），我想对你说"这样的主题班会，鼓励师生畅所欲言，把平时遇到的"不理解"问题大声说出来，尽量现场解决问题，从而增加理解。此外，与"理解"密切相关的主题非常丰富，例如，"规则是什么"。对于刚入校的低年级同学来说，正在规则的认识期。有必要让他们尽快熟悉与了解学校、班级的规章制度，养成良好的行为、学习习惯。"规则是什么"主题班会就是让学生通过对规则的了解，明白规则的含义与必要性。让学生对一些规则问题进行讨论，确立规则意识；同时，师生适当地列举案例，让学生通过对日常行为的评论，促使其规则意识内化。"我有哪些责任""如何理解友谊"等针对学生容易发生误解的领域，都可以适时开展主题班会，让理解更到位。

案例6.9 我们心目中的"老班":平等对话的引领者[①]

冤者望清官,贤者望明君,良驹望伯乐,学子望好"老班"。

上了高中,大家对班主任的称呼变成了"老班"。这听起来亲切,叫起来顺口。不过,称谓的变化似乎也带动了思想的变化。

高中不再是老师"说一不二"的时代了。我们需要的不再是一名教我们判断"对错"、教我们明辨"是非"的班主任。我们需要的是一位能够像朋友一样尊重我们的思想,以平等的方式引领我们向着正确的方向前进的老班。

我们心目中的"老班",一定不是一个不苟言笑的"严师"。"严师",既严格又严厉的老师。俗语说"严师出高徒"。但是,在现在这个社会,严格的老师的确好,但严厉的老师可未必受欢迎啊!我们的"老班"可以在上课时不苟言笑,可以在我们犯错误时阴云满面,但下课的时候一定要露出笑脸,让我们可以感受到他(她)的温暖。

我们心目中的"老班",一定不是一个"老古董"。我们师生虽出生在不同的年代,但生活在同一个时代,而且在一起随着时代的脚步前进。我们需要从传统文化中汲取营养,但更需要新的知识、新的观念指导我们迎接未来。我们心目中的"老班"应该告诉我们,面对将来,我们需要做好哪些准备。

我们心目中的"老班",一定不是一个"垄断主义者"。他(她)一定不可以在我们还未迈出脚步时,就强行把我们拽到他(她)认为对的道路上。我们的人生之路需要自己探,而老班要做的是用"经验"教导我们如何寻找正确的路,怎样防止迷失方向。人的一生有很多种可能,但这些可能只有在实现之后才会变成人生,在实现之前,它永远只是可能,不要用那些所谓的"经验"拴住我们尝试新生活的脚步。

我们心目中的"老班",不仅是我们的老师,还应该是我们的朋友、亲人、可信赖的人。他(她)善解人意、温柔善良,能够及时发现每个学生的快乐和忧伤,会和我们一起分享快乐,分担忧伤。

我们心目中的"老班",他(她)一定是我们最尊敬、最热爱的人。

由这篇短文,我们能看出孩子们心中的"渴望"。他们所期望的老师、班主任,不仅是能够给他们"传道授业解惑"的师者,同时更是能够和他们能够平等相处的、懂他们的、能够值得分享的可信赖的朋友。

案例6.10 跟学生交朋友[②]

青州实验中学的信息技术教师李福军善于跟学生交朋友。他当班主任有一个原则:尊重爱护学生,公平对待并充分信任每一个学生。春天,校园里樱花盛开,李福军和学生惬意地边走边聊;夏天,他便和学生坐在教学楼的台阶上聊;秋冬天凉,他在自己的办公室里,先摆好椅子,沏好茶,再把需要帮助的学生请来一起聊。

每接一个新班,刚开始学生都会感到些许紧张,不会说出心里话,但往往架不住李老师的耐心,他会不厌其烦、一轮一轮地把学生找来谈心。有学生问:"李老师,你天天跟

[①] 李婴. 我们心目中的"老班"[J]. 班主任, 2008 (10): 40.
[②] 任国平. 教育当以育人为根本[J]. 人民教育, 2013 (2): 27.

我们谈心，晕不晕？""怎么会晕呢？只要你们愿意跟我聊，我就很开心。"李福军面露微笑说道。人是感情动物，日久生情，李福军深知这个道理，"真正和学生建立起相互信任的感情，他才会跟老师说掏心窝子的话。"果不其然，有男生遇到了"感情问题"，也会跟李老师诉说一番，"李老师，我喜欢班上一个女生了。""这很正常，"李福军很淡定，"但不能因此影响别的同学，尤其是那个女生，另外不能耽误你的前程。"师生之间的话匣子就这样轻轻松松地打开了。这件事，慢慢就在班上传开了，"李老师不会因为你说实话而整你，他会真心帮助你。"李福军很快就成为学生值得信赖的朋友。

李福军还喜欢参加学生活动。男生爱打篮球，李福军经常在球场上跟学生"混在一起过招儿"。不熟悉的人，真分不清谁是老师，谁是学生。总跟男生玩在一起，女生们不乐意了，当面就说："李老师，您总跟男生玩，是不是重男轻女呀？"李福军又开始跟着女生学踢毽子，一开始一个都不会踢，后来能一口气踢60多个。

李福军几乎把所有的时间都放在学生身上。爱人嗔怪道："你是个永远长不大的孩子！"李福军乐呵呵地回应："跟学生做朋友，必须把他们当亲人，他们才会把你当亲人。这样，交流起来才没有隔阂。"不仅倾注心血、付出时间，李福军还经常自掏腰包，买来盆花、绿植，把教室装点得温馨如家，为学生创设更好的学习环境。实验中学的老师们说，李老师带的班，总能保持一种积极向上、充满正气的氛围。

李福军长期跟学生交朋友的倾情付出，沉淀为一种师德修养、一种亲和气质，关键时刻便能发挥出独有的魅力。2011年11月，李福军作为潍坊市唯一代表，赴山东日照参加省教学能手大赛。他抽到的课题是"表格数据图形化"，借用日照实验中学一个班级的陌生学生上课，只有一个小时熟悉学生的时间。这一个小时，李老师与学生聊起家常，聊起手机的使用。

次日正式赛课。没想到，有个学生站起来说："李老师，关于带手机的利与弊，我们可否展开一场辩论？"李福军心里"咯噔"一下，因为这是他的教学设计之外的问题。但他没有流露丝毫紧张，"好啊，真理越辩越明嘛。"学生迅速分为正反两方，开始辩论。"信息社会，带手机方便与家长和老师联络，利大于弊……""我有时用手机上QQ和同学聊到很晚，上课就会打盹儿，所以弊大于利……"学生们针锋相对，唇枪舌剑，惹得阶梯教室后面120多位来自多所高校的专家以及山东省教研员们不时流露出会心的笑声。

李福军不失时机地总结道："手机是一个科技产品，也是一把'双刃剑'，日常生活中在用好手机的同时，也要克服其弊端。"随即，他因势利导，把学生辩论中生成的问题设计成调查表，现场投票生成数据，并对数据进行加工分析，制作出柱状图、饼状图、折线图……一堂原本让学生感到枯燥乏味的"表格数据图形化"课，李福军却上出了创意，上得生动活泼、高潮迭起。最终他获得了大赛第一名。"这堂课最大的亮点是学生自主生成的辩论环节。当然，善于与学生交朋友发挥出巨大效应。"李福军说，"不然师生之间不会如此默契。"

这次赛课，也给李福军一个启示：要在日常教学中更多渗透让学生明辨是非的内容，培养他们理性思考的能力。

李老师抓住一切机会与学生交谈，与学生交朋友，与学生共度美好时光。在交谈中了解学生，在交谈中把握教育机会引领学生，在交谈中生成教育资源，在交谈中培养学生的理性思考能力，化解教育难题。乐于倾听是理解的基础，在倾听和交往中，教师对学生的关心、尊重和引导鲜活而实在地体现出来。这样的"老班"成为理解氛围建设的核心力量。

案例6.11　网络，让孤雁归队[①]

孩子的心就像一池湖水，在平静的湖面下，常常有暗流涌动。

晓石是一个内向文静的女生，学习成绩优秀，作文写得很好。但我发现，她不太合群，课间从不和同学玩，或者独自静静地在座位上看书写字，或者趴在阳台上眺望远方。她的孤僻让我有些担心。

通过家访，我得知晓石在家也很少和父母交流，大部分时间都是躲在房间里上网。她有很多天南海北的网友，还有自己的博客和QQ群，每天都会上网聊天、更新博客、上论坛发帖，忙得不亦乐乎。没想到，现实生活中不擅交际的她，却是网络世界的红人。但网络上鱼龙混杂，这个年龄段的孩子尚缺少分辨力，一味沉迷其中，难免会受到一些不良影响。

我仔细分析了晓石的状况，要让她从虚拟世界回归真实的生活，仅靠说教肯定不行。他们渴望被理解，渴望了解世界，我们却没有创设适当的平台，他们只好"另辟蹊径"，到虚拟世界中去寻求慰藉。要引导学生，了解学生是第一步。于是，征得晓石的同意，我加入了她的QQ群，经常上线浏览她的博客，了解她的所思所想。

有一天，我一上线，就发现QQ群里正进行一场激烈辩论。辩论源于网上的一篇报道：某地一位老太太在路上摔倒，好心的过路人救了她，老人的家属反而诬告施救者，要求巨额赔偿。到底该不该见义勇为？QQ群里众说纷纭。有的说："不要多管闲事，明哲保身要紧。"有的说："在帮助别人前，千万要慎重，三思而后行。"还有的说："做人要有原则，走自己的路，让别人说去吧。"

这是多么真实的德育情境，也是了解学生思想状况的良机！他们在关注社会、思考人生，这时候，迷惘中的他们需要正确的引导。我抓住契机与他们交流，在肯定他们真诚的态度的同时，也从成人视角对这件事进行了更全面深入的剖析。

自此以后，晓石和我亲近了许多，经常在网上和我分享她的一些见闻，偶尔也会说说对学校、班级、同学的看法。

我开始意识到，网络教育是迫在眉睫的大事。于是，我在班里发起了"绿色上网，远离网络污染"的活动，晓石作为组织者向同学们介绍她的心得体会。渐渐地，在晓石身边聚集了一群热心的同学，他们一起起草了"绿色上网"倡议书，请老师和父母监督，同时也呼吁父母多和孩子交流，创建良好的家庭氛围。

如今，晓石和我已经成了无话不谈的朋友，也成了我班级管理中的一位得力助手。晓石的成长变化也使我意识到，教师除了关注学生的学业与行为习惯，更要关注学生的精神世界，发现他们内心的渴望和内在的成长动力，做学生的知心朋友。

沟通与交流是促进理解最直接的方法之一，也是消除误解的最终办法。有时候交往主体之间就是因为沟通不顺畅或没有沟通，而导致不理解问题产生。搭建交流平台，使交往主体

[①] 汤王静. 网络，让孤雁归队 [J]. 人民教育，2010（12）：29.

保持交流畅通，这是理解氛围营造不可或缺的部分。传统的校会、班会、板报、班级日志、班级论坛等都是很好的交流渠道；电话、电子邮件、QQ群、微信群等使得沟通更便捷。

现代人几乎都离不开网络，迷恋网络的孩子为数不少。如何用好网络平台，让虚拟生活更好地为学生发展服务，案例6.11中的老师做出了很好的尝试。

二、培育同理心，自愿理解

在师生这两大主体交往过程中，把自己放在对方的位置上，设身处地地体验、领悟他人的内心世界，注意形成彼此之间的共同感受，具有"同理心"，这是增进相互理解、促进相互接纳的一种有效方法。

同理心又可以译作"移情""同感""共情"等，意味着在与他人交流时体验到对方内心世界的感受，并能对对方的感情做出恰当的反应。而且，这种共情层次越高、感受越准确、越深入时，它能帮助人们更好地理解对方，缓和情绪状态，促进对方的自我理解和双方的深入地沟通，自然就能建立起一种积极的人际关系并有助于问题的解决。同理心同时还有助于发展人们的博爱、利他、合作等个人品质。

心理学家将同理心分为初级同理心和高级同理心。初级同理心的表现是能够理智地理解他人的行为，在与他人接触中不排斥他人，也不强迫他人接受自己的观点；高级同理心则是指个体不仅可以站在他人的角度考虑问题，还能感受到这个事件给当事人带来的内心体验，使自己进入对方的内心世界。它所表达的是一种理解、接纳、平等、关爱与尊重。

通常，一个具有同理心的人对周围的一切事情都会产生一种关心和了解的心理趋向，当自己与他人在认识上出现分歧的时候，能够真诚地尊重对方，并分担由此而产生的各种心理负担；能为对方都留下空间，设想他们所想要、所需求的东西，他们能做的事，及他们自己的生活。有了同理心，我们将不再是处处挑剔对方，抱怨、责怪、嘲笑、讥讽也便会大大减少；取而代之的是赞赏、鼓励、谅解、互相扶持。这样一来，人与人的相处，就会变得愉快、和谐。

要做到将心比心、设身处地并不是那么容易。是需要用心去实践的，需要指出的是：同理心的过程是"将你心换我心"，把自己当"当事人"，而不是单单只是站在对方的角度看事情。

案例6.12　你不坏，只是有个性[①]

自师范毕业走上教学岗位以来，我已"转战"三所小学，送走三届毕业班，且接手的清一色都是"差班"。许多人不理解我为什么总愿意带"差班"，当我告诉他们我自己曾经也是差生时，他们惊愕不已。是的，他们难以把我这个读师范的才子——校文学社社长、学生会干部、十佳特长毕业生与"差生"两字联系在一起，但我的确曾经是一名不折不扣的差生！

小时候，我性情顽劣：下水摸鱼，上树掏鸟蛋，偷瓜摘枣，扒吃刚下地的花生种，掐断田里金灿灿的油菜花……直至上学，劣性不改：不写作业，跟男生打架，用毛毛虫吓唬女生，向老师的水杯里倒粉笔末，在女教师漂亮的衣服背后甩上墨水……成绩差得一塌糊

---

① 乐兵. 你不坏，只是有个性[J]. 班主任，2006 (10): 41.

涂：四年级才能完整地把乘法口诀背下来，五年级才会列除法算式。在家长和老师眼里，我是一个地地道道的坏孩子。挨打受骂是我的家常便饭。

如此不可救药的我却在五年级时幸运地遇到了乐自忠老师，我的一个本家叔叔。那时，乐老师20岁刚出头，从来不呵斥我们，更别说动手打了。在他眼里，我们这些毛孩子身上都有宝。就连我也常常能受到他的表扬，说我"作文好""会思考"。有一次，我以《钓鳖》为题写了篇作文，将自己怎样把缝衣针制成鳖钩，怎样把化肥袋上的缝制线改成钓线，怎样动手去逮泥鳅并把它捂至臭而不烂用来当作诱饵，怎样寻查下钩的地方，等待时的心情和钓到鳖后的欣喜等，都写了下来，啰啰嗦嗦地竟写了两三千字。乐老师在评语中写道："文章因为是自己的亲身经历而显得具体、生动，有真情实感；字数多，像作家的中篇小说……"我惊喜极了，乐老师竟把我的作文称为"文章"，在我心中，只有作家写的才能叫文章，更让我惊喜的是，他竟把我的作文与作家的中篇小说相提并论。从此以后，我爱上了作文，开始喜欢学习，不再那么捣蛋了。小学毕业，我以优异的成绩考入了乡重点初中。初中时，我的成绩曾几次滑坡，多次顶撞老师，甚至几度要退学。每每这时，乐老师总是及时出现，一面劝慰我，一面到中学找老师为我求情。在他的鼓励督促下，初中毕业我报考了中师并以全乡第一名的成绩被录取。

师范学校的教育学课程让我明白了"没有教不好的学生"的道理。但高中都没有念完，更没有学过什么教育学理论的乐老师为何要对我这样一个人人厌弃的差生耗费如此多的心血呢？一次，我小心翼翼地在他面前道出这个困惑，他笑了，说："你哪是什么坏孩子，只是有些野性罢了，这只是你的个性！虽然野过了头，但并不能说明你的本性坏。那时我想，只要把你的写作能力、肯思考的潜能激发出来，不就能影响并改变你的野性吗？……"

乐老师的几句话比任何教育理论都震撼我的心灵，深深地影响着我的教育观念。每当面对那些让人头痛的学生，我就不断地提醒自己：这孩子不坏，只是有着他自己的个性！也许，有的孩子有许多让人无法容忍的毛病，但请相信，他的身上一定有可以挖掘的闪光点，哪怕只有一星半点，就足以用来影响并改变他所有不良的行为习惯，因为"星星之火，可以燎原"！

"你不坏，只是有个性！"这是我教育生涯中最重要的一句话。

"你不坏，只是有个性！"的确，这话在众多"顽劣"的孩子身上都适用。有了这样的基本理解，再加上老师观察了解所发现的闪光点，他们感到有人想他们之所想，他们感到被尊重、被理解、被信任甚至被欣赏。同理心让孩子们的自我理解也随之积极起来，整个世界因理解不同而不同了。

案例6.13 在交流中打通儿童与外界的联系①

台湾张文亮写过这样一首诗——牵一只蜗牛去散步。

上帝给我一个任务，叫我牵一只蜗牛去散步。

蜗牛已经尽力爬了，为何每次总是那么慢？

---

① 此案例由上海市嘉定区华亭学校唐伟东老师提供。

我催它、唬它、责备它，
蜗牛用抱歉的眼光看着我，
仿佛在对我说它已经尽力了嘛！
我拉它、扯它，甚至想踢它，
蜗牛受了伤，它流着汗，喘着气，往前爬……

这样的场景我们是多么得熟悉，这多么像我们教育孩子时遇到的情况啊！当我们心急如焚，甚至怒火中烧的时候，小蜗牛们还是慢速前行。这不禁让我想到了一年级的小A，我想，他是不是上帝派给世间的一只小蜗牛，来考验老师们的智慧和耐心呢？

一天早晨，我在学校里巡视，走到大厅的时候，值日中队的队员带着一个小男孩匆匆来到我的面前，气鼓鼓地说："老师，这位同学迟到了，我们问他是几班的，他就是不吭声。"我看了看这个小男孩，他也扑闪着大眼睛看着我。我让值日队员回到小岗位上，想独自和这个小男孩进行沟通。可让我惊讶的是不管我说什么，他就是不发一语。我心里气急，语气也不由得严厉了起来。让我震惊的是他居然扑通一声坐在了地上，依然倔强地抿着嘴唇，用那双漆黑的大眼睛瞪着我。正当我无计可施的时候，她的班主任姚老师恰巧经过，她先是过来摸摸小男孩的头，说："小A，同学们都在教室里等你哦，你可以自己回教室，也可以和老师一起走。"小A想了想，自己起来慢慢地走了回去。

我说："姚老师，他是不是心理有问题？一定是个学习成绩很糟糕的学生吧。"姚老师摇摇头说："恰恰不是，他的成绩属于中上等，课堂上注意力也很集中。"我不禁追问："那他为什么会出现这样异常的行为呢？"姚老师为我讲述了小A的故事：开学不久，经常有同学来"告状"，说一个小男孩经常打人，很粗暴地推人，还趁人不注意，偷偷拿东西……姚老师便去和他聊天，看看是怎样的一个孩子这样"突出"。天哪，那一口浓重的湖南话比英语还难懂，更让人着急的是老师讲的话他也表示听不懂。于是，老师便和家长沟通。原来，他从小就在湖南老家和爷爷奶奶住，也没读过幼儿园，到了6岁了，直接接到上海读一年级。在爸爸妈妈身边生活才刚刚开始，就又被送到了学校，面对一大群陌生人。家里有个小妹妹一直和他玩得很好，可为了照顾他，妹妹被送回老家。在家里本就不讲多少话的他，现在整天不讲话。爸爸妈妈为了弥补他，也是什么都顺着他，导致他的行为习惯散漫乖张。每天姚老师都会把他叫到办公室和他聊天，任是天南海北，糖果零食，无论是责骂怒吼，还是愤愤不已，他总是扑闪着大眼睛，默默地站着，在沉默中离开……

小A的故事让我陷入了深深的思考：为什么他是如此"难以调教"，如此"刀枪不入"呢？遇到这样的孩子，我们能做些什么呢？是听之任之，哀其不幸，怒其不争？还是爱之导之，锲而不舍？作为教育工作者，我想我们都会暗下决心：要在智慧的引领下抓住教育的契机，适时地开启学生的智慧；要有一颗宽容的心，理解学生，心平气和，才能点亮学生心灯；要有一颗慧眼，发现学生的潜能，给予充分的肯定，才能激发他不断完善自己。

儿童的沉默不语，往往是心存戒备，不愿意敞开心扉，因为你并没有成为他认可的朋友，我们要尊重他的表现与沉默的表达方式，尝试走进他的世界，去观察他的喜好，怀揣一颗童心，将大自然作为与儿童沟通的媒介。

在一个阳光明媚的正午，像往常一样，小A和姚老师在沿着跑道一前一后地走着。突然，他冲向了单杠旁的草丛中，弯着腰，抬起胳膊，似乎要抓什么。姚老师悄悄地走到他身后，原来，草尖上有一只蜻蜓停在上面，蜻蜓似乎在和小 A 对视，他也耐心极好地陪着，慢慢靠近。手刚触到蜻蜓，灵巧的家伙就飞走了。可是，小 A 没有放弃，继续追赶蜻蜓，老师也陪他一起追赶，并不断表达着喜悦。追了一会儿，没追到，可是，小 A 丝毫没有失望，他居然冲着姚老师兴奋地说着什么。于是，他们半猜半蒙地交流着，小 A 越来越开心，开始给姚老师描述他湖南山村的美景，姚老师也给他讲了小时候家乡的风景和有趣的故事。从那刻开始，小 A 的世界向外开放了。智慧的姚老师说："我知道你是个特别聪明的孩子，你只是语言不通，感到没有伙伴，很孤单。老师很想和你做朋友，那样我们就都不孤单了，好吗？"小 A 感激地点点头。

后来，他开始跟我拼读第一个生字"小"，开始跟英语老师学说"Hello"，开始跟数学老师说算式……那一直低着的小脑袋，开始抬起来了，尽管还有几分羞涩。

时间在等待中流淌，孩子在等待中成长。一切都从等待中来，又在等待中离去。老师的"等待"并不是一味地痴痴傻傻地"守株待兔"，适时地点拨、恰当地评价、真诚地鼓励、巧妙地引导，给学生以新的体验和启发，从而在良好的沟通中建立良性的共生。

学生的慢，学生的一些"问题"，表现看起来是相似的，原因往往也大多与家庭有关，但每个人的实际情况又有很大的不同，不通过具体的交流沟通，就难以找到真正的"病因"，难以打开其心锁，难以达到相互理解。案例 6.13 中的小 A 主要是因为从小说方言，改变环境后难以与他人交流，加上其他的不适应，才诱发一系列问题。当老师愿意理解他的处境，愿意花时间陪伴他，不断主动与他沟通，他的沟通愿望和能力慢慢被唤醒了，他理解他人、理解世界的门被打开了。正如苏霍姆林斯基所说：其实在每一个孩子心灵最隐蔽处的一角，都是一根独特的琴弦，拨动它就会发出特有的音响。要想使孩子的心同我讲的话发出共鸣，那么，我必须同孩子的心弦对准音调。①

三、角色扮演，促进理解

角色扮演，是指跳出自己的自然生活状态，去表现他人的立场、身份、状态或某种假想的自我状态。除了在戏剧等艺术形式中的运用，角色扮演用于教学、心理咨询等领域，可通过虚拟场景宣泄自己的不良情绪，加深自我理解；可比较真切地实现"换位思考"，理解对方甚至多方的立场、感受，是促进理解的有力方式。

在遇到"理解"问题时，也可以利用心理学中的"空椅子"技术。"空椅子"技术是格式塔流派常用的一种技术，是使来访者的内射外显的方式之一，其本质就是一种角色扮演。此技术运用两张或多张椅子，要求来访者坐在其中一张椅子上，扮演人际交往情境中的一方；然后再换坐到其他椅子上，扮演交往情境中的其他方，从而设身处地体会各方状态，加深理解，以逐步达到自我的整合或者自我与环境的整合。

案例 6.14 被冤枉之后

曾经有位名叫小 X 的同学，有一次他在校园里看到几个校外的男生在欺负一个看上去很弱小的同学，便抱打不平，上前去劝说。但是没想到那几个男生摩拳擦掌，对他挑

---

① 苏霍姆林斯基. 教育的艺术 [M]. 肖勇，译. 长沙：湖南教育出版社，1983：20.

衅，小 X 最后忍无可忍，和他们打了一架。结果这件事被班主任知道了，不问青红皂白就把小 X 批评了一顿，说他不该打架，更不该和校外的人打架。小 X 想解释，但班主任根本不听。小 X 感到很委屈，但面对的毕竟是班主任，他又无法发作。因此，小 X 到心理咨询室求助，心理咨询老师就给他一把空椅子，让他假设班主任就坐在那张椅子上。然后小 X 就对着那把椅子辩解，并说班主任不了解事情的真相。经过一番宣泄后，他的情绪逐渐平静下来。

案例 6.14 中所用的空椅技术主要是通过模拟情境，给了被冤枉、受委屈学生一个宣泄不良情绪的安全环境，让"不理解"问题的不良影响尽可能减少。同时，通过这个辩解过程，学生在情绪逐渐平缓之后，也能更理智地看待自己的行为，在一定程度上理解班主任对自己的批评。当然，班主任不给学生解释的机会，是师生沟通中的大忌，很容易因此激起师生矛盾和学生反抗行为。本案例中的学生用打架的方式见义勇为，固然有过于冲动的地方，但其爱护弱小、见义勇为的精神是值得肯定的。突发事件，往往是一个很好的沟通、教育的机会，给学生一点表达自己的时间，也就给自己一个了解学生进而引导学生的机会。教育者不用权威压服，不因忙碌而忽视学生，平等、耐心地倾听学生，能够为理解氛围的营造起到重要的榜样作用。

案例 6.15　模拟交往练习

小 Q 是一个内向的小男生，很不善于交际。因此，在宿舍、班级中都不太合群。小 Q 也很想和宿舍、班级里的同学打成一片，但是他害怕自己说不好会被人笑话，说的话别人不太懂，或没有领悟到别人话语的意思而伤害他人的感情。因此，很多时候小 Q 都是话到嘴边了，但是又说不出口。到心理咨询室，心理咨询老师在屋里摆放了几张凳子，分别代表小 Q 和他的几位同学，并且为他创设了一个情景，让他和其他人展开对话，让他揣摩别人的心理，体会对方的心理状态，领悟对方的意思。经过几次之后，小 Q 慢慢掌握了交往的一些技巧。

空椅子还是帮助换位思考，进行模拟交往练习的好办法。不同的椅子代表不同的交往主体和处境，不同椅子之间的对话，有助于让当事人明确和反思自己的立场，也逐渐明白对方的处境。换位思考的基础是平等、公正、尊重等理念，没有这些理念支撑，换位思考只能流于形式。在空椅子基础上，由同伴参与的角色扮演，能够更真实、丰富地展现不同主体的感受，扩展参与者的视野，促进理解。对学生而言，若能与学校教师、领导等不同立场的人进行充分沟通，则能通过对方对于自己的立场和见解的澄清，乃至于他们对于自我立场和见解的梳理与阐述，获得必要的经验的积累，尝试换位思考以及平等地正视自己和他人的机会。

第七章　合作：形成合力

> 二人同心，其利断金；同心之言，其臭如兰。
> ——《周易·系辞上》

> 不管努力的目标是什么，不管他干什么，他单枪匹马总是没有力量的。合群永远是一切善良思想的人的最高需要。
> ——歌德

这是一个竞争日益激烈的时代，更是一个亟须协同合作的时代。和谐统一的世界秩序是人类发展的理想，该理想的实现要求形成大到世界范围，小到人与人之间的合作意识和合作关系，这彰显了加强合作的必要性和紧迫性，丰富了合作的道德意蕴。合作作为基本的人际互动方式，应该普遍地存在于教育教学实践中，成为教师与学生生存发展的方式之一。学校合作氛围的构建、学生合作能力的培养能促进学生学会共同生活，发展健全人格，推动社会发展。

第一节　合作的内涵与意义

合作是人与人相互作用的基本形式之一，美国哲学家杜威认为，当学校本身是一个小型合作化社会时，教育才能为儿童适应未来的社会生活做准备。[①] 作为未来社会秩序的实验室和先行者，学校教育需要加深对合作的理解，为建立合作的生生关系、师生关系和师师关系，构建合作的学校道德氛围奠定稳固的基础。

一、合作的基本内涵

"合作"一词由来已久。《国语·晋语三》中："杀之利。逐之，恐构诸侯；以归，则国家多慝；复之，则君臣合作，恐为君忧。不若杀之。"与清代魏源《圣武记》卷七中的"通力合作，且耕且战"都是共同从事的意思。清代段玉裁《说文解字注》中说：三口相同是为"合"；"作"，起也，为也，始也，生也。古语中的"合作"还有共同创作、合奏的意思；甚至"合作"可以用来指代精湛的书法作品，但是这些含义和用法逐渐丧失。作为现代日常用语的"合作"泛指个人、群体之间为达到共同目的，彼此相互配合的一种联合行动及行动的方式。

表达"合作"意义的英文动词有 cooperate、coordinate、collaborate。依据《美国传

---
① 坎普，梅休. 杜威学校 [M]. 王承旭，等译. 北京：教育科学出版社，2007：3.

统英汉双解学习词典》,[①] "cooperate"意为"to work or act with another or others for a common purpose",即与他人为一个共同的目的一起工作或行动,"coordinate"意为"to work or cause to work together efficiently in a common cause or effort",即为了共同的事业或成果有效率地工作或者促成一起工作,"collaborate"意为"to work together on a project",即在一个项目中共同工作。此外,名词"teamwork"意为"cooperative effort by members of a group or team to achieve a common goal",即为实现共同的目标团队成员共同努力。由此可见,"合作"的词语都强调人们为着共同的目标而一起工作。

学者们从不同角度定义了合作:合作是为了共同的目标而由两个以上的个体共同完成某一行为,是个体间协调作用的最高水平的行为;[②] 合作就是在人际关系的交往过程中,两个以上的人或单位,为了共同的利益,互相配合,向着同一的目标奋斗;[③] 合作是为了实现共同的目标或获得共同的奖赏而共同工作,以最小的付出来获得最大限度的共同利益;[④] 合作指不同的个体为了共同的目标而协同活动,促使某种既有利于自己,又有利于他人的结果得以实现的行为或意向,[⑤] 等等。综合以上观点,我们认为教育情境下的合作行为至少包含三个要素:第一,两个以上个体或群体;第二,个体或群体之间有共同的目标;第三,个体或群体之间双向互动,相互依赖,共享资源、利益或信息。

通过合作,人类从群体生活走向社会生活并得以生存、繁衍,创造人类文化、文明。合作也是人类未来发展的必然选择,只有通过合作人类才能抓住新世纪的机遇,迎接世界性问题的挑战,实现世界的和谐发展。

二、合作的历史及其必要性

从广义上来说,人类生存发展的历史就是人类合作的历史。

原始社会中,个体的力量非常弱小,人类处于与其他物种的生存竞争中,想要生存就必须选择合作。人类社会用血族关系和合作代替了冲突,将团结置于欲望之上,人类社会在其最早的时期中完成了历史上最伟大的改革,克服人类所具有的灵长目动物的天性,从而确保了人类的不断进化的特点……由自然进化产生的人类这种灵长目动物,但是正处于同大自然的生死攸关的经济斗争中,所以负担不起社会斗争这种奢侈品。合作而非竞争是必不可少的。人类选择聚居生活,以群居的联合力量和集体行动弥补个体能力的不足,正如斯塔夫里阿诺斯在《全球通史》中写道:旧石器时代的社会组织的实质是协作。从根本上来说,家庭和集团都是相互协作的团体,他们共同为生存而进行艰巨的斗争。[⑥] 这时的合作渗透在原始人的社会生活、经济事务、宗教仪式当中,由于受到原始人简单的思维和生活方式的限制,形式单一,并不复杂。

---

① 休顿·米夫林出版公司. 美国传统英汉双解学习词典[Z]. 赵翠莲,等译. 北京:外语教学与研究出版社,2006:12.
② 朱智贤. 心理学大词典[Z]. 北京:北京师范大学出版社,1989:265.
③ 李幼穗,等. 儿童合作策略水平发展的实验研究[J]. 心理科学,2000(4):425-430.
④ 金生鈜. 德性与教化[M]. 长沙:湖南大学出版社,2003.
⑤ 章志光,金盛华. 社会心理学[M]. 北京:人民教育出版社,1996:106.
⑥ 斯塔夫里阿诺斯. 全球通史:从史前史到21世纪[M]. 七版. 董书慧,等译. 北京:北京大学出版社,2005:19.

随着工具的革新，生产技术的提高，剩余产品出现，为了争夺有限的利益和资源，族群、国家、阶级、小团体乃至个体之间的斗争冲突愈加激烈，合作也逐渐成为人们自觉自为的行动。比如，中国春秋时期军事家孙武《孙子兵法》中的：上兵伐谋，其次伐交，其次伐兵，其下攻城，其中"伐交"就是指当国家之间的矛盾显现时，动员本国和有关国家的力量，通过外交上的合作，造成压倒优势或力量制衡，辅之晓以利害，经过折中与妥协，达到不诉诸武力而达成战略目的。《国语·晋语三》中"君臣合作，恐为君忧"，清代魏源《圣武记》卷七中的"通力合作，且耕且战"，说明中国古人已经意识到合作的力量，西方社会中出现了行会、城市联盟、村落公社、农民联合会、劳工协会、友谊团体、俱乐部等合作组织，合作的范围越来越广，涉及政治、经济、军事、文化等领域，程度逐渐加深。从西方社会思想史来看，一些西方思想家们关注的是如何克服个人短期和眼前的私利而通过合作使得人类社会的福祉得到最大化的问题，推进了近代西方资本主义国家政治、社会与经济制度的建立和完善。

19世纪工业革命掀起了社会化大生产的浪潮，劳动要素和生产要素的分工协作促进了生产力飞跃式发展。生产水平的提高，社会产品的极大丰富都离不开人与人、世界各地之间的协作，正如恩格斯所说：现在工厂所产出的纱、布、金属制品，都是许多工人的共同产品，都必须顺次经过他们的手，然后才变成成品。他们当中没有一个能够说"这是我做的，这是我的产品"。继资产阶级和工人阶级的激烈对抗，20世纪两大阶级开始相互协调，通过对话、协商等形式，建立起合作关系，后来这被称为社会伙伴关系、社团主义等，为实现现代最广泛的合作扫清了阶级障碍。21世纪，新的科技革命引发社会生产力的持续高涨，信息总量迅速膨胀，高科技技术日新月异，前所未有的信息、资源、资金、技术、人才迅速在世界范围内流动、重新配置和集中，正像美国著名的未来学家奈斯比特在《大趋势》中总结道：我们再也不能安然地置身于孤立、自给自足的一国经济体系之内了；我们现在必须承认自己是全球经济的一部分。有学者认为，人类社会发展的历程越来越走向非零和，即双赢。

政治上，越来越多的全球性问题，如国家安全、粮食、环境保护等问题急需各方共同讨论、通力合作，国家和地区之间的关系朝着越发密切的方向发展。瑞士教科文组织全国委员会秘书长查尔斯·赫梅尔在20世纪70年代写道，我们的星球犹如一条漂泊于惊涛骇浪之中的帆船，团结归于全人类的生存是至关重要的。越来越多的个人和团体站在人类"共同生活"的角度，审视并尝试解决一些共同性的现实问题。英国经济学家哈耶克也写道：我们的文明，不管是它的起源还是它的维持，都取决于这样一件事情，它的准确表述，就是在人类合作中不断扩展的秩序。①

通过历史梳理，我们能够把握广义合作对于整个人类过去、当下以及未来发展的意义，然而，我们还需要清晰地认识到当下有很多威胁人类合作、和谐共处的因素。第一，经济发展不平衡。经济全球化席卷世界各地，在市场这双"看不见的手"的指挥下，经济活动中普遍存在竞争气氛，竞争带来了效率和效益，创造了巨大的物质精神财富。但是，与此同时也导致资源分配极端不均，贫富差距过大，造成了贫富之间的紧张关系，形成各国甚至整个世界范围内的分裂与敌对的局势。微观层面上，残酷的竞争宣扬优胜劣汰、个人

---

① 哈耶克. 致命的自负 [M]. 冯克利，等译. 北京：中国社会科学出版社，2000：1.

成功，社会、家庭、学校成为经济竞争的外围战场，到处充满着竞争的紧张氛围，过度的、不当的竞争威胁和谐稳定的社会秩序。第二，"一超""多强"并立的政治格局危机四伏。国家之间由于意识形态、世界霸权、安全、能源等问题引起争端分歧，一些国家内部政党分立、阶层对峙，谈判桌上硝烟弥漫，局部地区战火四起。恐怖主义的滋生更增加了局势的不稳定性。联合国等维持和平公正的机构的力量比较局限。第三，文明冲突的危险。文明之间的认同与否成为冲突爆发的重要因素，加拿大政治家，外交家莱斯特·皮尔逊曾警告说，人类正在进入"一个不同文明必须学会在和平交往中共同生活的时代，相互学习，研究彼此的历史、理想、艺术和文化，丰富彼此的生活。否则，在这个拥挤不堪的窄小世界里，便会出现误解、紧张、冲突和灾难"。不同文明展开对话的氛围和机制问题摆在人类面前。第四，核武器等杀伤性武器的威胁。"人类历史始终是一部冲突史。但是，一些新的因素，特别是人类在20世纪期间创造的奇特的自毁能力，正在增加冲突的危险。通过传播媒介，广大公众成为那些制造冲突或维持冲突的人的软弱无能的观察者，甚至成为他们的人质。"① 国际原子能机构前总干事穆罕默德·埃尔巴拉迪称："有30个国家拥有迅速生产核武器的能力。"现在越来越多的国家通过拥有大规模杀伤性武器来实现"自卫"的"潮流"，核武器也可能会流入恐怖主义组织的手中。威力巨大的武器极有可能摧毁第二个、第三个广岛，甚至造成人类自我毁灭的悲剧。因此，化解冲突，达成一致、求同存异、谋求合作、是人类历史得以延续和发展的必然之路。

从微观层面来讲，"没有完美的个人，只有完美的团队。"合作将不同的个体连接起来，使其发挥各自的优势，最终完成以一己之力不可能完成的任务。除了工具价值，合作也有极深刻的道德内涵，然而当下人们一般较多地强调合作的工具价值，对其伦理价值认识不足、不深。接下来我们将探讨合作的伦理价值、道德意蕴，加深对合作道德的理解。

三、合作的道德意蕴

（一）"人"是合作的目的

近代以来，科学理性如同不可抵挡的历史潮流般推动了社会的进步，营造了一种可以依靠理性解决所有问题的时代氛围。然而，宣扬理性胜利的同时，人类遭遇了前所未有的现代性危机。世界被"除魅"，事实与意义、应然与实然原本的关系断裂，失去精神世界意义及价值的引导，人类面临无序和价值失范的世俗生活，有的人汲汲营营、疲于奔走，成为社会机器上一个零件，为了种种欲望，在世俗事务中耗尽一生，有的深陷在自我感觉和主观体验之中，孤立无援，无可救赎，每个人如同孤岛，情感淡漠，毫不关心彼此，异化的人，异化的关系，使人类发展陷入现代性困境。

康德的目的论为解决该困境提供了启示，他认为人类作为道德自律的存在者具有超乎一切自然物之上的崇高和尊严，并提出实践理性或人的终极目的即为人本身，"你要如此行动，即无论是你的人格中的人性，还是其他任何一个人格中的人性，你在任何时候都同时当作目的，绝不仅仅当作手段来使用。"② 人只有作为终极目的的存在才能够超越一切外物的束缚，成为自由的存在，创造一个以人为目的的理想王国，实现人与人的和谐

---

① 联合国教科文组织总部. 教育——财富蕴藏其中 [M]. 北京：教育科学出版社，1996：82.
② 康德. 康德著作全集（第4卷）[M]. 李秋零，主编. 北京：中国人民大学出版社，2005：437.

共处。

值得注意的是，作为合作的目的的"人"，不是康德口中脱离现实世界的抽象普遍的"整个人类"，也不是个人主义者和存在主义者眼中的"个人"，而是作为"类主体"的人，即群体中的个体。主体"已不是群体本位中的超越个体之上、存在个体之外的那种实体大我，也不是个体本位中那种彼此鼓励、相互分裂的单子式存在的小我，而是普遍地存在于每一个个体之中，又把一切从本质统一为整体的'类'存在。"① 类主体具有主体间的整体性，但不压抑个性；它具有个体的独立性，同时又以个体间的和谐共存为目的，体现了大我和小我的和谐统一。

作为"类主体"的人，必定是自为的人。尽管合作强调的是两个以上群体或个体之间的交互作用，但是同其他道德，如宽容、正义一样，合作的道德植根于个体内心的自觉，正如黑格尔曾说，"道德主要地包含着我的主观反省、我的信念、我所做的遵循普遍的理性的意识决定，或普遍的义务。"② 一个具有合作意识、善于合作的人一定首先是一个自为的人，他们"有能力使自己与世界相联系，这种联系的方法是，按世界本来面目理解世界；依靠自己的力量，使世界生气勃勃、丰富多彩"③，他们秉持"我即是我"的信念，稳重、沉着、积极、独立，相信只有自己才能赋予生活以意义，明确自身的责任，能够独立自主地"去自我更新，去成长，去不断生成，去爱，去超越孤独的内心自我之牢笼，去关心，去倾听，去给予"。④ 合作的氛围轻松和谐，给予成员一定的自由，但是自由并非任意妄为，而是能自然自在——"依照人之所能去清醒而本能地生活"⑤，认识全面而真实的自我，尊重现实，脱离幻想；合作要求成员之间建立积极的相互依赖关系，然而这种依赖关系必须是适度的，其前提是个体的独立自主，保持独立的理智判断，他拥有力量，却不为力量所控制，与他人交往，却不为他人所强迫，他改造着世界的面貌，却不为控制、统治的欲望所奴役；合作的乐趣不在于功利上超越个人的独立行动，不在于占有、剥夺他人的资源、权利等，而在于通过给予和分享实现真实的存在和生命的成长。

（二）合作是一种道德的生活方式

人类是一种高于动物的物种，其合群性与社会本能格外突出和强烈，正是这种特征与人类的风俗、理智和文明进步一起构成了人类道德的本源。⑥

德国哲学家海德格尔以生存论为基础，认为所谓"此在"就是"我"的存在。此在的世界是对一种存在者开放的：这种存在者不仅根本和用具与物有别，而且按其作为此在本身存在这样一种存在的方式，它是以在世的方式"在"世界中，而同时在这个世界中以在世界之内的方式来照面，它也在此，它共同在此。⑦ 因为物必然指向他人的存在，人与物的关系背后蕴含着人与人的相互关系，此在可以通过对自己生存的领悟，达到对一切存在者存在的领会。只要"我"是存在的，"我"已然向他人敞开，"我"自始至终与他人发生

---

① 冯建军. 教育的人学视野 [M]. 合肥：安徽出版社，2008：57.
② 黑格尔. 哲学史演讲录第三卷 [M]. 贺麟，王太庆，译. 北京：商务印书馆，1982：36.
③ 弗洛姆. 为自己的人 [M]. 孙依依，译. 北京：生活·读书·新知三联书店，1988：104.
④ 弗洛姆. 占有或存在——一个新型社会的心灵基础 [M]. 杨慧，译. 北京：国际文化出版公司，1989：77.
⑤ 同上书，156 页.
⑥ 刘玉静. 合作学习的伦理审思 [D]. 济南：山东师范大学，2006：42.
⑦ 海德格尔. 存在与时间 [M]. 北京：三联书店，1987：146.

着直接或间接的关系，世界向来是我和他人共同分有的世界，我不可回避与他人的照面。马丁·布伯在《我与你》一书中揭示了道德生活方式中人与人合作的关系。合作是"我"与"你"的相遇，是作为主体的人对他人作为完整的人的觉知、觉察，并对他人油然而生的一种同情、赞许；合作是"我"与"你"的对话，在尊重理解的前提下双方展开平等真诚的沟通和对话，遵循"活，并让别人活"，或者如老子所言"善者吾善之，不善者吾亦善之，得善"的原则，关照彼此的利益和需要，试图解决冲突，主动调节，寻求并扩大共有的价值观和实践；合作是"我"与"你"的共生共存，不仅寻求一时的优势互补，更致力于长久关系的建立和维持，使人从物、他人、社会的束缚中得到解放，获得充分的自由和全面发展的机会和条件。

（三）合作实质上是一种交往行为

德国哲学家、社会学家哈贝马斯依据行为者与世界的关联关系把人类的行为区分为四种类型：目的行为、规范行为、戏剧行为与交往行为。面对着实际存在的客观世界，目的行为者通过在一定情况下使用有效的手段和恰当的方法实现其目的，其着眼点在于功效或对功效的期待最大化。"如果把其他至少一位同样具有目的行为倾向的行为者对决定的期待列入对自己行为效果的计算范围，那么，目的行为模式也就发展成为策略行为模式。"①由于某种目的可能是有关道德或者无关道德的，合乎道德或者不合乎道德的，仅仅作为目的行为的合作，是行为者在符合其自我利益原则下采取的应对策略，是达到该目的的手段，并不能为行为的道德性辩护。如果有更能扩大自我利益的策略，为了最大效率地"成事"，行为者会果断放弃合作手段而选择其他，无视其道德自我于他人合作和交流的需要，而且极有可能物化其合作对象，并不能把对方看成道德意义上的"人"。

规范行为者不仅面对客观世界，还在社会世界中担任角色主体，因此他们必须服从一定的规范，满足一种普遍的行为期待。此时的合作是社会提出的一种"有效性要求"，因此，为了扮演规范接受者的角色，建立起正当的人际关系，获得广泛认可，行为者才进行合作性的活动。仅仅出于服从规范的权威而合作，行为者关注的是自己的外显行为和可被观察评价的思想是否合乎规范，是否有规范所要求的合作行为，是否表现出合作的倾向、意图，不然会遭受惩罚和孤立，这不是出于真心地关心尊重自己的合作对象。一旦规范没有合作的要求，行为者极有可能会倾向于不合作，甚至冲突、竞争、孤立。

戏剧行为是行为者同主观世界和包括社会对象在内的客观世界的互动，虽然有反思的意味，但是行为者关注的还是自己的主观世界，通过遮蔽或显现部分主体性意图得到观众的关注和接受。作为戏剧行为的合作就是这样一种表演，行为者刻意夸张而失真地修饰、遮蔽自我真实的态度，通过有意识地自我表述、自我显露，呈现出合作行为和姿态，意图使观众了解其"真实的"合作倾向和情感，赢得他人对自己的关注。表演式的合作徒有合作的空壳（形式），却没有合作的灵魂（实质），舞台上表演合作的演员未必真正有合作的必要和愿望，未必会把目光从自我的主观世界移至他人的内心世界，甚至都不可能做出尝试和努力。

交往行为是至少两个以上具有言语和行为能力的主体之间的互动，他们通过行为语境寻求沟通，建立起一种人际关系，"对于双方来说，解释的任务在于把他者的语境解释包

---

① 哈贝马斯.交往行为理论[M].曹卫东,译.上海：上海人民出版社,2004：83.

容到自己的语境解释当中,以便在修正的基础上用'世界'对'我们的生活世界'背景下的'他者的'生活世界和'自我的'生活世界加以确定,从而尽可能地使相互不同的语境解释达成一致。"① 解释与对话是为了在相互谅解的基础上把他们的行为计划和行为协调起来。作为交往行为的合作力求通过交往、沟通、对话达成理解和共识。前三种行为方式指导下的合作是不同交互活动的参与者为了不同的客观有效目的而进行的交往,这些交往或许是服务于一定竞争性目的、遵循某种规范或者是虚假的自我表现,因此是无关道德或者非道德的。而作为交往行为的合作是建立在主体间相互尊重理解基础上的合作,同时具备客观世界的真实性、社会世界的正当性和主观世界的真诚性,是道德的,充满人性光辉,对他人自我以及世界充满人文关怀和深刻的同情,具有一定终极意义。

综上所述,合作应是以"人"为目的真诚的交往,是一种道德的生活方式。但是,在当前社会竞争激烈,有的人为了成功、胜利或者超过他人无所不用其极,不正当竞争、过度竞争数见不鲜;许多所谓的合作行为,也并非真诚的交往,而是为了达到其他目的的手段或是权宜之计,徒有合作的形式,却无合作的实质。学校教育有必要将合作纳入教育目标,特别是道德教育之中,引导学生相互关心,培养学生的合作意识和技能,增加学生真诚交往,引导他们过一种道德的生活。

四、建设学校合作氛围的意义

学校的合作氛围强调包括学生、教师、管理者在内的所有学校人员之间建立起关系性(不仅仅是事务性的)的紧密连接,彼此之间相互关心理解,能够开展对话,进行积极的互动交往,学校成为一个开放统一的整体,这不仅可以提高整个共同体的凝聚力和效率,对师生的成长和发展也有极大的意义。比如长达 15 年的美国芝加哥教育改革的研究数据显示:有些学校数学和阅读成绩提高程度是其他学校的 10 倍,研究者对这类优秀学校进行分析,发现这些学校都具备下列特点:支持性的环境,教师对学生怀有较高期望,学生被教师和同伴支持;教师们忠于学校,享有专业发展机会和条件,一起工作致力于改善学校;校长是有效的领导者,与教师们共同描绘学校清晰的战略愿景并为之努力;为了支持学生的学习,教师、学校与家庭和社区建立紧密联系。② 我们不难发现,这些共同点体现出优秀学校具有普遍的合作氛围,因此我们有理由相信学校的成功与合作氛围有一定的关系。接下来,我们从学生、教师、管理者等方面具体阐述建设学校合作氛围的意义。

(一)学生群体中合作的氛围有利于合作的发生,推动学生认知、情感、道德、价值观的发展

正如杜威指出的,"道德和智力发展的过程,在实践和理论上乃是自由、独立的人从事探究的合作的相互作用的过程。"③

认知方面,"独学而无友,则孤陋而寡闻"。学生在合作的氛围中学习知识、建构知识体系、习得技能、养成思维习惯,共同经历知识生成的过程,相互启发补充,或者纠正彼

---

① 哈贝马斯. 交往行为理论 [M]. 曹卫东,译. 上海:上海人民出版社,2004:100.
② Uchicago Consortium. The 5 Essentials School Reports [EB/OL]. 2016 — 03 — 20. http://ccsr.uchicago.edu/surveys
③ 赵祥麟,王承绪. 杜威教育论著选 [M]. 上海:华东师范大学出版社,1981:433.

此的错误，督促对方改进。这样既保证了学生全体参与，又发挥了学生的自主性，学生利用同辈群体中的资源，尽可能获得全面丰富的学习材料，避免出现"闭门造车""被动接受"的现象，能够有效引导他们"察纳雅言"、互相学习，而且能克服认知负荷问题，提高学习的效果和效率；共同解决问题时，合作的氛围轻松，无过多外在压力，有利于学生主动地巩固、内化所学知识和技能，学着共同解决情境中的问题，学生各自发挥所长，提高学生协同解决问题的能力，丰富学生合作解决问题的经历，有助于形成良好的思维、行为习惯，提高其独自应对问题的能力，学生的语言理解能力和表达能力也能得到锻炼、提高。有学者提出，学习中优生和后进生的合作有利于调动优生和后进生的积极互动，有助于后进生的进步。[①] 国外有学者通过实验证明，学生之间帮助性的合作行为对指导者成绩的影响和对被指导者成绩的影响几乎相同（布卢姆，1976）。对组织和理解课题并使之能进行交流的努力能使指导者对技能和资料所具有的能力得到明显的提高。[②] 适当的合作能同时裨益活动的参与双方——指导者的知识得到巩固、深化，被指导者的学业表现得到改善，所以学生之间的互相指导是教师指导的有效补充。

情感方面，合作的氛围提供了轻松愉快而无威胁感的人际交往环境，学生能够比较准确地认识自我和他人，呈现出更自信、真实的一面。学生们交往的兴趣得到激发和保护，学生之间关心友爱，彼此欣赏，每个人都"在场"，没有"隐形的存在"，少有人际交往的焦虑现象。学生能收获友谊、信任，得到存在感、亲密感、安全感和归属感，习得社交技能，有助于形成健全的人格。

道德方面，瑞士心理学家皮亚杰认为，儿童的道德就是从他律道德向自律道德转化的过程，促使这种转变的关键是儿童的交往，儿童通过社会交往和社会合作形成真正意义上的道德观念。[③] 在与同伴的交往过程中，思维的可逆性使他们能够区分自己的观点和别人的观点，克服自我中心主义，得到较客观的自我和对他人的评价，"随着社会性互相协作的进展以及相应的运算的发展，儿童达到了基于相互尊敬的新的道德关系。"[④] 在这一道德关系建立过程中，儿童对规则的认识发生了改变，针对这一点皮亚杰（1965）曾写道，由外部压力强加的规则保留在孩子精神的外部，相反地，由于相互赞同和合作得来的规则则扎根于孩子的头脑中，道德应运而生。

弗莱雷说，追求完善的人性不能在孤立状态或个人主义思想下进行，而应在伙伴关系和衷共济的氛围中进行。[⑤] 处于长期的合作关系和舆论之中，合作成为学生的常态，合作成为一种思维和行为习惯，形成一种出乎道德并且合乎道德的生活方式：尽可能把发生的每一个冲突——冲突是必定要发生的——从以威力或暴力作为解决的手段的气氛和环境中取出来，放到讨论和智慧的气氛和环境中去，就是把那些和我们意见不一致——甚至很不一致——的人，看作我们可以向他们学习的人，并且达到把他们看作朋友的程度。[⑥] 在合作氛围中，学生能够发现他人，发现自己，认识到人类个体的多样性和相似性、个性和共

---

① 孙维胜. 合作学习与差生转化 [J]. 山东教育科研，1997（5）：23.
② T. Husen, T. N. Postlethaite. 国际教育百科全书（第二卷）[M]. 贵阳：贵州教育出版社，1992：403.
③ 檀传宝. 学校道德教育原理 [M]. 北京：教育科学出版社，2000：44.
④ 皮亚杰，英海尔德. 儿童心理学 [M]. 吴福元，译. 北京：商务印书馆，1980：95.
⑤ 弗莱雷. 被压迫者的教育学 [M]. 顾建新，等译. 上海：华东师范大学出版社，2001：36.
⑥ 杜威. 民主主义与教育 [M]. 王承绪，译. 北京：人民教育出版社，2001：394.

性以及人与人之间相互依存的状态，尊重、理解、包容他人并保持开放的心态，他们能够更好地独立自主或者开展良性竞争。研究表明，创造一个合作性的环境能减少以破坏性方式解决冲突的情况的发生，并建立积极的人际关系。因为合作氛围的维持依靠不断地建设性地解决冲突，个体需要知道如何通过协商和同辈调解人解决利益冲突，如何通过建设性的论辩解决认识上的分歧，这些分歧存在于所有的决策之中。努力合作，建设性地解决分歧能够培养公民价值观。合作性的环境有助于组织纠正既往的错误，与他人和谐相处。[1] 学生会慢慢养成宽容、公正、利他、合作等品性，学会观点采择，宽以待人，对话沟通。

特别是在独生子女家庭、单亲家庭比重较大的我国，儿童群体中存在两种极端：其一，部分独生子女对同伴的依恋度很低，同时，在群体生活中更显现出以自我为中心、不考虑他人需求的行为特征；其二，部分独生子女更依恋周围的同伴，更愿意与他们建立并保持一种亲密的关系，在人际交往上更显热情随和，同时更会主动顾及他人的需求。[2] 受家庭结构的限制，独生子女在儿童早期同伴交往的机会较少，习惯于受到长辈的照顾，因此容易出现集体生活不适。培养学生合作的态度和能力应该成为学校教育的重点之一，营造合作的学校氛围，引导学生建立起积极的人际交往关系，帮助他们成为个性独立、善于合作的社会人。正如杜威所说的，"只有通过从事联合的活动，一个人在这种活动中运用材料和工具，有意识地参照别人如何运用他们的能力和器具，他的倾向才获得社会的指导。"[3] 习得良好的交往技能，增强协调控制能力，努力与他人达成某种一致，避免或解决潜在冲突，培养"求同存异"的意识和能力，使他们成为和谐社会的维护者和捍卫者。

（二）教师群体中合作的氛围有利于教师的专业发展，提高其工作效率，有利于教师共同体的建设

尽管教学是相对独立性的工作，但是教师专业成长离不开教师实践性知识的获得，而实践性知识既来自教师个人经验的积累、领悟（直接经验），来自对"理论性知识"的理解、运用和扩展，也来自与同行之间的交流、合作（间接经验）。[4] 而从知识创生的角度，依据知识创生螺旋理论，知识的创生源自于"默会知识"（隐性知识）与"明言知识"（显性知识）的交互作用，即知识的社会化、表征化、连接化、内在化，[5] 这离不开个体之间的分享，在团体层面将知识提炼升华、客观化、合理化，然后使这些知识重新面向实践、面向个人，成为指导个体行为的知识。所以，教师之间采用对话、经验分享、观摩实践等形式的合作能够增加教师的实践性知识，他们相互支持，在教师集体中不断超越自我，实现共同发展。当教师之间建立起这种信任、共享、互惠双赢的关系时，开放和谐的人际交往氛围就会形成，为学校管理工作的顺利执行、学校长远目标的实现创造良好的教师基础。

---

[1] Johnson, David W., Johnson, Roger T. Restorative justice in the classroom: Necessary roles of cooperative context, constructive conflict, and civic values [J]. Negotiation and Conflict Management Research, 2012, 5 (1): 4-28.
[2] 叶宝玉. 独生子女成长特殊性的再认识 [J]. 基础教育, 2010 (6): 16-20.
[3] 杜威. 民主主义与教育 [M]. 王承绪, 译. 北京: 人民教育出版社, 2001: 47.
[4] 陈向明. 实践性知识：教师专业发展的知识基础 [J]. 北大教育评论, 2003 (1): 107.
[5] 钟启泉. 从SECI理论看教师专业发展的特质 [J]. 全球教育展望, 2008 (2): 9.

（三）学校不同管理层人员中合作的氛围有利于创造活泼团结的工作环境，提高其工作幸福感、效率，有助于为全校师生提供更好的服务

合作的氛围使管理始终以人为中心，以人为目的，一方面有利于规则、计划的实施，另一方面不会过于僵化、形式化。

（四）合作氛围下学校中的不同主体——学生、教师、管理者处于关系性连接之中

他们人格上平等、彼此尊重，教学、管理中明确自我和他人的角色和责任，相互理解、配合，集思广益，荣辱与共，体会到集体的力量和自身的成就感、存在感，建立并巩固平等、信任和友谊关系。合作的氛围有助于形成师生互动共生的课堂，充满关心和友爱的班级、学校共同体。每个人突破"我与他"的关联，进而建立起"我与你"的关系，使得"我"与"你"相遇，诚如马丁·布伯所说"我"因"你"的每一痛苦，每一欢乐而战栗，"我"的整个存在都沉浸在"你"的绚烂光华中。瞬间思绪的碰撞、灵魂的相拥、心灵的契合，是心智与爱的同时唤醒，合作氛围中各方获得意义的启迪，激励他们各司其职，并努力超越自我，推动共同体有活力、长久发展，为实现共同体和个体的美好愿景而努力。另外，共同体也能对其成员提供源源不断的支持和协助，这样就形成了一个良性循环，对学生、教师和管理者的发展、共同体目标的实现起到巨大的促进作用。而且，教师与管理者以及教师之间的协同合作能为学生的合作行为起到榜样示范的作用，学生的合作也能加强教育者、管理者的反思，彼此互相影响。

学校中人人会合作，人人爱合作，有利于构建和谐的社会道德氛围。学校本身必须是一种社会生活，具有社会生活的全部含义。社会的观念和社会的兴趣只有在一个真正的社会环境中才能发展。在这种社会环境里，彼此平等相处，建立共同的经验。[①] 合作的氛围蕴含着尊重、理解、平等、信任、友谊、宽容、利他等道德价值，是对人的尊严的尊重和同情，要求参与者共同经历、对话、交往，以"人"为目的，人的自由为终极目标。学校的合作氛围将成为一股影响社会内合作、不同文明和种族交往的强大力量，对文明的繁荣发展、世界的和平有重要意义。

第二节　学校合作氛围的现状与问题

一、各国道德教育的重要内容之一

合作，已在20世纪末成为各国教育政策、教育理念的重要目标和内容，尤其是西方各国，注重单纯的个体道德向群体道德转变，将团结合作、集体意识作为道德教育目标。而且，合作道德教育成为隐性课程，渗透进入课程学习和学校生活之中，成为学生重要的学习和生活方式。

美国教育促进基金会在一份报告（1987年）中提出，学校教育必须协调发展个性和强调共性两者的关系，必须肯定社会集体的要求，以帮助学生把他们学到的东西为他们自身以外的社会集体事业服务。[②] 20世纪90年代兴起的品格教育的发起者和实践者托马

---

① 杜威. 民主主义与教育[M]. 王承绪，译. 北京：人民教育出版社，2001：376-377.
② 朱永康. 中外学校道德教育比较研究[M]. 福州：福建教育出版社，1999：262.

斯·里克纳认为,乐于助人、同情与合作之类的价值有助于实现责任的伦理价值。尤其,合作承认"没有人是孤独之岛",在这个联系越来越紧密的世界上,我们必须学会合作,这是人类生存的基本需求。[①] 他认为学生相互合作的精神是需要培养的重要品格之一,并详细阐述了协作式学习的特点及益处,探讨了协作式学习方法和有效实施的途径。这对其他研究者有较大借鉴作用。

2000 年英国国家课程目标中规定,国家课程的目标是:促进学生精神、道德、社会和文化的发展。学生的社会发展包括理解作为家庭和社会一员自身的权利和责任,具有处理人际关系的能力,具有为了共同的利益与人们协作的能力。产生归属感和强烈的参与欲望。[②] 合作和分享成为学生学习核心课程——数学、外国语、地理、历史、音乐——的方法,比如,通过让学生合作解决复杂的数学问题,帮助他们知道众人的力量常常大于个人的力量;通过探索不同的社会习俗,例如打招呼的方式,通过发展学生以赞赏的、愉悦的、容忍的态度与其他人,不论他人是否说的是各自的本族语,通过外语交谈时加强合作精神,促进社会发展;通过帮助学生分享音乐制作,发展社会聚合力,认识到不同贡献的价值以及他们自己在支持和丰富他人工作中的责任,认识到在团队演出中需要不同的角色等。

德国学校道德教育的重要内容之一是人际关系的道德教育,包括培养学生形成群体观念、协作精神,引导他们助人为乐、尊重他人和他人劳动等。法国学校则直接强调发展"合作班级,学生在班集体里同教师一起制订工作计划、活动方案,一起决定学校生活规章,并且一起执行",以使学生获得民主生活的"良好体验",促进民主作风的养成。日本学校道德教育推崇"互相信赖、互相学习、齐心协力、相互帮助";强调举行"与人合作""为集体作贡献"[③]。

我国历来有团结合作的文化传统,20 世纪 90 年代国家教委颁发的小学、中学德育纲要中的集体主义教育内容都提到学生之间的合作,如在集体中团结、谦让、互助、合作,关心他人,积极参加集体活动,倡导学生尊重、关心、理解他人,与集体成员团结协作等。此外,集体教育成为重要的道德教育原则,通过开展集体活动,建立正确的集体舆论,形成良好的风气和传统。促使学生在同舟共济的合作氛围中共同进步和成长。

各国教育政策制定者、学者都认识到 21 世纪需要善于合作的人才和公民,学校教育需要教会学生合作的意识和方法,并为之创造适宜的环境。但是我国学校中合作及合作氛围存在什么样的问题呢?我们将通过案例的形式加以呈现和分析,为澄清合作的要素,检视我国学校合作氛围薄弱的原因并提出合作的原则和创建合作氛围的策略打下基础。

二、我国学校合作氛围的现状

有学者考察了某地区三十余所中小学的学校德育环境,试图揭示这些学校中学生关系、师生关系的真实状况,调查显示,47.8%的教师认为班级里学生之间合作多于竞争,67.3%的教师认为在外部奖励或惩罚刺激下才能团结一致,说明学生之间竞争与合作并

---

① 里克纳. 美式课堂——品质教育学校方略 [M]. 刘冰,等译. 海口:海南出版社,2001:43.
② 周洲. 20 世纪英国学校道德教育发展 [M]. 济南:山东人民出版社,2010:169.
③ 朱永康. 中外学校道德教育比较研究 [M]. 福州:福建教育出版社,1999:239,262.

存,且合作多于竞争,学生之间的人际交往主要是一种以制度为纽带的支配型互动模式。[①] 该调查还指出,班级内部的评选也可能加剧学生群体之间的分层与对立,可能导致学生在班级内部为了达到评优的目的而产生更多的竞争,使学生的合作大打折扣。对教师的期望调查结果证实:40.5%的教师最希望自己的学生能刻苦学习,提高成绩;20.6%的教师最希望同学之间能够和睦相处。而且,数据表明教师期望与学生在学校里的竞争和合作行为呈显著相关。

胡颖慧用她编制的学校道德氛围量表测量了两所学校的道德氛围并进行比较研究,合作氛围是其中一个方面,测量结果证明:对合作氛围的感知存在性别差异,女生更容易感受到积极的校园氛围;合作与竞争是影响学生学业成绩的因素之一,学生之间的合作、竞争是否良性能影响学生心理,进而影响学生的学习投入和努力程度,最终影响学业成绩变化[②]。

徐成花对山东省7个城市89个学校的132名中学教师针对教师合作现状进行了问卷调查,[③] 73%的教师认为与同事的关系主要是竞争,在自我分析与分析同事之间"竞争"的原因时,67.3%的人认为是为了"保住饭碗""多拿奖金"等直接与自身利益相关的因素。47.4%的教师表示教研活动主要内容是"学校、教育部门要求的教学、科研工作",35%选择了"研讨、学习教育理论",只有17.6%的人选择了"讨论教育教学中的实际问题"。34.2%的教师参加过本校的课题研究小组。57.6%的教师备课时"主要是自己查资料,有时也与同事交流""经常与同事共同备课,大家交流观点、资料"的教师占18.2%,24%教师表示备课时"几乎不与同事交流"。集体备课形式化严重,被简化为"责任承包",一些老师不参加意见表达,被动依赖其他教师的教研成果,照搬照抄,毫无创新。这体现出教师合作的观念淡薄,现有教学教研、教学管理中缺少激发、维持教师合作的机制。较多研究者以个案研究的形式考察了教师合作的现状,其中马玉宾提到教师合作大多并非自发[④],韩少晶观察某普通中学同科组教师合作状态,教师之间竞争激烈,表现在考试出题的较量、教研活动中相互攻击、资源机会争夺、校园舆论的中伤。[⑤] 范琮瑜关注基于学生行为培养的教师合作,发现教师具有普遍的合作意愿,但是具体的合作行为很少,他们相信教师合作能够形成教育合力,倾向于选择公开正式的途径。[⑥] 白庆娟分析了教师合作文化建构的内外阻力,认为合作制度的缺失、教师评价模式单一、没有时间保证是外部阻力,教师本身缺乏合作意识、相互的心理支持和相关的合作技能是内部阻力。[⑦] 这些研究表明:教师合作是比较匮乏的,合作氛围并没有形成。

蒋水清通过对三所公办学校绩效工资实施过程中体现出的管理沟通问题分析,发现学校管理组织结构不合理、管理者沟通意识不强、沟通渠道管理薄弱、沟通反馈不够、管理过程中缺乏民主性等问题,他注意到学校内部存在"学校政治"——学校规章制度等显性

---

① 靖国平. 价值多元化背景下学校德育环境建设[M]. 南京:江苏教育出版社,2009:83.
② 胡颖慧. 学校道德氛围量表的编制及应用[D]. 上海:华东师范大学,2010:62.
③ 徐成花. 中学教师合作问题研究[D]. 济南:山东师范大学,2006:35.
④ 马玉宾. 新课程背景下教师合作文化的重建——一所小学的个案研究[D]. 长春:东北师范大学,2007:75.
⑤ 韩少晶. 普通中学同科组教师合作状态缺失的原因探析[D]. 广州:广州大学,2011:21—31.
⑥ 范琮瑜. 基于学生行为培养的教师合作研究[D]. 长春:东北师范大学,2010:15—24.
⑦ 白庆娟. 教师合作文化建构的阻力及其对策研究[D]. 济南:山东师范大学,2009:16—20.

规则背后的潜规则，它可能造成员工之间关系紧张、互不信任、互不团结、产生内耗、阻塞沟通、各自心灵闭锁、拉帮结派等不良人际关系，当出现困难时，教师们不能同舟共济。① 这些合作沟通的问题成为学校发展的障碍，是实现学校良性运作必须克服的问题。

大多数学者简单地将合作与竞争相对立，或将合作看成竞争的反面，这样极容易走向片面，遮蔽了合作的丰富内容和学校中合作行为的问题。此外，既有研究缺乏对学校整体的合作氛围的考察，忽略教育者对学生合作意识和行为直接和见解的影响，笔者将尝试通过案例分析的形式，呈现当前学校合作氛围中存在的若干问题。

三、我国学校合作氛围存在的主要问题

很少有人否认合作的重要性，但真正的合作并不容易达成。现实中拥有合作形式而缺乏合作实质的问题并不鲜见，这使得合作氛围大打折扣。

（一）缺乏对话的合作

案例 7.1 少数服从多数

这是一节小学三年级英语课，教学内容是单词"circle""triangle""rectangle""square"和句型"What shape is it?""It is a…"的学习。教学设计中的游戏环节中，教师尝试将数学、美术学科的有关知识融入英语教学中，要求学生在教师提供的一所房子的图片中找出本节课所学的图形，并且数出各种图形的个数。

待大部分学生完成后，教师给出指导语"小组内部对一下答案"，于是四个人开始了小组合作。题目难度对学生来说较低，他们的答案基本一致，只有男生 B 的答案与其他人不太一样。其中一个题目是这样的：图片中有____个正方形。首先，小房子的窗子是由 4 个小正方形组成，其次，这 4 个小正方形组成 1 个大的正方形，也就是窗子的轮廓，所以这个图片应该一共有 5 个正方形。但是组内其他三个学生的答案都是 4，只有 B 写的是 5。组内的女生 A 似乎看不下去了，她强势地用手指着图形，"你看这是 4 个正方形"。B 看到只有自己的答案与别人不同，羞愧得一言不发，急忙把 5 改成了 4。这个过程中，组员 C、D 没有发言，看到自己的答案和其他两个人一样，便接着做后面的练习。该小组讨论结束后，我问 B："你为什么认为是 5 个正方形呢?"他用手指在图片上正确地比画出 5 个正方形，我说："你说的是对的呀"，并继续追问道："为什么不坚持自己的答案呢?"B 只是低着头，没有回答。大多数小组讨论结束，教师宣布讨论结束，B 抬头听教师的指示。教师点名让一个学生读出自己的答案，我听到他的答案是"Four rectangles"（四个正方形），没有人有异议，这个环节就结束了。

在课程改革的影响下，"合作"成为教师中很流行的一个词语，有些教师简单地以为进行学生合作的教学目标、过程设计，把学生分成几个小组，然后以小组为单位展开讨论或者共同作业就一定能产生学生之间的合作行为，培养学生合作学习的能力，实际上，这种理解是不准确的。学生以小组为单位进行活动，由于没有结构化的设计，没有小组评价和奖惩，没有到位的指导，学生并没有成为学习的主体，而只是简单地"凑"在一起，却"貌合神离"。这样的合作流于形式，实际上合作并没有真正发生，难以实现教师预期的教

---

① 蒋水清. 学校管理沟通现状研究 [D]. 上海：华东师范大学，2010：41—46.

学目标。

  合作学习的前提是学生之间存在认知冲突或者认知能力、程度上的差异，合作的过程即学生共同经历知识生成的过程，彼此之间相互启发、相互补充，纠正对方的错误并督促对方改进。这样既保证了学生全体参与学习过程，同时发挥每个学生的自主性和不同学生的优势，使学生尽可能获得全面丰富的学习材料，体会到不同的思考过程和思维方式，引导他们互相学习，互相借鉴，克服认知负荷问题，提高学习的效果和效率。教师设计学生之间"对答案"的目的是让学生共同检验是否存在认知冲突并试图解决的过程，由于案例中的题目比较简单，教师采用这样的设计可以发挥学生的主动性，增加学生之间的互动次数，让学生的相互指导替代教师的个别指导，提高教学效率。关键问题在于教师没有预想到较大的认知冲突，以为学生通过合作能够正确解决冲突，而事实不然。

  真正发生的事实是：发现有不同答案后，A 依据人数优势认定 B 是错误的，并要求 B 改正，全然不怀疑自己的正确性，不管不顾 B 为什么得出与其他人不同的结果，或者告诉 B 为什么自己和其他人是怎样得出这个结果的。这一系列行为是一种合作行为吗？小组成员之间只是单向的互动，强势的 A 一副宣扬真理的架势，对和自己不同的答案嗤之以鼻，而 B 丝毫没有想为自己辩护的想法，不敢提出质疑，只是默默地改正为"正确"答案。

  合作没有按照教师的预想发生的原因首先在于教师。教师给出的指导语是"对答案"，并没有给出进一步的具体指导，如告诉学生"对答案"的目的与方法，提醒学生如果出现不一致的情况，应该如何处理。教师没有进行具体指导可能是因为她预设学生知道如何对答案，或者她没有意识对答案这个看似简单的活动对学生的教育意义和价值，只考虑到控制课堂，以提高教学任务完成的效率。教师应该通过观察、指导多个小组的合作情况，搜集教学资源，发现学生存在的有代表性的问题，有针对性地讲解，引导学生在原有水平上有所提升和成长。

  正方形是二年级数学的内容，在三年级英语课上重现体现了学科内容的相互渗透和课程体系的螺旋上升，能够使学生温习数学知识，并习得新的英语表达。教师在备课的时候应该考虑到学生可能会出现漏数的问题。可是很遗憾，她只关注了英语教学的部分，这足以说明备课期间她并没有和其他英语教师、数学教师交流。这是教师科任制的一大弊端。教师的专业化意味着具有丰富的专业知识，却忽视了相关学科知识的了解。这并不意味着教师在入职前应该储备尽可能多的相关学科的知识，这会大大增加准教师的学习压力，而且再多的静态的理论知识未必有助于解决实际情境中的问题。因此，不同学科、相同学科不同年级教师之间的沟通合作能够弥补这一不足，这是教师专业成长的重要途径，即教师在学习共同体中知识交流、共享实践经验。"担当起每一个儿童的学习与培育的，从根本上来说不是每一个教师，而是教师集体，不是每一间教室，而是整个学校。"[1] 这样，她完全可以有效地利用学生的认知冲突，在指导小组合作的时候更能有的放矢，着重培养学生合作、对话的能力，比如指导学生要勇于表达自己的意见，同时也要做好一个倾听者，小组成员的合作关系才能真正建立，增加学生之间的积极互动，使他们正视冲突、化解冲突，而不是简单地无视或掩盖冲突、出现失误而没有觉察。

---

[1] 佐藤学. 课程与教师[M]. 钟启泉，译. 北京：教育科学出版社，2003：229.

其次，是由于学生之间并没有合作的意识，不清楚合作的含义，不了解组员之间应该以怎样的方式互动，只是简单地"凑在一起"，没有一种对话关系，没有养成理性对话的习惯，A、B两人没有学会或者没有意识到要阐释自己的观点，同时倾听他人，并找出思维的差异、冲突之所在，结果出现小组合作只听到A的声音，C、D游离在小组之外，于是出现了某个或某些成员的意见控制、"绑架"了所有人的思维的情况，集思广益的小组合作变成了"从众思维"。这会对A、B的性格发展以及行为方式有什么样的影响呢？我们可以大胆想象：A这类学生在"从众"中得到安全感，甚至优越感，对自己的言行不加反思，对相异的观点一味排斥，不宽容理解他人。而B可能会变得非常不自信，不敢展示自己，尽管自己可能是对的，对主流盲目跟从，长此以往，他的独立思维会受到压制，当别人表达同主流不同的观点时，他可能成为另外一个A。C、D习惯在小组合作中"隐身"，找不到自己在小组中的位置，长此以往可能丧失发出"声音"的能力，冷漠孤立，丧失参与的能力，难以融入、参与到某一集体或活动中。

这类现象容易在小学中低年级学生中出现。受经验和心理成熟程度的限制，他们的合作意识较差，不会对话、移情。不妨假设，学生有对话的意识，愿意对话，尽量清楚地阐释自己的观点，同时学会倾听他人的看法，不武断断定谁对谁错，而是心平气和地寻找分歧的原因，予以解决即可巧妙地化解冲突；如果B坚持自己是正确的，试着向其他人解释他得出这个答案的原因，该小组的成员可能会积极参与到讨论中，不再游离和固执己见，而且极有可能被说服；当教师点名让一个同学读出"正确"答案时，该小组的成员就可以表示不同意见，让全班同学和老师注意到这个问题，教师就可以利用这个机会修正答案，并表扬B及其小组，鼓励全班同学敢于表达不同意见，独立思考，于是B以及像B一样有自己想法的学生得到肯定，宝贵的创造性思维得到保护，该小组成员体会到合作讨论的"甜头"，在以后的合作中会更加积极主动发表个人观点，并对他人观点给予反馈，其他小组也会受其影响，纷纷效仿，整个班级民主讨论、团结合作的氛围会逐渐形成。

（二）虚假的小组合作

案例7.2 "就靠你们了"

大学二年级我选修了一门课，老师要求三个人组成小组共同完成一份课程作业。为什么一定是三个人一组呢？老师解释说，独立完成对我们来说任务有些重，她希望我们能互相帮助，共同完成作业，而且要求三个人有所分工，每个人都要承担一部分任务，发挥个人所长的同时集中集体智慧。

同宿舍的E和M也选了这门课，我们三个就顺理成章地组成了一组。实际上，我并不是特别想和她俩一组。我很了解她们，E是出了名的才女，成绩好、有想法而且有些特立独行，说实话我有些嫉妒她的才华；而M是自我中心的实干派，做事从来都是三分钟热度，我很欣赏她的热情，但是对她的毅力表示怀疑。所以我不是很愿意和她俩一组，可是也正是因为熟悉我还是选择了她们。其他人也都是根据"亲疏"选择搭档，如果我不这样做，就会显得我们宿舍室友之间的关系不太好，而且已经熟悉的话就不用重新了解和适应，应对起来会简单一点，住在同一个宿舍联系起来也很方便。估计她俩也是这样想的，我们三个就组成了小组。

我们从老师提供的课题里选择了一个，其实主要是E对这个课题有兴趣，我表示赞同，虽然我对这个课题没有很强的兴趣，但是因为也没有别的想法，就认同了 E 的选择，而 M 的态度是无所谓，她说"哪个都行"。老师布置的任务是：搜集与课题相关的资料，加入自己的思考并写一份作业，然后制作幻灯片作汇报。

我们三个课下讨论任务的分配和时间节点的问题。由于 E 搜集过这方面的资料而且有一些想法，我和 M 默认她是组长，听从她的安排。因为选择的课题较靠后，有较长的准备时间，我们分头搜集资料，约定一个月后再讨论，确定如何写作业，然后再决定制作幻灯片和课堂讲演的内容。

适逢学期开始，很多课程、讲座和活动特别多，这一个月里我都快要把这个任务忘到九霄云外了。E 说已经搜集到不少资料，还有了一些新的想法；而 M 在忙着排练参加学校话剧节的比赛，看样子她也没有按照我们的约定去查资料写东西。我没猜错，一个月后我们三个又聚在一起，E 已经整理出了 3000 字的资料；我手里只有从期刊网上下载的文章，没有进一步的分析；而 M 的成果是 0，她说："亲爱的，就靠你们了，我不擅长做学术，看着那些文章我都能睡着，而且最近太忙了。"我心里很生气，M 这样很不负责任，明明是三个人的任务，她却找借口什么都不做，看 E 的表情，她应该也和我一样生气吧。在讨论的时候，M 心不在焉，一会吃东西，一会玩手机，我和 E 也不好意思直接责备她，怕闹得不愉快。我的资料刚好给 E 做了补充，然后我和 E 想让 M 依据我们这些资料制作幻灯片，负责陈述讲解。E 想把她的思路讲给 M 听，M 却说："你们两个整理得挺好的，还是你们讲吧，我担心自己做不好，万一有的地方我也不理解，怎么能给大家讲明白呢？而且我话剧的正式演出是在上课前一天，我可能没有时间啊。"E 当时就火了，她不高兴地说："好吧，那您忙您的话剧吧。"三个人的讨论不欢而散，很明显，M 不想承担任何任务，于是后来我承担了做幻灯片的任务，而 E 负责汇报讲演。汇报结束，老师给我们组的评分比较高，在全班同学面前表扬了我们三个，其实我和 E 心里都很清楚，这个成绩只属于我们两个。

从那以后，E 和 M 的关系就不是很好了。如果没有那次合作，她们之间就不会有矛盾，两人的关系也不至于搞僵。

合作一定能促进良好的人际关系、发挥集体创造力吗？不尽然，合作只是一种行为方式，合作本身无关好坏，合作不一定有好的结果，不合作不一定就是坏的，关键在于采用这一行为方式的人——合作成员是否有共同的目标、较高的情感和动机水平、合理的分工、对各自责任的自觉意识和践行意识以及出现问题时能够及时有效地协调处理。案例7.2 意在说明不合理的合作只会激发人际关系中的矛盾、压抑成员潜能，在极端案例中可能无法实现合作目标，其效果比独立作业还要差，也就是说还不如不合作。不合理的合作的确"遗患无穷"，但不能因噎废食，通过具体分析各个环节的问题，加以解决、预防，就可以达成良性合作，实现合作的价值。

起初三个人因为住在同一宿舍，比较了解和熟悉而组成小组，但是并没有一个明确的合作目标，模糊地认识到需要通过三个人的努力完成作业，每个人的情绪唤起、动机水平各不相同，因此实际履行自身责任的意志上的努力不同。E 对这一课题很感兴趣，她的情绪最积极，动机水平最高，而 E 无所谓的态度为合作埋下了隐患。合作过程中虽然有时间上的规划，但由于没有明确的分工，三个人的责任感强度不同，参与程度有很大的差异，小组合作的表现并不好。E大概完成了作业的70%，"我"的实际付出占作业总量的30%，而M的贡献几乎为0，如果不考虑她带给其他组员消极情绪的话。加上成员之间缺乏沟通，E全力以赴，"我"三心二意，M坚持坐、看、等、靠，彼此没有积极主动的互动，相互督促，相互帮助克服难题，没有人有意识地调整组内氛围，可能是为了避免冲突，每个人各行其是，错过了解决问题的最佳时机，直到M暴露出不想负责的想法时，矛盾爆发。虽然最终完成了任务，但是从最后的独白不难看出，这次合作给E和"我"留下了一些阴影，"我"甚至认为E和M交恶主要归咎于这次合作。当老师表扬我们组的表现时，出于维持表面的团结和日后的交往的考虑，E和"我"并没有指出M什么都没有做的事实，老师和其他学生都受到蒙蔽，M没有受到直接地惩罚，反而分享了最后的成绩。M的行为是典型的"蹭大锅饭""搭便车"，在一些极端案例中，整个合作小组陷入集体无意识状态，成员之间互相推诿责任，俨然一副"事不关己高高挂起"的姿态，每个人的积极性没有被调动起来，没有积极的人际交往和针对问题的有效分析和解决方案的讨论，成员不求上进，其潜力得不到发挥，推诿拖延，导致合作的目标不能达成。研究合作性学习的约翰逊兄弟关注了这类案例，他们将之界定为伪学习小组（pseudo-learning group）——把一些成员分配到一个小组学习，但他们对此并不感兴趣。他们集合在一起，但并不想共同工作，也不帮助别人成功。小组成员常常阻碍或者干涉彼此的学习，不能进行有效的沟通和协调，经常误导对方和相互干扰，经常四处游荡，老想不劳而获地搭便车。他们发现此时，小组成员间的互动对个体没有表现出任何的好处，反而削弱了个体的学习。结果，小组的总和反而小于个人的潜能。[①] 他们概括出合作学习的五个要素：积极的相互依赖（每个人彼此依赖，相互负责，有一种内在的动力去帮助，接受帮助，并支持他人）；个体的责任（每个人都要学习）；促进性的交互作用（互相帮助，分享信息，进行澄清解释）；社交技能（领导能力，沟通）；小组评议（反思、评估与人合作的有效性）。[②] 很明显该小组并不具备任何一个要素，所以并不是真正的合作学习。

不难想象这一合作经历对小组成员的影响：M由于上次的不劳而获很可能还愿意参与小组合作，并且一如既往地"搭顺风车"，不费力气地分享小组的合作成果。但是其他成员可能对她颇有微词，会避免和她合作，周围的人也逐渐了解她的行为方式，长此以往，基本没有人愿意和她合作，这会影响她的人际关系并造成消极的自我认知，她的相关能力得不到发挥，潜能得不到发掘，损失很多发展的契机。而E和"我"极有可能不再对小组合作抱希望，合作的想法受到打击，不太愿意卷入合作小组中，或者即使参与也不会轻易信任小组成员，不愿意付出太多的精力和时间，以免让别人"搭便车"占便宜，最坏的可能是E和"我"可能会变成像M一样"滥竽充数"坐等其成的人。

案例7.2揭示了成功的小组合作的必备因素。首先是清晰可行的共同目标，成员应认识到为了实现该目标，彼此不可或缺，意识到自己的责任，这样可以调动起成员的动机。案例中三人可以畅谈对合作结果的期待，唤起积极的情绪并相互感染，尽量消除被动、懒怠等负面消极情绪，然后每个人都发表意见，共同制定出合作目标。其次，明确的分工，通过民主协商，依据每个人的特长和能力安排适当适量的任务，这样小组成员清楚彼此的

---

① Johnson D. & Johnson R. 合作学习[M]. 伍新春，郑秋，等译. 北京：北京师范大学出版社，2004：81.
② http://www.cehd.umn.edu/research/highlights/coop-learning/

任务，有利于互相督促，相互制约，保证执行的效果。案例里分工不明确、任务量也不明确，M 和"我"默认 E 为组长，默认她应该起领导带头作用，认为自己只是小组员，起辅助作用，导致 E 的工作量最大，M 的工作量为零。如果有这样一个明确、直接、民主的分工环节，每个人认识到自己和其他成员同等重要。由于任务大多是在能力范围内，能够强化其自信心，互相激励，使他们更积极地投入自己的任务中去，各司其职，保证任务尽可能圆满地完成。再次，小组成员之间保持对话沟通，尽量直接、及时地给予对方反馈，保证及时发现问题并共同解决，这也有助于维持动机水平，增强成员之间的信任。在第一次讨论分工和时间节点的问题时，必须考虑到每个人都要为任务的完成预留时间，如果时间不能保证，如 M 在汇报前一天必须参加话剧表演，可以共同探讨重新分工问题，M 的任务主要是搜集资料或者制作幻灯片，汇报交由 E 或"我"完成。如果遇到难题，三个人可以组织讨论，共同想办法克服。当 M 表示不想承担任何责任的时候，E 和"我"应该和 M 开诚布公地谈一谈，提醒她作为小组一员的义务，甚至要求 M 退组，以制约 M 违背合作精神的意图和行为。而不是为了表面的一团和气，对 M 的行为无计可施，心中一股怒火却无处发泄，不得不逆来顺受。这样的忍受只能掩盖冲突，纵容 M，而不是尝试去建设性地解决问题。

此外，值得注意的是，对于没有养成良好合作氛围、合作习惯的学生，教师在进行小组合作教学设计时，只需要通过改变评价方式就能在一定程度上遏制虚假学习小组的出现，抑制偷懒懈怠等消极现象。之所以 M 敢不承担自己的责任，在于认为"大树底下好乘凉"，借着其他两人的成果自己可以坐收其成，而最后呈现给教师的讲演只是小组合作的结果，体现不出谁的贡献多，谁做得少，教师无法对合作的过程进行评价。因此，对过程进行控制的方法就是采用组员互评机制，或者要求每组写出详细的报告，呈现合作的分工和具体过程。小组成员必须把其他成员对自己的态度、任务完成质量的评价计入考虑范围内，不能肆意"罢工"或"消极怠工"。加强对过程的评价，可以强化学生的合作意识，制约个人主义，切实保证合作的质量。

（三）低水平合作

案例7.3 "1+1<2"

《锻炼的人们》是五年级一节美术课，主要目标是教会学生用捏、划、塑等泥工基本制作技法以及利用支架塑造的方法，捏塑生动的人物动态，教师确立的教学目标是：①体验与发现，体验玩泥塑的乐趣，感受人物的动态美。②创意与表现：塑造出动态夸张的人物。分析学生的学习基础和兴趣状态时教师在教案中写道：五（2）班的学生正如多数高年级学生所表现出的年龄特征，他们的思维形式正由具体形象逐步向抽象思维发展，个体创作意识在苏醒，对目前流行的"动漫"有强烈的认同，作品多临摹，技巧趋于成熟，线条渐流畅，但缺少童趣，缺乏想象力。教师认为这是教学的一个很大的挑战。所以在这节课上教师摒弃了课堂单一的模式，利用小组式学习过程将同伴的作品及制作过程作为同伴资源，旨在实现教学目标的同时，培养学生的合作意识和交往能力，通过学生的合作促进美育目标的实现。在指导与操作环节，教师希望每个合作小组能构思出各自的创作主题，然后经过内部分工，小组成员将不同动态的人物组合起来完成一组主体性创作作业。

在学生动手操作以前，教师布置小组合作内容：①合议主题，平面构思；②检查小组分工安排；③辅导彩泥塑造；④指导精细点缀，完善塑造。并预设学生具体的合作步骤：①小组商议，②汇报主题，③分工塑造，④组合完成。这样的设计能够使真实课堂中的秩序与自由并存，学生能明确自己小组的主题和自己的分工任务，教师能收放自如，课堂有秩序也非常活泼。

但是也出现了几个问题：实际动手操作后，六个组中有四个组的学生由于不太适应合作作业的方式，活动却并不顺利。比如有的小组没有进行开放式的商议，而是简单仿照美术课本上的作品；有的小组缺乏明确分工，个别有想法的学生忙于做自己的作品，有个别学生只是在一旁观看；还有的小组合作水平偏低，有一个小组的主题是打太极拳的人们，为了在最短的时间内完成，他们塑造的人物动作都是一模一样的，最终的作品是由每个人的作品简单拼在一起构成，缺少人物动作和神态的呼应，在动手捏塑过程中他们并没有太多的交流和沟通，最终的作品是每个人塑造的人物的简单相加，学生自动把美术作业的难度降低了。

案例 7.4　众志成城[①]

"蜇人蜂"（The Killer Bees）是来自纽约长岛一个中产阶级小镇 Bridgehampton 的一支中学男子篮球队。1985 年，Bridgehampton 中学注册人数从 67 人降到了 41 人，其中男生还不到 20 人。篮球队里从来没有多于 7 个人的时候。然而，从 1980 年以来，"蜇人蜂"已经取得了 164 胜和 32 负的战绩，两次赢得纽约州冠军，六次进入纽约州冠军决赛，还有两次进入了最后的半决赛。他们中没有一名队员是真正的球星，并且整支球队个头都不高，也没有一名队员后来参加过职业篮球比赛。虽然每名队员都毕业了，并且大多数进入了大学，但在大学里却几乎没有人表现出来打篮球的天赋。

在球员人数不多、天赋不高的情况下，他们是凭借什么力量获得了如此巨大的成功？"蜇人蜂"连续战胜比他们强大，而且照理说比他们有天赋的对手，至少有下面三个方面的原因。第一，"蜇人蜂"的比赛靠团队力量。他们胜利了，并不是因为出众的天赋，而是出色的团队工作。第二，小组成员采用了一个让人难以置信的工作原则。他们每年 365 天都在训练技能发展和团队工作。第三，他们与对手对抗时的多样性与灵活性。"蜇人蜂"强调团队工作、艰苦工作和多样性，注重目标的丰富性和深度，这是大多数小组没有想到的。他们的使命不仅仅是赢得篮球比赛，他们承诺过要给他们的团队赢得荣誉和认可，并且继承前人的光荣传统使之发扬光大。不仅如此，小组成员之间还彼此做出承诺，他们的承诺在团体中是交互式的，在参加每场比赛时，小组成员都坚持不懈地互相鼓励。

案例 7.3 与案例 7.4 是一组对比案例，不难看出案例 7.3 中的美术小组虽然发生了合作，但是和案例 7.4 中篮球队的合作相比，合作的水平和程度相差较大。尽管两个案例活动类别有所差异，但是实质上都是合作，我们可以通过对比概括出成功合作的要素。

案例 7.3 中教师的教学设计并未引发学生积极、高水平的合作，体现出几个问题：无开放式讨论，分工、责任不明，沟通较少，急于求成，自动降低任务难度。简言之，问题在于学生不适应合作作业的方式，合作的氛围和风气并未形成，前几个问题已经在前面的

---

① Johnson D. & Johnson R. 合作学习[M]. 伍新春，郑秋，等译. 北京：北京师范大学出版社，2004：79.

案例中体现，现在主要关注最后一个问题，即学生急于求成，自动降低任务难度，合作水平偏低。有的人也许会问，为什么要苛求五年级学生一定要有高水平的合作呢？只要按照教师的要求完成美术作品就好。我们认为这里学生的合作是低水平的，不是因为学生的想象力、创造力水平本身较低，而主要在于学生盲目争胜，以为最快完成作品就是胜利，为此他们压抑各自想象力的发挥，限制其发散思维的作用。这样的合作有悖于教育的精神，因此是低水平的，要尽可能杜绝该类合作，引导学生进行更高水平的合作，发挥出各自潜能和优势。低水平合作的原因在于学生默认最快完成作品的就获得胜利，是第一名，这是一种竞争的习惯，说明相对于合作的习惯，学生更倾向于外在竞争，过于关注竞争使学生的注意力从合作中转移，降低了合作的水平和质量。约翰逊兄弟把案例7.3中的学习小组称为传统课堂学习小组——小组成员已经接受了他们共同工作的事实，但却从中获益很少，相互依赖的水平很低。任务是高度结构化的，因此即使有共同的工作，也不需要费多大的努力了。成员除了对自己负责以外，无须对其他人的学习负责。成员之间的互动主要是为了分享信息，搞清楚怎样来完成任务。然后他们各做各的作业，教师对每个人的成绩进行认可和奖励。学生的责任是作为独立的个体，而不是小组的成员。学生不接受社会技能的训练，教师指定一个人作为小组领导来负责监督成员的参与，最终也不对小组努力的质量进行团队反思。[①] 此时合作的学习效果与独立学习效果相差无几。

　　但是竞争一定会威胁小组合作的质量吗？不尽然，案例7.4就是一个很有力的反例，与对手的竞争反而激发了队员的斗志，拉近了队员的关系，众志成城，势不可挡，促进了高质量的合作。因此，问题的关键不是竞争一定影响合作，而是面对竞争，小组成员以何种形式组织起来，彼此连接，完成出色的合作。"蜇人蜂"篮球队胜利的秘诀在于：强调团队工作、艰苦工作和多样性，目标的丰富性和深度，这是大多数小组没有想到的。他们的使命不仅仅是赢得篮球比赛，他们承诺过要给他们的团队赢得荣誉和认可，并且继承前人的光荣传统，在参加每场比赛时，小组成员都坚持不懈地互相鼓励。篮球队员们不仅仅关心赢得比赛，还相互承诺通过团队合作赢得最终的荣誉和认可，队员们的合作关系不是随着一场比赛胜利而结束，而是一直持续，从第一场球到他们篮球生涯的最后一场比赛，他们能不断地从与对手的竞争中认识到团队合作的重要性，认识到荣辱与共，知道只有通过共同的努力、相互信任、鼓励彼此、不断提高自身，才能获得荣誉和认可，而不是一心只为打倒对手。关注合作本身，分享发展性的合作愿景，使得他们钻研如何提高技能，发展团队合作，因此他们与对手对抗时的多样性与灵活性得到极大提高。整个篮球队"拧成一股绳"，成为一个神话。

　　高水平的合作，或者深度合作的关键在于向内的自我以及团队整体的反思和反省，这促成深度的交往、深度的情感、价值观的连接。深度合作的前提是主体的"我"与另一主体"你"相遇，是作为主体的人对自我以及他人作为完整的人的觉知、觉察，了解自己和他人的优点和不足，并对他人油然而生的一种同情、赞许。个体成员关注的焦点不再是自我表现，而是团队共同的表现，不再只对自己负责，而是对整个团队负责。为了实现共同的目标，双方在尊重、理解的前提下展开平等真诚的沟通和对话，共同分享资源信息，交换彼此的意见建议，不停地澄清、确认，同时能够做到关照彼此的利益和需要，主动调节

---

① Johnson D. & Johnson R. 合作学习[M]. 伍新春，郑秋，等译. 北京：北京师范大学出版社，2004：82.

或规避冲突，寻求并扩大共有的价值观，形成积极、向上的合作氛围。深度合作更倾向于建立并维持长久的关系和连接，使个体的人从环境的束缚中得到解放，获得充分的自由和全面发展的机会及条件。学生是正在成长发展过程中的人，他们的情感和价值观处于发展的关键时期。作为个体的反思能使他们客观地认识自我，悦纳自己；作为团队成员的反思能使他们积累协作的经验，尊重、包容他人，学会与他人相处；作为团队整体的反思，有利于发挥学生团体解决问题的能力，使得学生找到在小组中的位置和角色。培养学生积极的自我意识是学生进行自我教育的前提性条件，学生的自我意识是通过活动，以及在与他人、群体的多种形式的合作与竞争、相互作用与自我反思中形成的。

美术小组合作水平低在于过于关注外在竞争，而忽略了内在合作，缺乏发展性的合作愿景，由于合作关系是暂时的、不稳定、没有保证、缺乏安定的环境以确保学生想象力、创造力的发挥。这种重竞争、轻合作的例子在学校中屡见不鲜：比如运动会中为了取得良好的成绩，把其他对手当成敌人，班级之间的关系紧张，甚至有的采用作弊手段；团体歌唱比赛中，为了得到好的名次，个别突出的学生受到重视，有些唱得不好的学生只"对口型"假唱。假如教师和学生能够认识到合作对个体发展的意义、合作关系的稳定性、合作是一个持续的过程，能够有意识地调整合作的愿景——每个人献计献策，动脑动手，创造出更有创造力、独一无二的作品，相信不仅自身能在这一过程中成长，还能够促使组员彼此信任，互相启发、鼓励，保证学生潜能的发挥，实现高水平的合作。这一结果又会激励组员将这种信任、合作的关系继续延续，形成良性循环，缔造"神话"也不是难事。

（四）缺乏合法性的合作

案例7.5 运动会上的"替身"

中学的时候最喜欢的就是运动会，不用上课，没有作业，可以带很多零食和大家分享，听随身听，和朋友们聊天，而且看着班里同学在运动场上矫健的身影就特别激动，心都快要飞出来了。是的，我从来没有参加过运动会任何项目，我很胖，不爱运动，体育课上除了做体操很认真、比较到位，跑步、仰卧起坐、跳绳都是勉强过关。我曾经想试过扔铅球，大家公认我的手劲很大，但是因为大家都认为扔铅球的都是"重量级"选手，如果我去扔铅球就等于公开承认自己是"胖墩"，会成为大家眼中的"重量级"选手，这会极大伤害我的自尊心，所以我再也没有冲到运动场上的想法。运动会期间，为了更大范围调动不参加项目学生的积极性，"炒"热运动场的气氛，学校广播站向各班征集稿件，一经采用，就会给所在班级加分，还专门设立了一个奖项鼓励投稿。班主任老师特意指定了几个写作比较好的人猛写稿子，我终于有了自己的"用武之地"，每当听到自己的稿子被读出来，特别是主持人读到我的名字的时候，想到能为班级争取荣誉，那种兴奋激动的心情难以言表。

在运动会开始前，班主任会指定有运动特长的同学冲到前线，大约十几个，其中三分之二都是男生。那些坐在教室后排，上课照镜子、看杂志，下课调皮捣蛋、吊儿郎当的男生被班主任委以重任。他们功课很差，平时我和他们几乎没有交集，对他们的印象不好，不过他们的身体素质不错，还有几个篮球打得很棒，无论如何，能为班级争光的都是英雄，突然间觉得他们可爱多了。剩下大约三十多个人是啦啦队，不用"冲锋陷阵"，也无须"冥思苦想""奋笔疾书"，在本班队员出场比赛的时候大声喊口号，其余时间可以吃东西、聊天、听音乐、看小说和漫画。其实，我觉得这样子不大好，大家各忙各的，或者聚众聊天，显得特别散漫，纪律很差，而且吃零食会增加打扫卫生同学的负担。不过，好像也没有什么别的有意思的事情了，而这些事情就已经是运动会全部的乐趣所在了。后来班主任明令禁止听随身听、看书，但没有说不能聊天。

　　我们班比不过另外几个体育强班，有人说有的班偷偷请体育生做外援，的确，有的人一看就是搞体育的，速度领先其他人那么多，这太不公平了。特别是三班，接连拿了好几个第一，听到他们的欢呼声就打心眼里觉得讨厌。眼看着其他班级遥遥领先，我们心里特别急。接下来的项目是女子接力赛，和我很要好的一个朋友也参加，所以我跑到运动场边上给她加油。不过我没有找到她，却发现一个不认识的女孩身上贴着她的号码。难道也请外援了？我心里嘀咕着没敢出声。随着一声枪响，比赛开始，我们班第一棒跑得不错，但是第二棒的时候就被落在最后了，第三棒也没能追赶上，那个不认识的女孩跑第四棒，她的腿很长，跑起来有脚下生风的感觉，她很快赶超了三个人，我的眼睛追随着她，最终她第二个到达终点。第二名也是我们之前没敢预想的成绩，班里顿时沸腾了，纷纷把好消息告诉其他人，转眼间那个女孩不见了。回到座位上，我看到了我的好朋友，她手里拿着刚刚贴在那个陌生女孩身上的原本属于她的号码，不是很开心的样子。我知道她在为没能上场而难过，虽然取得了名次，但是却和她无关。我急忙安慰她，虽然我觉得如果我是她，别人说再多的好话也没有用。"难道我真的那么差，我拖我们班的后腿了吗？"眼泪在她眼眶里打转，估计班主任临时决定把她换下的时候也没具体说什么，才让她胡思乱想。"你别想多了，可能是老师觉得你们长得有点像，不容易引人怀疑，所以才把你换下来吧。你没看第二棒和第三棒那两个人被别人落下多远的距离，如果你来跑肯定不会这样的。""可是，他们至少能参加比赛……""这个不重要啊，重要的是我们班终于拿了个第二名。你们辛苦的练习大家都看在眼里，这个成绩里有你们的付出。你不要难过了，应该开心才是。"为了不刺激她，我没敢跟她说那个替她上场的女孩有多厉害。

　　最后，奇迹没有出现，但是我们也没有败得很惨。颁奖的时候，班长在领奖台上手拿锦旗冲我们招手，同学们一阵欢呼。后来这面锦旗被挂在教室后面黑板的上方，和其他荣誉一起，慢慢地被大家遗忘。记得看过《窗边的小豆豆》，巴学园也有运动会，校长专门为身体有点缺陷的男生安排了一次运动会，让他对自己更有信心。而运动会的奖品都是蔬菜，学生和家人们品尝着胜利的"蔬菜"，其乐融融地聊着运动会的事情，享受着靠自己力量得来的食物。我想要参加一场这样的运动会，勇敢地在跑道上挥洒汗水，我的朋友也不用担心被"替身"顶替，每个人都可以参加，激情地跑啊、跳啊，多开心。

　　学生运动会变成了"请外援"的激烈暗战，运动场上"火药味"甚浓。以班级荣誉之名，教师给学生分工，请外援，给学生"无所不用其极"的印象。知道别的班作弊后，为避免正面冲突，教师没有带领学生检举他们，而是模仿他们也替换下自己的选手，而且这是班主任老师专断而为，并未经过与全班学生商量探讨，学生只是被动获知该情况，出于班级荣誉的考虑而保持沉默，无人敢声张，即使在班级内部学生也不敢讨论，更没有人反思、批判，学生们扮演着"沉默的大多数"。这场运动会，虽然最终取得了班级荣誉，但是师生们失去的比这个多得多。

运动会的初衷是什么呢？《全民健身计划纲要》明确指出：全民健身计划以全国人民为实施对象，以青少年和儿童为重点。青少年和儿童的健康成长关系到国家的富强和民族的强盛。学校运动会面向全体学生，意在提高学生体质，培养学生体育锻炼的意识和习惯。为什么学校、教师一味强调运动项目的竞争性呢？正是因为运动项目本身过于传统，趣味性不足，学生参与的兴致不高，而一些学校领导秉持传统的"精英体育"的保守思想，"逼迫"学生参加，创造良好的成绩。领导层对竞争的吹捧使得教师不甘落后，一方面"逼迫"学生加强锻炼；另一方面，积极引进外援，这样真正参与到运动会中的学生越来越少，怪不得他们会聊天、听音乐、看书，一副事不关己的样子。竞争愈演愈烈，班级之间视彼此为竞争对手，剑拔弩张，水火不容。虽然班级内部一下子团结起来，但是这种团结主要是建立在对竞争对手的仇视的基础之上，而非对彼此的信任和支持之上。因此，发现自己班级也找"外援"，没有人不利于抗议，而是沉默纵容，对通过作弊得来的成绩没有感得到任何羞愧。这种异化的运动会，只重结果，不问过程，不仅不利于学生的身体健康，不利于体育锻炼精神和习惯的培养，还影响学生的道德品质，他们会认为取得名次就是胜利，没有名次就是失败者；为班级争得荣誉的人就是英雄，输给别人的人，大部分学生会把他们曾经付出的努力一笔勾销；竞争对手就是敌人，只要能战胜对方，任何方法都是被允许的。这样的运动会，没有全员参与，没有快乐，没有对对手的尊重，没有对自己班级选手的信任，更加缺失公平公正的精神，竞争变味为你死我活的争斗，合作被异化成包庇纵容。久而久之，学生变得好斗争胜、目中无人、不择手段。

通过以上的分析不难看出，并不是所有的合作都是道德的，我们倡导符合道德原则的合作。一个良好的合作团队离不开共同的愿景和基本的共识，但这并不意味着为了实现团队愿景就不顾道德的准则而恣意妄为，也并不意味着个体必须放弃个人思考的独立性而盲目求同。比如学生之间"合作"作弊，师生"合作"表演公开课，学校师生"合作"应付领导检查等。没有守住公平公正等道德底线的合作，也丧失了它的合理性和合法性。防止合作违背道德原则的一个有效的方法就是营造轻松自由、多元的舆论氛围，允许合作团体中共性和个性并存，即使在合作小组中个体也不应放弃其独立性和独特性。加拿大著名教育家迈克·富兰曾经说过，有效合作的文化氛围并不是以观点相似为基础。多元化才有价值，因为他们可以获得不同的观点，并凭借这些观点去认识问题的复杂性。在这样的文化氛围里，不公正很少能够得到忽略或容忍，同时，冲突也暴露无遗。① 有的人片面地理解合作为"一团和气""谁都不得罪"、"近亲繁殖"，党同伐异，这样的组织犹如一潭死水，毫无生气，偃息了独创性、思考的自由，表面的平和掩盖了真实的冲突，也错失了发展创新的机遇。迈克·富兰还说过：把冲突看成是学习某种东西的机会而不是看作要回避的某种东西或者是巩固自己地位的机会，这个团体就会兴旺。所以，在合作过程中要避免彼此隔绝和肤浅的"求同"，而是在走向合作的过程中，依然要维持合作团体内部的多样性、个体的独立性，使个体与集体有机融合。

---

① 富兰. 变革的力量——透视教育改革［M］. 北京：教育科学出版社，2000：240.

第三节 合作氛围的营造

一、合作的原则

学校合作氛围的营造需要遵循一定的原则,在这些原则指导下才能避免出现背离合作道德精神实质的情况,指导学校、师生走向真正的合作。

（一）互相尊重原则

合作的首要原则便是互相尊重原则,不能互相尊重的团队不可能团结一心创造成绩。尊重不是简单出于礼貌、风俗或是个人偏好,而是在于对"人"本质深刻的理解。人是什么或者人应该是什么？真正的人能够反躬沉思,认识自己,明确自身在宇宙中的位置,人有对幸福、个性发展的追求,并认识包容作为一个物种的有限性。人认识自己,还意味着人能够认识同样为人的他人,并能做到"以人为目的",超越分割人类的种种狭隘界限,广泛交往,关心、理解、欣赏他人,包容他人的缺点和不同,于他人中看见自己,不是建立起"我与它"二元对立的主体与客体的关系,而是"我与你"共存交往的主体与主体之间的关系。正如约翰·多恩的一首词《丧钟为谁而鸣》中写的：没有人是一座孤岛/可以自全……任何人的死亡都是我的损失/因为我是人类的一员/因此/不要问丧钟为谁而鸣/它就为你而鸣。尊重不仅仅是一种德性,更是一种规范。康德曾说过,尽管我们不得不悲哀地指出：人类,哎！当你对它有了更深的了解,就会发现它不值得这么特别的偏爱。但行善的义务并不因此而失去意义。① 显然,尊重承载着规范性内涵,并不取决于我们的好恶,而是必须践行的道德义务。依据美国学者威廉·弗兰克纳的观点,关于"人"的理解主要有两种类型,其中之一是"负荷的",是一种具有道德意义的、评价性的观念；这种观念本身包含着人应当受尊重的、应当承担责任和享有权利的、作为道德行为人的规范性内涵。② 所以尊重需要人类去践行,只有在相互尊重的基础之上,人们才能相互关心,发扬人道主义精神,互爱共生,走向合作。

尊重主要涉及主体四个方面的活动：注意（attention）、遵从（deference）、积极的评价（valuing）以及适宜的行为举止（appropriate conduct）。③ 注意是指对他人的关注,不仅仅是在生理上看到对方,而是在认识上以对方自我显现的方式、尽可能看清楚对方最真实的观点、要求,不主观想象或肆意歪曲,并唤起一定的意识或情感,激励自己去承认被尊重对象的存在和主张。遵从是指对他人的专注以至于自觉或不自觉地暂时取消掉"你"与"我"的界限,被他人的内涵或观点深深吸引,谦卑地悦纳他人。积极的评价是对他人本身价值的重视、珍视,尊重所包含的"价值"不能从实用意义上来理解；毋宁说,它凸现了尊重的情感维度,在这种情感中,主体对被尊重对象的重要性、威慑性或优越性之体验或信念处于中心地位。④ 它不依赖于"我"现在的需求和欲望,不是漠视、蔑视或歧

---

① Kant, Practical Philosophy, Mary J. Gregor ED. Cambridge: Cambridge University Press, 1996: 530, 402.
② 周治华. 伦理学视阈中的尊重 [D]. 上海：复旦大学, 2007：126.
③ Robin S. Dillon, "Respect", The Stanford Encyclopedia of Philosophy (Fall 2003 Edition), Edward N. Zalta (ed.) URL= <http://plato.stanford.edu/archives/fall2003/entries/respect/>.
④ 周治华. 伦理学视阈中的尊重 [D]. 上海：复旦大学, 2007：33.

视,而是纯粹地欣赏、尊崇、敬重、钦佩他人。适宜的行为举止,外在表现是恭敬和礼貌,通常情况下是指不干扰或冒犯,顺从他人的方式交往、赞扬、关心、提供帮助等。这样的行为自愿而非被迫,出于注意、遵从和积极评价所唤起的情感,而没有其他外在动机。尊重是贯穿在合作过程中的,随着合作关系越来越稳固,对对方的尊重越来越深沉、纯粹。

(二) 公正的原则

人人生而平等,都有追求自身利益的权利,并享有对等的权利和义务,因此公正原则是协调合作中各方关系的重要原则。

首先,在合作中公正意味着假若一方不选择合作,另一方也可以不合作,如果别人背叛、竞争或是单独行动就惩罚。任何的关系都是具体的,在复杂的现实环境中,很多人选择不合作是因为担心会遭到别人的背叛和利用,所以宁肯从头到尾不相信任何人、不与任何人合作,导致每个人的收益都很低。美国学者罗伯特·艾克斯罗德利用计算机模拟所有试图解决"囚徒困境"的策略,结果显示最佳策略是"一报还一报"(tic for tat),以合作开始,随后模拟对方上一步选择的策略,一旦基于回报的合作建立起来,成为大多数个体或群体之间的交往法则,其他不合作的策略难以侵入,最终会进入合作的良性循环。公平意味着不能无条件地合作,这不仅伤害了你自己而且伤害了这个成功的剥削者以后要相遇的无辜的旁观者。① 不过"一报还一报"似乎是不怎么高尚的策略,因为一旦结下仇恨,相互不合作,就会无休止地继续下去,伤害彼此感情,陷入孤立敌视状态。相对好一些的策略是"一报还十分之九报",体现出宽恕的美德,这样既能减弱冲突的震荡,又能提供一个激励,使对方不敢尝试无缘无故的背叛,引导出对方的合作行为。

其次,合作中的公正意味着合作各方的互惠互利。一个人的力量毕竟有限,并各有优点和缺陷,只有相互信任,通过合作联合才能"众人拾柴火焰高"、优势互补,裨益各方,也正是在这种认识基础上形成了社会契约。一旦选择了合作,团队的成员必须承认有一个默示的契约:每人要承担相应的分工,贡献自己的力量,并在合作过程中信任对方,对对方负责,建立起积极的相互依赖关系,同呼吸共患难,荣辱与共。由于每个人天生资质、后天能力、生活环境等差异,分工的公正不是每个人完全等量的工作,而是依据任务的特点、个人特长和每个人的具体条件来分配难度适当、数量适量的任务。每个人有责任有质量地在规定的时间内完成经过协商后分得的任务,如果自己分内的任务没有完成妥当,该成员必须担负起责任。小组内进行评价反思的时候必须依据各方的贡献或失误进行奖惩。

最后,合作的目的和过程不可以伤害第三方的正当利益。并不是所有的合作都合乎道德,都值得鼓励和发扬,如果两方的合作是以第三方的正当利益为代价,这样的合作是对第三方的不公正,是不道德的。比如学生考试"合作"作弊,考试主要考查学生独立掌握知识、解决问题的能力,很多时候考试成绩成为评价学生的主要标准,成为学校分配资源、公司分配工作的依据,虽然参与作弊的两个人之间"互惠互利",建立起"革命战友般的友谊",但他们付出的劳动与获得的成绩不成比例,是对那些不作弊学生的极大伤害,而且从长远来看,这种"互惠互利"实质上是相互纵容甚至伤害。

---

① 艾克斯罗德. 合作的进化——对策中的制胜之道 [M]. 吴坚忠,译. 上海:上海人民出版社,1996:103.

(三)对话的原则

没有对话就不可能有合作,成功的合作离不开有效的对话。对话不是简单的一问一答、简单的表示赞同或不同,不是以争胜为目的的唇舌之战,而是意义的共享。对话(dialogue)中"dia"的意思不是"两"个,而是"穿越"(through),这意味着对话仿佛是一种流淌于人们之间的意义溪流,它使所有对话者都能够参与和分享这一意义之溪,并因此能够在群体中萌生新的理解和共识。[1] 人类之所以需要对话是因为每个人都有各自不同的思维假定和观念,它们阻碍我们去认识全面的真实、全部的真相。不存在一个绝对的简单的答案,而需要每个人合作,不是对抗、赢取对方或强迫对方接受自己的观点,而是彼此意会,在隐含知识层面上进行交流,不仅仅通过言语、肢体或其他外部交流形式,在更深、更普遍层面上意会分享,意识到彼此的思维假定,共同克服,使每个人从中受益,达到双赢。

对话的起点是协商,置身对话外的对话促进者(facilitator)强调双方共同的目标,使双方共享做某事的价值、意义和基本共识,彼此互相妥协、各自让步、拉近距离、各抒己见,相互接纳,搁置己见,保持清醒,认识对方和自己的思维假定,不急于判断或下结论,使对话有进行下去的可能。当出现思维冲突,不同观点持有者会不由自主地维护自己的思维假定和观念,想当然地认为是对方错了,并且产生情感上的冲动,暴怒、羞愧、恐惧等。有的人以自我为中心,总试图表现自己,夸夸其谈,想要控制局面,从中获得安全感和优越感;相对地,有的人却倾向于退缩,担心说出傻话、做傻事被嘲弄。所以对话促进者必须给予对话者充分时间分析思考,给予每个人发言的机会。有的人受到自己角色的限制,将观点和利益得失挂钩,不愿意倾听和自我反思。这时候促进者要鼓励其悬置情感冲动,觉察到自己冲动的原因,对思维的全过程保持清醒地关注,反思自己和他人观点背后的思维假定、固有观念和意图,从而不陷入一己之立场,而是能够参照他人的立场处理问题。

对话要求人们具备敏感性——知道如何发言,也知道如何不发言;既能够观察和感受到对话中所发生的微妙气氛和变化,也知道如何对这些变化做出反应;既知道哪些变化源于你的内心,也清楚哪些变化时出自于群体之内。实质上,就是对意义保持敏感性。[2] 双方意识到根本不用去说服另一方,甘愿放弃自己的立场,是自己保持"空"的状态,以使其他新的东西浮现,努力理解对方所持立场的意义。当双方不再执着于你的或我的观点,而是回到问题本身共同审视一切时,每个人大脑意识的内容就会从本质上变得完全一样。于是在我们之间就会形成一种新的意识状态,即共享性的意识(participatory consciousness)……这样的话,任何事情都可以在我们之间流动交换。每一个人都参与并共享群体所有人的全部意义。[3] 这才是真正的对话,合作的双方彼此交换意见,不急于达成一致或"自卫",而是深刻地省思,使双方共同达到交换默会知识层面,或者用语言把默会知识转换为明言知识,通过对话共享,将明言知识进行创新,再次转换为对话双方的默会知识和信念。当这种对话方式成为一种习惯,成为一种文化,超越人类认识局限性就会成为可

---

[1] 伯姆. 论对话 [M]. 王松涛,译. 北京:教育科学出版社,2004:6.
[2] 同上书,47页.
[3] 同上书,32页.

能，把握整体，超越对话，继而创造性地解决社会问题，改变个体，改变人与宇宙的关系，促进更大范围的合作。

（四）个性与共性并存的原则

提到合作，人们会直觉性地认为共性应该得以彰显，个性得到压抑，才能维持团队整体的和谐一致，去除个性化元素得以合理化。当小群体中存在"互愉调试"（cozy adjustment）心态，小组成员都表现得非常客气和礼貌，对于可能引起争议的话题都采取避而不谈的态度，不加批判地顺从小组，不加思考地接受最新的决议，追捧某一观点，这实际上蕴藏着极大的危险，被推向极端的协作变成了"小团体思想"，遏制创造性思维，不能产生思维的碰撞和有机融合，反而成为拼凑、拼盘，沦为低水平的合作。实际上，独立思考和行动的能力对于小组合作也是非常关键的。迈克·富兰认为，最新的思想往往产生于多样性和在团体边缘的人。① 个体甘于孤独，独立思考，保持与内部声音的接触，发现他人忽略的问题，为小组合作提出更多新奇、富有创造性、不同寻常的意见。正如诗人华兹华斯所吟：

喧嚣忙碌的世界，/把我们分隔得太久。/离开了美好的自我，/厌倦了事业和欢乐。/蓦然回首，/多么雅致优美，/多么慈祥宽厚，/却是你呀孤独。

当然，如果把这种观念推向极端，每个人都有自己的想法，而且大不相同，没有最基本的共同的目标、共同的常识性认识和做法、基本达成一致的关键，个人主义会将小组肢解，即使相互尊重、即使公平对待彼此，对话也无从开始，合作将不复存在。

因此，过于浓厚的共有文化和没有共有文化都是非常危险的，合作成员不可无条件地向大多数人的意见妥协，需要保持思想的独立，当没有明确的解决方案、环境不可预测时，多元的观点有助于提供灵活的解决思路和方案，观点间的碰撞能帮助小组看清所需解决的问题、了解问题的起始状态和目标状态，再分析达到最终目标的子目标，一步一步实现问题的解决。但是，成员们也不可过于执着于自己的观点和利益、置他人于千里之外，需要向他人的意见保持敞开状态，集思广益，分享原创性思维，善于借鉴他人好的观点。一个优秀的团队能够保持个性与共性并存，使成员既有独立思考的紧张，也有共同工作的融洽。

二、走向合作

营造学校合作氛围能够有效地培养善于合作的新世纪人才，改善人际交往关系，为学生、教师、领导者的成长和发展提供温和的土壤、开放的环境，为社会输入和谐、富有创造性的血液。当然，合作气氛的营造并非一蹴而就的事，针对当前合作氛围匮乏的原因，我们建议从制度上、环境上以及师生自我教育上入手，逐渐形成充满合作的和谐友爱的校园文化。

（一）多元评价，导向合作

"分数至上"的评价标准和舆论氛围是导致学生之间过分孤立，甚至竞争激烈，毫无合作的机会和意向的根本原因。因此，改变成绩这个唯一标准，采用多种评价方法评价学生认知、道德、情感发展的不同方面，既注重结果，也重视学习过程；既注重对个体能力

---

① 富兰. 变革的力量——透视教育改革［M］. 北京：教育科学出版社，2000：46.

的考察，同时也有针对学生合作表现的评价；学生既是评价的对象，也是评价的主体。这样能够切实有效地促进学生建立积极的人际互赖、推动合作学习，为学生发展合作技能和合作意识提供良好机会，营造学生自由发展的良好舆论氛围。让学生开展自评，提高其自我认识、自我完善的能力；在自评基础上重视小组互评，加强组内成员的相互依赖关系，是学生建立合作关系、形成合作舆论氛围的关键。但处理不当可能引发人际矛盾和冲突。比如有的学生对自己要求宽松，对别人要求严格，无法做到实事求是，不会鼓励、欣赏对方，有时候言语过重，伤害对方自尊心，引发冲突，或者有的学生选择做"和事佬"谁都不得罪，不能起到评价作用。为了预防这些问题出现，教师需要进行详细的指导，强调学生必须在人格上尊重他人，以互相帮助为目的，实事求是地欣赏他人的长处，友善温和地指出不足并鼓励他人改正、完善，正确地对待别人的赞赏和批评，通过组员们对自己的评价校正自我评价，发挥舆论的作用，使主观评价与客观评价统一，增强学生的自我认同和信心，认识到合作的益处，并体会到自己的成长离不开小组、班级、学校，形成强烈的归属感。值得注意的是，学生互评的项目必须是具体可观察，以及在他们理解范围内的内容，比如完成被分配任务的认真程度、参与积极性、是否尊重他人、能否及时改正错误并感谢帮他指出错误的人等。

案例7.6　小组合作日记[①]

很多班级都有班级日记，记录学生每日在校学习、生活情况。但由于班级有几十名学生，一篇日记很难把所有学生的表现完全记录下来。为了克服班级日记的这种缺点，提高班级管理的时效性，我探索实施小组合作日记管理法，取得了较好效果。

（一）小组合作日记的构思与应用

根据同组异质、异组同质的原则，我把学生划分成12个小组，每组6人，设组长1名，配备一个精美的日记本，封面上书写小组名称和组长姓名，第一页上写有小组成员姓名、家长联系电话等基本信息和组训等内容。小组合作日记由三部分内容组成。

第一部分由一名学生每日书写记录。一是记录组内每个同学当天的表现情况，包括家庭作业完成、课堂表现、卫生保持和临时任务完成情况，并写出个人看法；二是记录当天发生在小组内最令人高兴的一件事，分享快乐；三是记录最让人不开心的一件事（有则写，没有则不写），便于老师和家长及时帮助解决。

第二部分由学生家长书写记录。每天晚上，学生写完小组合作日记后交给家长。家长首先阅读孩子记录的组内情况，然后和孩子交流看法，最后写出对全组同学或组内某个同学的建议。

第三部分由班主任书写记录。第二天早上，班主任把各小组的合作日记收集起来集中批阅，写出评语，评定等级，利用早读时间交流点评，及时给表现好的小组加星，然后把合作日记返还给各小组，由下一名学生接力记录。

（二）小组合作日记的效果

1. 激发了学生的合作争先精神

小组合作日记让每个学生主动参与到关心自己、关心他人、关心小组中来。每个学生

[①] 乔世峰. 小组合作日记在班级管理中的应用[J]. 班主任，2015（8）：22—23.

都是小组的主人和管理者。每天负责写小组日记的学生，除注意观察所在小组同学的表现外，也会关注以往日记中同学对自己和他人的评价，从而强化和发扬优点，对照、反省和改正缺点。同样的语言，出自教师之口，学生也许会当作耳旁风，而对小伙伴的评价他们却比较在意和容易接受。

写小组合作日记的过程是学生进行自我反省、相互学习、相互帮助的过程。在潜移默化的过程中，每个学生自我管理和管理他人的能力得到了极大提高，有效地激发了学生们合作争先的精神，增强了小组的凝聚力。

2. 调动了家长参与管理的主动性

每位家长都愿意随时了解孩子的在校表现，但每天繁忙的工作、快节奏的生活，常常不能及时做到。实行写小组合作日记以来，每位家长几乎每周都能看到自己孩子所在小组的合作日记，从中了解到小组及成员情况，了解到同学之间和老师对孩子的评价，调动了家长参与班级管理的主动性和积极性。

家长通过阅读小组合作日记，了解了孩子的在校表现和优缺点，能够及时和孩子交流沟通，及时帮助孩子解决问题。学生家长的参与，不但教育指导了自己的孩子，而且启发了小组的每个家长和同学，收到了相互交流、相互促进、家校共育的教育效果。

3. 提高了班级管理的时效性

通过实行小组合作日记，提高了班级管理的时效性。每天早上，我集中批阅小组合作日记后，写评语、评定等级，然后点评交流。对于小组合作日记中的好人好事以及有进步的学生，及时表扬；对于发现的问题，及时过问并处理；对于学生家长好的寄语感言，及时读给学生们听；对于学生家长好的建议，及时采纳。

一本看似简单的小组合作日记，有效地架起了学生、家长和老师联系沟通的桥梁，提高了班级管理的时效性，成了我班级管理的锦囊。

乔老师的小组合作日记是对传统班级日记的改良，加强了参与度、合作性。它也在相当程度上体现了多元多主体评价，特别是小组互评的作用。

（二）在活动中学习合作

评价的改变起到了导向合作的作用。但合作氛围的切实形成，离不开学校的各项活动。除文体活动、社会实践活动中的集体合作项目外，学科教学、家庭作业、主题班会等都可以成为体现合作精神的载体；教师工作坊，对于形成教师的合力，也不失为一种有效方式。

案例7.7 在"品德与社会"学科中培养学生的合作能力[1]

现代社会的发展，合作精神、合作意识、合作能力的培养越来越引起教育界的广泛关注。"学会共处"就是联合国教科文组织明确提出的。在学校，"学会共处"就是培养孩子学会与他人愉快交往、密切合作。小学"品德与社会"课程，因其自身的开放性、活动性、综合性和社会性等特点，为学生合作意识、合作能力的培养，创造了适宜的条件和环境。在"品德与社会"教学中如何培养学生的合作精神呢？

（一）创设情境，营造合作氛围

心理学家利珀认为，宽松、生动的教学氛围，可使情绪具有动机和知觉作用的积极力

---

[1] 杨良妃. 在《品德与社会》学科中培养学生的合作能力 [J]. 班主任，2005 (12): 25-26.

量，它组织、维持并指导行为。在课堂上，教师应当积极营造一种生动活泼的合作氛围。

首先，教师要激发学生上"品德与社会"课的兴趣，使学生树立正确的学习动机。比如，在教《同学之间》时，我使用多媒体播放了同学间发生的典型事例，并创设问题情境，请同学们自由议论。学生争着发言，有的说："我太斤斤计较了，对同学不够宽容。"有的说："我太自私了，真是惭愧。"还有的说："我受不了半点委屈，总是强词夺理。"等。学生兴致很高，在议论中明白了与他人合作的重要性。

其次，教师要精心设计教学过程，创设适合学生进行合作探究的学习情境。比如，教《同学之间》这节课时，在激趣导入后，我又设计了"我们共同来评议"活动。要求学生先自学，然后，4人小组内通过互议、互动，最后由小组长归纳出正确的与人合作的方式方法。学生自己归纳的成果体现了小组成员的合作精神。

（二）讲究策略，激发合作意识

团队成员之间的合作体现在团结一心，充分发挥集体的智慧和力量，克服困难，取得成功；体现在科学的分工，切实挖掘个人潜力，"八仙过海，各显其能"；体现在相互关心，相互帮助，相互学习，取长补短，共同进步等方面。我主要采取以下方式来激发学生的合作意识。

1. 讲解事例，认识合作

由于小学生的年龄及心理特点，他们往往不知道合作是什么。所以，为了使学生认识合作，我常讲述一些有关合作的事例或指导学生做些实验。例如"从小瓶中往外拉小球的实验"，使学生认识到：大家互不相让，结果不是小球堵在瓶颈中，就是把瓶子拉倒；但大家互相配合，小球很快就被拉出来了。再如体育活动中的拔河、接力赛等合作性项目，更容易使学生看到合作的优势，产生与人合作的意识，自觉地参与团队活动。

2. 小组竞争，激励合作

在"品德与社会"的教学中，我还引入竞争机制，组织小组之间的竞赛。例如，教《家庭树》这节课时，我设计了一个"我们共同来作画"的活动，要求以4人小组为单位完成指定内容的画。我激励学生，看哪组配合得好，最先完成这幅画，如果完成得又好又快就给予奖励。最后请领先的小组介绍经验，教师引导，让学生明白，得到的奖励不仅仅是因为某个同学的绘画水平高，而主要是大家合作的成果。

3. 创造机会，自发合作

在"品德与社会"的教学中，教师要有意识地为学生创造合作的机会。例如，学习《我的同学很棒》一课。我要求学生用橡皮泥和牙签做一个建筑物。这个活动不可以独自进行，所以我有意识地安排4人小组来完成。这样，4个同学凑在一起，互相讨论，先构想出自己小组的建筑物方案，然后又共同动手，搭建出建筑物模型来。各小组任务完成后，我把这些成果展示出来，让全班同学欣赏，体验合作成功的快乐。

（三）延伸课外，自觉合作

"品德与社会"的教学空间不应限于课堂，还应创设条件尽可能向校外延伸，让学生积极参与社会实践，不断加强合作与交流。例如，《心中的110》一课，在教学前，我先布置好课前作业，要求学生在一定时间内完成一次社会调查。学生们自觉地以小组为单位分工合作，很快就获得了调查资料。

品德课是德育的重要阵地。案例7.7为老师们营造合作氛围，培养合作品质提供了很好的借鉴：从创境激趣、自我反思，到群策群力；从加深认识、激励行动，到主动自觉合作；从校内到校外。其实，其他学科也都大有合作理念可以体现的地方，从课程内容，到教与学的方式。

案例7.8 作业的合作性[①]

马特的许多作业都要求小组合作完成，特别是项目性作业。教师规定小组合作完成的作业，要根据小组的总体成绩评分，关注的是组间竞争、组内合作。老师有时会提醒同学们注意合作伙伴的选取，这时不努力学习、喜欢搭便车因而"信誉"不好的同学就会感到"不受欢迎"的压力。

社会课学习完西班牙和阿兹特克人（美洲土著人）的冲突之后，老师给出了9种形式来体现学生对所学知识的理解：幻灯片，年表，立体建筑模型及说明，小册子，描述阿兹特克儿童生活的短故事，描述阿兹特克和西班牙世界观的简介图，武器表和模型（主要突出双方武器的差异），海报以及第一人称日志（以当时阿兹特克首领、西班牙人军队长官等人物的口吻撰写），用九宫格（一个正方形分成3×3的表格）的形式排列。学生三两人一组，选择其中的三项，不过这三项必须是同行、同列或在同一对角线上。马特小组的三位同学选择了第一列的幻灯片、小册子、武器表、模型。他们三人各有侧重点，一位同学负责用幻灯片的形式呈现当时西班牙宗教法庭的重要信息，另一位同学要用小册子的形式呈现阿兹特克人生活的至少三个重要方面（包括宗教、农业、战争、艺术、教育或建筑等），马特负责武器表和模型的制作。遇到问题三人商量解决、资源共享，但有的时候也会为一些分歧争得面红耳赤、不可开交，气得哭鼻子；冷静下来，再握手言和，同学感情反而更深了。

科学课学习简单机械部分的时候，老师让学生利用杠杆原理设计制作投石机。要求把石头（考虑到安全等问题，石头是用棉花糖模拟的）投到3米远的位置。每个小组3～4人，分工由成员自己协商。马特小组三人，小组内部成员根据个人兴趣特长自主协商分工，一人设计图纸，一人制作，然后共同试验，一人负责修改完善。马特小组得了满分，整个项目，从头至尾马特都很兴奋。

在完成这些合作性作业的过程中，小组成员协商分工承担一定的任务，共同商讨遇到的疑难，或于课后相约校园一角，或于校外聚到某一同学家中或公园绿地。同伴交往本身对于儿童和青少年就已经颇具吸引力，马特每次要与同学相聚时的兴奋就可以作为佐证。讨论中的相互激发、奇思妙想就更令人振奋，当马特把自己设计的减压装置拿去跟小组成员商量时，对方的降落伞创意让马特感到眼前一亮，思维的互补与整合产生了更佳创意，同学间的友情也在这样的交流过程中加深。

从案例7.8来看，我们不能说这些教师的作业设计和组织就是完美的，其中也可能存在一些问题，如学生的自主选择可能存在避难求易倾向，小组合作中也存在搭便车的现象，根据小组整体作业情况进行评价可能"奖懒罚勤"；所探究的问题基本都是由教师给

[①] 鞠玉翠. 从一位小留学生的作业看学习方式变革[J]. 全球教育展望，2010（2）：3—6.

出，由学生自主从生活现实中提出问题还显不足，等等。但瑕不掩瑜，该个案给我们提供了通过作业营造合作氛围、培养合作品质的生动案例。

案例7.9　小组合作如何开展①

抱怨归抱怨，爱操心着急的女儿起初都是独自将小组任务带回家打算自己一个人做。"C和D不靠谱啊，他们连自己的作业都常出状况，如果小组任务忘记做或者做不好，我们全组都会一起挨骂挨罚。""A呢？""A住在出租房里，没有电脑，也不能上网，而且他总有很多理由说自己没法做。"因为女儿时常问计于我，又知道她有些地方确实能力不济，所以我都会大力支持，帮她慢慢接受小组组长的新角色。有一天，她一面感激地看我帮她做任务，一面叹着气说："我觉得小组合作一点都不好，我好累！"

"不只是做这些任务很累，妈妈，我们经常吵得不可开交，什么都做不成。A很固执，一个人说个不停，什么都不干，还让我们必须按照他的意见做。C几乎不参加我们的活动和讨论，一会儿说个笑话，一会儿跑到别的组去看热闹，各种捣乱，严重影响大家干活。D一声不吭坐在那里，没意见，不参加。我更喜欢以前，老师讲，我安心地听，有事大家各做各的，很公平，我觉得那样学到的东西更多，做事也轻松多了。"

女儿的班主任很快意识到任务总是落到组长的头上不合理，有的组还常常出现组长安排后无人响应的问题，便将每个组的四个成员编上序号，在布置任务时明确每个同学的职责。比如每周每组需要提交的一周小结，这周由各组1号同学完成，下周就自然流转到各组的2号同学，以此类推。这样明确的轮换制度和教师直接分工在小组组建之初非常有必要，因为让每个人都有事情做，是教师首先需要考虑的。只有当每个参与者都在做任务的过程中感受到分工合作的必要性，并拥有了分工协作的意识和能力，由小组成员自行分工才成为可能。小组实施个体负责制，小组的成功必须依赖于小组所有成员的个人表现，不能是空头的要求，要通过教师的要求与安排落到实处。

一直习惯安心听讲、各自完成作业的学生们，刚开始尝试小组合作的时候，难免不适应。职责不明是关键问题。当教师帮助组员明确分工之后，搭便车的行为就会受到有效遏制。此外，还有更深层次的问题，就是对小组合作任务的认识。之所以一些组员会推卸责任，有的固然受制于主客观条件，如没有计算机等必备的设备、自己能力不足等，但这些是通过协商、合作可以解决的；更核心的是，如果大家只把小组合作的任务当作任务，认为只需交差应付老师，就会偷懒耍滑，不愿尽职尽责；如果理解了这些任务是为了促进每个成员的发展，只有踏实完成任务，才能获得真正的发展，包括合作能力的发展，那么，组员的参与态度就会积极很多。因此，合作的展开至少需要微观制度层面的职责明晰，以及观念的澄清。

案例7.10　主题班会：团结合作力量大②

"学会学习、学会创造、学会合作、学会生存"是21世纪教育的主题，而目前城市小学生多为独生子女，在家庭、学校生活中越来越多地表现出不合群、不善于与人合作的弱

---

① 徐莉. 旁观小组合作[J]. 班主任之友, 2015 (1): 120—123.
② 侯红梅. 团结合作力量大[J]. 班主任, 2011 (11): 38—40.

点。因此，在小学阶段培养学生的团结合作意识，增强他们的团结合作能力非常必要。《上海市中小学生生命教育指导纲要》指出，小学3—5年级的生命教育内容重点之一就是学习与他人合作。

在本节班会课中，力求发挥教师的积极主导作用，针对学生的实际情况进行各个环节的设计，引导学生学习探究，在活动中体验团结的力量，学会合作。让学生懂得未来社会更需要具备团结合作意识的人才；指导学生学习在集体生活中与他人合作的方法，培养学生的团结合作精神。

班会从《三个和尚》的动画片引入，抛出"为什么人多了反而没水喝？怎样才能有水喝？"的问题，学生提出了解决没水喝问题的办法：两两组合，轮流抬水，引出团结合作的主题。接着，老师列举了生活中许多让人感动的团结场面：小蚂蚁、犀牛、羚羊、斑马等。"那么，我们的班级生活中有哪些事需要团结合作才能做好呢？"学生通过小组讨论，归纳出：拔河、跳长绳、打篮球、踢足球、接力赛、打扫卫生、出黑板报、开主题班会、合唱等。老师概括道："一滴水投入奔腾的江河就能发挥出无穷的力量，一个人投身到集体中就能发挥出更大的力量，甚至创造奇迹。"学生进而讨论"神七"上天、奥运会开幕式、抢险救灾、国庆阅兵、世博会等大型活动所需要的团结合作。老师板书："团结就是心往一处想，力往一处使。"并请学生齐读。接下来是动手实践环节。学生们四人一组合作完成七巧板拼图，然后请学生交流心得，感受相互配合、分工合作的重要。带着新的收获，同学们开始了第二轮合作游戏：统计下发图形中的三角形、矩形、菱形。大家分工合作得更加默契。老师又提出了假想情境：放学了，许多同学去兴趣小组参加活动，只剩几个人在整理书包准备回家，可是教室里一片狼藉，不是值日生的你会怎么做呢？

生：我和那几个同学一起留下来打扫卫生。

师：他们愿意吗？不愿意怎么办？

生：我就告诉他们团结力量大，我一个人完不成，大家一起干就很快了。

师：你的办法真不错！

随后，老师请学生谈本课收获，并展示相关名言警句：二人同心，其利断金（《易经》）；单丝不成线，独木不成林（俗语）；人心齐，泰山移（谚语）；一滴水只有汇进大海才永远不会干涸，一个人只有当他把自己和集体事业融合在一起的时候才能最有力量（雷锋）；智慧＋双手＋力量结合在一起，几乎是万能的（韦伯斯特）。

师：我这儿有一张团结合作名言警句的小报（出示小报），漂亮吗？你们想不想也做一张？如何来完成呢？

学生讨论后汇报：我们小组，我和××负责收集团结的故事和名言，××负责排版，××负责打印。

师：一块块砖，只有堆砌在一起才能筑成万丈高楼；一滴滴水，只有汇入大海才能获得永生！一个人要成就事业，需要与他人的合作；一个集体要在竞争中获胜，也需要团结；一个国家，一个民族，只有团结起来才能兴旺昌盛！希望同学们在今后的集体生活中努力发扬团结合作的精神。只有这样，才能克服困难，取得成功。让我们牢记今天这一课！

生（齐）：团结合作力量大！

主题班会是营造学校道德氛围的重要途径。侯老师的班会针对学生表现出的不合群、不善与人合作的问题，用小学生喜闻乐见的方式：动画片、游戏、格言、生活场景等，让学生讨论、体会、感悟，懂得团结合作力量大，分工配合成合力的道理，并运用于自己的生活中，很值得借鉴。需要注意的是，关于打扫卫生的一段讨论，如果值日生偶尔有事，由非值日生合作打扫未尝不可，但这不是长久之计。既然当天有值日生，打扫卫生就应该是值日生的职责，这可以看作一种微观层面的制度安排，以便明晰职责，维护大家的生活环境。如果当天的值日生在打扫卫生的时间段经常有其他活动安排，则需要调换值日时间，而不应经常要别人代劳。另外，老师所假想的学生们出去参加活动，教室里一片狼藉的情况，其实也主要不应靠少数学生发扬风格来解决，而应当靠每个人管好自己的个人卫生和所负责的区域——也就是履行好自己的职责来解决，这也是公正原则的要求。在集体生活中，履行好自己的基本职责，就是在为集体作贡献，就是团结合作的一种体现。

案例7.11 工作坊促合作[①]

我校隶属于一个教育集团。集团内有4所小学，各有特色。今年招生有一个新政策——联招，以便整合教育资源，实现互补共享。只要是集团内小学服务区的孩子，可以根据实际情况选择一所小学报名。一年级新生报到的第一天，就有一位家长看到邻居的孩子跟自己选择不同，于是有些后悔，想临时更改，又得知政策不允许，只好气哼哼地报了名。过了几天，那位妈妈在网上发帖了，说开学报到老师不亲切，说学校各种凌乱没有充分准备，说自己各种矛盾挣扎，最后总结自己不如孩子，因为孩子说："妈妈，别折腾了，就算老师不喜欢我，我也能忍。"这句话刺痛了老师的心，老师特别委屈，因为一直以来，老师并没有区别对待那个孩子，给了她同样的关心和爱。随后，老师与那位妈妈进行了交流。事后，那位妈妈删去了帖子，但又担心老师会因此不待见孩子，总是旁敲侧击地打听，放大细节猜疑老师，让老师感到自己的工作有了太多掣肘。

这个事件得到全校老师的广泛关注。学校专门举办了工作坊，请全体老师群策群力，讨论类似的家校沟通问题，让工作中的困惑转化为专业发展的契机。大家从不同视角分析原因，提出了对策。大家的策略可以概括为两大方面：一是多元沟通，二是做强自己。实践证明，这种群策群力起到了良好的效果。除了利用短信、QQ或者接送孩子的时间主动向家长传达孩子的良好表现，缓和与家长的关系，一个关键举措是真诚邀请家长加入家委会，发挥她关心班级事务，乐于为孩子们服务的长处，起初的冲突状态转变为了合作状态。家长学校、"市民大讲堂"的相关讲座在引领家长、拉近家校间距离方面也起到了积极作用。而教师自身也变得更能够平等尊重地与家长沟通，少了些传统的师道尊严。

学校的合作氛围可以体现在方方面面。案例7.11就涉及学校间的集团式合作，学校与社区的合作（利用"市民大讲堂"的社区资源），学校与家长的合作（包括家委会这样的正式组织，也包括网络平台上的群体性交流以及个别化的交流等），以及工作坊中全体老师之间的合作。老师们从不同角度分析问题、提出对策，扩展了彼此的视野。借助工作坊的群策群力，原先未必被老师们关注的合作资源突显了出来，在必要的时候发挥出作用，共同促进孩子们的健康成长。

---

① 此案例由杭州茅以升实验学校李安霞老师提供。

第八章　友爱：学习爱的艺术

> 人，永远面临同一个问题，即：如何克服分离与孤独感，如何超越个人的天地，走向爱。①
>
> ——弗罗姆

尽管人们使用着不同的术语，如友爱、仁爱、关爱、爱、共在等；即使使用相同术语，随着语言和文化背景的流转，语义也会发生变化，但是正如弗罗姆所言：人——所有时代和生活在不同文化之中的人——永远面临同一个问题，即：如何克服分离与孤独感，如何超越个人的天地，走向爱，实现人类大同。这是对人类生存问题的回答。②特别是在当今这个经济利益凸显的社会，"人变成了物，成为自动机器：一个个营养充足，穿戴讲究，但对自己人性的发展和人所承担的任务却缺乏真正的和深刻的关注。"③即便年幼的孩子，已经学会冷漠、戒备，甚至互相拆台。人们感慨人情冷漠，呼唤人间真情。如何培养友爱意识与能力，成为整个社会和教育系统必须面临的挑战。正因如此，友爱是教育场景中非常强调的一种价值。敬老爱幼、助弱助贫是很多学校的常规教育活动。但当前友爱关系存在非公共化、被动化、功利化、形式化等问题，亟待重建。

友爱是实践哲学的话题，它以实践理性为基础。在亚里士多德看来，实践理性是对于获得相对于人的善的事物的正确思考。理论科学的知识凭据抽象原则便可以融会贯通，但实践理性的发展必须借助日积月累的经验。青年人容易仅仅用抽象的原则理解生活，他们能够背诵这些原则的词句，但是不能用它们来理解实践生活事务的丰富性质。④因此，明晰友爱中所蕴含的"善"，并在实践中积累经验，实用其力，是重建友爱关系所必须。

第一节　追寻友爱的公共之维

一、友爱的公共性

现代思想中对友爱的理解所存在的明显缺陷之一是缺乏公共性。人与人之间的友爱被看成是建立在利益一致和相互信任基础上的个人之间的一种亲密关系，被限制在私人领域，因而，友爱的公共含义被忽视了。应该说，友爱不仅仅是一个伦理学的基本范畴，在

---

① 弗罗姆. 爱的艺术 [M]. 李健鸣，译. 北京：商务印书馆，1987：8—9.
② 同上.
③ 同上书，92页.
④ 廖申白.《尼各马可伦理学》导读 [M]. 成都：四川教育出版社，2005：26—29.

政治哲学中也占有重要地位，它涉及个人与他者、诸多他者之间的关系，它意味着人类普遍的相互信任和相互承担责任，是民主政治建设的价值基础和伦理纽带。

早在古希腊时期，亚里士多德就指出，政治生活需要友爱。人天生是要过政治生活的，而友爱是把城邦联系起来的纽带，城邦之所以能维持下去，是因为人与人之间有爱。[1]当代哲学家德里达认为，现代西方民主制度建设存在的一个很大的问题是依靠制度设计和程序完善，却忽视了民主政治所需要的人际关系基础，忽视了人与人之间深层关系对于民主政治建设的重要意义。民主的内涵除了自由、平等之外还包括博爱，也就需要人与人的友爱和信任。友爱是比任何社会组织和任何政治组织都要更古老的公共向度。友爱的观念直接规定了我们与他者之间的关系，以及由这种关系构成的社会空间。因此，友爱先于一切有组织的社会联系，先于一切政治结构，先于一切政府和法律。友爱体现着与他者的关系，也承托着社会模式、政治制度，以至国族与国族之间秩序的建构。只有真正的友爱关系的确立才能纠正现代民主政治的弊端。这种真正的友爱关系，是彼此接纳和信任的普遍的友爱，是一种相互平等和尊重之爱，超越了亲缘关系的限制，超越了在场和利益计算，超越了男性中心主义逻辑。这种友爱是针对他者的，不仅包括身边的他者，而且包括遥远的、陌生的他者。人们在对他者的友爱中认识自我、实现自我甚至是延续生命。[2]

案例 8.1　红心化绿意[3]

我们学校以3月5日学雷锋日、3月8日妇女节、3月12日植树节为契机，开展"红心化绿意"三月系列活动。我们特别邀请了阳光学校的队员们一起参加活动。两校队员代表举行了牵手仪式，希望在活动中结友谊、传爱心、感温暖。

学雷锋日通过爱心义卖筹措"红心基金"。义卖的物品主要是少先队员捐赠的旧物，包括玩具、书籍、饰品、文具、手工艺品、小制作等。根据物品的价值，贴出标价。每个中队设立"爱心摊位"，设会计、售货员、促销员、保安等岗位。在义卖市场，队员们出奇招、做宣传。有的贴出广告语：为爱投资，你最明智的选择；有的打出横幅：献爱心，商品大甩卖；有的干脆吆喝：买一送一，爱心第一……老师们也是"顾客"中的一道亮丽的风景线，他们的购买欲最高，兴致勃勃地为家人或朋友选购商品，同时也为爱心义卖出一份力。不到一个小时，所有的物品都被师生们用一颗颗温暖的爱心抢购一空。

母亲节用红心基金购买植物，作为母亲节礼物送给妈妈；植树节用红心基金购买植物，布置温馨教室呵护植物，同时通过假日小队活动，把绿色送到辅读学校、敬老院、幼儿园、居委会……把绿意和问候送给社区千家万户。系列活动通过关心家人、关心需要帮助的人、关心集体、关心社区、关心植物、关心大自然，学会关心。

案例8.1开展的系列活动不仅体现了对家人的关爱，也通过送温暖活动把爱带给"陌生人"；通过购买植物、呵护植物，体现了环保理念，体现了对植物、大自然的关爱。本活动让爱走出狭小天地，走向更广阔的空间，让友爱的氛围从校园辐射开来。

---

[1] 亚里士多德. 尼各马可伦理学[M]. 廖申白, 译. 北京：商务印书馆，2003：229.
[2] 曹丽新. 解构、友爱与未来民主——德里达友爱政治学研究[D]. 哈尔滨：黑龙江大学，2010：79-153.
[3] 唐喆萍. 红心化绿意[C]. 上海市少先队学会年会·暨第一届"少年儿童组织与思想意识教育"学术研讨会论文集，2015：95-97.

二、友爱的平等性

中国传统中尽管也有"兼爱"之说，但占主导地位的仍是宗法人伦之爱、差等之爱，即以"亲亲"作根本原则，由近及远地以等差递减方式排列五伦，推而广之。《论语·学而》讲"仁者，爱人""孝弟也者，其为人之本与"，可见孔门教导的"仁"，原是从亲情来的。这亲情，主要是亲子之爱和兄弟之爱两条，其中又以亲子之爱最重要。孟子所说的"父子有亲，君臣有义，夫妇有别，长幼有序，朋友有信"（《孟子·滕文公上》）。在中国文化史上一直起着指导作用。这样的仁爱有亲情作为根基，不会失之抽象，但这样的仁爱却是等级森严、尊卑有序、贵贱有异、亲疏有别的。而唯一具有平等性的朋友之间的友爱，却被置于五伦之末。与之形成鲜明对照的是，古希腊人则把朋友情谊置于所有人伦之爱的中心，处于比亲属之爱还要重要的地位。他们以平等作为根本原则，从朋友之道出发，来看待和处理各种情爱的关系，包括对亲属之爱的理解。① 即便如此，解构主义大师德里达仍读出了西方友爱谱系中的男性中心主义色彩，并倡导平等之爱。

不平等和压迫必然带来不满、愤懑和反抗以追求平等。只不过，中国历史上平等的实现方式不是同代的横向平等，而是以纵向报复的方式来实现：爷辈先期对父辈的压迫并没有导致父辈后期对爷辈的直接反抗，而是父辈通过对其子辈的压迫而间接获得补偿。在教育场景中也是如此：教师当初做学生的时候没有享受平等之爱，甚至受过不少无理压制，自己做了老师便把自己当年受到的压迫加诸学生身上。尽管这样的做法不一定是有意识的，有些只是简单效仿。但其结果都是将不平等关系延续下去。而这种弥散在社会各界的不平等就导致了广泛的忍辱负重和愤懑，这是社会动荡的重要诱因。相对于差异和不平等的具体性、易感性而言，平等直接基于人之间客观本质的同一性，具有抽象性，相对难以理解和把握，需要制度性保障。因此，在制度上促成人之间横向的基本权利的真正平等，是保证社会稳定的根本，② 也是保障平等的友爱的根本。

作为教师则要主动打破不平等的纵向循环，主动用平等的、非压制的方式对待学生，也引导学生认识自己作为人的共同本质和平等性，并平等待人。

案例8.2　我们班没有笨孩子③

今天语文课上，新来的楼老师让同学们"开火车"读生字，同学们读得又清楚又正确。轮到赵若佳时，下一位同学自动地接了下去。楼老师赶紧说："等等，轮错了，有一位同学还没读过呢。"我们异口同声地说："她不用读。"楼老师很奇怪，问："为什么呢？"同学们抢着说："她很笨""她不会读""她是班里成绩最差的""她没有一次考及格，连她的妈妈都骂她傻"……听着听着，楼老师的神情变得严肃起来。等教室里安静下来，她大声地说："我们班没有笨孩子！"顿了一下，她接着说："我们每个人的记忆力是不相同的，有些人记一两遍就记住了，有些人需要记好多遍，这并不是笨，这是很正常的事。我相信

---

① 杨适."友谊"观念的中西差异［J］.北京大学学报（哲学社会科学版），1993（1）：31—38.
② 易小明，黄宏姣.中国传统文化中平等的实现方式［J］.北京大学学报（哲学社会科学版），2006（3）：42—49.
③ 征文活动组委会.第二届"爱的教育：中国孩子情感日记"获奖征文选　小学卷［M］.杭州：浙江少年儿童出版社，2009：168.

赵若佳同学多记几遍肯定能读。"于是楼老师让赵若佳站起来，跟着她读。教室里非常安静，只听见楼老师和赵若佳读书的声音。赵若佳读得那样认真，眼睛一眨不眨地看着生字。赵若佳跟楼老师读了三遍。楼老师让她自己读时，八个生字她竟认识了四个。楼老师说："你们看，赵若佳跟我读了三遍，她就认识了一半。如果她再读几遍，肯定能学会。只是她需要你们的帮助，谁愿意帮助她呢？"我们纷纷举手，请求当小老师。楼老师让赵若佳选一位同学。也许是因为我家和赵若佳的家离得很近的缘故吧，赵若佳居然选了我。我太高兴了。等下课的时候，我没有去玩，还有很多同学也没有出去玩，我们都围着赵若佳，教她读不认识的字。我们教了五六遍，赵若佳就全部会读了。

又上语文课了，楼老师让赵若佳认生字，赵若佳自信地站了起来："图、梨、笼、浪、梁、燃、勤劳。"她每个字都认识了，教室里响起热烈的掌声。楼老师高兴地说："我们班没有笨学生，赵若佳也不笨，她只是需要比别人多付出一些努力，她也需要大家的帮助。"

放学了，楼老师让赵若佳单独留下来，我知道她要给赵若佳补习功课。等我回家做完作业，妈妈特许我出去玩会儿。这时我看见楼老师竟然陪着赵若佳回家来了。我好奇地跟过去，只听见楼老师对赵若佳的妈妈说："我从来没有教到过笨的学生，你家的赵若佳也一样，你来看看，她今天学到了什么……"后来赵若佳和她的妈妈送楼老师出门时，我看到赵若佳一脸的阳光。我和她们一起目送楼老师，直到看不见为止。（指导教师：楼玉文）

李艳老师点评道：文章用朴实无华的语言记录了一位充满爱心的老师教育后进学生的事情，通过重点描写楼老师的语言来体现老师对学生的浓浓爱意。通篇文章并没有出现"爱"字，但是老师以她的实际行动书写着"爱"。在这样的影响之下，相信孩子将在潜移默化中学会"爱"，把"爱"的接力棒往下传。文章结尾的这句话"我和她们一起目送楼老师，直到看不见为止"，意味深长。

一位被其他老师、同学甚至家长贴上"笨"的标签的学生，在楼老师坚定的"我从来没有教到过笨的学生""我们班没有笨孩子"的平等关爱中，在同学们的热心帮助下，学会了越来越多的新知识，也找回了自信。

案例8.3 特殊关爱，有时也是一种伤害[①]

她，平时从不多言多语，但学习干劲和勤奋都为老师和同学称道；她，在课堂讨论问题时，声音铿锵有力，据理力争，让很多同学为之"怯懦和汗颜"；她，在同学学习遇到难题向她求助时，总是认认真真，不厌其烦……她，让我看到了"灿烂的阳光"。

一次偶然的机会，我了解到她的家庭情况。原来她生活在单亲家庭，母亲在农忙之余经常外出打工，把她一个人留在家里。我的心顿时沉重了许多，暗暗下决心要去帮助这个"小强人"。于是，我对她倍加呵护，为她申请了"贫困生资助"，把她的情况告知各科任教师，还在班里用她的"故事"激励其他学生认真学习……

可期中考试的结果却令我震惊——她的成绩居然下滑了20多名。我茫然、失落，不知所措。我的付出换来的怎会是这样的结果？

我将她叫到办公室，一阵沉默后，我从成绩入手，深入浅出地帮助她查找、分析问

[①] 龚俊波. 特殊关爱，有时也是一种伤害[J]. 班主任，2015（6）：69.

题,并将老师的良苦用心和辛勤付出一股脑托出。

她一言不发,只是默默流泪。"哭是没有用的,你知道老师多关心你、爱护你吗?"我生气地吼道。

"老师,请您不要再对我特别关照,我不想被同学们另眼相看……"沉默了好久之后,她轻声说道。

我茫然了:一直以来,我都认为给予比接受更伟大、更幸福,关爱更能让一个人快乐地成长。而这一刻,我却突然感到,我的这份"过分的关爱"反而伤害了孩子善良的心!

其实,学生更需要的是平等的同伴交往环境,而我的特殊关爱却让她被其他同学另眼相看,我讲的"励志故事"也让她内心深处的自卑暴露于大庭广众之下,从而让她的心灵背上包袱。

关爱,应建立在尊重的基础上,要保护学生的隐私和自尊。这样的爱,才能被学生接受,才能让学生沐浴在爱的阳光里,健康快乐地成长。

案例8.2中的楼老师把一个被贴标签、置于低位的学生,用"我从来没有教到过笨的学生"的信念,回复到与其他同学同等的地位;案例8.3中,老师对一位"小强人"的特殊关爱,却打破了既有的平等状态,让她"被同学们另眼相看"。可见,承认人的平等尊严是友爱的基础。案例8.2特别提醒教育者,在"关爱"时要避免一厢情愿,要在沟通的基础上,在对方需要的基础上来选择关爱的方式。关爱的具体方式需要因人而异,但关爱的根基是平等尊重。下文要探讨的观点采择与这里的平等尊重并不矛盾。

三、友爱的尊重性

弗罗姆指出,实践爱的艺术的开端是在生活的每一个阶段训练纪律、专注和耐心。但是最重要的是不要把纪律看作是外部强加的东西,而应该成为自我意志的体现,应该感到这是一种愉快,并且逐渐习惯于一种生活态度,一旦放弃它,便会若有所失。[①] 这种纪律、专注和耐心便是尊重理念的体现。尊重,是把自己和他人看作是自由、完整、具有独特天性、人格和尊严的人。尊重他人意味着接纳、平视、理解和宽容地看待对方的所作所为。"尊重他人的义务被包含于这样的一个准则中:不使任何其他人降格为达到我的目的的单纯手段(不要求他人为迎合我的目的而抛弃自己)。"[②] 尊重,要求我们把人作为目的自身来对待,按其本来面目看待一个人,能够意识到他的个性和唯一性,从而限制我们的一切任性。在这个意义上,人与人之间是平等的,每个人都作为独立的人参与交往过程。无论是亲子、师生还是朋友都不应是占有、附属关系,不能用一己之喜好强迫对方,要"给人以自由,使之以合乎理性的(道德和审慎的)方式确立和追求他们的目标,仅仅屈从于理性进一步提出的限制";至少不嘲笑或羞辱他人。[③] 可见,尊重每个人是友爱的基础,是友爱公共性的必然要求。

---

① 弗罗姆. 爱的艺术 [M]. 李健鸣,译. 北京:商务印书馆,1987:77.
② Kant. Practical Philosophy. Mary J. Gregor ed., Cambridge:University Press, 1996:569, 449-450. 转引自周治华. 伦理学视域中的尊重 [D]. 上海:复旦大学, 2007:95.
③ Thomas E. Hill, Jr. "Humanity as an End in Itself" [J]. Ethics, 1980, 91 (1):84-89. 转引自周治华. 伦理学视域中的尊重 [D]. 上海:复旦大学, 2007:88.

如亚里士多德在《欧台谟伦理学》中所说，"积极的爱是把被爱者作为他自身来对待，所爱的是朋友他自身，而不是他作为另外的什么。"① 这样的爱正是以尊重为基础，唤醒被爱者重新去重视自己的独特性和人格发展的可能。离开了这样的基础，爱就会蜕变成占有、支配与奴役，会让被爱者失去自己的独立存在，成为扭曲的人、不健康的人、失去成长力量的人，这显然与教育的初衷相违背。

案例8.4　关爱也须委婉②

小强是一名双困生，母亲不幸早逝，父亲常年在外打工，他一直跟着年迈的奶奶生活。奶奶多次对我说道："李老师，这孩子交给您了，多费心吧，怎么管都可以。"这席话对我来说，既有信任，又意味着责任和付出。于是我尽一切力量帮助他、关心他，给他表现机会，鼓励他。慢慢地，他找到了自己的位置和自尊。

看到他的转变，我很高兴。为了奖励他，我决定送给他一个精美的笔记本。那天上午第一节课开始时，我当着全班学生的面说："小强这段时间表现很好。由于小强家庭比较困难，我买了一个笔记本送给他当作日记本用。小强上来拿吧！"可是小强坐在座位上纹丝不动，头一直低着，脸涨得通红。学生们都转过身盯着他看，我也非常尴尬地站在讲台上。直到下课，他都没来拿那个笔记本。

课后，我问他："怎么了？身体不舒服吗？"我还没说完，他竟用一种从来没有过的、充满敌意的眼神盯着我，说："我才不稀罕你的笔记本！"说完，转身走了。从那以后，他对我越来越疏远，我对他的教育也越来越不奏效了。更糟糕的是，一次校领导通知贫困留守学生某天到校长办公室领取捐献的钱物，那天，小强竟然没来学校。于是我去家访，在我的再三追问下，他用一种很冷漠甚至很愤怒的语气对我说："李老师，请您告诉我，您那是真正的关爱吗？我是很穷，但我也有自尊啊！和其他同学相处，我也要面子！您用施舍的方式帮助我，叫我怎么在学校里待下去？"我愣在那儿，一句话也说不出来。

后来，我读到一个故事：有一次，威拉德不小心和同伴走散了，找不到回去的路，他坐在一棵树下哭起来。这时，他忽然听见有人在吹口哨，威拉德抬头一看，是卡丁。卡丁问他："出来散步吗？"威拉德点点头。卡丁说："我想和你一同回镇上去，这个刚做好的柳哨送给你。"然后他们一起回到了镇上。威拉德晚年时，有一天他突然明白了，卡丁选择坐在一旁吹口哨，使威拉德主动找到他，然后和他一起回去是因为他看重一个小男孩的自立感。

这则故事猛然惊醒了我：那种大肆宣扬、以牺牲学生的自尊为代价的同情和帮助，因为缺乏对学生最基本的尊重，而会伤害学生的自尊。通过反思，我也深深体会到：给予不是任何时候，在任何场合，对于任何人都能起到预期作用的。给予师爱要掌握契机，把握火候，像雪化成水那样悄无声息，不着痕迹，这样才能让接受的学生拥有和别人一样的自尊和自立感。

友爱的公共性、平等性和尊重性要通过人与人之间的平等交往得以承载和发展。学校要鼓励和引导学生之间的平等交往，防止在学生中因成绩差异、当干部等因素而形成"特

---

① 廖申白. 亚里士多德友爱论研究［M］. 郑州：河南人民出版社，2000：99.
② 李明远. 关爱也须委婉［J］. 班主任，2010（11）：59.

权阶层"；教师更要做好平等交往、尊重学生的表率。特别需要强调的是，这种平等和尊重不仅仅存在于师生之间、生生之间，更应体现在每个学校成员的交往中。校工、厨师、园丁、学生、教师、校长等，没有人更高一等，每个人都应给予其他任何人平等的承认性尊重，这样才能在学校形成浓郁的平等尊重氛围，[1] 友爱才具备了良好的生长土壤，友爱的公共性才有了根基。当人们做到了平等地尊重每个人，友爱的公共性就得到了基本的保障。

第二节 提升私人间的友爱

追寻友爱的公共性并不是否认友爱的私人性。公共性的友爱是就基本的人权、人格层面而言的，更强调不伤害、不羞辱等消极的或基本的要求。而私人间的友爱，则主体会投入更多的感情，花费更多时间精力，特别是亲密的友爱关系更是如此。友爱的公共性为私人友爱的展开提供了平等尊重的土壤，而私人友爱又为人间增添了温暖和色彩。离开了公共性的友爱难免褊狭，离开了亲密性的友爱则难免冷漠。但现实中私人间的友爱存在着被动化、功利化的问题，极大地损害了友爱的亲密性和质量。倡导主动地爱与回报，追求德性之交是提升作为亲密关系的友爱的良方。

一、主动地爱与回报

在友爱关系中，许多人等待着被爱，抱怨着没人爱自己。而许多思想家都强调"主动地爱"。孔子说："弟子，入则孝，出则弟，谨而信，泛爱众，而亲仁，行有余力，则以学文。"（《论语·学而》）非常明显地表达出"主动地爱"的思想，并提出了行动的准则。亚里士多德明确指出，友爱"更在于去爱而不是被爱。""爱似乎是主动的，被爱则是被动的。"所以，爱与友善都是主动者实践的结果。[2]

弗罗姆对"主动地爱"进行了精辟的阐发。他也认为爱的实践离不开积极的活动，但"积极的活动"不仅在于做点什么，更在于"人的内在的积极性，创造性地运用自己的力量。……如果我爱，我对所爱之人就抱有积极的态度，而且还不限于对他（她）。因为如果我很懒散，而且不使自己处于一种清醒的、开放的和积极的持续状态，我就不可能对所爱之人抱有积极的态度。……要使自己和别人都不感觉到无聊——这一点是爱的一个基本条件。在思维、感觉、看和听的活动中保持清醒、警觉和开放的状态是学会爱的艺术的必不可少的条件"。弗罗姆批驳了一种常见的错误观念："可以把自己的生活分为两个部分，这样在爱的范畴可以有创造性，而在其他的范畴就不需要有创造性了。"弗罗姆认为，这种想法只是一种幻想。"生产力的本质决定了不会有这样的分工。爱的能力要求人全力以赴，要求人的清醒状态和生命力的升华，而这种能力只能通过在生活的许多其他方面的创造性的和积极的态度才能获得。"[3] 没有生产积极性的人，在爱的方面也不可能有这种能力。弗罗姆清晰地阐述了"主动的爱"的原则和力量：天真的、孩童式的爱遵循下列原

---

[1] 鞠玉翠. 教育场景中尊重意涵的审思 [J]. 南京社会科学, 2012 (9): 11—121.
[2] 亚里士多德. 尼各马可伦理学 [M]. 廖申白, 译. 北京: 商务印书馆, 2003: 244—274.
[3] 弗罗姆. 爱的艺术 [M]. 李健鸣, 译. 北京: 商务印书馆, 1987: 89.

则:"我爱,因为我被人爱。"成熟的爱的原则是:"我被人爱,因为我爱人。""主动的爱"能将人从孤独中解脱出来,他开始体验关心他人以及同他人的统一,他还能感觉到爱唤起爱的力量。他不再依赖于接受爱,不再为了赢得爱而使自己弱小、孤立无援,生病或者听话。①

针对友爱中的回报和互惠问题,德里达指出,只有无牵挂、不图回报、主动地去爱才是纯粹的爱。"我对你友爱,就要得到你同样的爱",这样的互惠使朋友变成一种得失的计算。而主动的爱不以被爱为前提,涌动着不图回报的幸福感。②但从被爱的一方来说,主动回报则是义务。中国有"来而不往非礼也""滴水之恩涌泉相报"的古训;亚里士多德认为,友爱需要回报是因为友爱中也需要正义,友爱与正义不可分离。即使主动施爱的一方不要求回报,但是,被爱的一方也应该主动回报,特别是当他有相应的能力时。如果对对方的爱回报不完,则要尽力报答。例如在亲子关系中,儿女是欠债者,永远欠父母的恩,而这种恩儿女是回报不完的,在这种关系上,子女方面的德性是对父母尽力报答,只有"尽力"才是足够的。③当代关怀伦理也主张被关怀者要肩负起合理的回应之责。这种主动回报,也可看作"主动地爱"的一部分。当然,从付出爱的人的角度来说,弗罗姆的建议是:"爱一个人就是要献出自己,而不期待得到回报,但相信自己的爱一定会唤起对方的爱。"④

"主动地爱"要求在师生和同伴交往中,能主动关心他人,关注到他人的需要,并对这种需要做出恰当的反应,如陪伴帮助、亲密交流、赞扬肯定、信任尊重等。当然,特别需要注意的是,"主动地爱"并不是一厢情愿地、强迫式地给予对方其所不需要的爱,而是需要理性约束的爱;而且关爱中如何选择关爱的具体行动,如何做到无过无不及,则需要更细致的研究,实践经验的积累以及在特定情境中的实践理性。

案例8.5 贺卡危机

小学六年级临近毕业的时候,同学们之间都流行互赠卡片来表达各自的心意与依依不舍的情怀,以后再回顾这些卡片也是非常有纪念意义的事情。虽然才六年级,其实同学也都不懂这卡片所包含的深厚的情谊,但是同学之间都相互赠送,于是就成了一种风气。小夏一开始也收到了几个同学送给她的卡片,各式各样的,有可爱型的,也有卡通型的,里面都写满了同学对她满满的祝福。小夏收到了卡片特别开心,但是单纯的她只是开心地收下了卡片,以为同学只要觉得自己收到了很开心那就足够了,她也没有想着要回赠。友谊只要真诚地为朋友付出,而不应该太计较结果与回报,不是吗?

可是渐渐地,她发现别的同学的课桌里都会偷偷塞着几封包装精美的卡片,而自己的课桌里再也没有卡片了。她有点纳闷了,是不是自己不再受同学的欢迎了?同学们是不是都不再喜欢自己,于是都不送卡片给自己了?这个疑团直到在一次跟可儿回家的路上才解开。可儿告诉小夏,一开始很多同学都送卡片给你,因为要分别了,大家六年的情谊都会

---

① 弗罗姆. 爱的艺术[M]. 李健鸣,译. 北京:商务印书馆,1987:30.
② 曹丽新. 解构、友爱与未来民主——德里达友爱政治学研究[D]. 哈尔滨:黑龙江大学,2010:121.
③ 廖申白. 《尼各马可伦理学》导读[M]. 成都:四川教育出版社,2005:120-124.
④ 弗罗姆. 爱的艺术[M]. 李健鸣,译. 北京:商务印书馆,1987:89.

有点不舍；可是同学们送给你卡片你从来都不回，大家都在背后议论你说你特别不知回报，只会一味地得到，因此大家都说好不要再送卡片给你了，反正送给你就像扔在池塘里打水漂没有半点回应的。

小夏听了这番话之后，如醍醐灌顶，回家后好好反思。我是不是太自私了，真的从来都没有回赠给任何一个同学卡片。因此当天下午，她立马跑到家附近的文具店，买了一大堆设计精美的卡片，并且用笔在卡片上写上对同学们的寄语……

友谊是人们在交往活动中产生的一种特殊情感，它与交往活动中所产生的一般好感是有本质区别的。友谊是一种来自双向（或交互）关系的情感，即双方共同凝结的情感，任何单方面的良好，不能称为友谊。友谊是建立在相互付出与交换的基础上的，在年龄层次较低的阶段，好朋友一般都是家里住得比较近的和教室里座位坐得比较近的，而交换的更多的往往是物质层面的或者游戏的时间；而发展到了一定的成熟阶段，好朋友一般是有共同的志趣爱好与追求的，更多的也是情感与关怀的交换以达到心灵的契合。

案例8.5中的小夏知道同学们送自己卡片肯定都是怀着真诚的心寄予的，但是她却不知道同学们在送这些卡片给她的时候同样也期待着她的回赠，也就是不明白友谊是建立在双方进行等值交换（至少不能差距太大）的基础上。同学们送了她卡片，而她没有回，也就是同学们的付出大于小夏的付出，这种关系是不平衡的，因此也产生了失衡的结果。如果小夏对于送给自己卡片的同学，虽然没有回赠卡片，但是在平时的学习与生活中给予他们更多的关怀与照顾，或回馈其他的小礼物，也能达到回报别人善意的目的。

同学们经历过"漫长"的等待没有得到回应后开始在背后偷偷议论，这样"大众舆论"也就产生了，大家一致孤立不知回报的小夏。群体的效应是强大的，哪怕只是小规模的群体。

案例8.6 关爱特别的你①

（一）沟通解惑

开学不久就发现朵朵作业质量不佳、迟到甚至旷课。为了不放弃任何一个孩子的成长，我必须采取一些措施。朵朵旷课的当天，我就去家访了。

为了表示帮助朵朵的诚意，我耐心向她的家人说明来意并主动询问孩子的情况。碍于情面的家长才道出了真相：朵朵患上了一种特殊的病"感觉统合失调"。虽然她在小学和初中所做的智商检测，结果都在75～80之间，属于正常水平。可是她在课堂上会出现不少"奇怪"的行为，比如：不拿课本、眼神较呆滞、不爱与老师交流，等等。

由于我对朵朵的这种症状并不了解，于是请教了心理老师，又学习了一些专业的资料，这才了解到她的特殊。根据美国南加州大学临床心理学专家Ayresa. J博士创导的感觉统合理论（sensory integrafion theory），即"感统"理论，患感统失调的孩子智力其实都是正常的。从生理上来说朵朵和一般孩子有所不同，她出生时大脑长时间缺氧，导致智力发育迟缓。身体不能和谐运作，形成各种行为障碍。从心理角度说，她不来上学的原因是跟不上初中的学习进度，心存畏惧故而选择了逃避。

---

① 本案例由上海市长宁区天山初级中学邹璐邑老师提供，标题由本书作者所加。

据其母亲反映，朵朵在家会和妈妈大发脾气并动手打人，对非恶意的身体接触反应激烈，在交往方面有严重障碍。为此，我展开了一系列"主动攻势"，不仅邀请朵朵上下学和我同行，还不失时机地找她聊天，有意识地摸摸她的头，拍拍她的背。我赢得了她的信任，渐渐地摸准了她的性格脾气，还知道了她的一些小秘密，比如：少言寡语的朵朵很想拥有自己的好朋友。

（二）爱心接力

我把她带进了学校心理室，请心理老师对她进行一些专业的游戏治疗，希望指导朵朵克服交往障碍。

进入温馨的心理室，胆小的朵朵彻底放下了自己的防备。在老师的指导下，她有机会接触了国际心理学上著名的"沙盘游戏"。这种游戏形式非常适合像朵朵这样言语较少的儿童，不仅可以进行自我对话还能疗愈心灵。一个小时的"治疗"过程中，朵朵神情专注，不仅在沙盘中饶有兴致地摆放了各种玩具，还与老师交流了自己的一些想法。游戏结束，快乐的朵朵要求和沙盘玩偶合照并和老师约定下一次访谈的时间，这样的主动表现出人意料，我心想："有戏！"

为了让她融入集体、帮助她提高学习成绩，我和任课老师为朵朵"排兵布阵"，在她座位周围安排了一圈热心认真的同学。各学科老师爱心接力，并给朵朵享受"专属特权"，为她开辟绿色学习通道。由于朵朵知识接受能力有限，所以我们允许她不参与统一默写；除考试外，作业可以参考其他同学。正因为老师们坚持着有教无类的理念，朵朵成了我们相继帮助的香饽饽，每到课间总有老师替朵朵"开小灶"，这件事在班级也传开了，同学们纷纷加入帮助朵朵的行列，在班级"星级小组"的评比中，凡是主动帮助朵朵的同学都能够得到相应的加分，孩子们的积极性提高了，朵朵也尝到了"甜头"，学习态度比过去更主动了。一个月以后，朵朵不仅得到了同学们的理解和关爱，还交到了一个知心朋友，她们两人相互督促学习，时常有说有笑呢！

"老师别急，您得给朵朵时间。"这是班级同学对老师的提醒，帮助朵朵的意识渗透在整个集体。年级组的每一位老师都认识朵朵，也主动关心和帮助这个女孩。其实我们只要耐心一点，宽容一点，大家的关爱就会让朵朵这样的孩子内心充满温暖。

（三）爱的回报

师生共同帮助自己的情景，朵朵看在眼里记在心里，她也用自己的行动表达着对大家的感恩。社会实践时，她悄悄塞给老师们自己做的热乎乎的蛋挞，啥也不说笑呵呵地看着我们。虽然她只是在放学时悄悄偷看一眼班主任，然后羞涩地和我挥手告别。虽然她只是简单地和生病的同学说了一句"祝你早日康复！"虽然她只是在教师节，轻轻和我们说了一声："老师节日快乐！"但我知道，这孩子是鼓起了多大的勇气才开口的。她看到我们时是快乐和感激的，为此我很自豪。她从过去的抗拒，到如今的懂事，离不开各位老师的辛勤付出和全班同学的悉心呵护。

一直非常喜欢古希腊著名哲学家、教育家苏格拉底的一句话："每个人身上都有太阳，只要让它发光。"对学生的道德教育渗透在点滴，做孩子们的太阳，让她们内心的坚冰融化，每一个孩子都有得到关爱的权利，让我们祝福朵朵在四班健康成长！

在学校中，教育者要主动去做爱的发起者，特别是对于特殊学生。在沟通基础上，根据学生需要所采取的爱心接力，让特殊学生得到了尽可能适合她的学习生活环境，也在班级中营造出浓郁的关爱氛围。受到尊重和关爱的学生，用自己的感恩，用自己的友善，用自己的成长，回报着老师和同学们的关爱。

二、追求德性之交

亚里士多德区分了三种可爱的事物，即善的、令人快乐的和有用的事物，相对于这三种可爱的事物就有三种友爱。"那些因有用而爱的人是为了对自己有好处，那些因快乐而爱的人是为了使自己愉快。"这两种都不是为了对方自身而友爱。这样的友爱是偶性的，容易破裂。"如果相互间不再使人愉悦或有用，他们也就不再互爱。……完善的友爱是好人和在德性上相似的人之间的友爱。"那些因朋友自身之故而希望他好的人才是真正的朋友，这样的友爱既相互有用，又令人愉悦，只要他们还是好人就一直保持着。在这样的友爱中，他们都希望对方更有德性，更令人愉快，或更有用。①

对于德性之交，孔子提出了著名的"三友说"，即"益者三友，损者三友"。益者三友指："友直、友谅、友多闻。"损者三友指："友便僻、友善柔、友便佞。"（《论语·季氏》）也就是说，同正直的人交朋友，同信实的人交朋友，同见闻广博的人交朋友，便有益。同谄媚奉承的人交朋友，同当面奉承背后毁谤的人交朋友，同夸夸其谈的人交朋友，便有害。这具体的建议提示我们每个人经常反省自己是否有"损友"的特征，努力去增加"益友"的特征，不断提升自己的德性，提升爱的能力，做彼此的益友。

心理学家研究发现，儿童友谊观的发展呈现一定的阶段特征。幼儿的亲密关系主要建基于对方的外貌特征（"她很美丽"）、所拥有的玩具（"他有一辆三轮小车"），以及暂时在一起玩等认知因素，这种友谊关系是暂时性的；直至8岁以后儿童的友谊关系才开始比较稳定，这时，儿童的友谊关系已建基于对对方行为的评价（"他和蔼可亲"）和对方对自己有无帮助（"他帮我做功课"）等认知因素了。② 这提示教育者，德性之交是我们追求的理想境界，但分享快乐和悲哀的时光，互相帮助，共同玩耍，也是儿童亲密关系的应有之义。只是，随着儿童年龄的增长，教育者应把儿童的交往旨趣更多地引向对彼此德性的欣赏，让双方在交往中共同促进。

追求德性之交，意味着在交往中不断超越自己，也激励朋友超越他自己。人们常把友爱与同情相联系，但尼采则主张一切伟大的爱要超越原谅和同情。可以同情你的朋友，但是这种同情不应该削弱和软化朋友，而应该使用挑衅及攻击的方法使朋友能够尽自己的力量克服困苦，从而超越自我，展现其创造性。在尼采看来，作为爱者的朋友首先要爱自己，要轻视自己。而轻视不是放任自己，而是轻视现在的自己，是要创造更高的自己。不仅轻视自己，也要藐视朋友，嘲笑朋友，不是不尊重朋友，而是通过那个不同的朋友来超越自己，也使朋友超越他自己。③ 尼采的"攻击的方法"也许让我们很多人感到难以接受，但他所倡导的在友爱关系中鼓励超越，却十分具有启发意义。正像弗罗姆所说：如果不努力发展自己的全部人格并以此达到一种创造倾向性，如果没有爱他人的能力，如果不

---

① 亚里士多德. 尼各马可伦理学 [M]. 廖申白, 译. 北京: 商务印书馆, 2003: 232-233.
② 李伯黍. 儿童友谊观发展调查 [J]. 心理科学, 1986 (6): 10-15.
③ 曹丽新. 解构、友爱与未来民主——德里达友爱政治学研究 [D]. 哈尔滨: 黑龙江大学, 2010: 146.

能真正谦恭地、勇敢地、真诚地和有纪律性地爱他人，那么每种爱的努力都会失败。①

案例 8.7　没有一枝花的教师节②

2004 年 9 月 9 日　星期四　晴

明天就是教师节了，同学们纷纷商量如何给老师过节，没想到，放学前班主任钟老师却说了这样一番话："同学们，明天就是教师节了，我知道大家都在为我买花和贺卡，我在这儿先谢谢大家。不过明天的教师节你们就不要送花和贺卡了，其实你们上课认真，取得好成绩，就是给我最好的礼物！"

听了钟老师这番话，同学们都非常惊讶，又纷纷议论起来。不过，我想按照我们班同学的性格，应该是不会善罢甘休的，明天应该会有更多的惊喜等着钟老师。

2004 年 9 月 10 日　星期五　晴

今天早上一进教室，就觉得气氛不对。早到教室的同学一下围了上来，向我详细地说明了今天教师节的行动计划，然后又千叮咛万嘱咐地要求我做好准备。看来，我昨天的猜想没错，今天全班同学要来一个集体大行动了。很快教室里的同学越来越多，只见每个人脸上都写着激动和喜悦，看来大家都很期待这次活动。总策划小沈还请来班上的小画家小钟，在黑板上写了几句祝福语，还画上一些花纹及花边活跃气氛，然后又让班里的一些男生到各个楼梯口把风，因为钟老师很快就会来。一切准备都做好了，真是万事俱备，只欠东风。

终于，探风员倪天一阵风似地跑进来，大叫："快点儿，钟老师来了，钟老师来了！"我们一听，连忙做好准备，总策划最后一次叮嘱我们注意准备好各个事项，班长也就位了，然后叫探风员回到座位上。

钟老师的脚步声由远而近，走得是那么响，那么快，我觉得教室里的空气都要凝固了。当钟老师走到教室门口时，我们满以为钟老师看到我们那么认真地看书会很高兴，没想到钟老师满脸怒气。我们感到非常奇怪，是不是又出什么事了？只见钟老师走上讲台，生气地说："刚才在走廊和教室里大喊大叫的人给我出来！"我们一听，心里凉了半截，看来这次集体大行动算是泡汤了。结果这次活动的总策划小沈，还有对这次活动十分热心的同学都走了出来。钟老师正想对他们说些什么的时候，却意外地发现了黑板上的字。她看看字，又看看我们，奇怪极了，然后又假装生气地问我们："你们到底在搞什么鬼？"

看钟老师怒气消了一大半，我们都松了一口气。这时一个胆大的男生站了起来，说："对不起，钟老师，我们本想在教师节上给您一个惊喜，却没有考虑到声音的分贝会这么高。结果到现在，只有惊，没有喜！"看着垂头丧气的我们，钟老师却突然笑了，说："真是谢谢你们了！不过下次声音再这么响，全班同学都得一起受罚哦！"说完，她就到办公室拿书去了。

真是天赐良机呀，为了弥补过错，我们准备给钟老师第二个惊喜。

钟老师的脚步声又响起来了，由远而近，不同的是这次的脚步声是轻轻的。在走进教

---

① 弗罗姆. 爱的艺术 [M]. 李健鸣，译. 北京：商务印书馆，1987：前言.
② 征文活动组委会. 第二届"爱的教育：中国孩子情感日记"获奖征文选 小学卷 [M]. 杭州：浙江少年儿童出版社，2009：190.

室之前,钟老师还从窗户外面偷偷看了我们一眼,只见我们都在认真看书就欣慰地笑了。

当钟老师一走进教室,班长响亮地喊了一声:"起立!"同学们刷的一下站了起来,用我们最真诚的声音,对钟老师说出了最想说的话:"钟老师,祝您节日快乐,万事如意!"钟老师看到这个场面竟一下子说不出话来,只说了一句:"你们给我的惊喜真是太大了!"说完她笑了,我们也灿烂地笑了。

虽说这件事已经过去一年了,但每当我们和钟老师讲起它时,钟老师的脸上都会浮现出当时的表情。

正像钟老师所说,"你们上课认真,取得好成绩,就是给我最好的礼物。"学生的爱师之心,学生的创意,学生的"孺子可教";老师的体谅之心,老师的殷切期待,老师的适时教导,这些内在品性及其相关的表现是师生交往的内核。

案例8.8 爱情课①

2011年9月23日

今天下午的班会,我给(5)班上了一节爱情课。

这节课出现的由头有两个:①在上《我的叔叔于勒》这篇文章时,学生纠缠于菲利普的女婿是否真爱其女儿这一问题不肯走出来,使我的课堂进度严重滞后,显然,他们对爱情非常感兴趣;②班级里也许没有出现大规模的早恋现象,但也不是全然没有,那么爱情教育显然迫在眉睫,我的欲语还休只会让他们更加投入到这个青涩的品尝过程中去。于是,我当即决定并宣布,本周的班会课和学生谈谈爱情。教室里一片哗然。本来我是打算让学生自己准备这节课的,但是很快我就想起了初二上学期,那次失败的关于美的辩论会,刚好主要负责人班长在数学测验中考了60多分,我借着这个机会果断收回了班会课的策划权,理由当然是初三了,同学们学习比较紧张,所以这节课还是由我来准备。

我在网上搜了几个课件,这些课件基本是针对早恋而设的,里面有很多对青少年心理生理科学知识的介绍,讲述早恋出现的必然性,为陷入早恋的孩子支招等,偏重于理性。而理性是我的弱项,更重要的是我觉得和早恋的拉锯战靠理性似乎打不赢。于是,我又决定扬长避短,以我所擅长的感性开道,尽可能去打动他们。

昨天晚上,我在家备课,大体上清晰了课堂流程,虽然细节没有明确,但是上课本身有很多东西就是现场生成的,所以,我也没有细致到确定好上课的每一个细节。

上课了,我先将"爱情"这两个字大大地写在黑板上,导入也很简单:同学们,这一节课,我们来谈谈爱情。我们讨论的第一个问题是:什么是爱情。首先让孩子们查词典,词典上的解释是:爱情指男女相爱的感情。"这个解释给出了传统爱情发生的对象,以及感情的性质或者内容,那么你心目中什么是爱情,你曾经阅读过的文字中,或者看过的影视作品中,什么样的爱情打动过你,给你留下了深刻的印象?"我的提问让教室里一片寂静,我没要他们举手,就首先喊了一个女同学回答:"爱情应该是两相情愿的。"另一个女生说:"爱情应该是经过一定的时间,经过了生活的一些挫折考验的。"还有一个女生说:"爱情就是把对方当作自己的亲人。"我找的第一个男生沉默,第二个男生说:"爱情就是

---

① 本案例由江苏省苏州工业园区星港学校高桂萍老师提供。

两颗心互换。"第三个男生说:"我刚才查的字典,爱情就是爱不释手。"我只看见他手上捧着一个纸张发黄的陈旧的词典,我没去追究,只是觉得这个解释非常符合情到浓时的特征,于是就予以接受。我说:"其实,不同的人对爱情有不同的看法,到现在,也很难对爱情做出一个非常权威的解释,饱受爱情创伤的张爱玲说:生于这世上,没有一样感情不是千疮百孔的;浪漫诗人徐志摩说:我没有别的方法,我就有爱;没有别的天才,就是爱;没有别的能耐,只是爱;没有别的动力,只是爱;歌坛天后王菲唱道:因为爱情,不会轻易悲伤,所以一切都是幸福的模样;我国经典的《牡丹亭》和《梁祝》告诉我们爱情是可以超越生死的。在数不清的古今中外的爱情故事和爱情诗歌中,还有我们这些芸芸众生的爱情体验中,爱情没有统一的范式,爱情因人而异,因时而异,因地而异,但是有一点是可以确定的,爱情是完美生命中必不可少的一项。那么,我们要讨论的第二个问题就是:爱情在生命中的位置。"

当我在黑板上写第二行标题时,教室里已经没有我写第一行板书时传来的"哇,我们该不是要上一节政治课吧"这样的议论了。板书完,面向全体同学,我首先确定,爱情在生命中的异常重要的位置,每一份爱情都渴望最终走向婚姻,让两个人之间那场美丽的风花雪月尘埃落定,而婚姻被称为一个人的终身大事,由此可见,爱情之重要。接着我提问:在你的生命中,你最看重的有哪些?你如何排列它们的顺序?学生说,我板书。一个男生说:心情,学业,爱情;一个女生说:友情,爱情,心情;又一个男生说:爱情,学业,亲情。下面有学生起哄:老高,你写写自己的序列吧。我坦然地在黑板上写出了我的排序:生命,健康,亲情。下面没有声音,也许是因为不解,也许是因为不以为然,我开始解释我的排序:我首先想活着,只有活着,其他一切的一切才具备了存在的载体;其次,我要健康地活着,因为只有这样,我才能让爱我的人不因为我的存在而增加生活的负累,我才能让我爱的人和我一起享受到爱的乐趣;最后,我选择亲情,因为当我跨过生活的沟沟坎坎,爱情早已由当初的轰轰烈烈而趋于平平淡淡,而这是爱情的最终最美的归宿,那个人真正成了我生命中必不可少的另一半。如果没有生命,你们所列举的爱情、友情、心情将要存在于这个世界的哪一个角落?下面寂静,但是我明显地发现,同学们坐得更加端正了,眼睛盯着我。我继续解说:可见,爱情是生命中很重要的东西,但不是唯一的东西,有时甚至不是最重要的东西。匈牙利诗人裴多菲有这样的诗:生命诚可贵,爱情价更高;若为自由故,二者皆可抛。当作为一个亡国奴,丧失了做人的最起码尊严的时候,爱情要退居次要位置。就近说,我们班级里,有20个女生,有没有哪位女生说,我愿意将来找一个没有什么本事、没有什么责任心的异性作为我生命的另一半?大多数女生摇头。我又问男生:你们看到了,鲜少有女生将没有本领、没有责任感的男生作为自己的选择,那么你们的本领和责任心从哪里来?显然是现在的修炼。我再问男生:有没有哪位男生将来愿意找一个粗鄙的、内心草包的女生作为自己爱情的另一个主角?男生全体沉默。我又问女生:要去除自己生命中的粗鄙,加深自己的内涵,途径是什么?古人早就说过,腹有诗书气自华,显然是读书,学习。也就是说,在我们这个人生阶段,有着比爱情更重要的东西。而这些东西也是当我们到了收获爱情的季节时能顺利收获甘美爱情的不可或缺的前提和基础。那么,爱情离我们有多远?接下来我们要讨论第三个问题:我们懂爱情吗?

我给他们讲了两个故事:

一所初中里，一个男孩和一个女孩恋爱了。男孩不久又和另一个女生比较接近，这个女生受不了了，她觉得自己失恋了，好强的她要挽回自己爱人的心，她"要让爱自己的人抱着自己的身体哭泣"（遗书语），于是她爬上了六楼，像一只蝴蝶义无反顾翩然飘落，她的愿望实现了，爱她的人抱着她的尸体哭得死去活来，只不过不是那个男孩，而是她的父母。

一个男生和女生恋爱了，并且他们很快就偷尝了禁果，女生怀孕了。慌张的女生去找男生商量对策，一向优秀的男生慌了，他害怕这件事会对自己造成不利影响，于是要求女孩去流产，女孩怕痛，不肯去，于是男生将女生骗到一幢高楼无人的楼顶，并且伸出了罪恶的双手，那个可能会影响他的女生和胎儿就这样没有了，当然他的前程也没有了。

听了这两个故事，教室里气氛有点凝重。我说：爱情确实是很美好的，当你们在享受和爱人共同观赏一部电影时，有没有想过，你们看电影的钱是谁给的？你们享受所谓爱情的甜蜜时，有没有想过爱情背后的义务和责任？有没有想过爱情中两个人背后的两个家庭？你们是不是觉得这些不应该属于你们这个时候的爱情？还是你们这个时候本就不该有爱情？其实，早恋时，我们不懂得爱情。爱情中有很多美好的东西，也有很多无奈。故事一中的女生因为太过看重所谓的爱情，抛弃了生命和家人，徒留一地叹息；故事二中的男生只想享受爱情中性的愉悦，却没有想到性会带来的另一种他们无法承受的生命之重，于是如花的生命戛然而止。在我们还没有足够的力量撑起我们的爱情天空时，让我们守着自身的纯净，静静期待生命中的另一半，正如喜欢的歌，最好是静静地听，喜欢的人，最好是远远地看，生命之花不要过早地绽放，就不会过早地凋零。

下课铃响了，还有些准备的材料没来得及给他们展示，只是从学生们的反应中，我知道，这节课应该还是有效的。下课，我还没来得及出教室，（2）班的学生过来找我请教问题，后面的同学喊：赶紧擦黑板，意思是不想让（2）班的同学看见。有学生反对：干吗擦？留着，我们要多看一会儿。

爱情是一种特殊的友爱，在中学阶段是敏感话题。高老师的爱情课通过"什么是爱情""爱情在生命中的位置""我们懂爱情吗"三大主题，通过词典、文学作品，通过对话，通过自己的经验之谈和现实中的故事，让学生们对好奇中的爱情有了更明晰的认识和感悟。真正的爱情同其他的友爱关系一样，只有建立在德性的基础上，才能甜蜜持久幸福。

第三节 由爱己到爱人：让友爱由心而生

友爱是共同生活的纽带，是人生活的自然需求。友爱给我们带来理解、安慰、支持、温暖、幸福以至生活的意义和活着的理由。但名利的诱惑有时让人们忘记了友爱的真谛。人们往往混淆了自私与自爱，把自爱与友爱对立，仿佛友爱就是牺牲自己，于是相信只有自利是实在的，友爱只是虚情假意，走走形式。学校组织的助弱助贫、感恩活动成了应付差事而淡忘了友爱的本意，师生也缺乏对友爱之情的真切体会。让友爱（教育）走出形式化的泥沼，让友爱由心而生，是当务之急。

一、做自爱者而非自私者

把自爱与友爱对立的人，是混淆了自私和自爱。亚里士多德把自爱分成两种来考量。其中一种是贬义的自爱，把那些使自己多得钱财、荣誉和肉体快乐的人称为自爱者；他们是满足自己的感情或灵魂的非理性部分的人。他们往往只考虑自己，做事情只注重自己的利益。这种自爱者所做的事情与他应当做的事情互相冲突，这样的举动只会满足人们暂时的欲望，而不会满足他们真正需要的东西，往往是伤害自己又伤害他人。我们现在通常称之为自私。自私者对他人的友爱是出于利和乐，而不是出于德性。另一种自爱是理性的自爱，以满足灵魂中理性部分的愿望为目的。这是一种善的自爱。这样的自爱者总是做公正的、节制的事情，做使自己高尚的事情，做他应当做的事情。而做高尚的事情既有益于自身又有利于他人。这样的人怎样对待自身也就怎样对待朋友。① 他们不放纵自己的欲望，也希望朋友如此；不伤害自己，也不伤害他人；不贬低自己，也不贬低他人；不去拿不属于自己的东西；自身努力求善，也帮助朋友努力求善。真正自爱者对他人的友爱是德性之爱，而不停留在利和乐。

弗罗姆也做出了类似的论述。如果一个人有能力创造性地爱，那他必然既爱自己也爱他人，"对自己的生活、幸福、成长以及自由的肯定是以爱的能力为基础的，这就是说，看你有没有能力关怀人，尊重人，有无责任心和是否了解人。……自私者只对自己感兴趣，一切为我所用，他们体会不到'给予'的愉快，而只想'得到'。自私者毫不关心他人，同样他也不尊重他人的尊严和完整性。自私者眼里只有自己，总是按照对自己是否有利的标准来判断一切人和一切事物，他们原则上没有爱的能力。"在弗罗姆看来，"自私和自爱绝不是一回事，实际上是互为矛盾的。自私的人不是太爱自己，而是太不爱自己。缺乏对自己的爱和关心表明了这个人内心缺少生命力，并会使他感到空虚和失望。"②

自私者没有爱别人的能力，他们也同样没有能力爱自己。例如，把学生当作完成自己工作指标的工具和考试机器的教师，无法把学生当作独立的、个性鲜明的、有血有肉的、情感丰富的人那样去对待，他们对待自己的方式也是非人化的，也成为按部就班运转的考试机器的一部分；把同学当作妨碍自己利益的敌人，则会斤斤计较于同学间成绩的差异和变化，嫉妒、痛恨、内疚、自我否定、自我迷恋、冷漠等情感交织着，使人忘却了本真自我的存在，无从体会"我—你"情谊交融的美好。只有做真正的自爱者，做好分内之事，追求德性之交，既发展自身也促进他人的发展，才能真心体会友爱中蕴含的生命力。这是爱由心生，解决友爱形式化的根本。

案例 8.9　抓住突发事件契机，教育学生关爱他人③

一天下午，我去教室查看班级德育考核结果。刚走到楼梯转角处，只见李宁从教室里跑了出来，也许是踩到水的缘故，他"扑通"一声摔在了地上。我赶忙跑过去扶他起来，发现他下巴摔破了，血滴滴答答往下流。我连忙扶他去校医室，校医说伤口太长需要缝

---

① 亚里士多德. 尼各马可伦理学 [M]. 廖申白，译. 北京：商务印书馆，2003：275-276.
② 弗罗姆. 爱的艺术 [M]. 李健鸣，译. 北京：商务印书馆，1987：44.
③ 王菁."李宁式的温暖"——抓住突发事件契机，教育学生关爱他人 [J]. 班主任，2015（2）：14-15.

针，他只能先简单处理一下。我又连忙打电话让李宁妈妈过来接他去医院。

打完电话后，我扶着他去教室收拾东西。这时，十几个学生正在讲台周围激烈讨论着本周德育考核结果。看到我和李宁进来，他们音量降低了不少，但讨论并未停止。目睹这种情形，我顿时心生悲凉：一个同学在老师搀扶下缠着纱布进来，居然没有一个人过来关心一下，这难道是一群"冷血动物"吗？

我按捺住失望的情绪，大声对李宁说："李宁，如果你今晚觉得伤口比较痛的话，就好好休息，落下的功课周末再补。"他说："好的。"可这么明显的"暗示"对于这些眼睛里只有加减分的"小怪物"们没有起到丝毫作用。看得出，李宁脸上的表情有点落寞。送走他后，我本想回到教室对学生们好好进行一番教育，但转念一想，这不是单单存在于这部分学生身上的问题，我应借此机会好好思考一下，对全班学生进行一次关爱他人的教育。

晚自修，当我进教室时，学生还是和往常一样在做练习题，没有一个人对李宁的"消失"产生任何好奇。我平静地看着他们，什么也没有说。七点钟是我班播放视频时间，当电教员正要走上讲台时，我对他说："今天不看视频，大家坐好。"学生很听话地坐好了。

我先问道："你们有没有发现咱们班少了个人？"学生四处看了看之后七嘴八舌地说："是李宁。""你们知道李宁为什么不在吗？""不知道！"我有点按捺不住自己的情绪，高声说道："李宁下午在教室外面摔倒了，下巴上摔裂了一个口子，去医院缝针了！"听到这里，所有学生都露出了不可思议的表情，有几个学生在下面小声说："怪不得他回来拿书包时下巴上贴着纱布呢！"

我点名让几个当时在教室的学生回答以下问题：①当李宁进教室时，你们在干什么？②你们有没有看到他的下巴上贴着纱布？③如果看到了的话，你们是什么反应？好几个学生都说，看到了，但是没在意，因为正忙着加分。

见时机成熟，我在黑板上写下"冷血动物"四个字，并打上了一个"？"。看到学生都在思考，我不紧不慢地说："不必说你们是朝夕相处的同学，茫茫人海中汇聚一堂是多么渺小的概率，能够同窗共读是何等的缘分，就算是陌生的路人，看到别人受伤流血也会心生怜悯吧？否则的话，"我指了指黑板上的四个字说，"你们和'冷血动物'有什么区别？对于今天下午这些同学的反应，王老师很失望。同学们都很关注自己的小组名次，这说明小组的荣辱牵动着你们的每一根神经，也可以看出我们班同学的集体荣誉感非常强。可是，我请大家想一想：怎样才算是真正热爱我们的集体？是对考核分数的斤斤计较，还是关心身边的同学，关心我们这个集体中的每一个成员？李宁同学摔伤了，我们怎样做才是正确的？"

说完这番话后，学生们的情绪都很激动，纷纷举手发言。有的说，我们应该送他去医务室；有的说，我们应该安慰他不要害怕；还有的说，我们应该做一个警告牌放在醒目的位置，时刻提醒同学们下课不要疯跑……

我对他们的发言进行了简单的总结后说："同学们都说得很好，希望你们今后真正能够做到！"说到这里，我话锋一转："那么，现在李宁同学已经不能回来上课了，我们应该采取什么措施来弥补下午的过失，让李宁同学感受到班集体的温暖呢？"大家商量了一下，决定给李宁妈妈打电话询问情况，表示关心。这时，我终于露出了会心的微笑。我把李宁妈妈的电话号码抄在黑板上，学生迅速地拿笔记了下来。我说："请每个宿舍派一名代表负责打电话,否则李宁妈妈会'崩溃'的!"听我这么一说,学生开心地笑了。

第一节晚自修下课后,没等我提醒,一群孩子便抢着去主任室打电话了。后来李宁妈妈打电话告诉我,她很感动,李宁接到电话后更是开心得不得了,要求第二天就返校上课。听到这番话,我的幸福感油然而生!

几天之后,我由于太过劳累,请假回家休息。孩子们在晚自修结束后纷纷打电话问候我,还有很多家长也打电话或发微信询问情况,我的眼眶瞬间湿润了。

等我返校后,班上一个调皮的孩子说:"王老师,您昨天晚上收到'李宁式的温暖'后感觉怎么样?"我觉得她起的这个名字真好!我说:"你觉得呢?""那肯定是爽歪歪吧!""必须的呀!"从此,"李宁式的温暖"成为班级流行语。

通过这件事,我班学生收获了成长,懂得了给予他人关爱是一种多么美妙的感受。"李宁式的温暖"还会继续在我们班传递下去,我们互相温暖,彼此关爱,把我们这个大家庭变成一个温暖的港湾!

王老师抓住一个突发事件,把它变成了关爱教育的契机,取得了良好效果,让学生的关爱意识大大增强,从对他人漠不关心的状态中苏醒过来。除了身边发生的突发事件之外,还有很多机会可以进行类似的教育,让学生自爱但不自私。例如,路遇老人摔倒扶不扶的问题,有的老师请学生来讨论。学生们说,之所以不敢扶老人,是因为我们怕了,怕被老人讹,怕被误会,所以选择躲开。但是,如果我们看到老人摔倒不扶起的话,那太不友善了。"老吾老以及人之老",而且,今后我们也会有老的一天。不过,我们在帮助别人的时候,要选择合适的方式来保护自己。如可以选择打110,或者拍照为证,或者叫路人一起帮忙。

二、推己及人及其超越

友爱公共之维的抽象性增加了人们理解和践行的难度,私人交往中人对人的理解的困难也是人类永恒的难题,对于年幼者尤其如此。因此,推己及人成为达成友爱的重要方式。孟子主张:"老吾老,以及人之老;幼吾幼,以及人之幼。"(《孟子·梁惠王上》),又说:"孩提之童,无不知爱其亲者;及其长也,无不知敬其兄也。亲亲,仁也;敬长,义也。无他,达之天下也。"(《孟子·尽心上》)可见,仁是亲亲的扩大;义是敬长的扩大。儒家以仁为最高的道德,以孝悌为基础的道德。仁爱是关于人我关系的准则,仁爱的实现依靠推己及人。[①]西方文化同样强调推己及人。亚里士多德说,一个人对邻人的友善,似乎"产生于他对自身的关系"[②]。圣经强调爱邻如己。哲学家萨特说,"在一个社会里人们都是兄弟,人同他的邻居的关系,首先是一种感情的、实际的关系:它必然要恢复这种天赋。因为就本源来说,这种感受性是人人共有的。当我看见一个人,我想,他和我自己同一个渊源,他像我一样出自人类之母,如苏格拉底所说,大地之母,或者母亲。"[③]

推己及人的前提和出发点应是承认别人也是人,别人是与自己一样的人。孔子所倡导的"己所不欲,勿施于人"正是这一原则的高度概括(这不仅是个人修养,也是社会规

---

① 张岱年. 仁爱学说评析[J]. 孔子研究,1986(2):16—22.
② 亚里士多德. 尼各马可伦理学[M]. 廖申白,译. 北京:商务印书馆,2003:266.
③ 让-保罗·萨特. 存在主义是一种人道主义[M],周煦良,汤永宽,译. 上海:上海译文出版社,2005:76—77.

约),与《圣经》中的"己所欲,施于人",交相对映。后者乃友爱的宗教观,强调主动、热情、舍己救人,较难做到。儒家所倡导的实用理性的人性观,节制、冷静,而较易遵循。子贡问仁:"如有博施于民而能济众,何如?可谓仁乎?"孔子的回答是:"何事于仁,必也圣乎!尧舜其犹病诸!夫仁者,己欲立而立人,己欲达而达人。能近取譬,可谓仁之方也已。"(《论语·雍也》)可见,孔子所说的仁爱并不要求每个人都能普遍地救济群众,因为这连尧舜都难以做到;仁就是做到自己想站起来。就帮助别人站起来;自己想开拓发展,就帮助别人开拓发展。从近处做起,可以说是实行仁的方法。[1]

推己及人的优点在于切己、实在、可行,对于解决友爱的形式化问题极有助益;但它容易导致趋同、压迫的问题。朋友是另一个自我,但更是独特的他者。德里达告诉我们,不应该在他者中寻找自我的影子,或者努力使他者变成自我的模板,而是要在他者中看到他者性。本质的友爱应该超越同一性原则。要防止自我的不断膨胀,必须看到他者的差异性、异己性,[2] 并尊重这种异己性。

案例 8.10 留给别人一些美好的东西[3]

"老师,一年级学生从我们教室搬走了!"班长跑来告诉我。事情是这样的,因为教室装修,一年级学生暂借我们教室,我们搬到了语音室。现在装修完了,我们要搬回自己原来的教室。

"好,那我们搬回'老家'!"我微笑着对他说。

"教室里可脏了!"他撅着小嘴不满地说。

我随他一起来到教室,看着眼前的一切,我也皱起了眉头:桌子、椅子随意摆放着,满地碎纸,黑板也没有擦……

我赶紧找来几个小组长清理教室,其他学生也过来帮忙。他们一边打扫,一边埋怨:"真不像话!""就是,用了我们的教室还弄得这么脏!""他们老师也不管管!"……

然而,同样的事很快在我们班上演了。就在我一声"搬家"令下达之后,学生们同样地一边整理书包,一边随手丢弃没用的碎纸。我站在讲台上看着他们,真想大发雷霆。但我深吸一口气,忍住了。我思考了一会儿,转身在黑板上重重地写了几个大字:"你给别人留下什么?"看到黑板上的字,再看看自己的脚下,学生们立刻明白了,不好意思地低下了头。接着,我让他们回答黑板上的问题。

"老师,我们给别人留下了碎纸""灰尘""不好的印象"……

听了他们的话,我又继续问:"当你们看见咱们自己的教室被小同学弄得乱糟糟的时候,是什么心情?"

"不高兴""很讨厌""生气"……

"那么当别人走进咱们这个教室,又会是什么心情呢?"我继续引导。

"会跟我们一样不高兴的""也会生气"……

看来学生已经能够推己及人了。于是我说:"中国有句成语,叫'己所不欲,勿施于

---

[1] 李泽厚. 论语今读 [M]. 天津:天津社会科学院出版社,2007:204—205.
[2] 曹丽新. 解构、友爱与未来民主——德里达友爱政治学研究 [D]. 哈尔滨:黑龙江大学,2010:125.
[3] 刘美. 你给别人留下什么 [J]. 班主任,2009 (2):48.

人'，意思就是自己不喜欢的东西，不要强加给别人。我再给大家讲个故事吧：有一次，高尔基的儿子去看望高尔基，在他的院子里栽了好些花，不久就离开了。春天，儿子栽的花开了。高尔基看着窗外怒放的鲜花，心里很高兴，就给儿子写了一封信，说：'你走了，可是你栽的花留下来了。我望着它们，心里想，我的儿子在岛上留下一样美好的东西——鲜花。要是你不管在什么地方，不管什么时候，留给人们的都是美好的东西，像鲜花啦，好的思想啦，还有对你的美好的回忆啦，那你的生活该是多么美好啊！那时候，你会感到所有人都需要你。要知道，给永远比拿愉快。'"听了我的故事，学生们不住点头。

"现在，我们应该怎么办？"我又问。

"把碎纸捡起来""擦干净桌子""扫地""给别人留下美好的东西"……

看着干净整洁的语音室，我和学生们相视而笑。我对他们说："让我们每个人，不管在什么时候，在什么地方，都留给别人一些美好的东西吧！"

老师抓住"搬家"时所遭遇的不快，给学生上了一堂生动的"推己及人"课，让我们不由得感叹：教育的契机很多，良好的氛围往往就在这些机会中自然而然地浓郁起来。当然，教师也可以主动创造教育的机会。例如，在一次以友善为主题的班会上，学生发表自己的看法，有位学生说："当我们碰到别人脾气不好、说话难听的时候，我们可以试着对自己说：也许是他今天碰到了不如意的事情，我多理解一下他，多宽容一下他。因为，我们也时常因为自己心情不好而说一些难听的话，因此伤害了别人。"[①] 这样的分享会让孩子们实实在在地体会什么是推己及人。

三、学习准确的"观点采择"

许多一厢情愿的"友爱"，就因为仅仅从自己的立场出发，不能识别对方与自己的差异，不能准确理解对方，使得"友爱"变成了伤害。因此，能够准确地进行观点采择（perspective taking），也就是能通过别人的眼睛看一种情境，从而理解别人对这种情境是如何反应的，能够准确地理解对方的视角、观点，这是恰当地表达友爱的前提。著名心理学家德怀克曾对观点采择与投射进行了区别。"人们对观点采择的典型理解是把它看作一种简单的过程，即想象自己如果处在那种情境中会做出怎样的反应。这更像投射而不像真正的观点采择。当然，两个个体越相似，这两个过程在功能上就越会融合。然而，当个体具有系统性差异时，投射会导致错误的结论。"[②]

与"投射"类似的中文词有"将心比心"和"设身处地"等。按照《现代汉语词典》的解释：将心比心是拿自己的心去比照别人的心，指遇事设身处地替别人着想。设身处地是设想自己处在别人的地位或境遇中。需要注意的是，这种替别人着想，多少带着"以己度人"之意。而真正的观点采择则要求准确理解对方的视角和观点。

有学校设计了这样的人际互动情境："你到敬老院，对老人们说，'爷爷奶奶，我们来给孤寡老人送温暖了。'结果老人们不但没有表示欢迎，甚至显得有点生气。你怎么办？"4—6年级的学生中，只有5.5%的学生能敏锐地体察孤老的特殊心情，觉察到他们可能不愿意听"孤寡老人"这样的字眼，应该把他们当作平常人对待，这些学生已经能够进行准

---

① 余利，肖俏莲. 拥抱友善［J］. 班主任之友（中学版），2015（4）：29—32.
② C. S. Dweck. 儿童对友谊的社会认知过程［J］. 程展功，译. 李永鹏，校. 心理科学进展，1990（2）：53—58.

确的观点采择;有33%的学生已经有一定的想象力和敏感性,能够不勉强老人,试着去理解老人的心态,也有的通过询问的方式去了解老人,这些学生在学着观点采择;但大多数(61.5%)学生难以理解老人的心态,有的继续按计划"送温暖",也有的简单取消了活动,这些学生还缺乏观点采择的基本意识,需要教育者的提醒、引导。[1]

观点采择出现偏差时容易导致人际冲突,甚至遭遇排斥。出现这种情况时,有人专注于自己的苦恼,并归咎于自己能力不足,从交往情境中退缩。积极的态度是把人际冲突当作正常情况和学习的机会,特别是当作培养观点采择能力的契机,让参与者从中学着从他人的、不同的视角看世界、看自己。只要抱着善意,主动沟通,不囿于一己之见,常常能够达到对他人比较准确的理解,从而比较恰当地表达友爱之情。

案例8.11 当亲人离开我们的时候[2]

我刚到学校就听到一个不好的消息:卡罗内因为母亲病重,有好几天没有来上课了,上星期六晚上他的母亲已经去世了。昨天上午,老师一进教室就对我们说:"可怜的卡罗内遇到了很大的不幸,他的母亲死了。这件事对这孩子来说是最大的打击。明天他回来上课,孩子们,希望你们对他内心的痛苦表示同情。他进教室时,你们要亲切地问候他,不许开玩笑,不许与他逗笑,我提醒你们。"今天上午可怜的卡罗内来上学了,他比大家晚到了一会儿,我看见他,心里像挨了一下似的不禁一颤:几乎都认不出他来了,卡罗内今天穿着一身黑衣服,脸色苍白,两眼发红,两腿站不稳,好像生了一场大病似的,真是令人同情。大家看着他,谁都没有说话。他回到学校,看到母亲几乎每天都来接他回家的学校,看到他的座位,想到考试期间母亲总是俯身叮嘱他的情景,而他时时想念母亲,一下课就迫不及待地跑出去迎接她;想到这里,卡罗内突然绝望地失声痛哭起来。老师将他拉到身边,紧紧地搂在胸前,说:"哭吧,哭吧,可怜的孩子。不过,要勇敢起来。你母亲虽然不在人世了,但她仍看得见你,仍在爱你,仍和你生活在一起……有一天你会见到她的,因为你和她一样的善良、正直。你要勇敢点。"说完,老师陪着他到旁边的座位上坐下,我不敢看他。他拿出许多天都没有打开的书本,看到阅读课上母亲拉着孩子手的插图,卡罗内又一次把头埋在双臂里哭了起来。老师示意我们别打扰他,便开始上课了。我很想和他说些什么,但却不知道该说什么好。我把一只手放在他的胳膊上,在他耳边小声说:"别哭了,卡罗内。"他没有答话,也没有抬头,只是用手抓住我的手,握了一会儿。放学时,大家没有跟他说话,都充满同情地默默地绕开他。我看见母亲在等我,便跑过去拥抱她,可母亲推开了我,注视着卡罗内。我一时不明白为什么,这时我才发现卡罗内孤零零地一人在旁边看着我,他在用一双无法形容的忧郁的眼睛看着我,仿佛在说:"你还可以拥抱你的母亲,而我呢,再也不能了!你还有母亲,而我的母亲已经死去了!"我终于明白母亲为什么推开我。我没有再把手伸给母亲,就出了校门。

(第二天,同学们尽力安慰卡罗内,还在他桌上放了一些小礼物。老师特意讲了一位作家写给挚友的信)"朋友,在这个世界上你再也见不到你的母亲了,这是个可怕的事实。我不去看望你,因为你的痛苦是一种庄严而神圣的悲痛,必须由你自己来承受并且由你自

---

[1] 尤二德,黄向阳."学会关心"研究[C].上海:上海三联书店,2001:10—14.
[2] 亚米契斯.爱的教育[M].杭州:浙江少年儿童出版社,2009:226—230.

己去战胜。……昨天,你有一个尘世间的母亲,今天你却有一个天使。所有美好的事物都是能生存下来的,像世间的所有生命力一样顽强地生长壮大。所以,你母亲的爱也是这样。你的母亲现在比任何时候都更爱你。你对她也应该比以前更尽到责任。你能否在另一个世界与她相会完全取决于你自己,取决于你的行为了。因此,为了你对母亲的热爱和崇敬,你应该变得更好,让她分享你的快乐。从今以后,无论做什么事,你都应该扪心自问:母亲是否会同意我这么做?母亲虽然死去,但她变成了这个世界的一个守护天使,你遇到每一件事都应该请教她。要坚强,要善良,要勇敢地与绝望和庸俗的悲痛作斗争,在经受苦难时,要让伟大的灵魂保持豁达和平静,因为这才是母亲所希望的。"

"卡罗内,你要坚强、平静,这才是你母亲所希望的。你明白吗?"老师又说。

卡罗内点点头表示明白,这时,他大滴大滴的眼泪从他的面颊上洒落下来,淌在了手上、练习本上和课桌上。

当至亲至爱的人离开我们的时候,悲痛、孤苦会缠绕着我们,此时,老师和同学的关爱会成为我们战胜悲苦的巨大力量。孩子们年龄尚小的时候,有时可能无法准确理解和体会他人失去亲人的痛苦,也不知道该怎样对待痛苦中的同学,老师的及时告诫和引领就尤为重要。有的老师会带领同学一起担当"替代亲人"的责任,帮助他解决实际的生活困难,例如,会在孩子生日的时候,像家人一样为他过生日,让他仍能体会家一般的温暖。具体什么样的方式合适,要看当事人的具体情况,要多包容、多沟通,避免一厢情愿的帮助,避免伤害。正像案例8.11中所展示的,即使母亲离开了我们,坚强、善良、勇敢的母亲对孩子的希冀,也许是孩子勇敢前行的最大动力。

案例8.12 拥抱友善[①]

这是一节"拥抱友善"的主题班会,同学们说友善、传递友善。

生5:友善就是友好,不伤害别人。友善是做好自己的事情,不给别人添麻烦。

生6:友善是友好、善良,对任何人都好,不看他的家庭和背景。

生7:友善就是不去计较一些小事情,心胸宽广;友善就是要善良,要提高自己的个人修养。

生8:友善从交心开始;友善就是做事不要欺骗别人;友善就是要乐于助人;友善还应该包括国家对个人的友善,不能强拆等。

生9:对朋友、家人友善,也要对陌生人友善,对校园友善,对社会友善,对自然友善等。

…………

接着,观看了同学们自己制作的反映身边友善的视频:扶起摔倒的同学;帮助同学补习;分享晚餐,在教室前的小黑板上写:友善是魔法棒,它带给我们幸福等。在温暖的氛围中,班主任请同学们制作友善卡。

班主任:同学们,我们很幸运地来到了这个世界,幸运地遇到了很多人,如同学、老师、校长、家长、宿管阿姨等,甚至还有很多的陌生人,是他们带给我们温暖、鼓励、力

[①] 余利,肖俏莲. 拥抱友善[J]. 班主任之友(中学版),2015(4):29-32.

量；当然，在相处的过程中，也可能因为我们的年轻、任性而做过不友善的事情，伤害过别人。那么，现在，请同学精心制作一张友善卡，写上自己想说的话，可以向别人表达感谢，也可以向别人表示歉意。

学生们现场写友善卡，并送达。分享学生们制作的友善卡。

生18：我收到了来自小周的一张道歉卡："小戴，上次，是我恶搞了你的照片。我的玩笑之举给你带来了伤害，请让我说声对不起。"

生19：爸，对不起，我从来没有真正体谅过你。你一直用双手撑起我们的家，而我却不懂事地与您发生了不少矛盾。今天回想起来，我是多么后悔呀。爸，我爱你。

生20：余大大，走过许多的路，经过许多的桥，看过许多美丽的风景，感谢在我人生最美好的时刻遇见了你。请允许我给您一个大大的拥抱。

生21：感谢物理龙老师，您是开关，接通知识的电流；您是电源，源源不断地给我提供动力。谢谢您。

班主任：我为大家的友善而感动。春天没有花，人生没有爱，那还成什么世界。让我们把友善传递下去，我相信，不断地循环往复，就会成为一种力量。我们的283班一定是相亲相爱的一家人。班会在全班合唱《相亲相爱的一家人》的歌声中结束。

学生讨论中谈到的观点，涉及友爱的表现，友爱的公共性、平等性，主动关爱，知恩图报，推己及人等方面。整个班会有对不友善的批评，更多的是对友善的认识、体悟和弘扬。很多时候，友善就是在平凡的生活细节中的给予和回报，关爱与感恩，友爱氛围就在这些细节中。而以友善为主题的班会，增强了大家识别友善，关爱他人的敏感性与能力，友爱氛围因此而更加浓郁起来。

友爱既是一种个人德性，也是一种关系状态，还是一种公共精神。在友爱中，我们完善自我，相互帮扶，体验幸福，共同建设和谐的公共生活。社会的发展固然离不开经济的支撑和功利的诉求，但如果一种社会建制把这些放在最重要的位置，爱的能力就会受到损害，正如弗罗姆所言，真正具有爱的能力的人只能是零星现象。"要使人具备爱的能力，就一定要把人的发展看作是社会的最高目标。经济机器应该为人服务，而不是相反。"[1]

---

[1] 弗罗姆. 爱的艺术 [M]. 李健鸣，译. 北京：商务印书馆，1987：92.

第九章 走向适度的宽容

> 宽容:"准许他人有判断和行为的自由,心平气和、不执偏见地容忍有别于自己或传统的观点。"
>
> ——《大不列颠百科全书》

"宽容别人就是善待自己""宰相肚里能撑船""有容乃大"等一系列的谚语在日常生活中非常多见,这充分地说明从古至今,宽容的理念一直都受到广泛的推崇。然而,回归到现今的教育场景中,宽容却并没有引起广大教师的重视。教师对宽容的忽视和无知,或者由于对宽容内涵理解的偏误导致虚假的宽容,甚至是纵容,使得教师自身的教学和学生的发展都受到了损害。

为了在学校情境中,重审宽容的价值,再次明确其在教师专业发展中的地位,帮助教师走向适度的宽容,厘清宽容特定的内涵和意义是当前亟须解决的问题。

第一节 宽容的内涵与教育意义

一、宽容的内涵与要素

美国学者房龙引用了《大不列颠百科全书》关于"宽容"的定义:"宽容(源自于拉丁字 tolerare):准许他人有判断和行为的自由,心平气和、不执偏见地容忍有别于自己或传统的观点。"[1] 房龙关于宽容的理论总结主要从宗教的角度来说明,而且探讨的多是官方的"不宽容",而不是个体的"不宽容",但其关于宽容的意义远远超越了宗教领域,触及了具有普遍意义的人类的精神层面。我国的《辞海》将"宽容"界定为:宽恕,能容忍人;《现代汉语词典》将"宽容"解释为"宽大有气量,不计较、不追究"。这种释义将"宽容"作为"宽宏大量"的代名词,强调的是人的一种气度,是在人际交往中对他人的过错、他人对自己的冒犯等不良言行予以容忍。东方和西方对待宽容表现出的不同,主要在于西方学者的定义点明了他人言行与自身意愿间的冲突,并出于理性的考虑和对人权与自由的尊重,要求人们在一定程度下克制自己的干涉意愿。而我国传统则淡化了这种人与人之间的冲突性,而是单方面的从个人德性的角度出发,强调了情感上的"容忍"和不计较,具有更多的感性色彩。

无论是西方还是东方,对于"宽容"概念的界定都离不开三个要素,即差异存在、产生对他人的否定反应以及对干涉意愿的克制。这其中,差异是宽容产生的情景条件,这包

---

[1] 房龙. 宽容[M]. 李强. 译. 北京:西苑出版社,2004:4.

括文化、信仰以及生活方式上的差异等，以及在这些差异的基础上表现出的行为方式和言语上的不同，甚至是来自于他人质疑和反对的声音；否定反应是宽容产生的最起码的条件，宽容之所以产生，就是因为行为主体对他者有一定的否定反应；产生否定反应，并且有能力进行干涉而不为之，即实现了宽容。[①]

同时，人们对于宽容概念的误解还往往在于扩大化了中国传统中对于"宽容"的感性理解，继而将其仅仅理解为消极宽容。在这里，消极宽容即面对差异表现出不干涉的态度，但并没有对学生施之于适当的引导和教育。与之相反，积极宽容则会在宽容的基础上深入了解他者，了解这种差异，宽容差异，并使对方也感受到这种差异的存在，感受到被宽容。[②] 因此，仅仅实现了对行为的克制仍然没有达到宽容真正的要求，宽容概念界定还要有另外一个要素，即在不干涉他人的基础上进行合理指导。只有满足这四个基本的要素，才算是做到了真正的宽容，即由"消极宽容"走向"积极宽容"。这对于作为教育者的教师而言，尤其必要。教师需要理性对待学生的差异、过错及冒犯，但是有一些教师单纯以为不干涉、不惩罚就意味着处理好了问题。事实远非如此，教师还要帮助学生理性分析言行错误与否、合理与否、什么才是正确的行为方式，以及错在哪里、可以如何改进等。所以，宽容行为的发生，并不意味着事情的结束，还要使"犯错"的孩子感受到被宽容，形成正确的行为规范，以及合理的自我表现方式，同时，教师也能从中体会到宽容他人的快乐和意义。

二、宽容的教育意义

正如世界上没有两片完全相同的叶子一样，相互不同的个体构成了这个世界的异质性和多样性，使得这个世界如此丰富多彩。班级作为一种微型的社会，其形成和发展也正是建立在班级成员间的差异基础上。客观存在的差异给教师提供教学的着力点和发力点，使得彼此间交流和沟通成为可能，使得创造性思维得以迸发。为了维护集体的发展，需要保护个体间的差异性，使得每个人都有权利过自己的特有的生活，只要这种"特有"不会违背集体的共同理念和利益，不损害他人的正当权益。

差异的客观存在构成了宽容的基本情境条件，使得宽容成为必要。在教育场景中，教师的适度宽容更是具有不容忽视的教育意义。作为教育者的教师更应率先修炼宽容品质，践行宽容理念。

首先，教师对差异的宽容有助于使学生在彼此还不能理解互相之间的差异时，在轻松、自由的氛围中卸下自身的心防，在非对立且没有压力的对话中彼此交流，增进理解，形成一种尊重他人的态度，达到尊重他人的目标。

其次，践行宽容能够满足师生对宽松教学氛围的需要。班级教育环境应是一种对人没有威胁、不给人以压迫、使人感到轻松、安全的氛围。心理安全即是指个体没有恐惧感，不用担心别人会指责和批评自己，内心保持安全、自由、踏实、稳定的心理状态。[③] 马斯

[①] 刘曙辉，赵庆杰. 宽容的条件分析 [J]. 河南师范大学学报（哲学社会科学版），2007（1）：158—160.
[②] 彭立群. 公共领域与宽容 [M]. 北京：社会科学文献出版社，2008：84.
[③] 张晓. 加强大学生心理安全教育与管理的有效途径——基于山西省大学生心理安全现状的调查 [J]. 教育理论与实践，2011（12）：41—43.

洛在他的需要层次理论中将安全作为人的基本需要之一，而在安全需要之中，不但包括了生理安全的需要，也包含了心理安全的需要。而罗杰斯在谈到学生的创造性教育时，则将心理安全作为教学心理气氛的重要因素。可见，无论是对于教师还是学生而言，宽松的班级氛围是保证其个人发展的重要因素。只有在过错受到一定包容的环境下，教师和学生才敢于发挥自己的才能，敢于"暴露"自身的弱点和缺陷。教师给学生一种没有威胁的环境能在一定程度上鼓励学生大胆尝试自己学到的知识，敢于在试误中使自己得到成长。

再次，宽容有助于培养创造性。差异是创造性的来源，个人创造性的发展有赖于不同思想间的学习与沟通。人是根据自己的认识行动的，每个人都生存于特定的环境中，在主客观条件方面都有局限性，因此必须向其他人学习。[①] 人们最初的创造性表现常常都是以"不合常规""异类"等面目出现，这些表现很有可能与常规教育和教学的规范相异甚至相互冲突，而适度正当的宽容正是要保护这样的"异见"，给他们一种宽松和没有威胁的环境，使学生的批判精神和发散思维得到培养，让他们有挑战"固化标准"的信心和勇气，使得自身的创造精神得到发挥和保持。

最后，宽容还有助于维护学生的身心健康发展。学生在成长的过程中，对自由、独立以及自我表现等价值有极大的需求，如果这些需求得不到满足，身心健康发展就会受到损害，继而变得叛逆，甚至引发心理疾病。在此过程中，学生所表现出的质疑、反对甚至是冒犯顶撞需要获得教师的适度宽容，从而有助于学生进行自我改正，学会合理地表现对自由、独立及自我表现等需要的要求，培养其自主性和独立性；更进一步说，对学生一些既有的人性弱点的宽容则有助于使学生在一个人性化的场景下意识到自己的缺点和弱点，实现正视自我、监控自我的目标。正如马斯洛所说："任何真正的需要的满足都有助于个人的改进、巩固和健康发展。这就是说，任何基本需要的满足，都是背离神经病的方向而向健康的方向迈进了一步。"[②]

第二节 "宽容"问题及其缺失与偏误的危害

即使宽容在教育场景中有着很深刻的意义和价值，但当前教师行为中宽容的缺失与偏误现状非常的严峻。可以概括为"不宽容""伪宽容"以及"过度宽容"等，这些宽容问题的出现会给学生的身心发展带来损害。

一、不宽容

宽容是一种重要的品质，但并不是每个人都具备这一品质。很多教师对宽容仍处于忽视和无知的状态。这里"不宽容"的常见表现是教师在处理课堂事件时忽视宽容理念，当学生"犯错"时，或者当学生的表现与教师的预期不符时，教师往往习惯性地立即采取惩罚、制止等措施。从宽容的四要素来讲，教师对学生表现出的差异产生了否定反应，但是并没有做到对干涉意愿的克制，而直接采取惩罚或制止行为。

---

① 马拥军. 宽容为本 和而不同——吴承业教授宽容思想刍议 [J]. 华侨大学学报（哲学社会科学版），2006（1）：10—14.
② 马斯洛. 动机与人格 [M]. 许金声，等译. 北京：华夏出版社，1987：71.

案例 9.1　不宽容的机械反应

我是某中学预备（1）班的班主任。因为教龄很短，每逢周三，我都需要去另外一所中学听课，学习经验。一个周三的傍晚，我听完课回学校，代理班主任向我叙述了一件让我难以置信的事情，我们班的杨同学居然跟在一位任课老师后边乱跺脚，做鬼脸。老师批评他他还不承认。听完后，我就非常地生气，我这个学期的一个重要工作就是教学生学会感恩，在班级里也时时在强调感恩的话题。这次外出之前，我还千叮咛万嘱咐他们要听话，要尊重任课老师。如今出了这样的事，这岂不是给我的工作一个极大的讽刺吗？我深深地感受到自己的失败。于是，恼羞成怒，在班级里找到那个学生，二话没说，当着全班同学的面劈头盖脸地批评了一顿。这个原本很胆小的男孩子变得面红耳赤，结结巴巴地说："不，不是，我不是……"但当时的我真的是气晕了，他一开口解释，我以更加愤怒的话语给压了回去，没有给他辩解的机会。在我的疾言厉色下，杨同学吓得面色煞白，一句话也没说出来。感觉训诫差不多的时候就让他坐到自己的位置上，然后让他写一千字的检讨书，第二天交给我。

这是一则非常典型的案例，学校里到处可以见到这样的场景。学生在学校做了一件在老师看来毫无道理、忍无可忍的事情，该教师并没有查明真相，而第一反应就是对学生提出口头批评，罚写检讨书，有的甚至是罚站、体罚等。从宽容的内涵进行分析，本案例中，第一，该老师第一反应不是冷静下来进行调查分析，而是立即采取批评。第二，批评、处罚之后，并没有针对杨同学进行深入的了解和指导。没有明确杨同学是不是真的犯错，更没有明确杨同学有没有受到教育，有没有从内心接受这种处罚，即使接受了处罚，以后还会不会再做这样类似的事情该教师也没有明确。我们称老师的类似行为是不宽容的机械反应。这种机械式的反应源于教师一贯的教学方式，以及一贯的对待学生的态度。

教师常常受传统的感性情理的影响，在对待学生的时候，往往表现为"选择性（不）宽容，如亲者宽、疏者严。钟启泉在《教育的挑战》中提出'宽容效应'一说，即对班级中亲者的言行总以为样样都好，而疏者的言行样样都坏。"[①] 所以，教师有时候表现出的这种不宽容很大程度上是出于"喜欢与不喜欢"的感性原因，在对待班级里的身心有缺陷、学业成绩不良、调皮的孩子的时候，教师更易受到个人情绪的控制，使得有些"特殊"的孩子得到的只有老师的冷落、排斥，甚至是羞辱，而非宽容。

教师对课堂控制力的盲目重视以及对权威的推崇致使自身采用威逼、胁迫、语言警戒等方法让学生听话、认真听讲，"不听话"就予以惩罚或者体罚。过度惩戒往往会使学生的情感朝向相反的两极发展：一是，对个性软弱的学生来说，由于屈服于教师的惩罚，多半会变得消极自卑；再者，对个性倔强的学生来说，对教师的惩罚思想上容易产生强烈的不满，甚至公开对抗，对教师失去信任感，对教师的"教育"置若罔闻。据了解，惩罚或者体罚给学生带来的身体伤害有时候远不及心理伤害深刻，在这种充满"敌意"的环境下成长起来的学生，其品行让人难以乐观。

一个不宽容的教师必定是一个以自我为中心的教师，对学生的要求会横加抵制。这种

---

① 彭立群. 公共领域与宽容 [M]. 北京：社会科学文献出版社，2008：80.

以自我为上的权威主义是不会允许学生提出自己的想法和意见的，难以宽容学生的"学业成绩不良"、没有准时到校、作业没有及时订正等"错误"行为，教师的不宽容导致学生对他人的宽容也难以为继，自我中心主义占主导地位的班级里的自由、民主、平等等价值也难以得到实现和维持。

二、伪宽容

现如今，学校道德氛围建设的呼声越来越高，师德培训随之加强，出于自身对宽容的渴望，教师在一定程度上知道应当对学生采取宽容的教育方式，去营造一种宽松的教学环境。但是，由于长期缺乏对宽容的实践，有些教师对宽容还存在很多误解，不知道到底需要宽容什么以及如何做到宽容。由于这些不解或者误解，实际上将一些冷漠、默许等行为"伪装"成宽容，致使宽容价值被遮蔽。这种由于教师对宽容内涵的误解导致宽容价值被遮蔽的行为可称为"伪宽容"。

从宽容的四要素来讲，缺少任何一个部分都不能被称之为真正的宽容。对学生所表现出的差异不会产生任何否定反应，或者不管不问是教师的"冷漠"行为。冷漠即对人（或事物）冷淡、不关心，强调的是这件事与我无关，不发表意见也不去干涉的态度；即使产生了否定反应，但是没有能力干涉学生所表现出的"睁一只眼闭一只眼"默许行为也不是宽容，因为宽容强调的是一种有能力干涉却被理性克制的意味。

案例 9.2 眼不见，心不烦

现如今的孩子，绝大部分是独生子女。他们是家里的龙凤，是爷爷奶奶眼里的宝贝疙瘩，是爸爸妈妈的命根子，长辈们把所有的希望都寄托在这个小宝贝身上。对待这个孩子是打不得骂不得，捧在手里怕摔了，含在嘴里怕化了。张老师所在的幼儿园就有这样一名学生，非常调皮好动，在学校里，把自己当作小霸王，上课的时候，他的注意力最多只能维持 5~10 分钟。吃饭需要老师来喂，并且非常挑食，下课期间更是各种翻山倒海的闹腾，欺负别的小朋友，做游戏不听老师安排，看到别的孩子的玩具好玩就夺过来玩，在水池边玩水把水泼到老师和同学的身上等，老师或者其他小朋友稍有不慎就会惹恼他。只要"被惹恼"，该学生的做法就是哇哇大哭、骂脏话、乱踢乱打，还嚷着给爸妈打电话，说要爸爸来打同学、辞退老师。这个时候，该学生的家长就会找到张老师据理力争，怀疑张老师的教师素养，并扬言告到教育局，说学校体罚孩子，侵犯孩子的自由活动权益，侵犯孩子的身心健康发展。园长迫于压力，只好告诫张教师，要有宽容的精神，学会宽容学生的错误。从此，张老师为了保住工作，顶着这些压力，在不知所措的情况下，便决定不再管理该学生，对他的一些错误的做法也处处表现出"宽容"，眼不见，心不烦。

现在的幼儿园里，像这样的孩子比比皆是。张老师为了避免给自己带来更多的麻烦，在校长、家长的压力下采取了消极的策略，事实上张老师已经无力看管该孩子了，园长不能为她"撑腰"、家长又不理解，她作为一名小小的老师，面对这种情况，只好作罢，应园长的要求，"宽容"学生的这些特点，"宽容"该学生的刁蛮行为。事实上这已经不能算作是对该学生的宽容。从宽容的内涵进行分析，第一，因为园长的"劝告"，家长的闹事，致使张老师没有"能力"对该学生进行看管，"无力干涉"该学生的行为。对后来孩子的种种行为只能"眼不见，心不烦"，这种策略只能算作一种默许，即因为没有能力过问，表现出的一种妥协的态度。第二，即使是宽容了该学生的无理取闹和不懂事，但并没有采取进一步的策略对该学生进行感化，没有使该学生体会到自己的宽容，没有改变他的行为，也不能算作真正的宽容。

教师一旦把宽容理解为这些似是而非的东西，便会使得自己的教育理念走向偏差。对学生的冷漠会造成对学生特点的忽视，从而失去教育的"以人为本"的诉求，这样，用教"知识"代替教"人"的教案再有计划性，知识再丰富也难以被学生很好地吸收，使学生的学习受到影响。

所以，这种"伪宽容"是用冷漠或者默许等行为的弊端代替了宽容本身特有的魅力和价值，造成了宽容"不管用"的假象。

三、过度宽容

案例9.3 过度宽容导致纵容

江老师是某中学的一名青年教师，刚刚走上工作岗位的他深深地受陶行知先生"爱满天下"的教育格言的影响。他发誓要做一名令学生喜爱的、可以带给学生信赖和依靠的好老师。因此，他一心扑在教学上，每天在学校里工作时间最长的人就是他。为了更好地接近学生，了解学生，他和学生一起吃饭，一起做课外活动，对学生的要求也有求必应。他带领学生在自己的上课时间去学校羽毛球场馆打球，在操场上打篮球、下棋，甚至和学生一起逛电子游戏厅、打扑克等。并且江老师处理学生问题的原则就是"大事化小、小事化了"，在他看来，学生都是未长大的孩子，都处于犯错误的高发期，没有必要跟学生斤斤计较，作为他们的老师，要无条件地为他们着想，做他们的保护神。学生的作业本忘记带了可以明天再补交，学生迟到了他会装作没看见，学生的作业没写他会放学后和学生一起留校补上，学生之间或者跟别的班级的孩子产生矛盾了，他也是摇摇手说，"没什么大不了的，孩子嘛，打架很正常，让他们闹吧，会和好的。"他的学生也非常喜欢和他腻在一起，他走到哪里背后总有那么几个孩子跟在后边，学校在评"你最喜爱的老师"的时候，得分最高的也是他。可是，事情往往不是人们期待的那么顺利，半年的时间下来，全校的期末考试成绩在学校的大报亭公布出来，令所有人很吃惊的是，江老师所在班级里的学生的考试成绩是全年级最低的。这下，江老师不仅在校长那里没办法交代，连学生的家长都找上门来，指责他对学生过于放纵，没有尽到老师的教育责任。江老师也很苦恼，他明明想着要爱自己的学生，他是出于爱的目的，为什么大家都不理解他呢？为什么学生热爱学校，爱自己的老师，学习成绩却上不去呢？苦恼的江老师迫于各种压力，近乎想要辞去这份工作。

教师的宽容，并非姑息纵容，亦非无原则的迁就或放任，做到该宽则宽，该严则严，宽中有严，严中有宽。中国人的宽容没有限度，排斥也没有限度。[①]"过度宽容"指教师在教育过程中不作为，对学生的错误和言行不加以制止，放任学生错误的发展，使学生的

---

① 钟启泉. 教育的挑战［M］. 上海：华东师范大学出版社，2008：65.

错误得不到纠正。① 犯错即使对学生的发展有着积极的作用，但是如果不被指出，这种错误就不会被学生发现和重视，实际上演变为纵容。黑格尔的辩证法告诉我们：世界上任何事物都有自己的"限度"，超出一定限度，它就会失去自己，变为他物。宽容也有一个边界，超越这个边界，宽容就不成其为宽容。毫无限度的宽容只会使宽容走向误区，走向偏差，使宽容的道德意蕴走向偏颇，甚至丧失。正如波普尔所指出的："无限的容忍一定导致容忍的消失。如果我们把无限的容忍甚至扩展到那些不宽容的人，如果我们不准备去捍卫一个容忍的社会反对不宽容的攻击，那么容忍者就会伴随着宽容一起遭到破坏。"② 所以，缺少限度的宽容最终导致了宽容的被消灭。并且学生的自私自利、懒惰、撒谎、不守纪律、不尊敬师长等行为长期得不到纠正，一定程度上会强化这些行为，使学生变本加厉地走向错误的发展轨道。

第三节 宽容氛围的营造

"不宽容"代表宽容的缺失；"伪宽容"是教师不会宽容，是宽容的"不及"状态；而"过度宽容"又会导致纵容。三者都没有达到正确对待宽容、使用宽容的要求。作为教师，需要把握好宽容的尺度，找到合适的参照系，使宽容的价值发挥适切、适当。陆有铨教授曾经说过，"没有好教育，也没有坏教育，只有适合与不适合的教育。"③ 教育中的宽容也是一样，也要把握好衡量的尺度，宽容要有利于学生的发展，不能缺失，不能不及，也不能过度。

校园宽容氛围的营造，离不开教师宽容的"教"，即是对教师内在宽容品质的要求。教师在学生面前要有宽容的教学姿态，面对学生的未成熟状态，面对学生之间千差万别的差异，面对学生一而再再而三的错误，需要表现出的宽容的态度和胸襟。更离不开教师的"教"宽容，即把宽容当作一个具体的德目来进行教授，可以专门开设以宽容为主题的数节课，教学生学习宽容他人；也可以在教学的时候，三言两语、潜移默化地形成学生们对宽容价值的认识等。无论是教师宽容的"教"还是"教"宽容，目的都是为了营造一个充满和谐、安定、轻松的教学氛围的班级，一个有益于学生身心健康发展的班级。

一、宽容的"教"

教师要具备宽容的个人品质，要能做到适度宽容，除了需要正确地理解宽容内涵和意义以外，还需要知道从哪些方面可以做到宽容，以及应该宽容什么。贺来教授将"宽容精神"具体剖析为逐渐递进的三个基本内涵：对"不守成规"的观念和行为的容忍；能容忍别人对自己的信念和原则的直接反对；对人的弱点，如人的软弱、愚蠢、庸俗甚至猥琐之处的容忍。④ 参阅贺来教授对"宽容精神"的解析，本书认为可以试着将教师的适度宽容分为宽容差异、宽容过错、宽容冒犯三个方面。

---

① 钟颖. 论中小学生宽容品质的培养 [D]. 长沙：湖南师范大学硕士学位论文，2009：25.
② 米勒. 开放的思想和社会——波普尔思想精粹 [M]. 张之仓，译. 南京：江苏人民出版社，2000：569-570.
③ 陆有铨. 教育是合作的艺术 [M]. 北京：北京大学出版社，2012：6.
④ 贺来. 宽容意识 [M]. 长春：吉林教育出版社，2001：1-7.

(一) 宽容差异

就像宽容的首要情境条件是差异存在一样，宽容人的差异性也是宽容教育最为基本的要求。因为人与人之间的差异性是普遍性的存在，所以必须正视学生之间的差异性。对于学生而言，他们来自不同的家庭背景，智力水平不同，体能状况各异，兴趣爱好也五花八门。我们必须尊重这些孩子合法的发展差异。[①] 因为这类差异无关乎"对错"，是一个学生身为一个生命所特有的与他人不同的地方。教师需要尊重这些差异，而不能扼杀这些差异，还要鼓励这些差异的存在和发展。是"差异性"和"多样性"而不是"同一性"与"实体性"构成了人与世界的本质，人与世界都不是一架机器，绝不可能按照一个模子铸造出来。[②] 我们强调教育的最终目的是使人成为人，使孩子们的道德理性得到健康的发展，就必须要宽容对待他们表现出来的这些差异性，一方面使得这种差异性成为个人个性化发展的基础，另一方面也使得这种差异不会成为社会化过程中的对抗性因素。

但是学校教育中的宽容应强调以一种理性的态度对待个体之间的差异。差异以群体为存在基础，是在人际关系间产生的，其存在要能够维持群体性的发展。当个体与他人没有接触，差异不重要，而当集体存在，相互之间产生影响，差异才真正具有意义。所以，宽容的对待差异不能忽视其群体性或集体性。为了维持群体性的发展，差异的存在要考虑集体特点、集体要求以及集体理念。一个个性异常、脾气暴戾、处处以他人为敌的人，是与整个群体格格不入的，类似的损害集体和他人基本权利和利益的差异，需要教育者的引领和改造。教师在选择宽容与不宽容的时候，也可以以此为标准，即有没有伤害集体的利益，有没有危及学生自身的健康发展。因此为了维持群体性发展，需要在相互交往中去理解差异，运用理性对待差异，通过引导、通过宽容使得双方可以更好地交流。

因此，宽容差异是教师达到适度宽容的基础。教师只有能客观、乐观地看待学生之间的差异，才能有一个良好的心态去面对学生由差异产生的过错，甚至是冒犯。

案例9.4 窗边的小豆豆[③]

教室是真正的电车，让小豆豆觉得"真特别"。接下来，又一次让小豆豆觉得"真特别"的，则是教室的座位。以前的学校里，谁坐在哪个位子上，旁边是谁，前面是谁，都是固定不变的。可是，在这个学校里，却可以根据当天的心情和方便，每天都自由选择自己喜欢的座位。

小豆豆绞尽脑汁想了半天，又左顾右盼了好一会儿，终于决定坐到早晨在自己之后进来的那个女孩子的旁边。因为这个女孩子穿了一件有长耳朵小兔子图案的连衣裙。

不过，最"特别"的，还是学校的上课方式。

一般的学校都是按照每个时间段，有顺序地上课。比如第一节课是语文的话，就上语文；第二节课是算术的话，就上算术。可是这个学校却完全不一样。

在第一节课开始的时候，女老师就把当天要上的所有的课，还有每一节课所要学习的所有问题点，慢慢地写在黑板上，然后说：

[①] 诺丁斯. 学会关心：教育的另一种模式 [M]. 于天龙, 译. 北京：教育科学出版社, 2003：3.
[②] 贺来. 宽容意识 [M]. 长春：吉林教育出版社, 2001：1—7.
[③] 黑柳彻子. 窗边的小豆豆 [M]. 海口：南海出版社, 2011：32—33.

"下面开始上课,从你喜欢的那门课开始吧。"

于是,小学生们就从自己喜欢的那门课开始学习,先上语文也行,先上算术也行,都是可以的。所以,喜欢作文的小学生在写作文,后面的位子上,喜欢化学的学生点起了酒精灯,把烧瓶烧得"咕嘟咕嘟"冒泡,或者做着什么有趣的实验。每个教室里都可以看到这样的风景。这样上课的话,随着小学生们年级的升高,老师就能够逐渐掌握每一个学生的兴趣所在,以及他感兴趣的方式、对问题的思考方法等。由此教师能够清楚地了解每个学生的个性,对于老师而言,在了解学生的基础上因材施教,是最有效果的上课方法。

案例9.4摘抄的是小豆豆进入巴学园之后的学习部分,巴学园有着跟之前学校完全不同的风格,这里的学校是在一个大院里,几节废弃的火车车厢被用来当作教室,校园里有几棵树,校长把这些树分给了小豆豆他们,小豆豆一方面把这棵树当作自己的宝贝来进行保护,另一方面可以邀请别的同学来她的树上做客等。相信读过这本书的您一定记得,小豆豆在进入巴学园学习之前的各种状况,她在上课的时候会把书桌的盖子开了关、关了开,一节课要持续上百次,好不容易停下来了,又喜欢站在窗子边凝望窗外,用小豆豆的话说就是为了等待和"宣传艺人"打招呼,美术课上也是不按照老师的要求,乱画一气等。老师们声称"再也受不了"小豆豆了,就让小豆豆的妈妈把小豆豆领回了家。在这之后,妈妈经过一番周折,把小豆豆送到了巴学园,也正是在这里,小豆豆找到了真正适合她的、包容她的"学校",在这里她度过了最美丽的童年。其实等我们看完本书,我们真正了解到,小豆豆喜欢开关书桌的盖子,是因为家里没有这样的桌子,她产生了好奇心;喜欢凝望窗外,只是怕错过和"很棒"的"宣传艺人"打招呼;美术课上乱画也是出于好动,不懂得要遵守老师的统一要求。那么如果她的老师能够了解小豆豆的这些想法,能够像在巴学园一样,给每个孩子的特殊个性一个生存的空间、了解孩子们的内心需要,再对他们予以合理的引导,那么这个世界上就不会有坏孩子和好孩子之分,就会到处都是巴学园了。

(二) 宽容过错

对于学生来说,由于其理性思考能力、逻辑思维能力、认知能力等发展的不成熟而产生过错行为是合理的。这些过错也是学生差异性的一种表现,但与普遍的一般差异不同的是,过错行为具有较为明确的对错性。因而,在宽容差异的基础上,也需要教师采用宽容的方式对待这些过错行为,能够帮助学生在错误中获得教训,得到发展。

学生的过错行为通常表现为触犯班规、校纪等规章,违背了教师对学生的正当要求,给教学、管理也带来一系列的麻烦等。对这些过错采取应对措施乃至惩罚是必要的,但教师必须在此过程中践行适度的宽容使这些措施或惩罚真正地起到教育效果。

发生"错误"的行为主要是个人的一些弱点和缺陷造成的。就像人人都有弱点一样,人人也都会犯错,处于成长期的学生更是如此。教学是一门艺术,更是一门关于如何处理学生过错的艺术,针对学生的"过错"行为,教师所采取的态度对学生的身心发展有着非常重要的影响,学生有过错,教师即刻采取惩罚的行为虽然有时在即时效果上有助于课堂管理,但教育更呼唤和风细雨式的教学氛围。针对学生的"不守陈规"的行为,教师需要摆脱"问题—处罚"的做法传统,理性地判断是非,了解事情的缘由以及找到合理的解决办法,就像世界上没有绝对的真理一样,教师也很难当即断定学生的"过错"行为就一定是谬误。如果确实是学生的过错，其做法违背了学生的集体性原则，对他人、对集体构成了一定程度上的伤害，并且动机有故意冒犯之意，则一定程度上的惩罚措施是有必要的；如果学生的"过错"并不是出于故意，或者并没有构成严重的影响，宽容式处理方式会发生意想不到的效果。这两种处理方式都有一个基本的前提，即采取的策略必须是教师经过理性的分析和判断的结果，惩罚必须只能作为处理问题的下下策，强调"宽容先行"；还需有一个事后保障，即无论是采取惩罚还是宽容进行处理，都需要确保该学生受到了感染，惩罚要在不伤害学生身心发展的基础上使学生认识自身的错误，并做出改正错误的决心，宽容处理时需要确保学生懂得教师的宽容之心，懂得被宽容了哪些方面，使情感教育发挥实效。

案例9.5 有过错学生的值得理解之处

小C，长得虎头虎脑，10岁不到，只上二年级，但是身架骨却十分壮实，圆滚滚的脸蛋，圆滚滚的身体，个头超过高年级很多同学，他的饭量大得有些惊人，饭盒里的饭菜经常堆得像座小山似的，有时我看在眼里，都要替他担心别把肚子给吃撑坏了……

他的性格给我的触动最大。在我的印象中，低年级的孩子天真烂漫，把老师的话当作圣旨，老师说一，他们不会说二；即使再有个性的学生，到最后也会在师长严厉的批评教育下乖乖"缴械"。而小C同学却不同，每天都会变着花样给自己找乐趣：昨天，他还因为在课堂上随意走动受到老师的批评，可是今天上课索性整个人趴在地上爬；昨天只吃了几口饭，饭碗摆满桌子，人就不见踪影，今天又到厕所里玩水爬窗；昨天刚向同学抢来了水果或者其他东西吃，今天又去拿水泼同学……他似乎每天都有新的玩乐节目，而我每天都要为他提心吊胆：别动手打架弄伤了同学，别因为手脚不闲而损坏了公物，别又不注意弄坏了同学的学习用品……每天不仅有同学来告他的状，连任课老师也经常在我面前数落他的出格表现……他可以当着师长的面把师长一而再、再而三的批评教育当作耳旁风，照样我行我素；他可以跟老师的话反着来，拧得像一头拉不回的犟牛；他可以把老师气得大半天心情不好，可自己一转眼就像什么也没发生似的……

是的，他在我的面前摆下了一个崭新的课题：该如何教育当下个性偏常的学生？当这个学生"软硬不吃"，我们该从何入手？经过了解，我知道造成他这种性格的根源是他的家庭，他的父母离异，爸爸在外地做生意，难得回家，妈妈已经回老家广州，现在跟随七十多岁的爷爷奶奶一起生活。对一个不足10岁，正渴望父爱、母爱的时候，他却无从体会到这些关爱。我想，可能就是因为他生活在一个缺少爱的环境中，才形成了他过早叛逆的心理。

下午的唱游课，他主动提出要求进办公室做作业，我同意了。我发现，他那天的心情很不错，做功课时还很乐意和我聊天。我们聊到了他的父母，我问他："想他们吗？"他告诉我说："想。"他还自豪地对我说妈妈是个警察；令我更加震动的是，当我问他平时和妈妈有联系吗？他不假思索地说"有"，说去年妈妈就打过电话给他。我听了心里就像被什么刺了一下似的，妈妈去年的一个电话，他竟然一直记在心里，那么他是不是一直在盼望妈妈再次的来电呢？这时我才真正明白他比其他同学少一份爱，少一份对孩子来说最珍贵的、谁都无法替代的来自父母的贴心的爱。缺少这些爱的孩子，有这些举动是多么正常的事情啊！

案例9.5中这位老师在面对孩子的错误的时候，并没有拿这些错误的行为说事，没有立即处罚或者批评该学生，而是采取一种温和的自我反思方法，通过一系列的调查、沟通交流，了解到该同学存在这些问题的背后所隐藏的一系列原因，这种情感交流式方法，既避免了对孩子的心灵造成伤害，又使该教师更进一步了解自己的学生，更加有利于以后因材施教，共同提高。我们总是要求孩子一律地听话守纪，而忽视了孩子另类个性形成的原因。虽然我们不是职业的心理老师、心理分析师，但是作为一个教育工作者，我们有责任去引导他们。老师可以抓住一切机会走近他、亲近他，敞开心扉地跟他交流，以母亲般的温情来感化他。捕捉该同学身上的闪光点，不失时机地进行表扬更会增加孩子努力表现的信心，带动帮助该学生，寄希望于集体的力量营造宽容的氛围，倡议大家一起理解该学生、感化该学生。另外，教师要有一定的耐心和容心，允许孩子犯错，让孩子在失误中得到成长，得到磨炼。

因此，宽容学生的过错需要教师具有一定的耐心，还需要有足够的智慧和胸襟。教师的耐心能够使得教师在面对学生的过错的时候，甚至是"一而再，再而三"地犯错的时候能够保持自己的理性，控制好自己的情绪；足够的智慧可以帮助教师采取合理的解决策略，既不伤害学生的身心健康，又能保持教学的正常进行；而胸襟则能够使教师不计前嫌、乐观面对这些"屡犯不改"的学生，当然，足够开阔的胸襟更有利于宽容学生对教师的冒犯以及顶撞。

案例9.6 "踩"出来的宽容①

一天放学后，学生小城随手将一只空塑料瓶扔向垃圾筒，谁知瓶子不偏不倚地砸在了小华的头上。小城赶忙跑过去，一边说着"对不起"，一边弯腰捡瓶子。不料小华猛地一转身，抬起脚对着瓶子狠狠地踩了下去，只听"砰"的一声巨响，在场的学生都被吓了一跳。望着小华满脸的怒气，我有些不悦地说了一句："再踩一脚！"他竟真的又踩了一下，声音比之前更大。学生们怔住了，我也震惊了，整个教室霎时鸦雀无声。

学生们的目光不约而同地投向我。望着怒气冲冲的小华，我意识到不宜立即处理此事，否则局势会更僵。于是我极力控制住内心的波澜，走过去弯腰捡起瓶子，交给了小华，温和地对他说："你有气，尽可以向它发泄，但要先忍一下，等同学们走了之后再开始。"说完，我便带着学生们走出教室。

等我送走学生们回来时，只见瓶子静静地立在讲台上，小华紧闭双唇，神色缓和了许多。看到我注视的双眸，他迅即低下了头。我问他："刚才有没有继续对瓶子施暴？"他摇摇头，没出声。

"是不是觉得自己脾气太暴躁了？"我又问。

"嗯！"他点点头。

我没有再说什么，将那只瓶子递给了他："既然是这样，你把它带回家，好好打扮一下，可以在外面贴上图画，或者在瓶内放点名言警句，让同学们看到后也能受到教育，懂得宽容。"

"好的，没问题！"他爽快地答应道。

---

① 章小英."踩"出来的宽容[J]. 班主任，2011（8）：22.

第二天早上,我刚一进教室,小华便主动将瓶子交给了我。瓶子已完全变了模样:瓶颈处悬挂着一张自制的书签,上面写着"宰相肚里能撑船";瓶身裹了一圈彩纸,上面画了两张脸谱,一个横眉竖目,一个笑容可掬,脸谱之间写着两个大字——宽容;瓶子里则躺着十多个纸卷,打开一看,全是摘抄的名言警句:"人心不是靠武力征服,而是靠爱和宽容征服""世界上最宽广的是大海,比大海宽更广的是天空,比天空更宽广的是人的胸怀"……

于是,我意味深长地对学生们说:"这是小华送给大家的礼物。当你感到委屈、心存怒气的时候,就从瓶内取一张纸条读读,它会调节你的情绪,送你一缕微笑。"随后,我让小华带领大家一起诵读那些名言警句。

看着学生们若有所悟的神情,我深深地体会到:其实诸如此类的"意外事件",往往折射出学生内在的思想意识、心理状态和习惯素养。当我们抱着一颗热忱、宽容的心,用自己的冷静、胆识、智慧,敏锐捕捉并巧妙利用"意外"中的教育资源时,就会欣喜地嗅到花儿绽放时的独特芬芳。

章老师用自己的宽容和智慧把一个"意外"事件转化成了宽容的教和教宽容的良好契机。这种转化的实现,需要教师自身深信宽容的价值。她对学生的冲动之举,没有采取即刻批评惩罚的做法,而是给学生反省的时间,让学生把作为"撒气桶"的瓶子,变成了宽容教育的道具和载体。"踩瓶"事件中教师表现的宽容,为冲动学生小华找来的关于宽容的警句,做出了鲜活的解读,因而达到了感性与理性结合的效果,更容易给学生们留下深刻印象。不仅冲动学生本身得到教益,整个班级的宽容氛围由此更加浓郁了。

(三)宽容冒犯

学生在学校里犯点错误是难免的,身为教师应考虑学生的感受,采取一些温和的处理方式,从而实现宽容教育。但是对学生的冒犯行为的宽容则是检验教师宽容与否的又一块试金石,因为学生对教师的冒犯无疑是对教师权威和地位的一种挑战,这些冒犯包括对教师的质疑、反对,甚至是故意顶撞等。

案例9.7 对数学老师的质疑

李老师是高二年级数学教研组组长,同时担任高二(13)班的班主任。从教二十余年,培养出来的优秀学生无数。同时她所带的这个班级也是全校公认的最活跃的班级,因为在她上课的时候,总是有很多孩子会欢呼雀跃地举手等待发言,李老师也鼓励学生随时提建议以及疑问,甚至是质疑她教的知识。数学是一门培养学生逻辑思考能力的学科,并且很多的数学题都不止一种解题方法。李老师和其他老师不同的是她在讲解数学题的时候从不把本题有几种解题方法说出来,也不是一股脑地挨个讲解给同学们听,而是让同学们自己去探索。在一节数学课上,李老师给大家出了一道看似很难的数学题,她当即告诉学生们这道题会有很多种解题方法,大家可以用各种方法进行尝试。下一节课,李老师先用一种方法给大家讲解了一次,李老师的智慧就在于故弄玄虚,她用的方法是所有方法里最复杂、最古板的一种。这时候一些同学就坐不住了,举手站起来指出了李老师的这种方法的各种费时和费力的缺点,李老师装作和大家一样的恍然大悟,然后鼓励该学生说出了自己的解题方法,接着便有另外一种、两种方法被其他同学"发明"出来。这时候大家便可以选择自己觉得最容易的一种方法记在自己的笔记本上，等待用来解决类似的数学题。

现在的中小学里，像这样上课的老师并不多。教师想要把自己知道的知识教给学生，需要一定的方式和方法，但更需要的是一颗宽容的心态。面对形形色色的学生，是要给他们思考的空间，还是把他们控制在一个相对安静的环境下进行知识灌输呢？当然我们更加喜欢李老师的做法。但是，在课堂上允许学生各抒己见不免会造成一些混乱，一些调皮的学生故意起哄等，这需要该老师具有一定的教学经验和课堂控制力。

以质疑和反对来说，"在认识的过程中，由于不同的人所处的社会位置、所采用的观察视野以及所要达到的目的有所不同，所持的见解也会自然不同。这是理性认识活动的常态，而不是一种理性认识的缺陷。同时，也正是不同见解之间的交流和对话，才能使所有的对话者从中获益，不断地审视自己的认识结果，调整自己的认识视野。"[①] 正因为学生之间的差异性，有些学生倾向于默默接受教师所传授的知识，而有些学生则在会把不同于教师的观点在课堂上、在教师面前勇敢地表达出来。如果教师过于注重自己的权威，对课堂上来自于学生的质疑和反问总是横加抵制，就会使得学生变成了被动的知识接受者，而不是主动的加工者，导致学生学习兴趣的下降，学习动机的减弱，甚至造成厌学、逃避学习等恶性结果，在行为表现上，甚至出现故意顶撞或无视教师教育的行为。从建构主义学习理论的角度来看，学生应该是知识的主动建构者，那么，他们在课堂内外所提出的质疑和反问实际上应该被理解为其主动建构知识体系的一个重要的环节，教师如若因缺乏耐心而强行加以干预，就只会打断学生学习的建构过程，使得他们自我的学习变得支离破碎。真正具有宽容精神的人和社会是绝不会拒绝和压制这种反对之声的，因为每个人在理性上都是有限的，因此人的认识不可根除地具有"相对性"。而这种相对性在学生的建构学习中表现得更为明显，基于其有限的理性认识，会提出质疑乃至反对也是合理的。即使一些反对之声在某些情境中最终被证实是缺乏根据的，但宽容氛围依旧应该对其予以包容，然后依靠其理性因子加以辨别，将真理从与谬误的比较中彰显出来。[②]

另一方面，学生的冒犯还有可能源于学生本身的人性弱点，如贪婪、愚蠢、自私、无情等都是一些常见的人性弱点。每一个人，不管他是帝王将相，还是一介平民，都无差别地共有着这些弱点，谁也没有资格站出来宣称自己永远没有愚蠢的思想、软弱的一刻、庸俗的一面和猥琐的癖好。尤其是处于接受教育阶段的孩子，他们尚处于人生发展的初始阶段，往往会更不懂得去抑制这些人性弱点的表现。如果我们忽略这一前提而去怀疑这个孩子的本性，就会过早地陷入消极的规范性教育，反而抑制了他们合理的个性养成。对孩子弱点的宽容，就是在给予他们成长的空间，只要教育者以一种宽容的胸怀，在孩子们的心灵尚有极大可塑性的时候，即使他们偶尔会自私、会任性、软弱、自我否定、不懂得尊重等，教师仍应以一个宽容的心态去应对，尝试以沟通的方式，逐渐使学生意识到自身弱点的存在，从而在保有安全的心理状态下，能够动用自己的理性来面对自己的弱点，而这才是克服弱点、纠正错误的良方。

因此，对差异、过错、冒犯三个层面的宽容在教育场景中发挥着不同的价值和意义。对宽容品质的追求也应该是教师行为中重要的使命之一。对待差异的宽容作为最基本的宽

---

① 石中英. 理性的教化与教学的理性化 [J]. 高教探索, 2002 (4): 7—10.
② 贺来. 宽容意识 [M]. 长春: 吉林教育出版社, 2001: 1—7.

容,是每个教师必须要做到的;对待过错的宽容则要求教师有耐心、保持理性,运用智慧来判断宽容与否,采取合理的对策,并下意识地将宽容作为处理问题的上上策;对待质疑和反对,甚至公然顶撞的宽容,应该成为对教师教学行为中必不可少的倡导,需要教师有一种宽阔的胸襟和情怀,以帮助自己更好地理解学生的未完成性,明确学生的弱点,从而突显其教育的必要。

二、"教"宽容

"教"宽容这一要求,是非常具体的。它要求教师把"宽容"当作一个具体的教学内容,一个具体的德目来进行教授。因为,在大多数情况下,班级里的孩子们之间产生矛盾的原因就是他们根本不懂得宽容的意蕴、不懂得宽容的道理,更不知道要宽容他人。作为教师,就是需要把这一项未知的品质和德行教授给学生们,掀开它的面纱,让学生们了解宽容的价值和意义,了解该如何去做到宽容别人。

案例9.8 热烈的鼓掌

午饭后,几个男生争先恐后地冲到我身边,嚷嚷道:"老师,老师,小吴哭了!"一向最调皮的小吴竟然张大嘴巴哇哇地哭。他一边擦着眼泪,一边指着身边的小胡哽咽着说:"老师,他用脚踢我肚子。"再看看身边的小胡,正气鼓鼓的,小脸涨得红红的,眼泪含在眼眶里满是委屈地说:"老师,是他先打我的……"真是公说公有理,婆说婆有理,吵得我头都大了。

我平了平心气,让身边的小朋友们安静下来,停顿了一下,说道:"你们有没有想过,如果彼此说声对不起,结果会怎么样呢?"孩子们听了,顿时安静了下来,愣愣地看着我。我不失时机地说:"我们的集体是由许多小伙伴组成的。每天我们背着书包到学校里和小伙伴们一起学习、生活、做游戏,是一件多么快乐的事呀!但是在你来我往中,拥挤是难免的,磕碰也是难免的,矛盾就会产生。如果我们多一份礼让和宽容,少一些冲突,大多数矛盾是可以在'对不起,没关系'之中解决的。如果我们的每一位小朋友都能在和别的小朋友们发生摩擦、磕碰的时候先说声'对不起',我觉得他就是一个英雄、一个真正的男子汉或者一位优雅的小公主。我想,小吴和小胡两个同学肯定也不是故意的,是不是?"此时我用非常期待的眼神看了看这两个孩子,小吴已经停止了哭泣,小胡则耷拉着脑袋。紧接着我又说:"来,你们两个拉拉手,以后还是好朋友。"

"小吴,对不起,是我不好!"小胡拉着小吴的手说。"不,是我做得不对。"这个时候,我惊喜地看到,同学们为他俩的这一举动,热烈地鼓起掌来。

这样一则非常简单、非常多见的案例,可以带给我们很多的感想。该老师的做法最终在潜移默化中构成了对学生们的影响,学生们最后一刻的热烈掌声也表明了,在这个班级里,宽容氛围的希望和星星之火。无论我们的社会和学校以及教师如何努力,最终目的都是要促进学生的发展。宽容氛围的营造,是为了给学生一个宽松的学习环境,但更重要的是要教育学生能够在这样的环境下,形成自己关于宽容品质的认识和体验。使其在潜移默化中学会宽容,并践行宽容。教会学生去拥有无论是对待自己的教师还是对待周围同学,还是出了校门,面对家人、打扫卫生的阿姨,以及社会所表现出一种宽容的品质。作为教师——学生每天从早上八点开始到下午五点都要面对的教育者,要能够担当起教育学生的责任和义务。使自己拥有宽容的品质,并把这一品质传授给学生们,相信教育如春风化雨润物无声,在教学活动中、在课下、在与学生的每一次接触中,体现宽容他们、容纳他们态度,使得他们能够在这种环境下,找到自我满足感以及自我价值,并把宽容别人、悦纳别人当作自己的行为准则,成为和谐课堂、和谐校园的构建者、合作者。

当然,做到宽容也是有一定的难度的。宽容需要有限度,以所宽容的行为不伤害集体和他人的基本权利和利益为限,但在现实情境中,特别是教育情境中,对什么是"适度宽容"却并不存在一个统一的可量化的标准。美国学者托马斯·斯坎伦从政治学的角度分析宽容的难处时曾说,"宽容的态度仍然是难以保持的。它的内容只有在正式的和非正式的政治活动中,通过对参与者公民权利的详细说明才能给定。"[①] 换句话说,以学校教育而论,我们不能脱离开具体事例空谈宽容,宽容的限度也只能在具体问题中得到详细的说明。所以,在走向适度宽容的道路上,教师要有对教学的敏感性、对学生生命个体的敏感性,把握好处理宽容的"度",在尊重学生人性的基础上,着眼于学生的终身发展,采取最适切的处理方式。

---

① 斯坎伦. 宽容之难 [M]. 杨伟清,陈代东,等译. 万俊人,校,北京:人民出版社,2008:226.

第十章 利他：不忘他人利益

> 利他主义不是涉及可怜的自我牺牲，而只是涉及在行动时愿意考虑其他人的利益。[①]
> ——托马斯·内格尔

在本章中，通过对利他概念的辨析，分析支撑利他道德的现实基础和激发其发生的具体机制，从而获得对学校情境中利他道德氛围的认识。然后，我们将通过对一系列案例的分析，考察在实践场景中有关利他道德所存在的问题和挑战，为在学校情境中塑造利他道德氛围提供切实的可能性。

第一节 利他道德概述

在当今社会，随着人际交流的途径和内容都在不断地扩大和丰富，人们已经愈发无法脱离社会而独自生活。正如马克思主义哲学所推崇的，人的社会性作为人的基本属性正被置于一个前所未有的关注高度。在社会交往中，个人有利于他人的行为倾向被大多伦理学家视为人的天性之一，并以此作为社会交往得以顺利进行的基础。然而随着经济社会的高速发展，对个人利益的重视正逐步动摇着人们对利他精神的信念。在教育领域，对学业竞争的过分强调以及独生子女缺乏社会交往意识的现状，使得利他精神在学校中愈发失却立足之地。

改善这一现实困境的重要途径在于再次审视利他精神的内涵，从而在学校现实中重新找到利他主义精神得以凭依和生根发芽的土壤，帮助学生重新找到利他主义在自身的落脚点。因而，我们需要从利他精神的本真含义入手，探寻其借以立足的现实基础。

一、探寻利他精神的现实基础

（一）利他的内涵辨析

利他或利他主义（altruism）的概念最早由社会学奠基人奥古斯特·孔德提出，用以说明一个人对他人的无私行为。继而，在之后的社会学研究中，各个研究者从不同的侧面对于这一概念进行了多方面的探讨，并给出了众多的界定。但其基本的共同点都在于行为者的行为使他人获益。从这一方面来看，利他行为的定义又很接近于教育社会学中的另一个概念，即亲社会行为（prosocial behavior）。一般认为亲社会行为的概念外延比之利他行为更为广阔，但随着利他概念外延的不断延伸，这两者之间的区隔也在日益变得模糊，在一些研究中虽然仍保留了不同的称法，但其内涵实质却偏差不大。在此，本文无意从理

[①] Thomas Nagel, *The Possibility of Altruism*, Princeton: Princeton University Press, 1970: 9.

论阐述上对这两个概念作更清晰的划分,而是选择"有利他人(包含一般他人)"这一利他行为的基本要素作为出发点,考察利他行为的概念。在考察了关于利他概念的定义之后,可以将其界定主要归于两种取向:结果取向和动机取向。[①]

采取结果取向定义的学者,以社会生物学家为主要代表,他们更多地强调利他行为的结果,认为利他即为他人带来好处,而无关个人动机。如罗伯特·特里维斯(R. Trivers)将利他行为定义为:对履行这种行为的有机体明显不利,而对另一个与自己没有什么关联的有机体却有利的行为。[②] 在此,研究者将对他人有利的行为结果作为利他行为的主要特征,并且,通常这种行为还会对行为者本身造成伤害,即所谓的损己利人。

传统上,结果取向的定义更为关注利他行为对他人带来的积极帮助。而近期,则有研究者从结果取向的另一个侧面提出了对利他行为的新解释,即失之伤害的利他行为。菲尔德(A. J. Field)从行为科学和进化论的角度指出,如果利他主义的定义是减少行为者的利益而增加另一个人的利益,那么在很多情境下,不先发制人(放弃自身原本可优先占据的利益)的行为即符合利他主义的这种定义。[③] 在此,研究者认为行为者采取消极的态度放弃"伤害"他人的可能性,在本质上亦是增加了他人的利益。

与之相对,采取动机取向的学者,则主要以社会心理学家为代表,他们尤为注重利他行为的原始动机,认为只有真正具有利他动机的行为才可称为利他行为。其中,利他动机应包含对他人的关注、关怀以及不求回报的付出。如巴-塔尔(Bar-Tal)将利他界定为最高水平的帮助,可定义为有益于他人的自觉、自愿的行为,是公正道德信念的结果,且不期望外在奖赏。[④] 在此,巴-塔尔强调了自觉自愿在利他主义中的重要性,同时,在总结利他主义行为特点时,他也将"不期望有任何精神和物质的奖赏"作为利他主义行为最主要的特征。而对此,则有人提出异议,认为利他主义行为的确无须外部奖赏,但这也并不否定来自利他主义行为者内部对自身的自我奖赏。[⑤]

针对这一问题,威尔逊(Wilson)给出的解答是,根据"是否要求回报"将利他主义分为无条件的利他主义(纯粹利他主义)和有条件的利他主义(互惠利他主义)。[⑥] 前者更接近于传统认识上要求的无私、忘我的利他主义,威尔逊认为这种利他主义仅仅存在于亲缘选择的基础上;而后者则强调依靠社会契约达到互惠互利,这种利他主义更适于在社会大范围中与无关他人的交往,并且从动机上来看也能够符合自觉自愿的特征。由此,威尔逊延展了利他主义行为的定义,将传统上被视为"自私"的行为融入了利他的范畴。

从积极帮助到失之伤害,从无私忘我到互惠互利,利他概念外延的扩展使得其精神本身不再是置于高阁的空洞理念,而与实际的社会现实产生了连接。当着眼于"有利他人"这一利他概念最为基本的要素时,利他与竞争、利己等看似对立的概念并没有直接的冲

---

① 汤英华. 利他情感德育的基础与实践研究 [D]. 上海:华东师范大学,2006:10.
② 王雁飞,朱瑜. 利他主义行为发展的理论研究述评 [J]. 华南理工大学学报(社会科学版),2003(4):37—41.
③ 菲尔德. 利他主义倾向——行为科学、进化理论和互惠的起源 [M]. 赵培,杨思磊,杨联明,译. 长春:长春出版社,2005:20.
④ 李丹. 儿童亲社会行为的发展 [M]. 上海:上海科学普及出版社,2002:8.
⑤ 王雁飞,朱瑜. 利他主义行为发展的理论研究述评 [J]. 华南理工大学学报(社会科学版),2003(4):37—41.
⑥ 同上.

突。利他精神并不排斥竞争，也不否定个人私利。因而，当社会现实注重竞争与个人利益时，也并不能因此断言利他精神就不再有其发展的土地。相反，正因为利他概念内涵中本身所具有的无妨害、互惠等意蕴与时下的社会现实具有相同的追求，利他精神便能够在利己的诉求中找到其孕育和发展的场所。

（二）利他精神的人际交往基础：与利己本性的统一性

在中国传统中，一直都有"助人为乐""舍己为人"等说法，因而在直觉上，人们常常有排斥利己的倾向。而随着近年西方个人主义价值观的涌入和商业文明的影响，这一倾向却在倒向另一边，在强调自我的同时，反将利他置于批判台之上。然而，当仔细审视这两者的关系时，却能够发现那些真正受到诟病和质疑的"利己"或"利他"行为，往往是一些极端情境下的行为，回到这两极之间的日常生活中时，每个个体无论从利己还是从利他的角度进行思考和判断，最后的结果往往偏差并不远。因为利己的考虑中势必关涉他人，利他的考量中也不可能排斥自身。因此，我们需要区分的是利己与纯粹个人欲望，利他与自我牺牲之间的分野，从而消弭那些极端行为混入常规概念的危险。

对人类利己本性的研究大多来自于支持自然选择进化论的学者，而在这其中，有一部分学者试图利用群体选择理论来调和利他与利己之间看似不可调和的矛盾。这种理论认为，如果说自然选择仅仅是为了一己私利的话，那么作为一个群体存在的人类，为了增进整个群体生存下去的概率，会愿意做出利他的行为。[①] 在这里，利他行为所指向的行为接受者是与行为者同属一个群体的，因而行为者的这种行为，既可以根据"有利他人"这一要素被视为利他行为，又可以根据有利群体繁衍而最终有利于自身基因遗传的生物动机被视为利己行为。

在现实社会生活中，群体选择理论也可以被用来审视利他行为与利己本性的统一性。由于生活于社会中的人的各种行为并非彼此孤立而不相关的，他们无时无刻不在人际交往中受到他人的监督和判定，从而对彼此之后的行为产生影响，而这种影响较之动物性的偶发行为来说更为持久和深远。尽管对于单次的利他行为而言，直接获益的往往只有利他行为的接受者，但是在之后的人际交往中，如果初次利他行为的接受者采取了纯粹利己而不利他的策略，就会降低其之后获得他人对其施予利他行为的可能，因此，为了维护自身的利益，初次利他行为的接受者或多或少会在之后的人际交往中为初次利他行为的施予者给予回报。[②] 长此以往，一种存在于群体中的互惠均衡便得以建立，对于单次利他行为的施予者和接受者而言，这种均衡机制的建立使得其利己和利他的诉求都能在较长的历时中得到实现。因此，作为社会群体一分子的特定个体的利己倾向并不与他人利益相违背，相反，却是与社会群体利益相联系的。对此，有研究者总结道："利己的考虑，事实上是将自己的利益与他人的利益并列，而且在比较自己和他人的利益时是无偏私的。"[③]

既然利他精神与利己天性在现实的社会生活中具有其内在的统一性，那么造成现实生活中两者"冲突"的又是什么？显然，这种"冲突"的认识根源于对利己和利他的理解偏

---

① 菲尔德. 利他主义倾向——行为科学、进化理论和互惠的起源 [M]. 赵培，杨思磊，杨联明，译. 长春：长春出版社，2005：101.
② 同上书，102—108 页.
③ 莫兆凤. 利己与利他概念的分析 [A]. "中央研究院"三民所第四次社会科学研讨会论文集，1989：353—361.

差，将一些极端情境下的行为混入了常规概念之中，使得人们对利己和利他的认识超出了合理的范畴。

极端的利己行为通常表现为对个人欲望的过分追求，使得利己行为超出其本身所有的限度。针对利己和个人欲望之间界限的问题，约瑟夫·巴特勒（Joseph Butler）的说法或许值得借鉴，"每一个人都有一种追求自身幸福的欲望，同时它还有追求外在事物的个别欲望。前者即自爱，它所追求的对象是内在的，是自身的快乐或满足。后者所追求的对象是外界的这个或那个事物。"① 换言之，真正的利己，或称之为自爱，应是一种更为一般的欲望，而不是对特定外在事物的执念。当每个人根据利己的真实意蕴，都对自己的快乐有更为一般的追求时，就不应对单次的利益分配斤斤计较，而是在较长的历时中审慎的考虑多次的利益分配。因而，这也使得认为利己主义是短视而缺乏远见的误解不攻自破。

极端的利他行为则通常表现为完全的抛弃自我，即自我牺牲。对此，有研究者给出了以下的逻辑推导：若利他等同于自我牺牲，而每一个社会人又都具有这样的"利他"意愿的话，无疑就会出现如下的论断，行为施予者既希望通过牺牲自己来有利他人，同时又以接受他人的牺牲来满足他人的"利他"意愿。② 显然，在这一悖论中，无论是行为的施与者还是接受者，他们最初的"利他"意愿都无法在这一情境中获得实现。因此，将利他等同于自我牺牲无异于是对利他主义的自我否定，自然将被理智的行为者所抛弃。

在撇除了这些极端情境下的行为之后，利他精神与利己本性的统一性便可以进一步被揭示出来。在现实生活中，通过因人际交往而建立的互惠均衡将利他精神与利己本性连接在一起，使得利他精神得以在利己本性的引发下获得发展；反过来，也因利他精神的彰显使得互惠互利得以更好地实现。

（三）利他精神的教育基础：与学校教育的同质性

在一般的社会生活中，利他精神与利己本性的统一性使得利他精神获得了可能的发展基础。那么回到学校生活的情境中，利他精神的彰显又因以何者为现实的基础呢？

首先，有必要从教育本身的定义着手分析。尽管众家学者对教育概念的阐述有着不同的见解，但都存在一个共同的基本点，即都把教育看作是培养人的活动。③ 这里的"培养"，从学校教育的动机来看，无疑是为了使学生不断向善，朝着进步的方向发展。由此可见，教育"使人向善"的目标可以被视作意图为他人增添利益，那么这与利他概念中"有益他人"的基本要素便有了相同的价值诉求。因此，从对教育本身的定义来看，其本质中便蕴含了利他的要素。可以说，理论中所定义的教育即是一种具备利他精神的活动。

其次，在实然层面还应清晰地认识到，教育从来都不是局限于某一个人的活动。某一个个人独自进行"培养"自己的活动，我们也更多地称之为学习，而非教育；与之相对，教育者既不会也不能对着虚无的对象实施教育活动。教育者和受教育者在教育活动中都扮演着不可缺少的角色，它们互为他者，在教育这一活动中结合在了一起。对于教育者，或者简言之，对于教师而言，学生（即受教育者）就是他在教育活动中所面对的他者。教育需要教师通过自己的努力来实现学生的进步，也就是说，使学生收获"利益"。从上述分

---

① 莫兆凤. 利己与利他概念的分析［A］. "中央研究院"三民所第四次社会科学研讨会论文集，1989：353—361.
② 同上.
③ 王道俊，王汉澜. 教育学［M］. 北京：人民教育出版社，1999：28.

析的利他定义来看，教育在绝大多数情况下即属于一种有条件的利他主义行为，甚至在一些特定的事例中，我们也会看到一部分教师在教育过程中无私忘我的表现。而从另一方面来看，学生对于教师的反馈也是教师自身职业发展的重要助力。以教学相长的角度来说，教师也通过学生的行为而获得"利益"。也许严格追究行为动机的话，这种使教师"获益"的行为很难称得上是践行了利他精神，但从行为结果上而言却也并不显得毫无道理可言。因而，就教育活动的交互性而言，学校教育与利他精神都具备互惠的成分，从而使得两者具备了同质性。

最后，在界定教育的社会功能时，从群体利益的角度来看，教育与社会文化之间的关系中也蕴含了利他精神的成分。在分析教育与社会之间的关系时，杜威认为教育是社会生活的过程，社会环境通过其中个体的活动从而实现其教育性。在此过程中，教育与社会生活中的文化保存、传递等事务都具有事实上的联系。当我们将人类作为一个整体来看待时，教育作为传递和延续人类社会的群体文化、保护人类群体"利益"的重要手段，比照群体选择理论，它与互惠利他主义所意涵的基本任务是一致的，即通过帮助他人以最终使包含自己在内的整个族群收获利益。在这个意义上来说，教育通过其社会文化功能实现了更一般的"利他"行为，即有利于整体族群中所有一般他人的获益。

由此可见，从教育的定义、交往特点和社会功能出发，都可以发现教育自身与利他精神所具备的同质性。又因为学校教育与利他精神所具备的这种同质性，使得为了更好地开展学校教育，教育就势必要给予利他精神以发展的园地，从而借助利他精神来实现两者共同的目标。

二、发掘利他行为的激发机制

利他精神的现实基础解释了利他行为发生的逻辑过程，为利他主义的塑造阐明了理性缘由。然而，尽管从人际交往和教育两个角度来看，利他精神由于其与利己本性的同一性以及与学校教育的同质性，而从理论上解释了其支持具体利他行为产生的机制，但仔细分析一下，就可以发现这些基础并不能直接引发人的具体行为。它们更多地表现为对行为发生之后的解释，从而帮助行为者合理的接受自己的行为，并在之后的时间里能够建立长期的认知，稳定的维持自己的这一行为。因而对于个人发展，尤其是对于学校教育而言，发掘利他行为的激发机制对年轻学生习得这样的行为并逐渐转化为自己的习惯有着重要的意义。

（一）利他行为的生理激发机制

利他是不是人类天性中的一部分，至今仍为伦理学界所争论不休。为此，有学者尝试遵循达尔文学说的脚步，从生物学的角度解释这一社会性问题的发生机制。由于传统的自然选择理论认为利他个体会降低自己的适应性而容易被自然淘汰，因此无法解释事实上广泛存在于自然界不同生物族群中的利他行为。为此，汉密尔顿提出了亲缘选择理论，在广义适合度的基础上给出了合理的解释。[1]

通过动物行为学的研究表明，动物通过某种基因来识别与自己具有相同基因的个体（即具有亲缘关系的个体），从而确保自身的利他行为，在一个"超个体"的社会组织中，

---

[1] 刘鹤玲. 亲缘、互惠和驯顺：利他理论的三次突破［J］. 自然辩证法研究，2000（3）：7-11.

帮助群体在自然选择的压力下求得生存。① 这一理论解释与前文所述的群体选择理论有着相似之处，但亲缘选择理论对于其选择机制的解释，更贴近我们日常所能理解的利他行为的激发机制。该理论认为，"利他行为一般出现在亲族之间，并且与近亲程度成正比，个体之间的亲缘关系越近，彼此之间的利他倾向就越强，关系越近，相同基因就越多。亲缘选择就是选择广义适合度最大的个体，而不管该个体的行为是否对自身的存活和生殖有利。从广义适合度看，利他者减少了自身存活和繁殖后代的机会，却能让其亲戚更好地生存或繁殖出更多与自己有相同基因的后代。"②

相比动物社会，在人类社会中，亲缘关系远近程度的识别更为复杂，其方法和结构也更为细致。尤其对于传统中国社会而言，亲缘关系往往比实际空间上的社群关系有着更为紧密的联系。为关系较近的亲属提供帮助，对绝大多数人而言，是合情合理的行为；当亲属处于困难之中并寻求援助时，激发个体产生利他的行为也显得自然而然。由此可见，亲缘关系正是利他行为生理激发机制的主要动因。

在对儿童社会性发展的研究中，大多数学者都赞同儿童早期道德形成的主要场所在于家庭，对于利他行为的起源也是如此。因此，对于儿童早期乃至初次习得利他行为而言，家庭与亲缘的作用至关重要。在与亲近家人的相处过程中，儿童逐渐感受到与这些生活中特定他人的亲近感，继而引发其自身内在的利他倾向，并转化为具体的、指向特定他人的利他行为。

然而，也正如对儿童社会性发展的大量研究数据表明，同属利他行为的诸多行为，如分享、帮助同伴、捐赠等行为之间缺少一致性，同时从利他行为的指向对象来看，指向成人的利他行为和指向年轻同伴的利他行为之间的相关性也很差。③ 换言之，利他行为的发展不具备同一性，各类利他行为之间也缺乏关联。对于一个特殊个体而言，对某人或某事的利他表现或许并不能激发其对另一人另一事的利他行为。利他行为更多地依赖于具体对象或是具体方式，而没有进一步深化为对一般他人的利他动机。而对这种不完善性的补全就成了教育的职责，进一步的，便成为学校教育所需施加影响的领域之一。

因此，虽然亲缘关系成为儿童在个人生活早期习得利他行为的重要激发机制，但不同于其他的道德品质，利他品质自身所蕴含的社会因素很多，其培育自然也很难在社会情境之外获得发展。学校，作为实际社会的雏形，是儿童离开基于亲缘关系的家庭环境之后第一次真正的接触到具有较多社会因素的情境。在此，儿童早期在家庭中所获得的基于亲缘关系的利他行为将势必在学校中逐步转化为更为一般、指向广泛的利他行为。因而，随着利他行为对象的巨大转变，相应的激发机制也将有向更为宽泛的方向转变，以使儿童获得更一般意义上的利他行为的习得和维持。

（二）利他行为的情感激发机制

在前文对利他精神的分析中可以发现，很多学者尝试从经济学、博弈论的角度为利他行为提供逻辑上的理性解释。然而，对于具体的行为者而言，这样的理性解释虽然可以影

---

① 刘鹤玲. 亲缘选择理论：生物有机体的亲缘利他行为及其基因机制［J］. 华中师范大学学报（自然科学版），2008（1）：114－118.

② 同上.

③ 张文新. 儿童社会性发展［M］. 北京：北京师范大学出版社. 1999：312－313.

响其对于行为的认知和决策过程中的利益分析,但对于直接的行为激发而言并不是最主要的动因。王海明教授在分析伦理行为的直接根据时指出,尽管(理性上的)需要是引发每个人一切行为的动因、根据、原动力,但需要只有被体验而转化为感情才能直接的引发行为。[①] 只有在内心能够体验到需要是否满足或是否可能满足的情绪,逻辑分析所得才会真正地转化为实际的行为。对于利他行为而言,也是如此。即使如生物学家所假设的那样,人类确实有利他的本能需要,这一需要也要通过情感的转化而落实在行动上。对于亲缘关系而言,这种情感即是基于血缘的亲情,而对于更一般的关系而言,即是在人际交往中所逐渐培育出来的情感。

细究而言,利他行为无法依靠理性激发的原因主要有两点。

首先,如前文所述,利他行为在认知和决策过程中牵涉了许多利益分析的成分。然而,如果在实际行为发生的情形中,过于计较这些利益的分析,反而会影响行为的动机和具体表现。在此,可以借鉴对康德主义义务论的批评,如果一个人帮助他人仅仅是因为他逻辑上"应该"这样做,而非情感上"欲求"这样做,那么对于行为接受者而言,这样只求完成自身义务而没有关照他人的"帮助"就显得过于冰冷,失去其原先应有的关怀和温暖的意味,也就难以谈得上利他了。

其次,以具体的利他行为而言,利益的计较也往往无法做出足够清晰的分析。众所周知,利他行为的回报通常具有一定的滞后性,在行为施予者做出一个行为时,他往往并不能确知他会获得什么样的回报。因此,即使在他进行利益分析时,采用的也只是假设的、基于主观判断的方式。而如果行为施予者在做出行为之前就要求明确的回报,那么他接下来的"利他"行为也就变了味,显得更像一次交易而非帮助。

由此可见,正如梁启超所言,"理性只能叫人知道某件事该做,某件事该怎样做法,却不能叫人去做事,能叫人去做事的,只有情感。"[②] 当代的美德伦理学家认为,伦理学评价的对象并非特定的行为,而是做出这一行为的特定个体。而对于每一个作为个体的人而言,情感是其与生俱来的天性,不但无法在评价中被忽视,在具体行为形成的过程中也不能被忽视。任何一个特定的行为都离不开人的因素,也离不开情感的因素,对于利他行为而言也是如此。特定的利他行为牵涉行为的双方,因而双方的情感维系的程度对利他行为有益他人的程度是紧密相关的。人际关系中良好的情感关系有助于个人体验到他人的需要或处于危害之中,从而自然地产生关怀之情,进而激发利他行为。因此,情感因素在利他行为的激发机制中起到了举足轻重的作用。在较之家庭更为宽泛的学校生活中,为利他行为发掘情感的因子,并不是否认其逻辑基础,而是在促进行为产生的过程中引入适当的激发机制,使得学生能够在学校这个小社会中得到更好的体验,内化利他精神,并逐渐将利他行为变成自己的习惯。

三、学校情境中的利他道德氛围

诚如前文所述,利他道德与教育之间有着极为重要的关系。因而,作为个人成长过程中最重要的生活情境之一,学校有必要肩负起构建利他道德氛围的重任。在此,学校不仅

[①] 王海明. 伦理学原理 [M]. 北京:北京大学出版社,2009:153-154.
[②] 冯友兰. 三松堂合集(第一卷)[M]. 郑州:河南人民出版社,1985:556.

仅要将利他作为具体的德目来理解，而且要在更广阔的教育范畴中思考符合利他道德的教育方式和教育环境，以此引导学生学会关心他人，促进学生利他精神的养成，帮助学生逐步习得社会规范，从而融入社会。

学校的道德氛围包含民主、公正、宽容等众多因素，而在这其中，利他与其他因素一样具有其独特的意义。从氛围的角度来看，道德氛围应是弥散于学校生活的方方面面；而从利他本身的定义来看，在学校中所"利"的这个"他"也并不单单指某个学生。因此，学校情境中的利他道德氛围实质上是一个指向全体学生和老师的道德氛围。同时，由于其有利于所有的学生和老师，继而也将对学校自身的发展带来益处。而这种有利于学校教育的利他氛围，最终也将通过学校教育的影响，反过来更全面深入地为学生的发展增添益处。

在考察利他概念的定义时，根据学者的分析论述，将从失之利害到积极帮助，从无私忘我到互惠互利的各种行为都归结于利他的范畴之下，那么对于学校情境中实际具体发生的行为而言，究竟哪些具体行为可以被划归到利他的范畴之下？在塑造学校情境中的利他行为的过程中，应如何区分其相互关系？根据前文的概念分析，可将之分为如下四个递进的层次。

（一）无妨碍的利他道德氛围

菲尔德从进化论的角度将主动放弃优先"伤害"权权利的行为融入利他行为时，更多的是站在经济学的视角，对人类作为独立的经济个体参与群体活动时的博弈过程进行了剖析。[①] 而在具体的学校情境中，并没有现实经济社会中那么明晰而直接的利害关系，因而很难界定基于这一定义的利他行为的发生与否。在此，结合学校的实际情况，采用无妨碍他人的说法更为恰当。

学校可以说是学生在个人人生历程中第一个长期生活的公共活动场所。同时，根据皮亚杰的认知发展理论，处于青少年期的学生正在逐步走出自我中心的状态，对处于这一道德发展阶段的学生而言，最基本的利他行为就是意识到公共活动场所中他人的存在，继而做到不因自己的行为而妨碍他人。在考察学校的实际情况时，我们常常发现，很多学生乃至老师并非没有利他的动机，而是缺乏对他人真正的关心和理解。从实际表现来看，缺乏对他人的关心往往造成个体没有意识到自己的行为对其他的个人产生了妨碍，从而损害了他人的利益；缺乏对他人的理解则会造成个体仅仅从个人角度理解对他人的帮助，而没有顾及他人真正的需要，从而使得这种"帮助"常常变得适得其反。

无碍他人意味着个人对他人存在的感知，因而可以说是一切利他行为的开始，也是利他精神最基本的要素。在塑造利他行为的过程中，势必要从不妨碍他人做起，首先保障他人的利益不受损害才能进一步谈论使他人获益的问题。但不妨碍他人从根本上说，仅仅是没有使得他人的利益遭到减损，还谈不上有所增益，因而，只能是最低层次的利他行为。这一层次利他行为的塑造是学校教育所务必要完成的，是之后各个层次的利他行为塑造的根基。

（二）互惠的利他道德氛围

从互惠利他的概念来看，这种利他行为首先是一种建立在为他人和自己都进行了充分

---

① 菲尔德. 利他主义倾向——行为科学、进化理论和互惠的起源 [M]. 赵培，杨思磊，杨联明，译. 长春：长春出版社，2005：18.

考量基础上的行为，通过将利他和利己放在同一个具体情境中进行比较，并力图使得双方都能实现获益的最大化。这样的利他行为首先就可以让行为的接受者感受到他人的友善和关心，从而在实际获得利益的情况下，愿意积极应对他人的帮助。

从学校的实际情况来看，很多老师反映现在的学生大多是独生子女，对自己的利益看得很重，而不容易考虑别人的利益。从前述的关系基础分析中可以看出造成这种情况的主因就是没有看到利他精神与利己本性之间的统一性。为此，有必要对于这些学生进行适切的引导，使他们逐渐认识到简单的助人与助己之间的联系，促使他们在互惠中体验利他为自己带来的益处，从而逐渐形成自发的互惠利己行为。

在这一层次的利他行为中，造成互惠机制无法建立的另一个可能的障碍在于行为双方对行为接受者提供回报的理解不同。若行为施予者对于他人提供的回报期望过高，即将在事实上造成双方互惠的瓦解；若行为接受者缺乏回报意识，则也在交往互动的过程中中止互惠机制的建立。在互惠机制中，回报是建立在一定社会环境的公共契约之下的，行为施与者对回报的过度索要和行为接受者不予回报的行为都将因违反利他精神的基本要求，而导致行为本身转变为满足私欲的自私行为。对此进一步的解决方案有二：一是教育学生认识到互惠机制的真正建立对行为双方的益处；二是引导施与利他行为的学生更加注重内在的精神回报，如自我满足感的实现。

无论是在一般社会情境中还是在学校情境中，互惠利他都因其直接的将利他精神与利己本性结合在一起，而成为最一般、最常见也是最可行的利他行为方式。因而，对于学校教育而言，互惠利他行为的塑造同样应成为学校情境中利他行为塑造的重点与核心。在利他精神的两大基础上，使利他行为成为学生确实可能被塑造和践行的行为，从而为更高层次的利他行为的塑造提供基础和可能。

（三）利群的利他道德氛围

如果说互惠的利他行为是将他人和自己的利益单独区分开进行比较之后的行为的话，那么有益群体的利他行为则更关注群体的总和利益，关注群体中一般他人的利益获得。在这样的利他行为中，个体利他行为的动机更多的指向整个群体，而非指向具体的个人，个人从各类具体利他行为中逐渐归纳并明晰其背后所蕴含的具有同一性的利他精神，因而其利他行为的一致性较之前两个层次会更高。

在学校情境中，我们常常能够发现一些同学往往能够做到积极的帮助特定的他人，如关系要好的同学或自己喜欢的老师，却没有将这些行为迁移到其他人身上。很多时候，这并不仅仅是一些情感因素在作怪，而是这些学生没有认识到个体与普遍群体利益之间的关系，从而仍然把利他看作是仅仅出自个人意愿的行为或只局限于自己所属的特定小群体内的行为。而对于学校教育而言，正是要帮助学生的道德发展从依赖具体对象和具体方式逐步导向对一般道德理念的理解。那么在此，利他道德同样也不例外。学校教育的功能之一便是帮助学生完成个人社会化，形成社会认知，而利群的利他行为正是要依赖这样的社会认知才能得以逐步塑造完成。

利群的利他行为要求个人的利他行为可以以有益于群体中的一般他人为出发点，而这也正是学校教育的个人社会化功能所追求的方向。因而，利群的利他行为便成为学校情境中需要努力倡导的行为，是以前两个层次的利他行为为基础的进一步推进方向。离开了无妨碍的利他和互惠利他，利群就会失去根基，失之空泛。

（四）无私的利他道德氛围

当我们在辨析利他与自我牺牲之间的区分时，曾经明确地表示这两者之间存在着巨大的不同。因而在此，无私的含义并不是完全牺牲自己的利益，而更多的是指个人将他人利益、集体利益完全置于个体利益之上。社会生物学在探讨群体选择理论时，曾把个体牺牲自己的行为界定为：为了保存群体基因的留存。[①] 在学校教育领域，我们很难考察这种理论的适用性，然而在事实层面，却真实地存在着一些为了他人而无私奉献，乃至牺牲生命的案例。可见，对于学校而言，这样的无私利他行为的存在是可能的，但其究竟是个人化的选择还是确实具有普适性，目前还难有定论。

事实上，对于学校教育而言，无私利他的道德氛围无疑是属于值得倡导但需谨慎推广的道德高标。这样的高标道德确实有益于激励身处其中的个体践行优良道德行为，但过于强调高标也可能导致德育过程中的理想主义泛滥，反而造成基本道德规则的匮乏。雨果在《悲惨世界》中写道："做一个圣人，那是特殊情形；做一个正直的人，那是为人的常规。"因此，对于具有公共教育属性的学校而言，更应注意实效性的基础道德建设，对于确实属于善行的高标道德，如无私利他，应采取非强制的倡议形式，以期获得激励的效果即可。

从无妨碍的利他、互惠的利他、利群的利他直至无私的利他，不同层次的利他氛围对于学校教育而言有着不同的价值和意义，各个层次的利他氛围的塑造也是学校教育所应循序完善的使命。当然，在各层次利他氛围的塑造过程中，必须重视人际间情感关系的维系，只有在良好情感关系的驱动之下，每一个体才能获得利他行为的直接驱动，整体的利他道德氛围才能得以形成，从而使之真正为生活在学校情境之下的各个主体带来益处。

第二节　学校中利他道德氛围所面临的问题

通过上一节的分析和讨论，我们为利他精神找到了可能的基础，为利他行为发掘了适当的激发机制，并最终对学校中利他道德氛围的层次有了一定的认识。在此基础之上，我们将在本节中审视一些发生在学校中真实的案例，通过对这些实际案例的分析和讨论，发现在学校道德氛围中可能的与利他相关的问题，从而为构建学校情境中的利他道德氛围提供有针对性的建议。

一、利他，还是碍他

案例 10.1　我是在帮她

在幼儿园里，小朋友们最喜欢的课就是美术课了。每回上课，小朋友们都会迫不及待地拿了画笔在自己的画纸上开始自己的"艺术创作"。

今天，结合上一堂讲的绘本《月亮的味道》，我让小朋友们分组合作，一起画一幅各种小动物们叠高想要尝月亮味道的画。和以往一样，小朋友们还等不及听完我的要求就已经叽叽喳喳地围着自己的小桌子讨论开了，商量着每个人要画哪一种小动物。不一会儿，

[①] 菲尔德. 利他主义倾向——行为科学、进化理论和互惠的起源 [M]. 赵培，杨思磊，杨联明，译. 长春：长春出版社，2005：78－81.

大家就都拿起画笔忙碌了起来。

过了一会儿，当孩子们都在为自己小组的荣誉积极奋战的时候，恒恒的小组里突然传来了哭声。我赶紧望过去，只见小女孩露露一边抹着眼泪，一边哭诉着向我告状："老师，恒恒他推我。"

不明就里的我疑惑地望向恒恒，只见他也很委屈地看着我，"是她先推我的。"

露露听了恒恒的话，啜泣得更厉害了，"是他先在我的纸上乱画的，把我画的小兔子都涂花了。"

恒恒在一旁低下头，轻声地解释道："我看露露涂颜色太慢了，就想帮帮她。"说着，恒恒抬起头，眼角也泛着些泪光，委屈地说："我是在帮她。"

案例 10.2 我才是最棒的

每次体育活动课，男生们最期待的就是自由活动后分组打篮球比赛了。我们班爱打篮球的就那么十个人左右，其他不爱打篮球的男生就只能跟女生去打羽毛球了。

那天，老师刚宣布自由活动开始后，我们班的体育委员就拿着一个篮球等在篮筐下了，我们几个就赶紧跑了过去。到了篮下，一数人数，刚好十一个。以前这样的情况，我们也经常分成三组轮流上场，但那天不知谁说了一声："好久没有打全场了，今天五打五吧。"这个提议立马得到了大多数人的同意。

但有十一个人，别出谁呢？

"分两队选人吧。"体育委员提议到。在大家的鼓噪声中，我也不知道为什么就成为那个和体育委员一起拥有选人权力的"队长"。在猜拳决定了先后顺序之后，很快我们就各自挑了自己心仪的队友，等体育委员选完了他的最后一个队友之后，场上就只剩下两个人了。一个是小辉，另一个是小贺。小辉是我们班平时篮球技术最好的一个，这个时候留到最后还没被选上，看着他的表情已是一脸的不爽。小贺虽然个头很高，但篮球打得非常一般，可能是觉得比起小辉自己被选上的概率不高，有些垂头丧气地站在一边。

"选小贺吧，小辉每次都那么独，跟他打球连球都摸不到。"有人在我耳边轻声说道，"选小贺至少我们队有个高个能帮忙防守。"

"呃……"我看着他们两个，犹豫了一下，"我选小贺吧。"

"你们有没有搞错，谁都不选我。"小辉听到我的决定，立马就不干了，生气地吼道："每次打球，不都是我帮你们打赢的。上次学校比赛，没有我，你们赢得了么？居然都不选我，你们就是嫉妒我打得比你们好。哼，我才是最棒的，你们都没我打得好，我也不想和你们一起打！"

小辉越说越气，一脚踢飞了脚边的篮球，转身就往教学楼的方向跑去了。本来是大家期待的一堂体育活动课，就这样陷入了尴尬的局面。

这两个案例是利他意识在强烈的自我中心影响下失去其原有价值的例子，表面上，两位主人公恒恒和小辉都抱有帮助别人的意识，但由于在帮助过程中对他人的漠视，使得他们的利他行为实质上却变成了妨碍他人的行为。

在案例10.1中，小朋友恒恒想要帮助同组小朋友露露的出发点是好的，体现了他想要将利他精神转化为具体行动的意识。然而，他却没有留意行为的接受方露露是否需要帮助，需要何种帮助。结果，他一厢情愿的"利他行为"反而妨害了露露的利益，不但没能帮到露露，还造成了反效果。在案例10.2中，小辉确实有很好的个人能力，可是他却没有顾及团队其他成员的感受，导致他虽然想要帮助其他人去谋得某种"利益"——胜利，但却因为伤害到其他同学的另一种利益——打球时的参与感，而遭到了孤立。

根据第一节的分析，在利他道德氛围四个递进的层次中，第一个层次即无妨害的利他道德氛围，这是利他行为的根基。因而，不妨碍到他人的利益也可以说是利他行为的前提。案例10.1中，恒恒的行为虽然有帮助他人的动机，但从行为结果来看，却得到了相反的效果，属于典型的好心办了坏事。而小辉的行为动机则与其他同学出现了偏差，他认为打球的目的仅仅在于获胜，又把获胜的方式局限在狭隘的个人英雄主义之中，事实上，篮球运动本身就不是一项单打独斗的运动而是一门需要合作的集体活动，任何个人对团队的贡献都一定是建立在维护团队所有人的利益这一前提之上的。并且，学校体育活动时自由分组的篮球比赛远不是一定要争一个高下的竞技性赛事，小辉的行为伤害了其他同学从篮球比赛中获得乐趣的机会和利益，在这种情况下，就很难谈得上发挥他自己的能力来给团队以帮助了。

这两个案例告诉我们，利他行为并非是一厢情愿的事，必须考虑受益者的实际需要。对于学校教育而言，应注意学生在道德发展不同阶段的特征，帮助学生（如恒恒）逐步走出自我中心的状态，学会去意识到同一场景中他人的存在；同时，应注意引导学生在各类活动中学会与他人合作，在合作中发现他人的价值，交流彼此的观点，从而更好地实现互助互惠。

二、利他，还是利用他

案例10.3　虚伪的"帮助"

我们班以前的班长小T的人缘一直不错，一些同学对他的评价也很高。但我知道这背后并不那么简单。

身为班长，小T没有通常的威姿，常常靠着自己的"油腔滑调"来获得大家的支持和追随。他会帮着同学们去打听老师的信息，以班长的名义帮自己的朋友从规范本上把名字划去。然后，常常会带着一群朋友们一起出去玩，还跟他们一起讨论要玩什么，去哪里玩。回到学校，他就会帮着他们应付老师，有时甚至会帮着他们做一些作业。他的这些"帮助"确实也收到了其他同学的积极回应。一些同学很乐意帮他去完成一些班级里的任务，选举班长或者推选优秀干部的时候也都会选他。久而久之，在我们班，他也累积了许多的荣誉，到了高三选优保送的时候，他理所当然地得到了去名校的机会。

尽管小T平时看着一直和同学玩在一起，但他的成绩始终都名列前茅。相较之下，那些在他的"帮助"下应付老师的同学则成绩平平，甚至偶尔会挂上一两盏"红灯"。于是，在毕业后的一次小型聚会里，我私下问他是如何做到保证自己的学习成绩的。不知是因为毕业后不再有负担，还是当天喝了点小酒让他放松了自己的警惕，小T的回答着实让我感到惊讶。

他告诉我，虽然在学校里平时他一直都是嘻嘻哈哈的样子，但回家后却丝毫不会放松。而他觉着那些成绩不好的同学本来自己也不努力，所以有时候为了节省点时间，他就会让那些同学帮忙完成一些本来应该由他完成的工作。他还跟我说，我们学校推送到名校的名额不多，当了班长之后得到的这些荣誉对他争取到这个名额还是很有帮助的。他最后开玩笑地跟我说，帮大家做的那些事总算是有所回报了。

看着他的笑容，回想高中三年，其实他这个班长当得一点都不累，就只是帮同学"打打掩护"、搞搞关系而已。想到他对同学们做的那些"帮助"，我的心里不禁一阵发凉。

案例10.3是一个关于利他行为被利己意识所异化的例子。案例中的主人公小T将利他行为作为一种实现利己目的的手段，尽管小T确实在一些事情中向他人提供了帮助，但他帮助他人的动机并非是为了他人实际所需的利益，而是出于一己私利。

在案例中，小T利用自己的职权为同班同学谋取的"福利"实际是帮助同学逃避一些本应完成的任务或降低一些本应达到的标准。实质上，从学生发展的角度来看，这不但不是对学生有益的帮助，而且很可能影响了学生形成一些良好的品质和素养。因此，班长小T与同学虽然打成一片，但并非真心实意地为真正有益于同学的需要着想，而仅仅是为了搞好关系而搞好关系，并没有情感上的深刻投入和认知上充分的互相理解。

在利他道德氛围的层级中，互惠利他行为要求行为的施予者和行动者能充分地考量彼此的需要，将利他和利己放在同一标准下比较，以求使双方的利益都能实现最大化。因此，充分尊重彼此，理解彼此的需要是实现互惠的前提。在案例10.3中，班长小T虽然在动机上有为他人谋利益的意识，但他并没有真正给予他人足够的尊重，尤其是他口中那些"成绩本来就不好的同学"更是在某些场合成为他节省自己时间、规避应有职责的手段。小T也并不理解每个人都有平等的发展需要，而只是将自己争取推优的需要放在首位，其他因素只是为其服务的工具，顺着他的这一思路，利他即成为利己的手段，而并没有在同等的地位上进行比较和考量。因此，小T为他人所谋求的"利益"也只能停留在表面上，并不能触及他人真正的需要。

通过案例10.3，我们不但进一步发现利他道德必须以充分的互相了解为基础，而且应当公正地比较利他与利己之间的关系。由于当前教育面临着大批独生子女家庭长大的孩子，他们从小就处于众多长辈关注下的中心地位，因此在自觉不自觉中就会将自己的利益放在首位，而将所习得的利他行为仅仅当作实现自己利益最大化的途径。为扭转这一情况，对于学校教育而言，应首先培养他们学会尊重，能平等地看待包括自己在内的所有个体，从而逐步帮助他们在一个公正的环境下互相理解，互相帮助。

三、利他，还是谋利

案例10.4　交换还是赠予[①]

在北京市某区一所小学四年级的一个班里，发生了这样一件事情。

班上有一位同学Z画的画比较好，另外一位同学S就想向Z要一幅回家张贴。Z想了想说："不行。画画既花钱，又要投入时间，我不能白给你。如果你真想要的话，可以拿钱买。看在同学的面子上，我可以少要你点儿。"S同学听后也觉得Z说得对，还联想起自己家里装修时爸爸妈妈带着自己去某家居超市买装饰画的事情。于是，S同学就拿出自

---

① 石中英. 交换还是赠予？——浅谈市场经济时代中小学生的价值教育[J]. 基础教育，2008(6)：20.

己的零花钱买了 Z 的一幅画。

S 同学买画的事情班里其他同学也知道了，就又有同学花钱向 Z 同学购买其绘画作品，价格还越来越高，从原先的几块钱上涨到十几块钱。

Z 同学向班级同学卖画的事情最先为其父母所知晓，父母感到非常诧异，对孩子进行了严厉的批评，可是 Z 觉得自己并没有错。父母向班主任老师反映了情况，请老师帮忙教育孩子。班主任老师分别找了 Z、S 以及其他同学谈话。让老师感到困惑的是，并没有同学认为 Z 的做法有什么不对，甚至还有同学表示了对 Z 的敬佩和羡慕，认为他将来一定能够挣很多钱，成为大款。

案例 10.5　金钱换不来帮助

小蒋是我们班一个学习比较一般的学生，特别是在数学方面，思维比较慢，理解力也不强，加上他本身对数学也没有什么兴趣，遇到问题总是不愿意自己解决，渐渐地，和其他同学的差距就越来越大了。尽管如此，作为老师，我还是总是想方设法多帮帮他，希望能让他有所进步。但前段时间的一件事让我陷入了沉思。

那天，我正在办公室里备课，小蒋的同桌玲玲突然拿着两张百元大钞来找我。

"老师，这个是小蒋给我的。"玲玲说。

"他为什么给你那么多钱？"我很诧异地问。

"他让我帮他解数学题。"玲玲说道，"他说他题目做不了，但他说不会让我白白帮他，就硬是给了我两百块钱。"

玲玲的最后一句话，让我心头一沉："老师，我们家条件也不差，小蒋这个钱我不能收的，他要是一直这样，我不敢再帮他了。"

送走玲玲，我赶紧把小蒋叫来了办公室。

小蒋没等我说完，就低声咕哝道，"平时让她帮我，她老是说没空，我不得不想出了这个主意。"

之后，我又联系了小蒋的父母，小蒋的母亲反而说道："孩子学习不好，下课时老师、同学也不能经常顾及他，要不就让老师给他安排一个同学专门帮帮他。如果不肯的话，我们可以给些钱嘛。"

在案例 10.4 和案例 10.5 中，我们可以看到，Z 同学、小蒋以及小蒋母亲的行为和选择在市场经济的思考模式下，具有其一定的合理性，但他们都没有意识到，市场经济并不适用于社会领域的每一个方面。以友谊和帮助而言，美国哲学家桑德尔在他最新的书中指出，金钱要么会把它消解掉，要么会使之完全变味。[①] 因此，我们可以看到，对于利他行为而言，在利益交换的背后，还有很多的因素是金钱所不能代替的，换言之，也就是金钱所不能购买的。

尽管在对利他主义的概念分析中，我们将"使他人获益"作为其概念的核心，但这一定义本身就是在伦理学的范畴之下来讨论的，换言之，利他首先应作为一种道德来理解。金钱因素如果消解了利他行为本身应有的道德内涵及其相伴而生的情感体验，那么就已经

---

① 桑德尔. 金钱不能买什么 [M]. 邓正来，译. 北京：中信出版社，2012：98.

超出了我们所能接受的利他概念的定义范围。这也是为什么我们不会把纯粹的商品买卖作为利他行为来看待。

因而，就利他首先作为一种道德而言，金钱无法取代其中原有的道德意蕴及其附带的情绪体验。当金钱过度介入利他行为之中时，行为施予者与行为接受者双方都容易不再从帮助的角度来看待这一行为，这也就磨灭了利他道德所包含的宝贵价值。对于学校教育而言，应当首先引导学生认识到利他和互相帮助作为一个道德领域内的行为，有着金钱和市场经济模式所不能替代的要素；其次，学校应当教导学生认识到利他行为本身作为一种道德的价值，引导他们感受在互相帮助中所收获的情感体验，从而进一步认识到这是市场经济并不适用的领域。在此基础之上，学生才有可能在社会上盛行市场模式的情况下不再仅仅盯着金钱这个单一的因素，而将更多本就属于利他行为内涵中的因素纳入利益权衡的比较中来，激发他们去实践真正的利他行为。

四、谁来利他

案例 10.6　任劳任怨的劳动委员

小丁是一个很老实的好学生，每天下课后都会留下来帮忙打扫卫生，后来班级里改选班委，他自然而然地当上了劳动委员。

但自从他当上劳动委员之后，其他同学心里就好像都想着小丁每天总会任劳任怨地完成卫生工作，自己只要意思意思就可以了。于是，每到下午放学后要打扫卫生的时候，总是有该值日的同学在那里浑水摸鱼。要么偷工减料地随手擦一下，要么找一些理由提前回家。而有一次发生的事情更是夸张。

那一周，值日的是小李他们小组。周二的时候，值日的是他们组的两个男生，小魏和小吴。那天下午，小丁身体就有些不舒服，但放学之后，他还是照例留下来带小魏和小吴一起打扫教室。正好路过的班主任老师看见身体不适的小丁还在扫地，就关心地说："小丁，你身体不舒服，还是快回去吧。"然后她指了指还在收拾书包没有走的小李和他旁边的另一个同学，说："你们俩跟小魏他们一个组的，正好帮着打扫一下。"说完，她便离开教室，回办公室去了。

留下的小李是个脑子特别灵活的人，只见他眼珠子一转，就对小丁说："是啊，你快回去吧，正好我俩明天值日，今天我们帮你忙，明天你帮我们嘛。"说着，就笑嘻嘻地把小丁的书包递给他，让他快点回家了。而他们四个留下来，三两下就把教室打扫完，急急忙忙地回家了。

第二天，小丁身体好了不少，看见小李就谢谢他昨天帮忙打扫卫生。小李耸了耸肩，说："没事，同学之间互相帮助嘛，今天你帮我们值日就好了嘛。"当天下午，果然一放学，小李他们几个就叽叽喳喳地走了，留下小丁一个人在教室里扫地、擦黑板、擦桌子。虽然这并不是什么很重的活，但这样的"互助"在我眼里，总是觉得怪怪的。

案例 10.6 向我们展示了一个不平等的利他关系，使得本应由群体共同构建的利群的利他道德氛围被简化为"一人付出，他人享受"的畸形模式。案例中的主人公小丁的利他行为没有得到班级中其他一些同学（如小李等人）的积极回报，反而成为他人逃避集体责任的借口。

案例10.6中，劳动委员小丁同学热心帮助集体，打扫教室卫生，使班级有一个整洁良好的环境。小丁同学的这一行为是典型的有益群体的利他行为，他的这一利他行为也得到了一些同学的认可和赞扬，因而在班委选举中，他被推选为劳动委员。但是，班级中的另一些同学却借由小丁同学任劳任怨的品行为自己的偷懒和逃避责任寻找途径。这其中，以小李同学的例子最为典型。小李同学表面上用"互助"的方式进行了利益的交换，但我们却可以发现，在小李同学看来对等的交换实则是不公平的。小李等两位同学实则合力完成了原先值日工作量的三分之一（假设小丁与小魏、小吴平分了工作），而小丁同学在第二天，则是完成本来由三个人完成的工作。更关键的是，小李已经把小丁的利他视为理所当然的责任，而对自己应当承担的责任则打了不小的折扣。显然，小李同学表面的帮助背后是逃避了本来应该承担的更大的责任。

对利他道德氛围而言，无论是互惠的还是利群的，利他行为都不是单独、孤立的。正如博弈论所假设的，如果每一次利益的衡量都是单次的、没有后续的，那么利己的选择毫无疑问是更为合理的。但在现实生活中，并不存在这样理想的模型。在实际生活中，对单次利他行为的回报是对下一次利他行为发生的巩固和强化。因为回报是让利他与利己实现统一的主要途径，是让行为施予者在认知上获得肯定，在情感上获得亲近感的主要方式。试想，如果每一次的利他行为最终都是"无私奉献"，那么就会出现在第一节中所分析的那种极端的"自我牺牲"的悖论。在这一情形下，事实上并不能做到利他与利己的统一。同时，我们还应该注意到，利他与其回报之间应该有一定的公平性。若这一公平性被肆意地破坏，那么利他行为的施予者将会失去在内心支撑他持续这一行为的力量，使得脆弱的情感联系被冷冰冰的利益所侵蚀，继而失去利他道德所应有的关怀的意蕴。

因此，通过分析我们可以得出这样的结论：尽管利他行为的出发点并不是获取回报，但回报的确是维持利他行为的主要力量之一，是对利他行为的有力强化。在学校中，应当倡导学生积极回应他人给予的帮助，并给出适当的、平等的回报，使得利他行为能够维持下去并且传递到更多的人和更大的群体中去。

五、斤斤计较的"利他"

案例10.7 要我帮忙，难道还要我主动？

我们本科的班长小王是个做事非常有"原则"的人，让他帮同学做些事情，不但要提前"预约"，还有固定的"工作时间"。虽然他能按时完成他分内的事，但要是遇到本来不该他做的事情，他一定是各种推托，能不做就不做。他常常挂在口上的一句话是："你的事要我帮忙，你不主动，难道还要我主动？"

期末那段时间，有一次评选校优秀学生，我们班的小孙被推选上去了。快放假前，辅导员把奖状拿回来之后就先给了班长小王。小王给小孙发了个短信说，自己下午五点前在学校，晚上就要出去了，让小孙五点前来拿奖状。

小孙是我们班的实习达人，那天也刚好在外实习，一时半会还赶不回学校。他下周正好又有一个很重要的面试，正等着这张奖状能给他添砖加瓦呢。于是，他立马回短信问，能不能让小王在学校多留一会，等他从实习的地方下班回学校。

小王的回信很快就来了，小孙一看就傻了眼，小王让他请假提前回来，要是不行就等着下学期开学再来拿吧。眼看着已经期末了,同学们大都在各忙各的,小王身为班长,请他帮这么一个忙,还要那么计较,这可让小孙自己怎么办呀……

案例10.8 书借我看一下

初中时候,坐我前排的小H是个很奇葩的女生。小H的同桌小M常常跟我抱怨,无论是上课、做作业还是自己看书,小H都跟防贼似的,把自己的书捂得严严实实,一点都不肯让别人看到。有一次,小M忘了带书,小H愣是一整节课都没让小M看到书上的一个字。小M私下愤恨地对我说,下回要是遇上小H没带书,她也绝对不会把书借给让小H看。

果然,没过多久之后的一天,早上第一节上的是语文课。老师一开始上课,小H就低着头不停地翻着书包和桌肚,似乎在找些什么。她找了一会之后,有些无奈地抬起头,用手肘捅了捅身边的小M,轻声地说道:"书借我看一下。"

小M转头看了看小H,不耐烦地摇了摇头,心不甘情不愿地把桌上的课本稍稍地往边上挪了一点点。

小H脸色看着有点僵,又小声地说了声:"再拿过来点,看不清。"

小M这回没有理她,埋头记了几笔笔记,继续认真听课。

小H看着有些尴尬,又用手肘捅几次小M,小M却再也没搭理她。

上课已经快十多分钟了,小H歪着头瞥了好久,有些着急了。只见她又用力捅了小M一下,见她还没反应,居然伸手就把小M桌上的书给抢了过来。

"你干什么?"这回轮到小M着急了,低声吼了一句。

"你们俩都给我站起来,上课都在干什么呢?!"讲台上的老师生气地说道。小M和小H尴尬地站了起来,皱着眉头一声不吭,一本语文课本歪七扭八地横在两个人的书桌中间。

这两个案例反映了在利他与互助过程中,过于计较得失对利他道德所造成的不利影响。

在案例10.7中,班长小王并没有完全只顾及自己的利益而丝毫不愿意帮助他人,但他在助人过程中的斤斤计较却消磨了利他行为中的道德价值。从动机的角度来看,在己他利益没有冲突的情况下,小王可以做到为他人服务,但在己他利益发生冲突的情况下,他却坚守自己的利益高于他人利益的原则,收回了自己所有的利他行为。在前面的分析中我们已经提到,利他行为虽然与利己本能具有内在的统一性,但它更多强调将他人利益与自身利益置于同等的地位进行比较,而不是以其任何一端作为绝对的出发点。由此来看,班长小王实际上在己他利益发生冲突的情况下,忽视了他人利益与自身利益的对等性,陷入了自私自利的心态之中。同时,由于小王过于计较己他利益的比较,使得他们之间的冲突被自行放大,激化了本身并不凸显的矛盾。事实上,以案例10.7中小孙请小王在学校中多留一会儿这件事为例,小孙的要求对于小王而言只是举手之劳,却能给予小孙非常大的帮助。小王坚守自己"原则"的行为把这一个本身并不难以解决的利益冲突上升到了无法协调的地步。在这里我们并不知道小王不愿意在学校多留一会儿的真实原因是什么,如果小王真的有非常重要的事情,那么我们相信在他与小孙说明情况之后,他也会得到小孙的体谅。然而，从小王过往的经历来看，他常常拒绝主动帮助他人的选择，使得他所做出的利他行为失去了应有的道德价值。

在案例 10.8 中，小 H 与小 M 的冲突同样反映了斤斤计较对己他利益冲突的放大。首先，小 H 从不把书借给别人看的行为确实显得过于小气和自私，是应当受到批评的行为。并且她用不同的标准要求自己和他人，在自己需要帮助时要求他人做出利他行为，而在别人需要帮助时却漠不关心，这样的差别对待完全偏离了利他精神的应有之义。其次，小 M 在同样的情况下，用斤斤计较的方式"回报"小 H，使得一件小事在短时间内被激化，影响到了课堂的正常秩序。可以说，小 H 与小 M 本来并不大的矛盾，因为小 M 的计较最终却伤害到了两个人乃至全班的利益。

通过这两个案例，我们可以发现，尽管在利他道德氛围中，我们要求利他行为与回报之间具有一定的平等性，但过于计较反而容易破坏利他行为本身的道德性。对于学校教育而言，应当教导学生认识到，人际交往间的利益交换并不如市场买卖那样简单和清晰，过于计较只会破坏利他行为本身；因而，教育应引导学生在己他利益发生冲突时保持宽容的心态，不要让计较激化矛盾，放大问题，使学生在处理小冲突的过程中更好地学会为他人着想，公平地对待自己和他人的关系。

从本节的案例中，我们可以发现，在日常生活中，利他道德氛围还面临着许多问题。从自我中心到金钱因素的挑战，从回报的不平等到斤斤计较，这些都是在我们身边真实发生着的事件，反映了学校情境中利他道德氛围的构建还需要很多的努力。通过每一个案例的分析，我们初步揭示了案例中没有利他或不合理的利他行为的动机、来源和影响，并以此为基础，简单地给出了一些有针对性的改进原则。在下一节中，我们将继续就这个问题进行更加深入的讨论，以得出一些行之有效的应对策略。

第三节 利他道德氛围的营造

说到利他，人们常常联想到无私奉献、舍生取义、见义勇为，似乎只有少数特别高尚的人才做得到，或者只有少数极端时刻碰得到，而且利他与利己是完全冲突的。其实，除了近乎圣人道德的利他外，现实生活的点点滴滴中，利他的可能性是广泛存在的。因此，同其他很多理念相似，利他氛围的营造，也可以在生活的方方面面体现出来。

利他在绝大多数情况下并不意味着放弃自己的生活，放弃自己的本职；做好分内事恰好是最基本的利他，也是基本的利己。校长领导好学校，就是利于教师，利于学生，利于家长，利于社会；教师引导好学生，就是利于学生，利于社会；学生踏实学习，增长才干，修炼品性，成为好人好公民，就利于学校，利于家庭，利于国家。学校中的成员都做好本职工作，是利他氛围的基础。教育者引导学生认识自己的学习生活、言行举止与他人、社会的联系，尽可能不伤害、不妨碍他人，尽可能与人为善，在力所能及的情况下给人以帮助，学校的利他氛围就在这些点点滴滴中弥散着。

一、识别他人需求，尽己所能利他

人总是生活在社会中，个人的举动常常会对他人产生影响。利他的基本要求是不伤害他人，不妨碍他人。因此，心中有他人，忠于职守，遵守法律和道德规范，经常反思自己,多开诚布公地与人沟通,有助于减少自己无意中对他人的妨碍甚至伤害。

更积极的利他,体现在主体对他人的主动帮助,其前提是对他人实际需要的了解。在他人需要帮助的时候,主动伸出援手。这种对他人需要的敏感性和识别能力,需要学习,需要在实际的人际交往中体会,需要教育者的引导。

学校作为学生日常学习和生活的地方,本就是学生日常最重要的人际交往场所,学校应当重视学生的人际交往,从而为利他道德培育肥沃的土壤,从学生的认知和逻辑上为利他道德氛围的塑造奠定坚实的基础。

案例10.9 一场长达九年的"心灵资助":小瓶子中的利他①

前不久,《武汉晚报》、武汉电视台、广东卫视、《工人日报》报道了关于钢都中学的一则新闻。新闻是这样开头的:几分钱一个的空饮料瓶,累积起来的力量有多大?青山区钢都中学的师生们给出了答案,该校师生从2003年开始,将所有的空饮料瓶集中起来售卖,一共卖了16万元人民币,其中14万已资助给了贫困学生。

16万元,可能让不少人感到震惊,可我们感到很平常。9年了,我们全体师生共同参与了这么一件极普通平常的活动,我们是把它作为一种校园文化一步步地传承下来的,这种校园文化就是雷锋精神。我们认为学雷锋不能只在3月学,不能一阵风,而是把弘扬雷锋精神与学校德育工作紧密结合起来,把学雷锋活动渗透到日常的德育工作之中,让雷锋精神常驻校园,让雷锋精神春风化雨,润物无声,潜移默化地影响感染我们的学生。

我们钢都中学是2001年创办的,是一所年轻的学校。创办之初,学校就确定了"人文底蕴生教育之根"的办学理念。在2003年就碰到了一个难题。由于我校与小区联成一体,学生乱扔垃圾,把空饮料瓶随便乱扔,校园内外到处都是,为此小区物业管理部门没少来找学校。在2003年的一次学校办公会上,大家再次谈到这件麻烦事。张校长建议:这么多瓶子既然难以管理,不如每班设立集中收集点,然后学校集中处理。这个建议得到了与会者的一致认可。次日,各班班主任就在教室后面放置了一个空盒子(后改为更耐用的塑料大桶),并交代学生,以后喝完的矿泉水瓶和饮料瓶不要乱扔,都放到盒子里。自从实行收集废弃饮料瓶处理的措施之后,校园内外的环境得到很大改善,学生们随手丢弃的行为基本看不到了。收集饮料瓶活动的开展,调动了学生的积极性,很多学生不仅把自己喝过的废弃饮料瓶收集起来,还把在校外看到的饮料瓶带到学校。

武汉电视台一名实习记者是我们学校毕业的学生,上次他来采访我的时候聊起这件事。他说:"收集饮料瓶我们都参与了,当时没觉得有什么了不起的,举手之劳而已。"他说的是实话,这正是教育的真谛,这正是雷锋精神的体现。雷锋精神就是要求从身边小事做起,从点滴做起。只有这样才能养成爱护环境、勤俭节约的习惯。

收集的瓶子需要集中处理,各班的班干部行动起来了。团支书、班长、劳动委员轮流值班。每周,校团委联系的专职负责回收的师傅会来学校两次,到每个教室收取,学生干部就和师傅"接洽",他们和师傅一起仔细数水瓶的个数,记录在学校特意制作的本子上。高二学生小丽(化名)是一名劳动委员,在班上同学中午午休时间,她不能和好朋友在操场上玩耍,也无法利用短暂的时间在教室休息,她要尽快完成每天清点废弃饮料瓶的工

---

① 本案例由武汉市钢都中学汪艳芳、洪中元老师提供。

作。她说:"我不认为这样会耽误我学习的时间,相反,可以帮助我更加合理地安排自己的时间。通过这样的活动,我体会到,我们每个人做的每一件事,都会给社会、给别人带来影响。"帮助别人,充实并快乐自己,这不正是雷锋精神的体现吗?

每个月底,师傅就将收购空饮料瓶的钱统一存到学校的专用账户里。2003年年底,我们又碰到了一个难题,一年下来,居然积攒了1万多元。积攒的钱怎么用?当时大家首先想到的就是为这笔钱找个好出路,最终决定资助贫困学生。学校设立了"换废为宝助学路"基金。为了达到把这笔钱用好,又教育学生的目的,学校要求班主任家访,调查学生家庭经济情况,动员贫困学生申请困难补助,申请书由父母签字,然后经老师签字、学校复核等步骤,确定了受资助的学生名单。

发放助学金的模式我们也在不断地改变。最初,我们通过一个公开仪式,不仅要贫困生的老师同学见证,还常常请来家长见证,受助的学生还为此发表一次感言,班主任老师给本班的受助学生发表一次寄语。后来我们把资助形式演变成一种奖励的模式,鼓励面临家庭困境的孩子不断进步。教育他们要有三颗"心":首先要有一颗平常"心",正确面对现实困难,家庭贫困不是他们的错,老师同学也不会歧视他们,要勇于融入集体之中,积极参加这一活动之中;其次,要有一颗上进"心",自强不息,用自己的努力改变自己和家庭的命运,争取拥有一个健康、积极的人生;最后,要有一颗感恩的"心",学会善待别人,回报社会。

为了达到教育的目的,我校进行该项活动时,总是首先考虑学生的根本利益,我们不断地改变资助模式,就是为了能在经济和心灵两个方面都能顾及学生的权益。期间,甚至为了不伤害学生的自尊心,将钱直接充进学生的饭卡,以此达到活动的最佳效果。

2006届毕业生小童的父亲早逝,她和母亲相依为命。当年,她也是钢都中学受助的学生。2006年,她考上大学,四年后再次凭自己的努力出国深造。她说:"老师对我们的经济资助是其次,最重要的是对我们的心灵资助。这些钱不多,但是让我们在高中时期感受到温暖,也让我们永远记住了母校。"

在9年时间里,我校一届届师生不断地把这一学雷锋活动坚持下来,积攒的不仅仅是一个个废弃的瓶子,而是一场长达九年的"心灵资助"。相信每一位在这九年中参与这一活动的孩子步入社会后,都能成为播撒雷锋精神的星星之火,不为名利,用自己的劳动为别人创造幸福。而这种雷锋精神渐成燎原之势时,我们也会拥有一个更加美好的明天。

从案例10.9我们可以看到,利他行为可以来自于一些很细微的发现,它基于对他人的关心,这既是对他人需要的敏感,也是对他人处境的同情。学校最初只是号召学生搜集废旧塑料瓶,这个行为本身并没有为他人增添太多的利益,却省却了小区物业管理部门的许多麻烦。从利他道德氛围构建的角度来看,这样的行为就是在观照到他人存在的情况下表现出的失之伤害的利他行为,通过不妨害他人来达到利他的效果。而随着搜集废旧塑料瓶活动的开展,学生感受到了这一活动的意义,包括环保的意义、培养勤俭节约品质的意义等,积极性被调动起来。当收购空塑料瓶的款项积累到一定程度时,学校内良好的利他道德氛围也促使资助贫困学生的活动应运而生。并且在资助的过程中,学校并没有停止关心和思考,从学生心灵的需要出发,不断变换着资助的方式来保护学生的权益,让他们感受到学校的温暖。这种浓郁的利他氛围的影响,对学生品性的影响是切实的、长久的。

案例 10.10 我们的小宝贝：保护、陪伴、照顾①

2004 年 9 月 6 日　星期一　晴

乐乐是我们班的特殊成员。她会把"3"画成"m"，平时有点儿"呆"，呆呆地笑，呆呆地站着，有时找不到回教室的路，只是在操场上来回地走……

今天早上的集会结束了，我们回到了各自的班级。一会儿，乐乐满脸鼻涕地哭回班里。一打听，才知道是"捣蛋鬼"捶了她一拳。很快，"捣蛋鬼"被押回班里受审。

"为什么捶乐乐？"

"她莫明其妙地踢我一脚。哦，让她打？"

"还好意思讲，她，你也欺负？"

"你的心被狗咬了一半啦！"

结果乐乐的泪不知被谁的面巾纸擦干净了，"捣蛋鬼"却哭得一把鼻涕、两把眼泪，直到他向乐乐说"对不起"，大伙儿才饶了他。

2006 年 9 月 1 日　星期五　晴

"捣蛋鬼"事件后，再没有人欺负乐乐，也没有人取笑乐乐了。我发现乐乐比以前会笑了。

早上第一节课下课，开始领牛奶了。

胡芯援拿了一包牛奶，走到乐乐面前，拍拍她的肩膀，告诉她："小宝贝，这是你的牛奶，给！"

她把那包牛奶递给乐乐，又问她："要不要现在就喝？我帮你撕开好吗？"

乐乐没什么反应，只是把牛奶撕开一个口吸着。

胡芯援笑了笑，嘱咐她慢慢喝，别呛着。

午间活动，乐乐被我们拉去一起玩，偶尔她会捣乱，把我们跳的皮筋扯得老远。但周萌哄她最有效了："小宝贝，你在旁边帮我们看看，看看谁跳得最好。"

2006 年 9 月 21 日　星期四　晴

不知什么原因，小宝贝突然呕吐了，刚好吐在教室的墙壁上，结果一股酸臭味弥漫在教室里。这事要是换成别人，我肯定会责备他。

只见徐伟与周顺马上拿起拖把和抹布，一个用拖把拖地，一个用抹布擦墙壁，一点儿也不怕脏。这时，其他人也来帮忙，拿起抹布一点点抹去墙壁上令人作呕的东西。

你瞧，乐乐真成了我们的小宝贝了。

我们护着她……

我们宠着她……

乐乐，真是我们班的小宝贝！

因为她——

---

① 征文活动组委会. 第二届"爱的教育：中国孩子情感日记"获奖征文选（小学卷）[M]. 杭州：浙江少年儿童出版社，2009：171. 指导教师：方伟萍.

我们学会了宽容。

我们学会了付出。

这是学生群体自发帮助特殊儿童的例子。孩子们用自己淳朴的童心，感受到乐乐的需求，给她提供保护，从细节关心她，拉她一起玩耍，像小宝贝一样地照顾她。在这个过程中，孩子们学会了宽容，学会了利他。可见，利他氛围离我们并不遥远，孩子们的天性只要不被扭曲，很多时候他们的自发举动就构成了利他氛围的最可贵的组成部分。教育者所要做的，是捕捉这样的宝贵资源，让这些朴实而感人的故事温柔地影响更多的人。

二、体验、移情，助人自助

识别他人需要有时看似简单，但在很多时候还是需要培养的。并且，单单识别需要还是不够的，还应培养学生的移情能力，依靠情感因素的激发机制来促进他们主动地做出利他行为。在当前的学校教育中，如果仅仅强调利他在认知理解方面的要素，而忽视在情感方面的因素，就会让利他道德的教育流于表面，甚至转变为说教，让学生无法感同身受地内化为他们自己的行为动机。

从之前的案例中我们已经看到，利他道德领域不同于市场经济领域，不能完全依靠冷冰冰的数据和利益分析来实现，更不能让过多的金钱因素介入来消解其原有的道德性。因此，承认利他道德原有的利益分析基础之外，同样应当强调其依赖于道德情感维系的重要性。他们两者对于利他道德而言都是不可替代的，只有利益分析而没有情感维系，利他道德就会陷入失却道德性的危险；只有情感维系而没有利益分析，利他道德就会面临现实物质世界的直接冲击，破坏互惠的关系，导致利他道德氛围的瓦解。

案例10.11 从助人到自助——关爱他人主题班会的启示[①]

一提起弱势群体，特别是残疾人，我们通常都会产生怜悯、同情的心理，在献出自己的爱心帮助他们的时候，我们会不由自主地产生一种居高临下的心态，很少设身处地地为他们着想，很少思考怎样帮助他们才最合适，更不会去想如何"理解"和"尊重"他们。为了引导学生学会正确地施爱，我设计了一节名为"关爱他人"的主题班会课。

首先，我让学生参加"生命中五样"游戏，让孩子们通过活动感受眼睛、耳朵、嘴巴、手和脚对自己的重要性。我让他们利用胶带、绳子、布条、棉球等物品，选择放弃这五种器官中的三种，只保留剩下的两种。之后每个人把手搭在前面那个人的肩膀上，组成一列火车。然后根据教师的语言指引，走过一条"复杂"的路线，这个过程中需要克服"水洼""板凳""楼梯"等障碍。队伍曲曲折折地开始穿行，领头的孩子是个"盲人"，他走得小心翼翼，站在第二位的孩子就不断地提醒他；有的孩子绑着腿走不快，后面的孩子就耐心地跟着他。遇到障碍时大家更是前后相携，有的孩子一脚踩进了水里，还有的孩子差点被绊倒。5分钟后，"火车"终于进了"站"。游戏结束后，学生还要在保持"残疾"的状态下自己想办法回到原来的位置坐下。

接着我给他们提出了几个问题：①你选择放弃了哪些器官？舍不得放弃哪些器官？为

---

① 沈瑜. 从助人到自助——关爱他人主题班会的启示 [J]. 班主任，2008：10.

什么？真的放弃之后是什么感觉？失去了这些东西，你在活动中感到了哪些不便？②刚才哪些人帮助了你？你对谁的帮助印象最深？为什么？你帮助了哪些人？你心里是什么感觉？

孩子们都说选择放弃的器官是自己觉得不十分重要的部分，但是一旦放弃了，却感到时时处处都存在不便，原来对健全人来说是举手之劳的小事，对残障者来说却可能是大难题。学生在活动中不知不觉产生了"同理心"。一句轻声的提醒、一步耐心的等候、一双紧紧拉着自己的手、一个关切的眼神，让每个孩子都体会到了关键时刻被别人帮助的幸福。有个孩子说："我看不见，前后两个同学的照顾和提醒让我在黑暗中感受到了踏实和温暖。"

进行到这一步，活动依然停留在处理实际问题的层面，学生们还没有进入残障者的内心，缺少真情实感。所以，我设计了第二个环节，让学生们跟着音乐，随着教师的引导语，想象自己真的因为一个偶然事件，失去了一些器官之后，用词语来形容那种心情。结果，学生们写出来的大多是很消极的词语：恐惧、悲伤、痛苦、无奈、怨恨、无助、孤独、烦躁等。这说明孩子们在活动中，还是把自己放在一个"被同情""被可怜"的位置。但是在众多灰色词语中，也有学生写出类似"不甘心""发奋""改变命运"这样积极的词语。我问他们为什么会想到这些词，他们说是桑兰的勇敢顽强，是残奥会上那些感人的运动员的奋力拼搏，是身边残疾人自强不息的故事等引发的。于是我趁机在屏幕上播放事先准备好的各种残疾人奋发图强后获得成功，甚至超过常人的卓越表现的图片。图片播放完了，学生们又在黑板上写出了这样的词语：奋斗、自尊、自强、进取、积极、超越、抗争、努力、勇敢、面对、挑战。

孩子们此时才慢慢意识到，肢体有残缺的人，他们的生命并不残缺，他们都是有独立人格的、完整的、和我们一样平等的人。他们虽然不幸，但却依然充满希望，有无穷的潜力可以挖掘。这是孩子们以前从来没有想到过的。我又开始引导他们反省自己平日的一些做法，让他们反问自己：我会帮助别人吗？我在帮助别人的时候，有没有想过他也有自助的能力？这时，有的孩子谈到，刚才在游戏中，自己好心推着前面的同学走，却差点把对方推倒了。有人说，前面的同学悄悄帮自己把障碍挪到了旁边，其实当时心里正想考验一下自己能否跨越障碍。还有一个同学说，后面的男生一次也没有帮助自己，仅仅是提醒和鼓励，却让他享受到了被信任的幸福和战胜困难的成就感。大家不约而同地得出了一个结论：让对方用自己的力量战胜困难，才是对他的最大帮助。至此，学生终于明白了"助人"的精髓和最高境界其实是使人"自助"。

在经过这一系列的活动后，学生们对自己健康、完整的生命有了一种新的认识，不由自主地产生了"生命可贵、健康无价和珍惜自己"的感慨，甚至很多孩子还表达了对父母的感恩之心。

最后，在歌曲《感恩的心》中，大家用手语表达了自己的心情，结束了这次主题活动。

活动课虽然结束了，但带给我的思考还没有结束。我想，任何帮助的前提一定是尊重对方，而尊重的前提是了解。我们创设的这些情景，就是让学生走进对方的世界，通过亲身经历，深刻地体会到，无论遇到怎样的不幸，不管肢体是否健全，每个人都希望得到别人的尊重和理解。学生们在模拟游戏环节中遇到困难时的手足无措，真诚的互相帮助，想象遇到意外时流下的眼泪，挖掘潜能时的激动，都是一种宝贵的情感体验。他们的思考、沉默和辩解，实际上也是一种自我教育，是一种思想的澄清。因而每个人都有自己的收获，明白了什么才是真正的关爱。

沈老师的主题班会通过角色扮演的方式让学生体验、想象残障人士的处境，感同身受他们的需求，进而对如何助人有了更清晰、真切的体会；进而，沈老师又从更积极的方向去引领学生，让他们看到残障人士自尊自强的一面，让学生领悟到在助人的时候要尊重他人、了解他人，尽可能助人自助。沈老师的主题班会以"关爱他人"为题，我们也可以看到，关爱和利他是紧密关联的，只是使用关爱时可能更侧重主体的态度，而使用利他时更强调有利他人的结果。

三、培育宽容心态，淡化己他矛盾

正如我们在案例当中看到的，利己与利他之间时常存在的矛盾往往是学生没有做出利他行为或做出不恰当的利他行为的主要原因。应该说，在人际交往中，由于人与人之间的多样性和差异性，人与人之间存在着大量的利益冲突是一件可以理解的事情，但我们也应当认识到，正是因为理解了这样的多样性和差异性，要求我们能够用合适的方式来对待由此而产生的矛盾，学会化解矛盾，从而实现互惠。

多样性和差异性是当前社会中不可回避的现实。对于学校而言，学生家庭背景的丰富、生活经历的不同和学生个性特点的不成熟性更增添了其表现的程度。因而，为了塑造良好的利他道德氛围，就应当在认识到这一现实的前提下，培育学生学会宽容，在适度的宽容之下冷静地面对己他利益的冲突，能够在一个宽松的环境之中公正的对待彼此的差异和利益矛盾，从而通过对话等方式淡化矛盾，寻求适当的解决方式以促进彼此的利益最大化。

宽容的心态能够在己他利益发生矛盾时给予双方一个缓冲地带，让行为者放下针锋相对的计较心理，为找到缓解的方法提供一个平和的角度。事实上，宽容本身作为一种道德在利他行为的过程中，让行为者获得了道德上的心理满足，也更容易让行为接受者感受到来自他人的关怀，这本身就与利他道德氛围的塑造起到了相辅相成的作用。

四、提倡主动帮助，积极给予回报

学校作为儿童获得社会性和道德养成的重要场所，应当坚守其教育的立场，主动引导学生习得利他道德，实践利他行为，提倡主动帮助他人，并且积极回应他人给予自己的帮助。

学校教育的目的之一在于使学生向更好的方向发展，因而它不可能像人本主义心理学所追求的那样对学生的发展袖手旁观，而应当更积极地参与到学生道德和行为的塑造中去。就利他道德而言，学校应当开展适当的活动，让学生逐步体验帮助他人所获得的道德感与心理满足。为此，学校应当首先引导学生关注身边的小事，留心身边他人的需要，先做到不要妨碍他人利益，进而逐步能够为他人提供帮助。其次，学校应把握机会让学生取长补短，互帮互助，使所有人在利他道德氛围中实现自身利益的最大化，同时也提升自己的道德素养和水准。最后，学校还应鼓励学生对他人的帮助给予积极的、对等的回报，从而维系已经建立的利他道德氛围，使之进一步发展下去。

学校情境中利他道德氛围的构建无疑需要全体师生的共同努力，而在这其中，身为教育者的老师和学校管理人员应当更多地承担起自己的职责，为学生树立榜样，并积极引导学生改善自己的行为，最终能够共同参与到塑造利他道德氛围的过程中来。

案例10.12　教孩子们见义"智"为[①]

一场大雪不期而至，雪刚停，我就组织学生参与到热火朝天的扫雪工作中。

我班的卫生区就在学校门口，正扫着，忽然看见一位骑着摩托车的中年男子连人带车摔倒了。我赶忙扔下铁锹，准备过去帮忙。"老师，别过去，小心那人讹你！"我回头一看，是小豪。"你怎么会这么想呢？"

"老师，你没听说南京'彭宇案'吗？明明是救人，最后却成了被告。"这小家伙，防范意识还挺强。"不怕，大家不都看见了嘛，你们都是见证者！"此时，那位中年男子已经勉强从地上爬起来，我和他一起把车扶起来，帮他拍了拍身上的雪，对方连声称谢。

回过身来，凭着一名教师的职业敏感，我对刚才小豪的提醒产生了兴趣。我问其他学生："你们认同小豪的看法吗？"有不少孩子持肯定态度。"大家都看到了吧，刚才老师的做法，不是得到人家善意的回报了吗？这说明什么问题呢？""好人应该得好报。""恩将仇报的人还是少数。""就是嘛，我们不能因噎废食，让个别人的不良行为遮住眼睛。有时还要来点换位思考，如果我们摔倒在路旁，希望不希望得到别人帮助呢？""希望。""肯定希望。"

正在这时，从公路一旁的岔路上驶出一辆中巴客车。由于学校门口的马路是连续下坡，再加上下雪路滑，这辆车在转弯爬坡过程中，遇到了麻烦：车轮一个劲儿地旋转，车子却寸步难移。"怎么样，孩子们，我们去帮帮忙？""好。""可是老师，客车屁股就那么一块地方，我们力气也不大，况且一旦向后打滑，我们是不是太危险了？"小豪提出了自己的疑虑。"谁说一定要推车呢？"我笑了笑，"男同学都把工具交给女同学保管，然后跟我来。"

来到车前，我跟司机打了个招呼："师傅，我们来帮你了，把车门打开吧！"司机看看我们，立刻会意。十几个男生进入了空空的客车，立时，悬空的后轮结实地着了地，顺利地爬上了陡坡。

从客车上下来，孩子们脸上充满了成功的喜悦。"老师，你太有才了！""哈哈，原来助人为乐也可以如此简单。"

每个孩子都有一颗善良仁厚的心，可是现在社会上一些因救助而产生的纠纷引起了家长的警觉，也造成孩子认识上的错位。教育孩子们力所能及地帮助他人，不仅有助于学生良好道德修养的形成，更是形成良好社会风气必不可少的助推力。当然，现在的社会充满了危险、人心复杂难测也是客观事实，我们一方面要肯定和支持"助人为乐"；另一方面还要教育孩子从自己的实际出发，随机应变，见义"智"为，这样才会将助人的风险降到最低，在保护好自己的前提下助人。

[①] 张军. 教孩子们见义"智"为[J]. 班主任，2011：3.

总之，利他精神与利己本性具有内在的统一性，同时与学校教育的教育性具有同一性，因而是学校道德氛围构建中一个重要的组成部分。利他行为的激发不但需要理性与逻辑的支撑，更需要依靠建立在良好人际关系与个人移情能力之上的情感维系。学习识别他人的需要，能够设身处地感受他人处境，能宽容他人，淡化己他矛盾等都是利他发生的基础。学校应通过多种渠道和方式在点滴中营造利他氛围，培育学生的利他能力，让学生学会主动、适当地帮助他人，积极回报，并将之转化为每一个成员的实践行为，为学校中利他道德氛围的塑造提供一份自己的力量。

利他虽然一直都是一个备受争议的概念，但无论是伦理学家还是平民百姓，大都认可这是一项值得人们追求的道德。尽管利他道德在当前确实遇到了诸多的困难和挑战，但现实中温暖人心的实例，让我们有理由相信，利他氛围的营造不是遥不可及，也不是空中楼阁，而是可以从身边做起，可以实在感受的。

第十一章 学校共同体建设

> 共同体是一个温暖而舒适的场所,它犹如大雨时我们避难的房顶,又犹如寒冬中我们暖手的壁炉。①
>
> ——齐格蒙特·鲍曼

前面几章分主题讨论了学校道德氛围涉及的一些核心价值及其在道德氛围建设中的体现。本章拟从学校作为一个整体,作为一个有机的生命体和共同体的角度,讨论道德氛围建设的一些关键点。共同体的理念强调成员的共同愿景,这种共同愿景的形成,离不开明晰的价值引领。前述十种主要的价值可大致归为公正和关怀两个维度,为当代学校共同体建设提供一定的价值指导。学校共同体的各项工作、活动之间不是各自为政,而是为了共同愿景分工合作,致力于育人目标的达成;共同体成员之间不是机械的集合关系,而是联合生活,相互关照,注重沟通交流,对共同体有比较强烈的归属感。

第一节 价值引领,提升格局

价值引领是共同体的灵魂,它决定着共同体的基本格局和水准。真正优秀的学校都有自己明晰而适当的价值取向,并在师生中形成高度共识,体现在学校生活的点滴之中。美国当代教育管理学家托马斯·J. 萨乔万尼(Thomas J. Sergiovanni)认为,学校共同体是用共同的价值和愿景把教师和学生联系在一起,让集体的重要性凸显。它让教师和学生的自我理解、责任感和应对困境的方式上升到一个更高的水平。学校共同体帮助教师和学生从个体的"我"的集合体改造成一种集体的"我们",为他们提供一种持久的身份感、归属感和家的感觉。② 通过建立学校共同体,学生不仅学会如何学习知识,而且学会如何与人交往,成为一个合格的公民。在学校共同体中,可以把学生的认知、情感、能力、行为的培养融为一体,充分发挥他们的主动性,使其在掌握知识的同时,得到实践能力、合作能力和交往能力方面的锻炼,最终实现全面发展的教育目标。

一、教育者价值引领

一所学校的格局不是由硬件决定的,是由软件决定的。其核心是办学理念及其所体现的价值追求。作为学校领导的校长,其教育哲学往往影响着整个学校的发展方向与发展格

---

① 鲍曼. 共同体:在一个不确定的世界中寻找安全 [M]. 欧阳景根,译. 南京:江苏人民出版社,2003:2.
② Sergiovanni T J. The lifeword of leadership: Creating Culture, Community, and personal meaning in Our Schools [M]. San Francisco: Jossey-Bass Publishers, 2000: 23.

局。一所人人都向往的学校，往往离不开一位有教育理想的校长。"当校长，不是守摊子。心中应该有一座理想的高山，让你有不断前行的目标和方向。"作为一名有着诸多荣耀与光环的校长，穆耕森认为，校长更应关注学校的发展和增值，他的教育理想是：一切为了人的发展，永远把学生的发展放在第一位。学校的每一天，都要美好地留在学生的心灵深处；学校的每一天，呈现的都是唤醒学生求知意识、生命意识、责任意识的教育场景。[①]要真正做到"一切为了人的发展"这个根本，离不开我们探讨过的尊重、公正、关爱等价值追求。在每个价值理念方向上的努力，都有助于培养共同体的凝聚力。

一位校长的变化让我们不难想象他所在学校凝聚力的变化：过去他注重的是学校通过上级的检查和验收，会沉浸在被领导部门肯定的幸福中；现在他更多地追求学校的信誉度、美誉度和知名度，更关注学校的发展和发展的潜力。他从关注教师干得怎么样，变为更关注教师的成功感、成就感和对学校的归属感。从关注培养更多的好学生，变为更关注学校里所有学生的成长和发展。[②]上级检查本不应与师生发展矛盾，但在现实中，的确存在只重视上级检查而忽视师生真实发展的情况。这位校长的重心转移，是对教育本真的回归，体现了公平、关怀等重要价值。

除校长外，所有教育者在教育理念和价值方面的提升都会对学生产生影响，会对学校共同体建设添砖加瓦。本书前面的诸多案例都是鲜活的例证。

案例 11.1　让人们因为我的存在而感到幸福[③]

初一新生刚刚离开小学，进入陌生的新环境，往往找不到头绪，需要很长时间才能适应新的班级。因此，我在接新班时，通过以下措施，把几十个孩子和家长们的心凝聚起来，让他们找到归属感。

首先，尽快建立班级家长微信群。一接到新班级学生名单，我马上建立了班级家长微信群，然后挨个邀请家长为微信好友，并把他们加入微信群里。有的班主任嫌麻烦，喜欢开学后再和家长建立联系。可我认为，第一时间让家长得知自己孩子所在班级和班主任的情况，可以给家长吃一颗定心丸，消除家长的焦虑。更重要的是，可以提前了解学生和家长的情况以及他们对新班级、新班主任的期待和需求，也让学生和家长提前了解班主任和班级情况。实践证明，我提前走的这一小步，令自己在家长心中的位置提升了一大截，为今后家校携手共育打下了良好的基础。

其次，招募学生志愿者提前布置教室。为了让孩子和家长第一次进教室就能有一种温馨的家的感觉，我接手每一届初一新班时，都会事先招募志愿者提前一天打扫和布置教室。我提前在微信群里发出通知，请家离学校比较近的孩子提前一天来学校打扫教室卫生和布置教室。其中，我会特别招募几名有特长的学生为班级出第一期黑板报，一般是呈现我的带班理念及经家长和学生讨论通过的班名。孩子和家长们接到通知后都很兴奋，有十几个学生报名参加。

等十几名小志愿者来到学校，我会给他们安排打扫和布置教室的任务。在有序的劳动

[①] 任国平. 一所人人向往的学校——江苏省南京市雨花台中学文化建设纪实 [J]. 人民教育，2012 (20)：24—30.
[②] 刘然，程路. 成长的幸福在这里荡漾——山东省博兴县实验中学教育改革纪实 [J]. 人民教育，2008 (21)：3—4.
[③] 史春娟. 我是这样接初一新班的 [J]. 班主任，2015 (2)：24.

过程中，我一一给孩子们拍照，留下他们劳动的精彩瞬间，并拍下他们的劳动成果——焕然一新的教室。劳动结束后，我就把照片发到微信群里。参加劳动的孩子看到自己的照片感到很自豪很幸福；没能到场的学生和家长很羡慕，纷纷表示以后一定积极参加班级活动。

第二天，当其他班学生还在忙乱地收拾教室时，我班学生已经安静地坐在了干净整洁的教室中。我对提前一天到校打扫卫生和布置教室的志愿者进行表彰。被表彰的孩子非常自豪，没有得到表彰的孩子眼神中则充满了羡慕和期待。

所做的这些都是为了在第一时间引导学生树立集体观念。对一个新班级来说，让孩子们树立集体观念是首要任务。新接的初一（6）班，我借用李镇西老师"让人们因为我的存在而感到幸福"作为我们的班训，以"幸福六班"作为我们的班名。班训和班名，我已在开学前与家长和学生在微信群中进行了深入的讨论和交流，并得到了家长和学生们的一致拥护和支持。开学第一天，我不给孩子们讲规矩，而是讲解我们的班训和班名："一个人不应该仅仅是生存状态的存在，而应该成为一个为他人、为集体、为社会所需要的人，应该能够给他人带来幸福，应该有自己的人生价值。"我举例说明，正是开学前志愿者们提前帮我们班打扫和布置了教室，才能使我们幸福地坐在教室里。

同时，我还设立了各种为班级服务的志愿者岗位，比如，为班级领取教材的志愿者，为班级领取校服的志愿者等。孩子们积极报名认领岗位，每个学生都成了班级志愿者，班级每一项工作都有志愿者在服务，每个学生都亲身体验了"让人们因为我的存在而感到幸福"。

通过我的讲解和全班学生的亲身实践，集体意识和为班级服务的意识开始在孩子们心中萌芽、生长、开花。

在其他班学生互相还不太熟悉时，我班学生的几十颗心已经初步凝聚在一起，成为一个有灵魂的集体，为班级后续建设打下了良好的基础。

"让人们因为我的存在而感到幸福"，是苏联人物传记《普通一兵——马特洛索夫》中的主人公说的一句名言，也是多年来李镇西老师每接一个新班、每接一届新同学，送给学生的见面礼。正是这一句朴实的话，深深地打动了我。

在一次新学期开学的第一天，李镇西老师给学生发了他写给学生的信。信中这样写道："'让人们因我的存在而感到幸福！'我把这句话作为礼物送给你！（请你在心里默念一遍："让人们因我的存在而感到幸福！"）这既是一种伟大崇高的价值观念，同时也是一种平凡朴实的实践行为。亲爱的朋友，做一个'让人们因我的存在而感到幸福'的人，往往只需"举手之劳"：在公共汽车上，你给一位老人让座，这位老人就会因为你而感到生活在这样一个文明的社会环境中是一种幸福；在街头，你热情耐心地回答一位外地人的问路，他就会因你而感到得到一位素不相识的人的真诚帮助是一种幸福；在教学楼走廊，你主动上前帮助老师抱作业本，老师会因为有你这样的学生而感到幸福；有同学病了，你哪怕是送上一句亲切的问候，他也会感到有你这样的同学是一种幸福……今后在我们班，当某个同学遇到困难时，你如果第一时间出现在他的面前并伸出温暖的手臂："别着急，有我呢！"那样，他会因为有你而感到班集体的无比温馨！我希望在我们的集体里，大家有共同的追求、共同的荣辱、共同的精神支柱、共同的心理依托；成员之间互相友爱，互相帮助,谁也离不开谁;每一个人为集体的挫折感到难过与忧虑,集体为每一个人的成绩感到欣喜与自豪。

学生读完信,李镇西老师在黑板上写下一行大字:"让人们因我的存在而感到幸福!"

2006年9月,李镇西老师出任成都武侯区实验中学新任校长。在开学典礼上,他送给学生的见面礼还是这句话——"让人们因我的存在而感到幸福!"做一个好孩子,让家长幸福;做一个好学生,让老师幸福;做一个好伙伴,让同学幸福;做一个好少年,让社会幸福;做一个好教师,让学生幸福;做一个好校长,让师生幸福;做一名好公民,让祖国幸福![①]

类似这样的读后感有很多,案例11.1是一位老师受到李镇西启发所采取的实际行动。在一定程度上可以看到,李镇西老师对于传播这一朴实而又崇高的理念起到多么重要的辐射作用。尊重、诚信、公正、理解、宽容、友爱、利他等,我们所讨论过的价值在这句格言中都得到了体现。这样的价值引领,由教师来做,会激发起共同体中每位成员的上进心和关爱之心,会形成浓郁的良好道德氛围,会让班级温暖而富有生气;由校长来做,则辐射力扩大到整个学校。

二、形成共同愿景

价值引领绝不能停留在口头上,而是需要在教育教学的交往、活动中扎扎实实地体现,让价值引领变成共同体成员的共同愿景,变成激发师生发展的真正动力。

案例11.2 "让墙壁说话"岂能一贴了之[②]

苏霍姆林斯基说:"要使学校的每一面墙壁说话,发挥出人们期望的教育功能。"墙壁真的能说话吗?怎样才能让墙壁说话呢?

很多学校耗费大量的人力、物力,张贴悬挂格言警句、校规校纪、安全标语、防病常识,把校园装扮得五彩斑斓,结果如何呢?很多学生视而不见。餐厅的墙壁上,赫然写着"一粥一饭当思来之不易,半丝半缕恒念物力维艰"的格言,但桌上依然有剩菜剩饭;水房内,"节约用水"的标语下,水管依然在长流水。

由此可见,让墙壁说话绝不能一贴了之!简单地贴贴画画,充其量是把白墙变成彩墙,根本收不到理想的教育效果。那该怎么办呢?要引领督促,让学生阅读感悟。

比如板报,每个学校每个班级都有板报,创作者很认真,内容也很精彩;但有的学生对板报不感兴趣,连看都不看。怎么办呢?每次更换板报之后,我都在班会课上,专门拿出时间,让学生们看板报,谈谈自己的收获,指出优点与不足。虽然只有短短的几分钟,但板报的内容已为学生所了解,其教育作用因此得以实现。

再比如班牌,我校每个班都有自己的班牌,上面有班徽、班级目标、班主任寄语和班主任的照片,班级提供内容,学校统一制作安装。如果不充分利用,班牌只是一个牌子;如果充分利用,班牌就是班级精神的凝聚点。

---

① 轻轻的博客. 读李镇西老师《爱心与教育》后感. [EB/OE]. (2008-07-16) [2016-04-10]. http://blog.sina.com.cn/s/blog_4cf6a35401009xy8.html
② 田丽霞. "让墙壁说话"岂能一贴了之 [J]. 班主任, 2013 (7): 67-69.

有一年，我带的班级入学成绩不优秀，有些学生不太自信。于是，我们把班级目标定为"用行动证明我不普通"，班主任寄语是："这个世界并不在意你的自尊，而是要求你在自我感觉良好之前先要有所成就，'普通'这个标签是别人给我们贴上的，让我们一起努力，把普通变为杰出。"

在班会课上，我对班牌内容进行了解读。我告诉学生们："中考仅仅是一次考试，它只代表过去，不代表未来，请不要气馁，也不要灰心丧气。如果说中考是一场比赛，那就是一场龟兔赛跑，你就是那只因为麻痹轻敌而落败的兔子。人生是一场拉力赛，进入高中，新的赛程开始了，只要认准目标，努力奔跑，你完全有实力赢得比赛，取得高考成功。醒来吧，兔子！不要再为中考的失败沮丧，要用行动证明你不普通，你本杰出……"

经过这样的解读，学生们对班级目标、班主任寄语有了更深刻的认识和理解，班牌成为班级精神的凝聚点，它像一个无声的老师，注视着、提醒着每一个学生。高考结束了，我们用优异的成绩把"普通"改为"杰出"！

又一届新生入学了，我带的班学生成绩不错，但做事缺乏主动性。于是，我写了三句话作为班主任寄语："你想成功吗？成功就是多学一点，多想一点，多问一点。你想领先吗？领先就是早走一步，快走一步，再走一步。你想幸福吗？幸福就是自律一些，自强一些，宽容一些。"我当然还要开班会，对班徽、班级目标、班主任寄语进行深度解读，并要求学生们谈自己的理解和感受。

其实，引导学生阅读理解的过程，就是吸收、领悟、内化、升华的过程，只有经过了这个过程，"让每一面墙壁说话"才成为可能！

其实，让墙壁说话并不难。只要能够以生为本，从学生的实际出发，用学生喜欢的形式和语言去打造校园文化，就一定能取得良好的教育效果。

我校非常重视墙壁文化建设，也取得了很好的效果。我们的口号是"我的班级我做主"，让学生们参与到校园文化建设之中。每个班级，除学校统一规划布置的国旗、校训、名言警句、校规校纪之外，还在教室内外安装了展板，由学生自己布置。学生们积极性很高，优秀作文、优美图片、精美手工，应有尽有；先进典型、成功经验、理想目标，尽在其中。视野之开阔，方法之巧妙，内容之丰富，远远超过老师们的想象。班级展板，成为一道亮丽的风景，吸引着学生们，每到课间，他们聚集在展板前欣赏品读，惬意自得，是休息也是学习；展板也吸引着来访的家长，很多家长在展板中读到孩子的作文、看到孩子的奖状，激动无比，自豪之感油然而生。

我的墙壁我做主。以我手写我心，用自己的语言表达自己的心声，学生们读得懂、记得住、愿意看；钓胜于鱼，展板凝聚着他们的汗水和智慧，创作带给他们快乐和幸福，所以，他们喜欢班级展板。

由此可知：学生不是旁观者，也不是观光客，他们是学校的主人，要让每一面墙壁说话，没有学生的参与是不行的；校园文化是看的更是用的，讲究形式更要讲究内容，可以阳春白雪也可以下里巴人，在唯美与实用之间应该找到一个平衡点——实效性。

综上所述，要想让每一面墙壁说话，就要解决三个问题：说什么，怎么说，对谁说。

学校的墙壁、环境布置的确蕴含着教育者的价值引领，然而如何让这些物化的东西灵动起来,变成师生的共同愿景,还需要教育者根据学生情况因势利导的解读,需要学生的阅读,需要师生共同参与、体验、感悟。

案例 11.3 班徽设计[①]

班徽,是一个班级的标志,反映了一个班级的特点,是最能够代表一个班级朝气的象征;班徽好比一个班级的形象代言人,它代表了一个班级的精神风貌和班级文化特色;班徽所蕴含的教育学意义、文化学意义是深远的,它带给学生的影响是很大的。设计班徽,可以增强班级的凝聚力,提升广大学生的审美品位,丰富班级的文化生活。班徽的设计,是教育微观环境的设计,也是教育资源和教育机会的设计。因此,恰当地引导学生设计班徽,尤为重要。

在进行班徽设计时,必须坚持一定的原则:

第一,形象性原则,要能化抽象意义为具体事物,给学生积极、健康的心理暗示。

第二,激励性原则,要能调动学生的主动性,激发学生向上的动机。

第三,创新性原则,要能体现学生的独创精神,彰显班级的特色。

第四,美观性原则,要能给人以美的视觉享受。

具体做法:

第一步,发动阶段。让学生明确设计班徽的意义,进而要求每一个学生结合班级的实际设计一个班徽。这种做法真正体现了班徽设计人人平等,也充分体现了班主任对学生的尊重与信任。通过这种宣传,使学生乐于接受,并积极参与进来。

第二步,磋商阶段。利用班会进行竞争演说,每一个学生都谈一下自己的设计说明,其他同学评价。这样人人是设计者,又都是评委,学生可以在属于自己的这个舞台上,尽情地展示自己的个性。当然,老师拥有调整的权利,这体现了民主集中制的原则。

第三步,确定阶段。班主任结合班风、班训、班级奋斗目标等,把本班的班徽明确下来,同时向全班同学讲清它的现实意义。例如,我们班(高一(9)班)的班徽是这样的:两把手枪指向靶心,象征着我们每一个同学都打中十环,在高中的三年里,德智体等方面全面发展;EVERYONE IS NO.1,象征着我们每一个同学都是独一无二的,都是最棒的;两把手枪指向同一个目标,体现了全班同学精诚团结、共创(9)班未来的雄心;背景0和9,象征着(9)班、象征着我们学校的品牌零班。

这样做,首先避免了班主任的专制和只是少数有特长的同学参加,真正体现了公正、公平、公开的原则,使每一个学生都可以参与;其次,由于设计本身的挑战性,对于学生具有一定的吸引力,学生把自己的作品(哪怕只是一部分)能够被采纳作为一种光荣,由此便会形成一种竞争,而且是良性的竞争;再次,班徽确定以后,对于全班同学便具有了持续的激励作用,它使学生产生了一种强烈的自豪感,产生了一种"我是最棒的""我要做最棒的"信念,有利于大面积提高学生的综合素养,符合素质教育面向全体学生的要求。

其实,除了班徽,其他作为班级文化重要组成部分的班训、班歌、班规等都可以采取类

---

① 张云杰. 班级文化建设的实践策略研究 [D]. 长春:东北师范大学,2008:16—17.

似的方式，由全班学生参与设计、制作或制定。这样的过程既展示和发展了学生的才干，也起到了明晰价值取向、凝聚人心的作用，有效避免了所谓班级文化建设只是班级中少部分人的事情，开学时或检查时忙一段，然后就偃旗息鼓，对多数学生缺乏教育意义的状态。

学校的校徽、校歌等往往是学生入校前就已经存在了，这时，通过教育者的解读，让学生有机会体会其中体现的价值内涵，就非常必要；其实，还可以请学生评论，提出自己的新想法，若经过学生评选，能够产生更佳方案，也可以采纳。当然，学校共同体的价值引领和愿景形成，还可以通过很多丰富多彩的方式体现。如某校组织学生进行"80里坚韧行野营拉练"活动之后，高一（3）班宣誓："把正义视为责任，让爱心成为永恒，把艰苦视为财富，让优秀成为习惯。不怕苦，不怕累，不怕挫折，不怕失败，团结互助，诚实守信。艰苦奋斗，永不言败，顽强拼搏，追求永恒。超越自我，再创辉煌。"宣誓后，在写有"艰苦是一种财富"的横幅上，大家画上了一个个象征远足的脚印。[①] 这样的宣誓和仪式如果不与拉练活动结合，往往会流于形式。当学生有了拉练的亲身体验之后，这样的誓言才会明晰和提升拉练的教育价值，而这些代表价值的词汇也不再空洞，而是融入了学生的血液之中。

三、体现教育的超越性

社会上金钱至上、个人利益至上的现象时常可见；提到道德、价值、爱国，一些人会嗤之以鼻，甚至会把它当作骗人的说辞。教育者常常感慨"5+2=0"，一周5天的教育效果，回家待上2天就归零了。有些也因此放弃了价值追求，放弃了育人的职责。所幸，实践中仍不乏真正的教育者，他们努力贴近真正的教育，努力用价值引领，超越人的平庸，彰显人生之美。

案例11.4 离真正的教育近些，再近些[②]

"教育如果不能启发一个人的理想、希望和意志，单单强调学生的兴趣和习惯，那是舍本逐末的办法。""教育的最高境界，应该是向美而生。"在校长姜怀顺看来，如果老师不能创造一个审美的境界，那教育就是低层次的。

有一次，姜怀顺看电视节目，心被狠狠地揪痛了。节目报道说，在广西的一个村子里，出了100多个抢劫犯，几乎每个家庭都有。而这些抢劫犯的年龄都在18到25岁之间。

记者到村里的小学采访，校长和老师一致说："我们的孩子很老实，很听话，认真学习，平常没有什么问题。"和学生交流，记者问这些孩子，将来大了干什么？孩子百分之百地回答说："外出打工挣钱。"

看到这里，一股子热血直顶姜怀顺的脑门。他大声追问道："教育到底给了孩子们什么？当一个人没有远大的目标和高尚的志趣时，他就不是一个精神意义上的人。他的人生只是在物质层面徘徊，如果不能满足，他怎能不去抢劫、不去掠夺？"

"现在，学生成人化倾向很严重。很小的孩子就知道挣钱、消费，这不是社会深刻的

[①] 陈兆兰. 爱心·责任·正义——江苏省常州高级中学德育工作改革纪实[J]. 人民教育，2007(18)：17—22.
[②] 李帆，苗成彦. 离真正的教育近些，再近些——山东省临沂市第二十中学教育教学改革速写[J]. 人民教育，2012(11)：8—13.

表现，而是一种平庸和媚俗。他们长大后，有知识无智慧，有欲望无理想，有规则无道德，社会该是什么样子！"

他反复跟老师们讲，教育的本质是超越性的，而不是工具性的。

没有情感的注入，没有人性的放大，没有人性中最光辉的诚实、善良、感恩、同情这些有活力的东西，教育就成了驯化。只有美的情感，才能让教育触及生命的内核。而崇高感，则是美的一种极致。

为什么有时会抽出大段时间，甚至是整节课，给学生们讲励志故事、热点时事和自己的哲学思辨？数学老师刘建宇说，是因为"学生是否有崇高的人生目标和志趣，比仅单纯有知识重要得多"。

有一次，刘建宇在网上发现了一篇文章，他特意在班上为学生们朗读。文章的大意是，一个日本记者到中国某大学演讲，演讲前问在座的听众："谁知道黄继光、邱少云？"没想到，一名大学生抢答说："我们在座的这些人都知道这两个傻帽儿。"日本人由此感慨万分。

文章读完。一位女学生站起来，泪流满面，她问刘建宇："老师，如果青年人都这样的话，我们中华民族还有希望吗？"

"你就是希望啊，当你落下热泪的时候，就预示着你可能成为明天的脊梁！"

这个学生，刚入学时，成绩在全班居于下游。但从那以后，她却迸发出了强大的学习动力。到了初三，以全区第一名的成绩考入了当地最好的高中。

离校的时候，她对刘建宇说："我一直记得初一时你读的那篇文章，也因此知道了自己为什么学习。"

"要让学生进入一个崇高的精神世界，要让他们拥有春水般的情感。"校长姜怀顺由此感悟。

每次交流，他都鼓励老师不要做只关注技巧、在细节上精益求精的"小老师"，而要做"大老师"，做一个站在制高点上，引领学生走向一个更加广阔、丰厚天地的老师。

他说，"教育如果不能启发一个人的理想、希望和意志，单单强调学生的兴趣和习惯，那是舍本逐末的办法。"

教育，从来都不只是知识和技能的问题，而是关系到精神和心灵的格局。

回到北京，翻看资料时，我们看到了校长姜怀顺的一篇文章。里面有这样几句话：

"教师首先是学生人生成长的导师，然后才是教育教学活动的组织者；只有当教师成为学生学习、生活、成长的'课本'时，教育的真正意义才有可能实现。

"我们今天所施加的教育，应当被学生视为一件无比珍贵的礼物而欣然接受，并成为他们一生的依恋和一世的拥有。

"教育，必须遵循生命本身的逻辑和教育教学深刻的内在合理性。我们所做的一切，不过是希望离真正的教育近些、再近些。"

案例11.4中还有教师们种种神奇的教学故事和课堂场景，篇幅所限无法都在这里呈现。看了这则案例，深感实践者给自己上了一堂高水平的价值教育课。对照一些学校所传递的价值，格局的差异高下立现：自己是最重要的，他人不重要；关键是自己比别人多学了多少；盯着别人的缺点；抢占有利位置；集体是精英的舞台；顺从权威；弱者不值得同情;说和做是两回事。①传递着这样的观念,所谓的教育远离了"养子使作善"的初衷,陷入"平庸的恶"之中,已经难称教育了。学校道德氛围建设的所有努力,同样是希望离真正的教育近些,再近些。

第二节 扩大参与,力求公正

科尔伯格(Lawrence Kohlberg)所倡导的公正团体和里克纳(Thomas Lickona)、诺丁斯(Nel Noddings)等人倡导的关怀共同体为我们讨论学校共同体建设提供了可借鉴的框架。公正和关怀两大理念可与我国传统文化中的义和仁粗略对应,被视为学校教育的核心价值,也是学校道德氛围建设与测评的基本维度。这两个维度是相互关联的,但侧重点不同。公正维度相对侧重理性、制度安排,而关怀维度情感色彩更浓。真正出色的学校共同体是两大维度都很健全才会形成的。本书所讨论的十种理念大致可归入这两大维度,尊重、诚信、自由、公平正义、民主与公正维度联系更密切;而合作、理解、宽容、友爱、利他则与关怀维度更切近。

一、公正团体法②

关于道德教育的方法,科尔伯格最初借鉴了苏格拉底的对话方式提出了道德讨论法,让学生对道德两难问题进行讨论,引起学生的道德冲突,刺激学生对道德问题的思考,并引导学生向高于他们原有道德水平的下一阶段发展。然而,这种方法在学校教育的实践过程中却遇到了种种困难,也存在相当大的局限性。于是,科尔伯格开始探寻新的适合儿童道德发展规律的方法,开始转向公正团体策略的探讨,并试图把学校构建成一种公正团体(Just Community)。科尔伯格的这一转向受到以色列集体农庄的启发。这种集体农庄具有平等、民主、重集体观念的浓厚氛围。在农庄中学里,教育不再是灌输,也不再是说教,而只是意味着使学生"学会在社会中并根据社会规范生活"。但是,这些规范并非是由教师通过抽象的说理灌输给学生的,而是学生通过在集体生活中的共同交往、对规范的实践和讨论获得的。这种规范一旦确定,就具有了集体的权威,要求每个成员都必须尊重并坚决履行。它反映了个人利益与团体利益的统一。此外,教师在教育过程中,不仅仅是个体道德发展的促进者,同时更是社会道德观的支持者和道德讨论的领导者。

在访问集体农庄期间,科尔伯格对这所学校的青少年的道德推理水平进行了测验,得出了这样的结论:"这所学校青少年的道德发展得分明显高于以色列城市里的青少年。"这一发现使科尔伯格认识到这所学校的教育实践比自己用理论引申出来的任何事情都要好。因此,他意识到不能完全根据他的认知发展理论引申出一种理想的道德教育模式,而应该"把道德讨论的原则与集体教育的某些心理学原则结合起来",特别需要根据这种集体教育的原则形成一种"团体实践模式"。

理论方面,在接受法国社会学家涂尔干关于通过集体生活培养学生集体观念和团体生活方式、思想观点的同时,科尔伯格依旧对它的非民主和灌输方面表示怀疑。于是,他开

---

① 高德胜. 生活德育论[M]. 北京:人民出版社,2005:146-149.
② 郭本禹. 道德认知发展与道德教育——科尔伯格的理论与实践[M]. 福州:福建教育出版社,2005:199-206.

始借鉴杜威的民主教育思想,如强调学生的积极参与、责任以及合作等,对涂尔干的权威和强制的模式进行了"民主改造"。可以说,科尔伯格的团体公正法既吸收了杜威的教育理论,也参照了以色列农庄的社会公正理想实践以及涂尔干的社会道德假设。

公正团体模式的形成,还离不开科尔伯格对于隐性课程的关注。1971年,他在《学校中的道德氛围》一文中讨论了隐性课程对学生道德的影响。他认为,儿童和青少年很大部分是从隐性课程中获得基本的道德价值观念的。学校的隐性课程是由学校的纪律规则和程序、权威的结构、奖励和惩罚的分布以及共同的规范和价值等构成。为了充分利用隐性课程的道德教育作用,科尔伯格认为,应该做到以下几点:①学校必须具有民主管理的结构和气氛,使民主成为学校的一种生活方式;②学校要重视教师和校长的道德品质和思想意识,重视由这两者转化成的一种足以影响儿童的动态社会环境;③需要把隐性课程变成一种公正的环境并明确化。

20世纪60年代末,科尔伯格等接受了一项在监狱进行的为期两年的研究项目,研究道德发展理论应用于改造女犯人的可行性。他们创造了一个"监狱团体"以改造犯人。这个团体由25~30名女犯人和5名看守组成,采用民主的自我管理方式,如民主决定如何管理、如何执行规则等。实验研究结果表明:"通过一个公正的团体生活的过程,可以达到自我管理和自律的目的。同时,也可以成功地提高女犯人的道德判断水平。"这次实验的成功,为科尔伯格进一步把学校构建成公正团体提供了示范。

二、科尔伯格的公正团体学校

科尔伯格提倡的公正团体学校需要创造一种公正的集体氛围,通过师生民主参与活动的方式来促进个人的道德发展。公正团体学校一般要求学生人数不要太多,在60~100人之间,再加上5名教师。公正团体的主要活动是每周一次的集体会议,时间在一个半小时至两个小时之间。集体会议制定有关的规则和纪律,计划集体活动和政策,并处理违纪事件。其核心思想是民主参与,不管是教师还是学生,大家对问题的表决都是一人一票。对会议要涉及的问题,顾问小组一般要先进行审议,拒绝权威或官僚主义的解决问题的方式。纪律委员会一般是劝告和引导违纪者以后遵守纪律,只有在确认合适的情况下,才能给予惩罚。如果谁对惩罚不服的话,他可以向更高级的议事委员会申诉。[①] 公正团体方案的组织结构如表11.1所示:

表11.1 公正团体方案的组织结构

机 构	成 员	任 务
议事委员会	8~12名学生和2~3名教师	决定问题;制定议事日程
顾问小组	1名教师(顾问)和10~15名学生	使大家畅所欲言;就1—2个重要的道德问题进行讨论
集体会议	全部学生和教师	讨论和解决道德问题;制定规则和上诉违纪事件
纪律委员会	6~8名学生和2名教师	听取违纪案件和人际间的非礼行为;进行奖励;促进人际理解

① 郭本禹.道德认知发展与道德教育——科尔伯格的理论与实践[M].福州:福建教育出版社,2005:206-207.

公正团体追求民主的气氛，讲求师生共同管理。传统学校中，教师作为教育者，享有绝对的权威，学生必须无条件听从教师的指挥。但是，在公正团体学校，学生可以充分发表自己的想法，不再是任教师摆布的娃娃。每一位成员都可以在公正团体学校中寻找到适合自己的位置，不再有被压迫的感觉。他们形成集体协作、共同负责的精神，共同讨论决定一套有益于团体发展和学生生活的集体行为规范。但是，这并不意味着教师就可以不顾学生，任其随意发展，完全由学生单方面行事。教师的角色的确发生了变化，他们更多地是作为道德上的引导者，帮助学生解决道德冲突，引导学生在道德上不断发展。实验结果表明，通过民主参与的方式不但培养了学生的责任感，也使一些学生的不良行为得到了矫治，使其成为集体活动的积极参与者，最终促使学生的道德水平得到明显提高。

与涂尔干一样，科尔伯格非常关心学校中的成员对于规范和价值的共享及支持程度。因此，道德氛围研究的核心单位是集体规范（the collective norm）。[①] 集体规范是指集体规定的道德价值，如信任、关怀、尊重等，即一种具有共同价值的特定行为期望。[②] 它有以下特点：①代表着教师和学生的共同期望；②个体愿意承认某个规范，是因为他承认自己是团体中的一员；③集体规范是群体成员在寻求对彼此的责任和对群体的责任的互动中出现的。[③]

公正团体学校模式将道德认知发展理论贯穿于公正团体实践的始终，利用集体力量促进学生的道德发展，培养学生的道德品质。同时，教师不再是灌输者，而成了共同体的倡导者，其责任是建立一个公正、民主的学校共同体。实践结果表明，公正团体法在促进学生道德发展、建立有凝聚力的团体、养成民主的技能和减少纪律问题方面是有效的。[④] 这一模式在以下几个方面取得了显著效果：第一，学生在现实生活中学会理解集体观念和民主生活，意识到自己有责任从集体利益的角度来维护自己达成的集体规范。学生在思考具体问题时开始使用"我们"的思维模式，真正关心学校的集体利益和社会利益，发挥学生的自我管理能力，开始从道德认知走向道德行为。第二，学生通过民主地参与集体生活，从而正确理解秩序、民主和公正等方面的观念，使自己的道德水平向更高阶段发展。第三，每一个成员在公正团体中都得到了发展，彼此之间相互尊重、相互关心，获得了强烈的归属感。

三、我国的"公正团体"实践

我国的许多学校规模远大于100，师生比也达不到1∶15左右，但是我国独特的班级建制以及悠久的集体主义教育传统下，却出现了许多类似公正团体的班集体。对于学生广泛参与下的教育引领，很多学校和教师也开始了可贵的探索。

---

① 孙虎. 让学生在参与中学会共同生活 [D]. 上海：华东师范大学，2007：33. 参见 Power C. Moral education through the development of the moral atmosphere of the school [J]. The Journal of Educational Thought, 1981 (15)：4—19.
② 郭本禹. 道德认知发展与道德教育——科尔伯格的理论与实践 [M]. 福州：福建教育出版社，2005：208.
③ 孙虎. 让学生在参与中学会共同生活 [C]. 上海：华东师范大学，2007：33.
④ 同上书，2007：34. 参见 F. Power, et al. A Radical Approach to Moral Education. In Damon W. (Ed.), Bringing in a new era in character education [M]. Stanford, CA：Hoover Press, 2001：129—148.

案例11.5 校长小助理[①]

校长小助理队伍建设是我校开展学生发展指导工作的抓手之一，旨在拓宽学校和学生的沟通渠道，掌握学生各方面的动态和需求，提高学生民主参与学校事务的能力，促进我校学生的"自我教育、自我管理、自我服务、自我成才"。经过四年的实践，这支队伍不仅成为学校管理的有益补充，也大大提升了这部分学生的管理能力和水平。

（一）校长小助理的聘任与工作职责

校长小助理的聘任一般由学工处和年级组在开学初发布招聘通知，以班主任推荐和学生个人自荐相结合，经材料审核、面试、公示等环节后，由校长室进行聘任，每班设1名，实行一年一聘制。

校长小助理的聘任条件一般为：个性积极阳光，组织纪律性强，善于正向、理性思考，有较强的服务意识，办事客观公正，在同学中有一定威信，学业成绩中等以上。

校长小助理的工作职责主要有：收集、反馈学生对学校管理、教育等方面的意见和建议；了解学校职能部门、年级、班级等的工作情况，以维护学生的合法权益；参与对相应年级团委、学生会等履行职责情况的督查与评估；协助年级分管校长和年级组完成相关学生工作等。

（二）校长小助理队伍建设的过程性指导

分管校长和指导老师是校长小助理队伍建设与培养必不可少的角色。他们的悉心指导是这支队伍能力提升的重要保障。

1. 日常工作的指导

校长小助理的日常工作主要分三块：一是做好班级内部管理的观察和督促工作；二是对年级总体情况的观察与关注；三是综合自己对班级、年级甚至全校具体情况的了解与发现提出自己建设性的意见和建议等。

一开始有同学不知道怎么开展工作，我们就制定了校长小助理工作周报表，表上设有班级常规需观察与发现的具体内容，如班级的好人好事、文明礼仪、"三操"情况等；也有开放性的问题，如班级、年级组需要重点关注的方面以及"我的视角"等。

2. 工作方法的指导

（1）指导老师在学生上交报表时可与学生就某些情况进行面谈，直接指导；也可以在每月例会中进行集中指导，如对周报表填写情况的分析与说明等；还可以组织大家进行报表填写的心得交流，互相学习。

（2）在每月例会中由分管校长根据学生反馈的情况作总体回复并作相应的表扬和指导或提出更高的工作要求。

（3）开设相关的微讲座，如《人际交往与口才》《辩论初入门》《新闻采写入门》《如何完整地组织一次社会实践活动》等，帮助学生掌握一定的工作技巧，提高工作水平，提升个人修养，促进团队协作。

3. 工作能力的指导与提升

（1）创设更多工作平台，使他们得到更多锻炼与互助的机会，如担任大型学生活动的

[①] 本案例由江苏省天一中学华海燕老师提供。

评委、学生会换届选举面试官等。

(2) 指导老师在大型考试后与校长小助理个别约谈，在其学业、心理、工作等各方面进行沟通与指导。

(3) 通过总结与表彰，帮助大家反思自己工作的成败得失，找到新的努力方向。

(三) 校长小助理队伍建设与培养的成效

通过指导，同学们的视野逐渐跳出班级甚至年级，能着眼于学校发展的层面来看一些问题，思考和观察的角度更为全面，很多方面得到了提升。2013级袁同学说："校长小助理工作使我的日常学习生活增添了很多趣味与责任，面对同学的信任、老师的期许时，内心十分感动。"陆同学说："担任一年来，我看到了自己的成长，变得责任心、行动力更强，也在团队中感受到了温暖。"2014级曾同学说："各种微讲座的培训让我受益颇丰，学会了说话的技巧、项目的策划等，工作更得心应手，变得更自信了。"此外，经跟踪研究，2013级的一批校长小助理已进入高三，他们无论在学业方面还是在班级其他岗位上面表现大都十分出色，成了其他同学的榜样。

正如前面章节谈到的，我国在学校层面、班级层面鼓励师生参与学校管理的探索方兴未艾。学生可以在被民主对待的学校氛围中逐渐习得以民主的方式对待他人与解决各种问题。案例11.5的校长小助理负责收集、反馈学生的意见和建议，帮助维护学生的合法权益，在一定程度上扩大了学生的参与，提升了这些参与者本身的素养。从公正团体的角度看，还有些问题可以进一步探索。如，校长小助理的定位在于帮助校长，如果改为"学生代表"，是否更能体现服务同学的意思？是否更体现民主？也更利于提升学校的凝聚力？目前小助理的产生采用推荐制，若引入竞选机制是否更符合民主程序，更公平公正？参与的人数是否有可能扩大？有可能实现全员参与吗？这些问题的进一步探索与解决，将使得学校既有的尝试向公正团体的方向更进一步。

案例11.6 "温馨教室"我做主[①]

师：一天有24个小时，其中我们清醒的时间大概15小时左右。这15个小时中，有多少时间在我们的教室中度过？

学生算了一下，从早上7:30到下午17:20，长达10个小时左右。

师：所以，教室是我们清醒时待的时间最长的场所，人们常说家是幸福的港湾，而教室对于我们来说是什么呢？

学生七嘴八舌："学习的港湾""辛苦的港湾"……

师：是的，教室又是我们最辛苦最勤劳的学习场所，所以，我们有必要把我们的教室打扮一下，让它有家的温馨，让我们在其中有家的温暖与快乐。现在我们把自己对"温馨教室"的环境金点子写下来，用我们的智慧美化我们的教室。

"温馨教室"建议集锦（来自大家的想法）：

(1) 为我们的教室命名。

(2) 班级增加绿化，专人负责绿化，保证"绿化角"的生命力。

---

① 慧云. 上海普通高中创建"温馨教室"实践初探 [D]. 苏州：苏州大学，2009：31—32.

(3) 班级内部张贴"温馨提示标语",处处提醒同学尽自己的力。
(4) 装饰我们的前后门,让大家进入班级就进入状态。
(5) 设立"知心姐姐"或"知心哥哥"信箱,由老师解决同学的各类问题。
(6) 设立"班级意见箱",让大家有想法能够有渠道反映出来。
(7) 班级里放置本年日历,使大家清楚时间的重要性。
(8) 在特殊的节日中,全班同学准备自制的礼物进行交换,增进友谊。
(9) 班级里张贴我们的活动生活照片。
(10) 为每一个同学画一张漫画像,并配以评价。
(11) 图书角,在教室的后面建立了"阅读角"。
(12) 教室的讲台上除了绿色的植物外,还有一张我们的"全家福"。
(13) 夏天将至,杀虫剂的作用也越来越大了。
(14) 在软板上张贴班级同学集体照及个人照片,增强大家的集体荣誉感。

案例11.6中,学生们集思广益,产生了很多关于"温馨教室"的环境金点子,在一定程度上体现了学生的参与,也为班级文化建设起到了一定的作用。其实,类似的班会的重要作用,除了集思广益的结果外,更为重要的是过程。特别是过程中的交流、互动,让大家对温馨教室获得更充分的认识和感受,从而提高民主参与的质量。有学者认为,温馨教室应该具备以下特征:①安全,即温馨教室应该让学生有一种身在家中的安全感,不仅仅意味着没有危险,没有伤害,师生的人身安全有保障;还意味着没有欺侮,没有歧视,每个学生都受到尊重和重视;更意味着没有窘迫,没有拘束,学生在课堂活动中乐于尝试,敢于探险。②舒适,即教室中的所有设施都非常实用,但未必豪华气派,只要方便师生开展课堂活动就可以。③积极的道德氛围,即应该在教室中营造自由、民主、正义、关怀的氛围,但不需要拘泥于形式。④有团结友爱的班集体,即学生在班队生活中应该相互监督,相互约束,相互帮助,共同提高。[1] 可见,温馨教室不能仅仅停留在教室物理环境的装扮上,更应该注重教室中的人际环境、课堂教学环境、自身心理环境等方面的建设,真正做到关注学生和教师的幸福体验。

案例11.7 班史[2]

我们入学的第一天,最深刻的印象是老师给了我们一本厚厚的本子,她叫它"班史"。她说,它将记录我们的故事,我们的成长。班史的形式丰富多彩:有平实的记叙文,有深刻的议论文,有悠扬的诗歌,有幽默的漫画等。每个人作为史官的一天都尽最大可能展现着自己的才情:那里有隽秀的文字,有优美的诗句,有奇思妙想,有创意灵动,大家用不同的方式记录着我们的一天,每个人负责记录的一天都尤为细致,时刻记录着每一个同学或老师有趣的事,或者自己生活或学习中的迷茫,或者对自己有所触动的事,同时其他的同学也会将一些"素材"时刻汇总给当日的"史官"。就这样,一点一滴,我们一记便是三年,当我们回头翻看时,仿佛我们每一天记录的瞬间都化作了永恒的意义。

---

[1] 黄向阳. 温馨教室建设的路向[J]. 思想理论教育,2010(22):31-32.
[2] 王焜. 作为一个班主任的汉娜·阿伦特[C]. 第十七届全国教育哲学学术年会论文集,上海:华东师范大学,2014:477.

班史最大的特色是，它作为一个平台，每天记录，我们时时翻看，会在班史上留下各类评论：有补充、有赞赏、有争辩。每一个人都在班史上显现着自己，班史化作了一个实在的公共领域，班级中的每一个学生都以不同的视角和状态同时在场，而聚集在班史周围的人从纯粹的多样性中看各自同一天的生活，这样，所有故事通过班级中所有人从不同角度观看却不改变其同一性，一个真实的班级生活就得以呈现。每个人又因为在班级这个公共领域中不断言说，不断显现着自身的才能和智慧而发扬着个体的自主性。每一个班级成员都担负着显现和建构这个共同体的责任，每一个学生都渴望在班史中记录自己的卓越，所有人都渴望为班级争得荣誉，让（18）班的荣耀响彻在校园的每一个角落。

现在想来，老师正是用这样的方式培养着学生的自主性和责任感。班史中记录的是每一个学生的个性，每一个学生都渴望被其他学生或师长看到和听到自己，或是优秀的成绩，或是睿智的言说，这里没有随波逐流，有的是一个个独立的个体。在一个渴望更优秀的集体中，这个班级渴望在更大的舞台被听到和看到，于是每个人都有一股强烈的责任感去使一个集体更加优秀。

这是一个全员参与的活动，每个人都有表达、评论的机会，每个成员都能够被听到、被看到，每位成员都强烈地感到自主性、荣誉感和责任感。即使毕业若干年后，回忆起当年的班史、当年的老师，参与者仍心潮澎湃，感慨民主的力量造就了一个优秀的班集体，造就了一批优秀的学生。

当然，必须承认，尽管广大教育工作者做出了很多努力，但学校道德氛围建设中仍存在许多问题，如"低位者"尊严被忽视，师生缺乏参与权，校内公平难以保证等。

案例11.8 人人都有机会？

初中的时候，对集体荣誉大家都看得特别重，一旦提到有什么可以"为班级争光"的事情，同学们的积极性都是相当高。运动会就是这么一个能"为班级争光"的最好的事件。体育好的在比赛中多拿名次，为班级后面的墙上添上或多或少的奖状，很有面子；体育不好的也有另外的方法为自己和班级增光添彩——写通讯稿。因为我们学校有一个不成文的规定，在运动会中投出的通讯稿被发表得最多的班级，就可以连续2周在周一全校的朝会上作国旗下的讲话，那可是件相当有面子的事情，而且国旗下讲话的次数也是和学期末时评选优秀班级的指标挂钩的，所以每次运动会的通讯稿写作完全就是一场"没有硝烟的战争"。

初二秋季运动会前，班主任老师一如既往地来做会前动员，要求班上的体育尖子们多多参与项目，好好发挥水平，多拿些名次。而且这次和以前不同的是，老师对我们说道："这次运动会，参与项目的同学自然和以前一样，在学期末时能够比其他同学优先被考虑评为'优秀学生'和'优秀干部'，但是在运动会时写了通讯稿，投递到校广播站被发表了的同学，也会同样得到这个荣誉！人人都可以参与，人人都有机会，希望大家多多努力！"教室里顿时就炸开了锅，同学们都在兴奋地议论着这一新消息，尤其是一些体育不太好却文笔不错的同学，更是满脸高兴。本来就很热烈的运动会前的气氛变得更加热烈了。

运动会当天，虽然天气不太好，但是同学们的热情却丝毫没有降低。作为班上的宣传委员，我专门负责收集同学的通讯稿然后投递到校广播站。运动会开始才不到1小时，才刚刚比赛了两场，我手上却已经堆了很高一摞的通讯稿了，我想加上一些小纸片儿什么的，怎么着也有50多篇了吧？于是我就准备把这些都交到校广播站里去，但是走到一半却被班主任拦住了。"Y啊，收了不少稿子啊？这么快都要交了。"老师说。"嗯，是啊，同学们都好积极。"我回答道，然后把手中的一摞通讯稿展示给老师看。"哦哦，果然是不少啊！给我看看吧。"老师说。于是我就把稿子都递给了老师，但是很快我就开始觉得不太对劲了，因为老师一边在浏览稿子，一边把稿子分成了两摞。果然，老师全部浏览完之后，将其中比较薄的一摞递给我，说："好了，这些交上去吧。"我问："那其他的呢？"老师笑了，说："这些我看了，写得简直牛头不对马嘴的，交上去也没用，就不用交了，放我这里就好。"然后又补充了一句："等会儿要交稿子之前都来我这里让我看下，别对其他同学说。"我顿时就无语了，怎么能这样呢？！但是我实在是没有胆子当着老师的面提出意见，而且我知道老师说的里面也有对的部分——班里同学确实是很积极地在写稿子，但是有些稿件就算在我看来质量也太抱歉了一些，交上去确实也不会播出的。所以我只好按照老师的意思将老师筛选过的稿子交上去，并且每次交稿之前都让老师先审核一次。

　　但是到了下午，就有同学发觉不对了。"怎么发表的总是那几个人的通讯稿呢？"同学M有些羡慕又有些奇怪地嘀咕着，然后马上就有人附和了："是啊！翻来覆去就是那几个人，我觉得我虽然大部分通讯稿比不上他们的，但是也有一两篇我觉得不比他们写得差啊！怎么就没有发表我的啊……"之后同学互相之间都在嘀嘀咕咕地讨论这件事。我听着也觉得相当难受，但是又不好说什么，直到我朋友K拍拍我的肩，问我："哎，你真的把我们所有人的稿子都交上去了么？不会是跑得太急落在哪里了吧？"我实在是没办法了，想了想终于还是对同学们说："老师刚才说你们的稿子他都要看一遍才让交，他看过的有部分就被截下来不让交了。"同学们都愣了，然后有个平时性子特别急的男生Z就怒了，闹着要去找老师评理。我和同学都怕他太冲动就开始劝阻他，整个班所在的位置开始变得骚动和吵闹起来。结果就把老师引过来了，"怎么了？都在干什么？不知道纪律也是运动会之后评选优秀集体的指标之一吗？"这时我们一下子都没能拉住男生Z，他就冲出去对老师吼："凭什么截我们的通讯稿不让送？之前不是说了人人都可以参与人人都有机会的么？！"老师愣了一下然后立刻沉下脸来："你懂什么！人人是可以参与，但是就你写的那个鬼东西，你真的以为可以被播出么！也不看看你语文作文得分是个什么水平！我这是为了你们好，我筛选过的稿子交上去才有效率你懂不懂！！"这下那个男生一下子就卡壳了，因为老师戳到了他的痛处……他的语文成绩，尤其是作文部分，确实是不怎么样。但是Z还不死心，问："那我们的稿子呢？不上交至少也是我们写出来的东西，就把稿子还给我们啊！"老师说："那些东西都是废纸，已经丢了。要是真的想为班上争光，就好好写，写出有水平的东西来！你看看L和C写的东西，那个才叫有水平！"Z顿时就哑火了。之后，其他同学相互看了看，也没有人再站出来说什么，于是老师说："好了没事了，都坐回自己座位上去。"大家都乖乖坐回去了。之后老师把我叫到一边批评我说："不是叫你不要告诉其他同学么？"我感到异常委屈，这能怨我么？老师批评完放我回去之后，同学们知道我也跟着被骂了都来安慰了我，Z也冷静下来了，对我说："算了，下次再有运动会，你干脆向老师提出，就找几个'御用文人'专门写通讯稿算了，这种活不是我们这种平凡人可以做的，唉！"然后刚才被老师提到的"写得有水平"的L捂住了自己的脸，在那里自我催眠："我什么也没有听到，我什么也没有听到……这种情况下被表扬真的让人一点也高兴不起来啊！"C也是一脸无奈："什么'御用文人'，Z你就别出馊主意了，我现在一点都不想写了啊。"

第二天，同学写通讯稿的积极性就大大下降了，后来几个学期的运动会，还真的采用了Z提出的方法，专门找了所谓的"御用文人"来专写通讯稿。但是越到后面，这种"御用文人"是越来越难找，大部分同学都不太愿意做了。

事情过去十多年了，到现在我都在怨念这个事情。而且稿子不采用还给同学不好吗？丢什么呀！写通讯稿很纠结的，那好歹也是大家的心血，留个纪念也好啊！

运动会是学校的大型活动，是营造积极向上、团结合作氛围的重要途径。案例11.8写的是运动场上"没有硝烟的战争"——写通讯稿。原本因为老师说"人人都有机会"而积极性颇高的同学们，却发现许多人的稿件石沉大海，原来是中间被班主任悄悄进行了一道筛选。学生感觉被骗了，丧失了写作的热情。不仅是稿件质量不佳、语文成绩不好的同学感到被打击，连被表扬的同学也觉得难过，也被打击了积极性，以至于连找几个"御用文人"都越来越难，可见这位老师的处理策略实在失败。

这位老师的举措表现出他观念上的问题：表面上他认可平等参与的理念，可内心对学生存在着偏见和偏爱。尊重、诚信、民主、公正等理念都没能很好地体现。这种偏见和偏爱导致的结果是全体受损：被忽略、被贬损者首先感到不公、愤怒；由于同伴之间的平等关系被破坏，被偏爱者心理也不舒服；教师在学生心目中的形象当然打了折扣；班级工作，特别是通讯稿的写作积极性受到严重打击。从操作层面看，通讯稿的筛选还真是个问题。为了保证上交的通讯稿的质量，减少学校层面的筛选负担，在班级层面是否可事先民主选举一个小组来负责筛选，这样可以在一定程度上避免班主任的"独裁"；筛选小组在时间允许的情况下还可以给出一些反馈和建议，让有兴趣的同学继续修改自己的稿子，达到播出要求后可以再次提交；所有通讯稿都妥善保管，运动会后，同学们可以选择自己比较喜欢的张贴在班级中，供大家讨论、完善。如此一来，同学们事先知道这样的公正的筛选机制，对于自己的稿子落选就比较容易心服口服；写通讯稿的过程不仅是完成了一项工作，还变成了训练写作的好机会，变成了很好的联合生活的体验。可见，我们所探讨的这些理念并不是空洞的，它们真切地体现在学校工作的点滴之中。

案例11.9 敢怒不敢言[①]

在这所学校里，教师都很"老实"，对待学校管理者乃至上级教育行政部门和学校一切规章制度的态度都是"遵从"，"遇到不满意的事情也是敢怒不敢言"。

（一）"有意见也不说"：不想说

一位老师和我说起，他有时候抱怨领导，同事讨好领导，跑去打报告，结果自己挨训。他认为，传统的"人情、送礼"和教师的地位已经决定教师没有民主权利。对此，教师"已经习惯"，因此，有问题也不想和校长说，并且他认为即使说了也"不解决问题"。

我：您对校长有什么意见，怎么不直接找校长谈？

[①] 唐丽芳. 课程改革中的学校文化 [D]. 长春：东北师范大学，2005：121—122.

吕：不解决问题。现在老师也习惯了，有问题，也不说（压抑）。都是很传统的东西，改不了。

我：什么传统的东西？

吕：人情、送礼什么的。其实老师是没有民主权利的。老师的权力仅仅在自己那一亩三分地上。

（二）"不能和领导说"：不能说

这是一位竞争落聘的老师，他认为失败了只能把原因归到自己身上。

我：你心里有什么想法，能不能和领导沟通一下？

孙：不能和领导说，只能把原因归到自己的身上。这是不能说的。

我：那平时你们和校长有什么接触吗？

孙：比较少。因为校长太忙，我自己还有自己的一摊事。

（三）"人家是校长"：不敢说

"平时从来不去校长那里，都是校长找我我才去的"；

"害怕领导，见了领导不知道说什么，甚至见了领导绕道走"；

"走廊里见了校长有时候都不说话"……

教师这种行为取向下，校长如何了解每个老师的需要？

我：领导怎么处理下面老师的抱怨？怎么了解下面的情况？

吕：听别人说，中间传呗。这是很可怕的事情。大校长是一个好领导，雷厉风行，大度，但是下面的人不好（言外之意，副校长、中层不好），信息经过他们传递，走样了。但是大校长很好，从来不给你穿小鞋。

吕：大校长以前总和老师在一起，但是这两年学校发展的规模越来越大，外事活动也特别多，校长也没有时间和教师在一起了。

尽管平等、民主等理念呼声很高，实践者也在做出相应的努力，但是中国传统文化中的"君君臣臣、父父子子""官大一级压死人"的等级思想和"君为臣纲"的封建伦理思想仍然在这所学校的管理中占有主流位置。教师头脑中固有的"校长"的等级权威，使得教师有意地疏远了校长。也就是说，教师对校长的畏惧，一方面与校长个人的特点有关，而更多的是学校科层化的组织结构所带来的校长的法定权力。从社会学的角度看，学校是一个多层次的结构，这种多层次结构恰恰强调了它的科层化色彩。但无论如何，学校领导对于教师，教师对于学生是否能够起到积极的表率作用，对学校道德氛围建设无疑起到重要作用。由案例11.8和案例11.9所反映的问题可见，广泛民主参与的公正团体学校的建设还有很长的路要走。

第三节 真诚互动，体现关怀

相对而言，公正团体更富有理性色彩，着力于改善学校中的人际互动，教导学生相互宽容、认同和关心，营造一种积极向上的校园文化氛围。

1964年至1971年，英国学校德育专家麦克费尔等人的调查显示，青少年认为对人好表现为体谅人的需要、情感和兴趣，对人坏则表现相反。与人友好相处，爱和被爱，是人的基本需要，帮助学生满足这种需要乃是教育的首要职责。在此调查的基础上，他进一步假定：以关心和体谅为核心的道德行为，是一种自我强化。因此，道德教育的重点在于提高学生的人际意识和社会意识，培养自我与他人相互关联的一种个人的一般风格，重在引导学生学会关心，学会体谅，并在关心人、体谅人中获得快乐。①

与体谅模式一样，美国近30年来倡导的品格教育运动同样强调人际关系的重要性，着力于营造关怀、体谅、尊重的课堂生活氛围，培养学生的健全品格。其代表人物托马斯·里克纳认为，品格由实际发挥作用的道德价值所构成，可分为道德认知、道德体会和道德行为三个互相联系的部分。好的品格包括认知善、趋向善和为善——良知习惯、喜好习惯和行动习惯。他进一步详细分析了构成良好品格的具体要素——道德认知：道德意识、认知道德价值、设身处地、道德推理、道德决断、自知之明；道德体会：良知、自重、同情、崇尚善、自我控制、谦虚；道德行为：能力、愿望、习惯。道德认知、道德体会与道德行为并非单独发挥作用，而是彼此之间有着方方面面的互动影响。② 一个人的品格不可能凭空而得，它的形成往往离不开个体的环境。因此，学校的整体环境必须有助于学生品格的形成与发展，必须有助于培养学生尊重和负责以及由此引申出的其他更为具体的道德价值，如诚信、谨慎、助人、同情、合作等。

20世纪80年代，内尔·诺丁斯在美国女性主义心理学家卡罗尔·吉利根（Carol Gilligan）的启发下开始对关怀伦理学进行研究。在研究人类道德的发展时，吉利根批判了科尔伯格的道德认知发展理论，认为他的研究对妇女持有偏见，因为仅以男性作为调查对象所做的研究结论必然存在缺陷。因此，在批判公正伦理学的基础上，她开辟了另一条认识人类道德心理的道路，即通过女性的关怀视角来表达道德认知和发展的另一种声音，并于1982年发表了其代表作《不同的声音——心理学理论与妇女发展》。正是在这种思想的影响下，诺丁斯开始思考如何用关怀伦理视角来重新组织社会、改造社会。她非常重视学校教育的作用，但也意识到学校教育面临着巨大的挑战，即如何真正使学生得到全面发展，而不仅仅是少数学生的成绩得到提升。

诺丁斯一直坚信，关怀与被关怀是人类的基本需要。她认为关怀有两种基本含义：一是关怀与责任感相似，如果一个人操心某件事情或者感到自己应该为它做些什么，他就是在关怀这件事；二是如果一个人对某人有期望或关注，他就是在关怀这个人。关怀一般是通过行为来表达的，关怀行为就是根据具体情境中的特定个体及其特定需要做出的旨在增进其福祉、有益于其发展的行为。③

在诺丁斯看来，关怀具有复杂性，因此需要特别强调道德情感和道德实践，只有学生亲自参与到具体的情境中才能真正有所收获。诺丁斯强调教育的道德意义，主张教育应该培养有能力、关心人、爱人也值得人爱的人。从这样的教育目的出发，学校课程必须围绕关心来重新组织，必须教会学生关心自我，关心他人，关心动植物和自然环境，关心人类创造的物质以及精神世界。④ 诺丁斯认为，关怀教育主要包括四种教育方法：榜样、对

---

① 黄向阳. 德育原理 [M]. 上海：华东师范大学出版社, 2000：238—240.
② 里克纳. 美式课堂：品质教育学校方略 [M]. 刘冰, 董晓航, 邓海平, 译. 海口：海南出版社, 2001：49.
③ 侯晶晶, 朱小蔓. 诺丁斯以关怀为核心的道德教育理论及其启示 [J]. 教育研究, 2004 (3)：36—43.
④ 诺丁斯. 学会关心——教育的另一种模式 [M]. 于天龙, 译. 北京：教育科学出版社, 2003：英文版序1.

话、实践和认可。实际上，这样的学校就是一种充满人文关怀的共同体。

无论是麦克费尔的体谅模式、里克纳的品格教育运动，还是诺丁斯的关怀伦理学，都强调营造关怀、尊重、同情与认同的学校氛围，都为把学校建设成关怀共同体提供了一定的理论思想或依据。

一、班级关怀氛围营造的策略

班级作为学校的基本单位，其成员接触频繁，是学习关怀的重要场所。对于在班级中营造关怀的氛围，里克纳提出了以下三个基础条件：①学生们互相理解；②学生们互相尊重、认可、关心；③学生感到自己是这个集体中的一员，并对这个集体负有责任。关于实现这三个条件的策略，里克纳提供了一些思路，具体如下所示：

在教室中创造一个关怀共同体[①]

1. 通过如下的活动帮助学生相互了解
- 结成伙伴。
- 班级通讯簿。
- 个性书包。
- 班际笔友。
- 座位抽签（减少帮派影响）。
- 讨论良好情感和不良情感。
- 通过提问让学生自省（分享成就，交流志向等）。

2. 教导学习相互尊重、认同和关心
- 通过提供其他人的情况增加学生的同情心。
- 阻止对行为特别的学生的伤害行为。
- 进行一些诸如"感激时间""善行树""积极言辞的力量"之类的活动。

3. 帮助学生认识到自己是集体的一员，增强学生的集体责任感
- 通过规律性的集体活动和标志，增强班级的凝聚力和认同感。
- 使每一个学生认识到自己是这个班级社区的独特而有价值的成员，帮助被排斥的孩子得到其他孩子的认同。
- 制定目标和纪律使集体规则具有可操作性。
- 培养相互依存的道德氛围（"同学有了困难我们可以帮助解决吗？"）

案例 11.10　不排斥[②]

小俊幼年时得过小儿麻痹，在我任课的班里随班就读。开学初，小俊拿着自己的一张照片，在走廊上闷闷不乐。见状，我蹲下身来询问："你怎么了?"小俊含着泪，支支吾

---

① 里克纳. 美式课堂：品质教育学校方略[M]. 刘冰，董晓航，邓海平，译. 海口：海南出版社，2001：85.
② 此案例由上海大学附属学校范英俊老师提供。

吾:"沈老师说照片够了,不需要我的了。"原来,为了布置教室环境,班主任沈老师请孩子们带生活照,做一面照片墙。可是,当小俊兴高采烈地递给沈老师照片的时候,沈老师冷冷地回答他:"不要了!贴满了!"

当时,我的心微微一颤,脱口而出:"你愿意送给我吗?"小俊眼睛放着光,表现得又惊又喜。于是,我拉着他的手,走进我的办公室。当即将他的照片压在了我们的玻璃桌板下面,并且和我那一周岁的儿子的照片摆在一块儿。我还向他介绍了我的宝宝,小俊面带微笑地听着,回应我:"他真可爱!"

原本班主任沈老师请学生们拿来各自的生活照贴在教室里,是给学生一个展示自己、互相了解的机会,也是让每个人体会自己是班级成员,提高归属感的良好举措。但是,沈老师对身体有缺陷的学生小俊的排斥,却使得整个活动的教育意义走了样。这种排斥不仅让小俊感到被孤立,感到伤心,也给整个班级传递了一种与关怀理念相反的东西。这提示教育者,在运用一些策略的时候,更重要的是对这些策略背后理念的深入把握,否则,表面上的策略很可能背离了它应当承担的尊重、理解、宽容等理念,起到适得其反的作用。

所幸,伤心的小俊被范老师注意到了,得到了范老师的及时关心、尊重和接纳。范老师在班级中对小俊的关心给学生们树立了一个正面的榜样,也会让班级多一些关怀的氛围。许多优秀的老师,不仅自己关爱班级中的特殊个体,还会将他们转化成教育资源,发挥集体的力量帮助和关爱他们,并在这个过程中强化成员的荣誉感、归属感,让他们学会关心。例如,接纳和友善对待群体的每位成员;搀扶受伤的同学;友善提醒容易违纪的同学,等等。

案例 11.11 让班会成为真正的交流平台

贝蒂娜斯通过班会在二年级学生中间营造出了一个集体:

每天我们从某种形式的圆桌会议开始。星期一我会说:"这个周末你们都做了些什么?"这个话题也有益于记忆技巧,一开始许多学生要费很大力气回想他们周末都做了些什么。

很快,我们进入赞扬环节。我们每天选定一名学生,并且告诉这名学生他或她所具有的、为我们所钦佩的能力与品格。

圆桌会帮助孩子们相互更好地了解,也让我更好地认识他们。我可能会了解某个孩子的祖父母的事情,或是知道其兄弟姐妹的名字,这会让一个孩子在教室的感觉更像在家里,我也就更容易和这个孩子谈话了。[1]

通过这样的班会,不仅锻炼了学生的记忆技巧,也有利于他们写个人日记或记事本等习惯的养成,更重要的是拉近了师生之间、生生之间的关系。通过对学生个人品质的肯定与表扬,可以营造一种道德氛围,使学生向这种品质靠近。

当然,班会的主题是多种多样的,如"最近发生的新鲜事和好事""你想对谁表示感激?""我想对你说声:对不起"……班会对于学生道德上的影响目标是比较明确的,基本上可以归纳为以下几点:①通过定期的、面对面的交流,增强同学们认真倾听别人并理解

---

[1] 里克纳. 美式课堂:品质教育学校方略 [M]. 刘冰,董晓航,邓海平,译. 海口:海南出版社,2001:133.

其认知观点的能力;②提供一个学生们的想法受到认真对待的场所,在此他们通过学会在集体中间表达自我而养成自尊;③养成性格的三个方面——道德评价的习惯、情感和操行,坚持不断地将尊重和负责融入日常课堂生活;④营造一个道德集体,作为外在的支持,来滋养、巩固学生正在形成的良好性格品质;⑤发展参加民主决策所需要的态度与技巧,使之成长为民主制的参与公民。①

班会和队会在我国也是普遍运用的集体教育方法。但是,班会被挤占、班队会停留于训话、主题班队会流于形式等问题比较严重。有调查显示,学生对班会课内容的评价并不是很高,有大约20%的学生否认班会内容与学生的生活密切相关,37%的学生对班会内容不是非常有兴趣。33%的学生否认学生会在班会或队会中主动发表看法。② 这样的现状提示我们,要让班队会真正成为师生交流的平台,对共同体形成起到积极作用,还有许多工作要做。

二、让关怀走得更远

关怀不能止于班级层面。上文中班级层面营造关怀氛围的策略大多可以用于学校层面。此外,学校层面还可以采取一些跨班级、跨年级的交流活动,甚至可以让关怀向社区、向更远的世界辐射。

案例 11.12 跨年级交流计划

在安大略省的艾米利·洛兹小学,幼儿园的老师迪·本特让5岁的学生与那些有学习障碍的9到12岁的同学联谊。她说,对这些有学习障碍的同学来说,能够担当年长者的责任,对他们有巨大的影响:

这使他们感觉到自己有价值。他们的阅读成绩直线上升。他们花了很多时间去找各种书籍念给他们的小伙伴听。在秋天,他们为小伙伴组织了一次"寻找科学宝物"活动。年长的孩子们经过时,他们都会探进头来给他们的小伙伴道一声"嗨",而我的那些学生则会这样对我说:"星期六我看到我们的联谊同学了!"这种体验,对其中一个根本没有什么家庭温暖的年长的男孩来说,显得尤为重要。在这里,有三个小伙伴非常喜欢他。③

这样的跨年级交流(联谊)活动不仅可以在学习课本知识时采用,也可以扩大到其他范围,如高年级的同学向低年级的同学介绍学校文化,介绍学校中发生过的有意思的事情等。有一个学校的做法是比较值得推崇的:高年级的同学和低年级的同学一起照顾校园中的一棵树。刚开始,高年级的同学需要向低年级的同学讲解种树的注意事项,如什么时候浇水、什么时候抓虫、什么时候施肥等。在这样的活动中,学生不仅学会了与他人相处的技巧,也学会了关心身边的事物。

案例11.12让有学习障碍的高年级同学与低年级同学联谊,不仅帮助了低年级同学,更让助人者找到了成就感,体会到助人的乐趣,增长了自信。其实,跨年级的交流不限于

---

① 里克纳. 美式课堂:品质教育学校方略[M]. 刘冰,董晓航,邓海平,译. 海口:海南出版社,2001:129-130.
② 李媛. 小学德育活动课程现状的调查研究[D]. 天津:天津师范大学,2012:23.
③ 同①,299-300页.

有学习障碍的学生。一些学校开展的班级结对，在高年级同学和低年级同学共同阅读、共同组织各种活动的过程中，高年级学生更多关心、帮助低年级学生，学生们在交往中学着体会他人的需求，学着关心别人。整个学校的关怀氛围都受到了积极的影响。

案例 11.13 "第二父母"[①]

我校是一所有着近8000学生的大型全寄宿制高中。全体老师共同面临着一样的困难：学校从2006年建校后不久，学生因全寄宿远离家乡和父母的入学不适应、缺乏亲人关怀、自身缺乏动力、身边无人给予支持等问题逐渐显现，并成为影响正常教育教学的突出问题。

学校引入"第二父母"的概念，让老师们从以前的只是学生学科老师的角色转变为全方位关心指导的角色，在这种名称的改变中，老师们自觉地将自己的身份和位置作了调整。

占80%以上的"第二父母"老师们由原来只是学生有不会的题需要老师讲解，老师只负责就题讲题，到现在可以和学生就我校学生指导手册上的内容和学生进行交流沟通。如共同完成学生认识自我的内容，给学生填上自己对学生的认识，帮助学生认识自我，也拉近了老师和学生的距离。由于我校学生来自偏远的山区和农村，对外界信息了解的渠道极少，对职业的了解也是来自于身边的人，学生从小到大所接触最多甚至了解最多的就是自己身边的老师。生涯人物访谈中学生们对自己"第二父母"老师的信任和了解，以及"第二父母"老师在帮助指导学生了解其他各行各业的过程中也起到了积极的作用。

案例11.13中全体老师承担"第二父母"角色，在关心指导学生的过程中，弥补了学生家人不在身边的缺憾。学生通过与"第二父母"的交流沟通，感受到鲜活的关怀榜样，增加了积极的情感体验，加深了自我认识，拓展了对社会的认识，从而能够增强学习和生活动力，有效减少适应问题，也在被关怀中学习关怀，整个学校的关怀氛围因此而浓郁起来。

案例 11.14 关怀向社区延伸[②]

"小淞果"是我们淞南中心校少先队的形象标志，也是我们学校少先队实践体验课程的代名词。

淞南这个地方早先居民素质不高，周边文化、商业、生活设施也不是很成熟。人们总不自觉地把它和"低保"这样的字眼联系在一起。可是作为在淞南工作了多年的小学教师和大队辅导员，我总觉得自己有责任让这块土地上的孩子爱上淞南。于是，我开始谋划把淞南地区范围内可利用的教育资源进行调查和梳理，形成一套比较完整的少先队校外实践系列活动和课程体系。

在学校领导、区少工委、区进修学院有关领导的关心帮助下，成立了"少先队实践体验课程"课题研究组，在与其他辅导员的合作中，也借助青年教师成长沙龙的帮助，"小淞果"课程的操作和理念日渐清晰，活动得到了队员们的欢迎，也取得了良好的社会反

[①] 此案例由宁夏育才中学马婷老师提供。
[②] 此案例由上海市宝山区淞南中心校张婷妹老师提供，原题《"小淞果"的孕育、诞生和成长》，此处有删节。

响。在推进快乐活动日工作、丰富校园文化艺术活动、充实学校素质教育内涵等方面，"小淞果"发挥了自身不可小觑的力量。

在大家的群策群力下，我们不断挖掘创新点和典型课程。比如：陶艺馆、玻璃馆实践活动与美术课程的结合；工业设计博物馆和"JA——我的城市"课程的结合；国际节能环保园与学校科技节活动的结合；军营之旅与少先队风纪训练的结合；社区文化活动中心与淞南文化历史教育的结合；徐克强烈士塑像与少先队入队仪式的结合。这些典型课程的创设，改变了原来场馆参观活动的随意性和零散性，变得更具统筹性，更有计划性。同时，也使学校少先队仪式教育、社团活动找到了自己的创新结合点，延伸了学校活动的手臂，为孩子们开拓了一片崭新的领地。

因为是"我要做"，不是"要我做"，所以在这个项目的实施开展中，我始终充满了热情和激情，没有因为不理解活动意义而应付差事的问题。为了让整个实践体验课程内容更丰满，让队员们能够更好体会活动的意义，我们设计了队员信息表，让队员们事先上网查找资料了解各场馆的相关内容并挖掘自己感兴趣的问题。活动后，通过调查问卷了解队员们对活动的评价和建议。通过活动日记，记录下活动中的收获和感悟。为了及时呈现活动实况和学生作品，我们还在新浪网注册了少先队官方微博，并创建微刊及时宣传发布"小淞果"的动态。

张老师的团队整合利用地区内的教育资源，使少先队活动的平台得以拓展，活动内容更趋丰富，使队员们在活动中收获知识、获得体验，同时，对当地文化也有了更深入、更全面的了解，培养了对家乡的自豪感和归属感。整个活动经历了从孕育、诞生到不断反思成长的过程。从最初的散点式活动，到分年级成系列，切合学生发展需求；从拍照了事，到倾听队员的声音，精心规划，及时总结，关注活动的育人意义；从少数人参与到青年教师全体参与，形成了比较完整的课程实施方案。活动平台的扩大，活动组织的深化，使得学校中的学生之间，教师之间，师生之间，以至学校与社区之间形成了良性的互动，让关怀的力量从学校向社区辐射。

案例 11.15 瑞恩的井

"妈妈，给我 70 加元。" 1998 年的一天，6 岁的加拿大男孩瑞恩·希里杰克刚一放学，就迫不及待地冲进家，向妈妈伸出手说，"我要给非洲的孩子挖一口井，好让他们有干净的水喝。"

原来，这天老师在给一年级学生上课的时候，讲到："在非洲，许多孩子没有玩具，也没有足够的食物和药品，甚至喝不上干净的水，许多儿童因为喝不上干净的水而死去。"

"他们不应该过那样的生活。" 一整天，"70 加元一口井" 一直在瑞恩的脑子里转着。"我一定要为他们挖一口井。" 瑞恩下定了决心。如果能捐出 70 加元，就能帮他们挖一口井。

面对瑞恩的请求，妈妈说："瑞恩，70 加元可不是小数目，得靠你自己去挣。" 瑞恩爽快地答应了。

妈妈在冰箱上放了一个旧饼干盒，并为瑞恩画了一个积分表，上面有 35 个格。饼干盒里每增加两元钱，瑞恩就可以涂掉一格。妈妈说："瑞恩，记住，你只能靠做额外的家务活来赚这些钱，愿意吗？"瑞恩点了点头。

瑞恩的第一项工作是为地毯吸尘。哥哥和弟弟都出去玩了，瑞恩干了两个多小时。妈妈"验收"后，往饼干盒里放了两加元。几天后全家人去看电影，瑞恩一个人留下来擦了两个小时窗子，又挣了两加元。爷爷知道了瑞恩的梦想，雇他去捡松果；暴风雪过后，邻居们请他去帮忙捡落下的树枝；考试取得好成绩，爸爸给了奖励……瑞恩把所有得到的钱，都放进了那个饼干盒里。

35个格子终于被涂掉了。4月下旬的一个早上，瑞恩抱着装有零钱的饼干盒，把辛辛苦苦挣来的70加元交给募捐项目的负责人。

"太谢谢你了，瑞恩！"项目负责人接过捐款，向瑞恩介绍了在非洲进行的"洁净的水"募捐项目。最后，她不好意思地说，70加元其实只能买一个水泵，挖一口井得要2000加元。瑞恩还小，他不知道2000加元是个多大的数目，他只是兴奋地说："那我再多干些活来挣更多的钱吧！"

可是，让瑞恩通过干活来攒够2000加元，实在是太难了。尽管如此，瑞恩并没有放弃。妈妈的一位朋友被瑞恩的坚持不懈感动了，她决定帮帮这个富有同情心的孩子，于是她把瑞恩的事写成文章，登在当地的报纸上。很快，瑞恩的故事传遍了加拿大。

一周以后，瑞恩收到了一张25加元的支票。没过多久，另外一张支票寄到了。从此以后，瑞恩不断收到捐款，在短短的两个月的时间里，瑞恩筹齐了可以打一口井的钱。

9月，加拿大援助会驻乌干达办事处的工程师专程来到加拿大，和瑞恩一起讨论有关打井的事。那位工程师告诉瑞恩："人工凿井是一项艰巨的工作，大概要20个工人干10天才能完成。如果有一台钻井机，凿井的速度就快多了。"

一声不吭的瑞恩突然说："那我来攒钱买钻井机吧。"他的声音很小，但很坚定，"我想让非洲的每一个人都能喝上干净的水。"

瑞恩的老师没有想到，一个孩子能有这么大的决心。她号召班上的同学加入捐钱打井的行列，还通过有关部门的帮助，使瑞恩和同学们跟非洲的孩子们通了信。

就在瑞恩的第一口井打好不久，2000年7月，瑞恩和爸爸妈妈坐着卡车，一路颠簸地来到了乌干达的安格鲁。

车子开进村庄时，5000多名孩子聚在路边，他们热烈地鼓着掌，有节奏地高喊着："瑞恩！瑞恩！"瑞恩羞涩地走下车去，不好意思地向大家打着招呼。他被孩子们簇拥着，来到了一口井前。井被鲜花包围起来，水泥基座上刻着："瑞恩的井"。

村里的一位老人站出来，高声说："看看我们周围的孩子，他们全都是健康的。这要归功于瑞恩和我们的加拿大朋友。对于我们来说，水，就是生命。"听到这儿，瑞恩和父母都流下了激动、幸福的眼泪。是呀，一个梦想，竟有如此大的力量，在此时谁又能不流泪呢？

瑞恩的井还在继续着……①

在这个故事中，小瑞恩是值得肯定与表扬的，他的行为也得到了很多人的支持与帮助。"瑞恩的井"国际资助基金会2001年3月正式成立。这则故事也入选了一些版本的语

---

① 瑞恩的井 [EB/OL]. (2016-04-13) [2016-04-20] http://baike.baidu.com/view/1984889.htm

文教材，让更多的人受到教育和感染。

从教育的角度看，瑞恩的老师对他的影响是不可小觑的。正是因为老师介绍了非洲儿童的悲惨境况，才使瑞恩下定决心要去帮助非洲的儿童朋友，才有了后来的一系列故事。当瑞恩决定要攒钱买钻井机时，他的老师并没有因为金额的庞大而劝他放弃，反而号召全班同学加入捐钱打井的行列，并联系相关部门使瑞恩和同学们跟非洲的孩子们通上信。瑞恩的家长也值得一提，他们不是直接给他钱去帮助别人，而是让他通过自己的劳动所获去帮助别人，这对我国的类似慈善活动特别有启发。

个人的力量是微小的，但是集体的力量是巨大的。如果有更多的教师能够超越课堂、超越学校的视野，关注到国家和世界各地人民的困境，从而有意识地培养学生对人类处境的认识，鼓励学生采取积极有效的行动来帮助他们，就会有更多像瑞恩一样的学生产生，世界就会有更多关怀与温暖的力量。

结语　在联合生活中建设学习共同体

学校是学习的地方。有学者认为，"21世纪的学校是'学习共同体'"，其教学过程是"一个非常个人化的过程，同时又是一个建设相互影响的社会关系的过程"[1]。美国著名教育家杜威（John Dewey）曾在《我的教育信条》中这样写道："我认为道德教育集中在把学校作为一种社会生活的方式这个概念上，最好的和最深刻的道德训练恰恰是人们在工作和思想的统一中跟别人发生适当的关系而得来的。现在的教育制度就它对于这种统一的破坏或忽视而论，使得达到任何真正的、正常的道德训练变得困难或者不可能。"[2] 在他看来，学校是社会生活的一种形式，儿童在学校的集体生活中、在与别人的联合行动中得到最良好的道德训练。可见，杜威把学校看作是一个由儿童与身边的人、物、事一起构成的共同体，儿童就是在这样的环境中得到了成长。

杜威非常推崇这种联合的方式，即联合起来做共同的事业。联合活动意味着在这个团体中的每位成员都把自己行动的结果看作和其他成员所做的事情有关，并考虑他们的行为对他自己的后果。在这种情况下，他们就有了共同的思想，他们的行为就有了共同的意愿，他们这个团体就构成了一个共同体。教育的任务就在于通过兴趣和理解的认同达到对儿童的内在控制。为了发挥书籍和对话的作用，学校应该创造更多联合活动的机会，使儿童参与这些活动，让他们对于自己的力量和所使用的材料和工具都得到社会的意义。[3] 按照杜威的思想，学校应该创造一种学习氛围，在这种环境下，学生都能致力于研究共同的任务，习得完成该任务的技能，并认识到所学的社会意义，从而获得道德上的发展。在这样的共同生活中，在共同参与中，在互动交流中，在互相关照中，我们所探讨的尊重、自由、诚信、宽容等理念才能够为学生深刻体会；这样的学习生活共同体既追求正义也追求关怀。

---

[1] 佐藤学. 静悄悄的革命：创作活动、合作、反思的综合学习课程［M］. 李季湄，译. 长春：长春出版社，2003. 转引自钟启泉. 对话与文本：教学规范的转型［J］. 教育研究，2001（3）：33—39.
[2] 吕达，刘立德，邹海燕. 杜威教育文集（第1卷）［M］. 北京：人民教育出版社，2008：9.
[3] 杜威. 民主主义与教育［M］. 王承绪，译. 北京：人民教育出版社，2001：33—43.

案例 11.16　这间教室的故事：未完，待续[①]

在这间能够自由呼吸的教室里，我和学生们曾经为如何筹集班费而讨论了足足一个月——我没有提出即使是"善意的"、为了让事情得到更"好"解决的任何建议。最终，班委会直到第 7 次提案才获得全票通过。在教育中，过程就是目的，目的就是过程。只有真正站在学生的角度上看待他们遇到的困难，引导学生思考解决的办法，让学生享受克服困难的过程，并在这个过程中成长，才是真正的教育。

在这间能够自由呼吸的教室里，我为学生开出了"老罗的书单"，每月开展班级读书会，五六年级学生一年的平均阅读量达到 300 万字；每一名学生都有一本自己的文集，宛若一本本即将出版的作品手稿，这是他们最为珍惜的宝贝。

在这间能够自由呼吸的教室里，我带着学生开展了系列化的实践活动：为自己的家族制作族谱，调查春节联欢晚会的满意度及原因，在英雄山广场开展"抗击雾霾"大签名，进行以"爱护泉水"为主题的水资源课题研究，走进法院体验"小法官"。我们班学生模拟的"少年法庭"不仅在学校引起了轰动，还登上了《大众日报》。

在这间能够自由呼吸的教室里，学生们办起了一份水平颇高的班刊——《荷之韵》，以三元一本的价格在学校发行，每一期都会销售一空，稿件被选中的小作者还能收到一笔小小的稿费！在办班刊的过程中，孩子们遇到了很多挫折，但都一一克服了。更为可喜的是，他们没有被挫折困住，也没有被大人的经验所束缚局限。

在这间能够自由呼吸的教室里，我们每天都在书写全新的故事，每一个故事都散发出温暖的生命之间的相互关怀。

本书曾多次引用罗凯老师的案例。他的自由呼吸的教室给了学生尽可能大的自由度，让学生能够自由地交往、阅读、探索、思考、辩论、创造；能够体会知识、技能的内在魅力与社会意义；能够识别和展示自己的长处，并为集体添彩；能够体会自己的所为对他人的影响，能够体会集体成员的休戚与共。尊重、自由、民主、理解等理念，在这样的共同生活中鲜活地体现着，而且将继续下去……

[①]　罗凯. 让教室成为学生自由呼吸的地方 [J]. 班主任，2015（3）：10—13，3.